GOLDMANN

Buch

Die Gesellschaft hat präzise Vorstellungen von den Pflichten einer Mutter: Sie muß zärtlich, fürsorglich, völlig selbstlos und natürlich von unerschöpflicher Geduld sein. Die perfekte Mutter ist jederzeit zur Stelle, wenn das Kind sich rührt, spricht immer ruhig und gelassen, kümmert sich nebenbei um ihren Mann und den Haushalt, der blitzsauber zu sein hat, und beklagt sich nie. Als Konsequenz haben Frauen, die diese übersteigerte Selbstverleugnung mit ihrem Kind oft achtzehn Jahre und länger, besonders im Kleinkindalter praktizieren, unter schlimmsten Schuldgefühlen und Depressionen zu leiden. Und die Kinder machen ihnen dann oft verständlicherweise wenig Freude.

Klug und mit liebevollem Humor schreibt Libby Purves über all die Themen, die Mütter von Kindern im Alter von bis zu 7 Jahren auf den Nägeln brennt: Babysitter, Kindergarten, böse Onkels, Spielzeug, Fernsehen, Geburtstagsparty, Einschulung und natürlich auch das Thema »Wunderkind«, denn: Fred Astaire stand mit sieben auf der Bühne, Mozart komponierte bereits mit fünf Jahren, Ludwig XIV. bestieg vier Monate vor seinem fünften Geburtstag den Thron und der derzeitige Dalai Lama wurde mit fünf Jahren inthronisiert!

Libby Purves demonstriert in ihrem erfrischenden Buch, wie Mütter sich ihr Dasein leichter machen können, wie sie einen Teil ihres Privatlebens zurückerobern können, ohne ihren Kindern auch nur im geringsten zu schaden. Frauen aus ihrem Bekanntenkreis gaben der Autorin den Stoff für ein Buch voll praktischer Tips und humorvoller Anekdoten.

Autorin

Libby Purves arbeitete für BBC Radio Oxford und für BBC TV's Choices bevor sie mit zweiunddreißig Mutter wurde. Sie lebt heute mit ihrem Mann Paul Heiney und ihren beiden Kindern in Suffock (England). Sie ist als Autorin und Herausgeberin mehrerer Bücher international bekannt geworden.

Das vorliegende Buch ist auch in zwei
Einzelbänden lieferbar:

Die Kunst (k)eine perfekte Mutter zu sein I + II
(Best.Nr. 11500/12320)

Libby Purves
Die Kunst, (k)eine perfekte Mutter zu sein

GOLDMANN VERLAG

Die englischen Originalausgaben erschienen unter den Titeln
»How (Not) to Be a Perfect Mother.
The crafty mother's guide to a quiet life« und
»How Not to Raise a Perfect Child« bei Fontana/Collins, London.

Für meine Kinder und für Paul

Umwelthinweis:
Alle bedruckten Materialien dieses Taschenbuches
sind chlorfrei und umweltschonend.
Das Papier enthält Recyclinganteile.

Der Goldmann Verlag
ist ein Unternehmen der Verlagsgruppe Bertelsmann

Genehmigte Taschenbuchausgabe

Umschlaggestaltung: Design Team München
Druck: Elsner-Druck, Berlin
Verlagsnummer: 11617
UK · Herstellung: Heidrun Nawrot
Made in Germany
ISBN 3-442-11617-1

1 3 5 7 9 10 8 6 4 2

Inhalt

Libby Purves

Die Kunst, (k)eine perfekte Mutter zu sein

Für Schwangere und Mütter von Kleinstkindern

Aus dem Englischen von Eva Malsch

Epigraph

Eure Kinder sind nicht eure Kinder,
Sie sind die Söhne und Töchter der Sehnsucht des Lebens nach sich selber.
Sie kommen durch euch, aber nicht von euch,
Und obwohl sie mit euch sind, gehören sie euch doch nicht.
Ihr dürft ihnen eure Liebe geben, aber nicht eure Gedanken,
Denn sie haben ihre eigenen Gedanken.
Ihr dürft ihren Körper ein Haus geben, aber nicht ihren Seelen,
Denn ihre Seelen wohnen im Haus von morgen, das ihr nicht besuchen könnt, nicht einmal in euren Träumen.
Ihr dürft euch bemühen, wie sie zu sein, aber versucht nicht, sie euch ähnlich zu machen.
Denn das Leben blickt nicht rückwärts, noch verweilt es im Gestern.

aus: Kahlil Gibran. DER PROPHET,

Vorwort

Die Pflichten einer Mutter liegen klar auf der Hand – sie muß perfekt sein. Wie wir alle wissen, sind Mütter überirdische Wesen, zärtliche, liebevolle, fürsorgliche, selbstlose Madonnen. Sie sind immer da, verfügen über einen weichen Busen und unerschöpfliche Geduld. Eine Mutter gleicht dem legendären Pelikanweibchen, das sich die Brust aufreißt, um ihr Junges zu füttern. Jede Mutter würde ihr Leben für ihr Kind hingeben ...

Nun ja, das stimmt. Auch ich bin eine Mutter, und ich würde tatsächlich mein Leben für mein Kind hingeben; aber ich sehe keinen Grund, das Tag für Tag zu tun. Hinter der Maske jeder Mutter steckt ein ganz gewöhnlicher, hin und wieder mürrischer Mensch. Es gibt keine Spezialfabrik, die Heilige produziert, sanftmütige Madonnen, die sich für die Kinder aufopfern. Jedes sorglose, abenteuerlustige, selbstsüchtige Mädchen von nebenan geht das Risiko ein, den Heiligenschein einer Mutter verordnet zu bekommen. Und der Übergang vom gesunden Egoismus einer normalen erwachsenen Person zum Status eines mütterlichen Engels kann schmerzlich sein. Dabei fühlt man sich wie ein Schmetterling, der in die Larve zurückzukriechen versucht. Dieses Übergangsstadium in den Anfangsjahren der Mutterschaft ist das Thema des vorliegenden Buchs.

Die Natur unterstützt den Prozeß: In den ersten Tagen verspürt man das starke Bedürfnis, die Pelikan-Rolle zu spielen. Wenn ein Baby geboren wird, entwickelt die Durchschnittsfrau eine chronische Uneigennützigkeit. Da liegt das winzige Kind im Krankenhausbettchen und hypnotisiert sie mit blauen Kulleraugen. Und obwohl sie überall Schmerzen hat und ihr immer noch der Kopf schwirrt – die Willenskraft des Babys zwingt sie, ihre Erschöpfung zu überwinden und seine Forderungen zu erfüllen. Eifrig saugt es an den Brüsten, stellt seinen eigenen Terminplan für die Schlafenszeit auf, ohne die Bedürfnisse anderer Menschen zu beachten, macht die Windeln naß, wann immer es ihm beliebt, und ernährt sich in exzentrischen Abständen – dreimal pro Stunde und dann erst wieder nach einer halben Ewigkeit. Legt man dem unerbittlichen Willen des Babys ein kleines Hindernis in den Weg, brüllt es in einer sorgfältig programmierten Lautstärke, um sich den sofortigen mütterlichen Gehorsam zu verschaffen. Es verlangt Zuspruch um Mitternacht, schläft aber inmitten von Großmamas schönsten Kinderreimen unverschämterweise ein. Das Baby hat keine Manieren, kennt keine Rücksichtnahme, kein Verantwortungsgefühl. Es wächst nur – das ist seine ganze Leistung.

Mit diesem Tyrannen konfrontiert, läßt man alles stehen und liegen und schwimmt mit dem Strom, bedient das Baby und vergißt, daß man früher eigene Interessen hatte. Zunächst erfüllt das einen guten Zweck, und in den ersten Monaten nach der Geburt darf man nicht mehr erwarten, als einfach nur zu überleben und sich manchmal in aller Ruhe einen Drink vor dem Fernseher genehmigen zu dürfen. Das Problem liegt darin, daß diese Phase der Selbstverleugnung zu lange dauert und durch unsere sentimentalen Vorstellungen von der Mutterschaft immer wieder gefördert wird. In gewissen Fällen wird dieses vernünftige „Füttern auf Verlangen" unvernünftigerweise achtzehn Jahre lang befolgt und schließt später auch noch Aufräumarbeiten nach mitternächtlichen Teenagerpartys und die Gepflogenheit ein, das Familienauto an jedem Samstagabend zur Verfügung zu stellen. Selbst in frühen Phasen übertreiben wir die Opferbereitschaft: Bei klirrender Kälte packen wir die Kinder ein wie Eskimos, verlassen mit ihnen das Haus und vergessen vor lauter Fürsorge, unsere eigenen Mäntel anzuziehen. Jedes Gespräch unterbrechen wir fünfmal pro Minute, um Nasen zu putzen und auf hartnäckige hohe Stimme in Kniehöhe zu reagieren. In Schneestürmen laufen wir meilenweit, um Fingerfarben zu kaufen (jedenfalls habe ich es gemacht – einmal). Nach ein paar Jahren gehen wir in Sack und Asche und entschuldigen uns immerwährend, denn die extrem selbstlosen Mütter, die sich selber kein Vergnügen gönnen, leiden zumeist unter den schlimmsten Schuldgefühlen und Depressionen.

Es ist wundervoll, Mutter zu sein, ein Baby wachsen und lächeln zu sehen, sprechen zu hören, zu beobachten, wie es mit alten Gummischläuchen und Sandkasteneimern verrückte individuelle Spiele zu erfinden beginnt. Aber es ist auch harte Knochenarbeit und eine *unvermeidliche* noch dazu. Selbst professionelle Kindermädchen, die zum erstenmal ihr eigenes Baby betreuen müssen, brechen bei der Erkenntnis, daß es von nun an keine Freizeit mehr gibt, in Tränen aus. Der Arbeitstag einer Mutter kann achtzehn Stunden und noch länger dauern, wenn sie es zuläßt.

Aber warum sollen wir das zulassen: Wenn wir's uns ein bißchen leichter machen können, ohne jemandem weh zu tun, warum machen wir es uns dann nicht einfacher? Warum ordnen wir die Rechte des Babys nicht ab und zu unserer eigenen Bequemlichkeit unter? Darf eine Madonna nicht mal die Beine hochlegen, ein Bier trinken und ein Buch lesen?

Dieser Leitfaden erklärt, wie normale, fehlbare Mütter den Alltag *wirklich* bewältigen können. Es gibt zahlreiche Handbücher über den Umgang mit Babys. Manche sind ausgezeichnet, andere erwekken den Eindruck, ein Baby zu baden, wäre so kompliziert, wie den Motor eines Kampfflugzeuges auseinanderzunehmen. In der Tonart wirken sie alle perfektionistisch. Dieses Buch ist *nicht* perfektionistisch, und was die Tendenz betrifft, sich alles ein bißchen leichter zu machen, verspüre ich keinerlei Schuldgefühle.

Natürlich hat man sich um Babys und Kleinkinder zu kümmern. Es fällt einem auch schwer, das zu unterlassen, wenn man bei jedem angstvollen Wimmern und beim Anblick zitternder Lippen vor Mitleid zerfließt. Aber mit ein bißchen List kann man einen Teil seines Privatlebens zurückerobern, ohne dem Kind zu schaden. Die Soldaten haben das folgende Prinzip schon immer begriffen: In einem Krieg muß man kämpfen und vielleicht sein Leben opfern, aber zwischendurch sollte man das System ein wenig zurechtbiegen, eine Extratafel Schokolade in den Tornister schmuggeln und hinter der Küchenbaracke ein Schläfchen halten, während ein anderer die Kartoffeln schält. Bei Hochverrat und Fahnenflucht hört es natürlich auf, aber gewisse Vorschriften lassen sich umgehen.

Vielleicht leidet Ihr Image auf dem Weg von der Madonna zum Feldwebel Schummel, aber wenn man sich an letzterem orientiert, hat man's einfacher, und es macht viel mehr Spaß. Manchmal tut man trotzdem genau das, was die Perfektionisten wollen, aber aus etwas anderen Gründen. Wenn ich anfange, mein Baby zu stillen, und dabei die schlimmsten Schwierigkeiten habe, wenn mich der Gedanke an den theoretischen Nutzen für das Kind keineswegs für die Schmerzen entschädigt, sage ich mir folgendes: Je mehr Muttermilch ich dem Baby jetzt gebe, desto geringere Gefahr besteht, daß es ernsthaft krank wird. Oder nehmen wir einmal die Disziplin: Eines Tages schaute ich zu, wie zwei Mütter Tee tranken, die beide von ihren Kleinkindern belästigt wurden. Die eine sagte immer wieder: „Faß die Tasse nicht an, Liebling. Die ist heiß, du könntest dich verbrennen." Die zweite drückte sich anders aus. „Faß die Tasse nicht an, Liebling, die gehört *Mama*." Ich beobachtete, wie es der letzteren gelang, ihren Tee zu trinken, das kleine Biest mit einem Arm abzuwehren und ihre Rechte zu verteidigen; während die erstere ihre Tasse auf einem hohen Regal in Sicherheit brachte und keinen Tropfen zu sich nahm. Dann ging sie, müde und durstig, um eine weitere entnervende Badestunde mit kreativen Wasserspielen mittels guten Zuredens zu meistern. Ich glaube, die selbstsüchtigere und weniger „perfekte" Mutter (die während des Badetermins zweifellos die Chance nutzte, ihre Zehennägel zu lackieren, wobei das Kind ungestört planschte) war glücklicher. Und was die Kinder betrifft – ich nehme nicht an, daß es für sie einen großen Unterschied machte.

Dieses Buch behandelt die ersten drei Jahre – oder ein bißchen mehr, das hängt von Ihrem Kind ab. Ich hielt es schon immer für sinnlos, alle Kinder im Vorschulalter über einen Leisten zu scheren. Es sind die ersten drei Jahre, wo die größte Verwirrung gestiftet wird, wo sich die Dinge am schnellsten verändern. Ein Baby ist gelandet, fremdartig wie ein UFO, seltsam wie ein Traum. Langsam verwandelt es sich in ein Wesen, das etwas größere Ähnlichkeit mit einem menschlichen Erwachsenen aufweist, und wenn das vierte Jahr beginnt, hat das Kind bereits eine lange Strecke auf dem Weg zu diesem Ziel zurückgelegt. Mit dreieinhalb ist es ein kleines Individuum, das die Sprache der Menschen in ausreichendem Maße versteht, so daß man vernünftig mit ihm reden kann, das weiß (auch wenn es vielleicht nicht zustimmt), was Fairneß ist und welche Anweisungen es befolgen soll. Man braucht ihm nicht mehr endlos lange zuzureden, damit es sich auf den Rücken legt, weil man die Windeln wechseln will. Es kann sich mit fremden Leuten verständigen und mit Messer und Gabel essen.

In diesem Alter entwickeln sich die Kinder zu grundverschiedenen Menschen. Nicht daß sie vor der Vollendung des dritten Lebensjahres keine Individuen wären, aber in dieser Phase überwiegen die gemeinsamen Eigenschaften gegenüber den Unterschieden. *Alle* sechs Monate alten Babys grapschen nach dem Löffel, wenn man sie füttern will. *Alle,* die gerade gehen gelernt haben, ziehen Gegenstände vom Tisch und auf ihre Köpfe herab. Auch die Spezialitäten der Zweijährigen (die Koffern voller Gelatinedynamit bei einem Eiertanz gleichen) sind ziemlich universell. Aber nach vier Jahren hat man's mit einem harten Revolverschwinger oder einer zimperlichen viktorianischen Jungfer (beiderlei Geschlechts) zu tun, mit einem Intellektuellen oder einem Athleten oder einem Salonlöwen. Deutlich voneinander getrennt stehen sie da, jeder auf seinem privaten Podest, erschaffen aus Erbanlagen, Zufällen und Umwelteinflüssen. Deshalb erschien mir das reife Alter von drei Jahren als guter Schlußpunkt für dieses Buch. Um Lücken zu füllen und die vielen erfindungsreichen Varianten mütterlicher Stilmittel einzufangen, konsultierte ich fünfzig Freundinnen mit insgesamt sechsundachtzig Kindern. Einige gehören meiner Generation an andere sind älter oder jünger – teils berufstätig, teils Hausfrauen, teils alleinstehend. Ihnen allen bin ich sehr dankbar für ihre Ratschläge Geständnisse, Ermutigungen und gelegentlichen kritischen Anmerkungen.

Schwanger, stolz und voller Panik

Als ich zum erstenmal schwanger war, schilderte ich allen Leuten, die mir über den Weg liefen, haarklein die winzigsten Regungen in meinem Körper. Eines Tages aß ich bei einer Freundin zu Mittag, die bereits zwei Kinder hatte, beide unter zwei Jahre alt. In meinem ganzen rundlichen Glanz saß ich da, die Hände über meinem riesigen Bauch gefaltet, während sie Gesichter abwischte, umstürzende Stühle auffing, hoffnungslose Erklärungen zu den Themen abgab, warum Teddy seine Möhren aufessen mußte und warum der Schuh mit dem Häschenkopf *wirklich* nicht im Milchbreiteller liegen sollte. In diesem Augenblick kam mir zum erstenmal der Gedanke, daß die Schwangerschaft eine lausige Vorbereitung auf die Mutterschaft ist.

Wenn man schwanger ist, kauft man neue Kleider, denkt über die Diät nach, hebt keine schweren Gegenstände, legt die Beine hoch und stellt endlose Betrachtungen über jede Veränderung des eigenen kostbaren Körpers an. Man besucht Kurse über innere weibliche Organe, beobachtet ängstlich die Finger, um nach Symptomen von Ödemen zu fahnden, und bekommt erzählt, daß man stolz auf sich sein soll. Und was passiert, wenn das Baby da ist? Man legt nie mehr die Beine hoch, lebt von weggeworfenen Keksen, trägt alte Hemden mit Flecken von erbrochenen Bananen und muß den ganzen Tag eine vollbeladene Babytragetasche herumschleppen. Was die edlen inneren Organe betrifft – man würde es nicht einmal merken, wenn man eine Blinddarmentzündung hätte; jemand anderer auch nicht. Im Grunde bereitet einen die Schwangerschaft nur auf die Geburt vor – die, so mühsam sie auch sein mag, immerhin ein Ereignis ist, in dessen Mittelpunkt man steht. Die Leute stopfen einem Kissen unter den Rücken, und alle sagen, wie brav man sich benimmt („Um sechs Zentimeter erweitert! Gut gemacht, Mutti!"). Man denkt gar nicht dran, sich auf all die Jahre *nach* diesen aufregenden Stunden vorzubereiten, auf die Jahre, wo man nur noch als entnervter Putzlumpen im Hintergrund des Babys herumhängt und nie mehr gelobt wird, sondern nur noch Vorwürfe wegen mangelnder Sauberkeit, blauer Flecken, heftiger Wutausbrüche und umgeworfener Bierdosen hört. Es gibt ein paar Kurse unter dem Titel „Vorbereitung auf die Elternschaft", aber keinen, wo man lernt, sich durch einen Irrgarten aus Babyspielzeug zu schlängeln und gleichzeitig eine Schüssel mit Apfelmus zu balancieren, irrwitzige Fragen zu beantworten und kein Auge von dem angespannten Dialog zwischen dem Zweijährigen und der Katze zu wenden.

Frauen wie meine Freundin, die bereits Kinder haben, bringen wenig Geduld für die Vorgänge während der ersten Schwangerschaft einer anderen auf. Ich erinnere mich noch, wie ich der Redakteurin einer Zeitschrift mein sehr emotionales „Tagebuch der neun Monate" anbot und erklärte, wie faszinierend es gewesen wäre, daß ich mich am Anfang verletzlich und doch wie eine Beschützerin und im dritten Monat – nun ja – wie eine Beschützerin aber auch verletzlich gefühlt hätte; und wie nützlich Spuckbeutel aus Flugzeugen in der U-Bahn wären. Die Redakteurin hatte selbst ein Kind, also wurden ihre Augen ein bißchen glasig; aber sie erklärte sich tapfer bereit, den Quatsch zu drucken. Als ich zum Ende meines Tagebuchs kam, war mein Sohn geboren und ich verstand nicht, warum man soviel Aufhebens gemacht hatte.

Nun lege ich etwas zaghaft ein Kapitel über die Schwangerschaft und ihre Probleme vor. Ich kann nur sagen daß sie mir damals ebenso gewaltig erschienen wie mein Bauch.

Der nützlichste Nebeneffekt der Schwangerschaft ist der Freundin Elisabeth-Komplex (Lukas 1, 39-41!). Man verspürt den überwältigenden Drang, andere schwangere Frauen zu besuchen und Vergleiche anzustellen. Dabei findet man gute Freundinnen, die man später noch brauchen wird. Frauen, die gemeinsam auf die Geburt warten, werden unweigerlich furchtbar intim miteinander; wir erzählen uns erstaunlich offen von unseren Membranen und Bedürfnissen, als wollten wir uns schon auf die ungeheure Schamlosigkeit in der Wöchnerinnenstation vorbereiten (wenn dort zwei Fernsehmechaniker in weißen Kitteln erscheinen, beginnt sich ein halbes Dutzend frisch gebackener Mütter die Klinikhemden vom Leib zu reißen, um über Brustwarzen, Hämorrhoiden und die Stiche zu diskutieren, wo sie genäht wurden).

Da Begegnungen mit Müttern jene Schuldgefühle hervorrufen, wie ich sie beim chaotischen Lunch mit jenen zwei Babys empfand, sollte man sich an andere schwangere Frauen halten, wenn man Gesprächspartnerinnen für Debatten über die verschiedenen aufregenden Entwicklungen unter dem Kittelkleid braucht. Man kann ihren naiven Idealismus über Kinder teilen, der andere Frauen, die bereits den Frondienst der Mutterschaft leisten, ständig zu erzürnen scheint. Wenn Sie eine Geburt im Stehen unter Mozartklängen planen – oder unter Wasser, mit einer alternativen Hebamme an der Seite, die Ihnen Himbeerblättertee serviert, können Sie solche Theorien stundenlang mit

Ihrer Elisabeth erörtern. Wenn Sie das Genie Ihres Neugeborenen mit Diavorträgen wecken oder es fünf Jahre lang stillen wollen – wunderbar, erzählen Sie ihr davon. Wenn Ihnen Visionen von perfekt gebügelten Volants rings um eine zierliche Wiege vorschweben, in einem blumengeschmückten Raum mit Regalen voller schneeweißer daunenweicher Handtücher und Windeln, erzählen Sie ihr auch das; und sprechen Sie sich mal so richtig über Weichspüler aus. Streiten Sie mit ihr über Kindermädchen, über die Einmischung des Staates in Erziehungsfragen, über die Bedeutung von Kunstgegenständen in der Nähe des Babys, über den moralischen Wert von „Rotkäppchen". Lächeln Sie alle Leute strahlend an, geben Sie sich Ihren Träumen hin; erklären Sie, wie widerwärtig Sie den Titel meines Buches finden, und planen Sie ein Leben voll heiterer Selbstaufopferung. Bald werden Sie zu uns anderen zurückkehren, auf den Boden der Tatsachen, und lernen, wie sich eine kluge Mutter das Leben erleichtert. Willkommen!

Aber zunächst müssen Sie sich mit den Wehwehchen und Ärgernissen der Schwangerschaft auseinandersetzen. Das ist so ähnlich, als würde man von einer fremden Macht überfallen und belagert. Plötzlich haben Sie einen wichtigen, verletzlichen, energischen kleinen Passagier im Bauch, der – gemütlich zusammengerollt, Ihren Magen und Ihre Blase dahin und dorthin schiebt und sich ohne Ihre Erlaubnis nimmt, was er braucht. Sie werden zum Beispiel eher an einer schweren Anämie leiden, bevor es dem Baby an Eisen mangelt. Das Baby ist der Boß. Und Sie können nur dafür sorgen daß es nicht gezwungen wird, etwas zu sich zu nehmen, das es nicht bekommen sollte, wie Zigarettenrauch, Alkohol oder Drogen. Mit jedem neuen Forschungsergebnis wird es schwerer, diesen

Lastern zu frönen; kaum hat eine Schar gestrenger Ärzte entschieden, „ein einziges Glas Wein pro Tag" könnte dem Fötus schaden, marschiert schon eine weitere Horde herbei und behauptet, das Ungeborene würde sich „in grausigen Ängsten winden", wenn seiner Mutter auch nur der flüchtige *Gedanke* an eine Zigarette vorschwebt.

Es gibt Bücher mit breiterer medizinischer Grundlage als dieses, die Ihnen das eine oder das andere empfehlen. Ich habe nur meine eigenen selbstsüchtigen Überlegungen zu bieten, die dazu führten, daß ich mich zweimal neun Monate lang mit ein paar Gläsern Wein pro Woche begnügte und kein einziges Paracetamol nahm. Dabei half mir die Erkenntnis, dieses Baby müßte besonders groß und stark zur Welt kommen und hart im Nehmen sein, weil es eine lausige Mutter haben würde. Diese Taktik funktionierte. Jeder abgelehnte Drink, jede zurückgewiesene Zigarette erschien mir wie eine Art Versicherung, die mich vor einem reizbaren, kränklichen Baby schützte. Vor Gericht könnte ich solche Gedankengänge nicht verteidigen, aber sie machten mich in meinen zwei Schwangerschaften rundum glücklich und verhalfen mir zur Enthaltsamkeit.

Der Verzicht auf Alkohol und Nikotin ist aber nur ein geringfügiges Problem. Andere physische Schwierigkeiten sind viel aufdringlicher. (Ich kann mich nur an eine einzige gütige Schicksalsfügung erinnern: wenn die Fußknöchel so stark angeschwollen sind, daß man ihren Anblick kaum erträgt, ragt der Bauch so weit heraus, daß man sie ohnehin nicht sieht.) Hier ein paar Kommentare über Schwangerschaftsbeschwerden und einige Heilmittel:

Schwangerschaftsvorsorge im Krankenhaus. Es mag seltsam wirken, diese als „Schwangerschaftsbeschwerde" einzustufen, aber nach ein paar Routineuntersuchungen in einer großen Klinik werden Sie das verstehen. Mag ein Krankenhaus eine noch so gute Entbindungsstation haben – man muß damit rechnen, daß es über eine gräßliche Abteilung für Schwangerschaftsberatung und -Vorsorge verfügt. Zahllose Schwangere bekommen den gleichen Termin, so daß die Frauen (manche mit unglücklichen, quengeligen Kleinkindern) oft stundenlang warten müssen. Meine persönliche Bestzeit waren zwei Stunden und fünfundfünfzig Minuten. Und danach erlebt man nicht viel mehr als einen Bluttest, gefolgt von einer längeren Sitzung, gefolgt von einem Urintest und einem Sprung auf die Waage; dann noch eine Sitzung, und schließlich eine kurze Unterhaltung mit einer Lernhebamme. Es lohnt sich übrigens, schon beim ersten Besuch festzustellen, wie man die einzelnen Schwestern auseinanderhält – Lernschwestern, frischgebackene und dienstältere Hebammen tragen meist verschiedenartige Hauben, Broschen o. ä. Verschwenden Sie Ihre kostbare Zeit nicht, indem Sie einer achtzehnjährigen Lernschwester Fragen stellen; schnappen Sie sich jemanden, der aufgrund langjähriger Erfahrung ein ehrwürdiges „Abzeichen" erworben hat.

Bei meinem allerersten Besuch saß ich da und platzte vor ängstlichen Fragen, während eine in der Tat sehr junge Schwester mühsam ein Formular ausfüllte. „Also", begann sie streng, „hatten Sie Kontakt mit Daten?" Daten? Daten! Wann hatte ich zuletzt einen Computer in der Hand gehabt? Die sind doch nicht giftig? Bewirken Daten abnorme Entwicklungen im Fötus? O nein! „Kontakt mit Daten?" wiederholte das Kind mit gezücktem Bleistift und tat mich offensichtlich als eine jener neurotischen werdenden Mütter ab, die zum Lernstoff der Schwesternschule zählen. „Nun?" Ich fand mein inneres Gleichgewicht wieder, riß ihr das Blatt aus der Hand und las. RÖTELN (RUBELLA), KONTAKT MIT, DATEN: Sie hatte eine Zeile ausgelassen. Solche Konfrontationen sind nicht dazu angetan, die Nerven einer Primagravida zu beruhigen.

Zahlreiche Leute haben Kampagnen organisiert, um die Schwangerschaftsvorsorge in diesen Massenbetrieben zu verbessern, und sie macht langsame, aber sichere Fortschritte. Unhöflichkeit, Gefühllosigkeit und Unaufmerksamkeit werden regelmäßig von pflichtbewußten Medien angeprangert. Gelegentlich muß ein Krankenhaus seine Arbeitsmethoden der Lächerlichkeit oder dem Abscheu preisgeben, worauf man in den anderen die Ärmel um ein paar Zentimeter höher krempelt. Besonders gefiel mir die Geschichte von einer Frau, die eine Fehlgeburt hatte und behauptete, sie wäre immer noch schwanger. Sie verlangte einen Ultraschalltest, der ihr verweigert wurde. Schließlich wurde sie gegen ihren Willen in eine Klinik für Geistesgestörte eingeliefert, weil sie von ihrem Phantombaby besessen war. Als sie die Flucht ergriff und sich endlich untersuchen lassen konnte, stellte sich heraus, daß sie tatsächlich immer noch schwanger war. Sie hatte nur einen ihrer Zwillinge verloren. Das Baby kam gesund auf die Welt, und da „entschuldigte" sich die Krankenhausleitung. Sie hat sich entschuldigt! Man hätte sie lieber einsperren sollen.

- Bevorzugen Sie deshalb grundsätzlich die Schwangerschaftsvorsorge bei Ihrem Haus- oder Frauenarzt. Falls Sie den nicht mögen oder falls er beim Gedanken an Geburtshilfe und Säuglinge mürrisch dreinschaut (manche dieser Herren bevorzugen es, gemütlich über Arthritis und Golf zu plaudern), wechseln Sie um Himmels willen den Arzt, und zwar schleunigst. Ein Arzt, der schwangere Frauen nicht ausstehen kann, wird später wohl kaum begeistert sein, wenn Sie ihm einen Säugling voller mysteriöser Flekken präsentieren oder wenn Sie eine wochenlange Keuchhustenphase durchmachen. Suchen Sie sich einen neuen! Sofort! (Entsprechendes gilt natürlich für eine Ärztin ...)

- Wenn Sie doch in eine Schwangerschaftsambulanz gehen, sehen Sie zu, daß Sie in der Klinik immer den allerersten Termin am Morgen bekommen, und seien Sie zwanzig Minuten vorher da. Dann kann niemand sagen: „Der Doktor hat heute so viel zu tun, daß es etwas später werden kann."

- Nehmen Sie sich Lektüre mit. Der Klinikvorrat an zwei Jahre alten, mit geheimnisvollen Flekken übersäten Zeitschriften kann Ihre Moral ernsthaft gefährden.

- Oder stricken Sie. Jede Frau strickt im Wartezimmer der Schwangerschaftsvorsorge, und manchmal kriegt man einen ganzen Pullover fertig, bevor man vom Halbgott in Weiß empfangen wird. Autoritären Schwestern in Gesundheitsschuhen können Sie den Wind aus den Segeln nehmen, indem Sie in einem eleganten Kleid erscheinen und sich Ihrer Petit-Point-Stickerei widmen. Bringen Sie keinesfalls Ihr Radio mit Kopfhörer mit, sonst verpassen Sie womöglich den magischen Augenblick, in dem Ihr Name gemurmelt wird, und müssen noch eine

Stunde warten.

- Wenn Sie dem Arzt gegenübersitzen, erwähnen Sie, wie lange Sie gewartet haben, falls es sehr lange war. Vielleicht interessiert ihn das, und in der ausgeprägten Klassengesellschaft einer Klinik übt er große Macht aus. Sagen Sie ihm, es wäre kein Wunder, daß Sie einen zu hohen Blutdruck hätten.

- Notieren Sie sich Ihre Fragen, ehe Sie ins Sprechzimmer gehen. Wenn man halbnackt auf einem hohen Bett von einem abgehetzten fremden Mann und einer ungeduldigen, gelangweilten Hebamme traktiert wird, neigt man zur Vergeßlichkeit. Bleiben Sie trotz allem immer freundlich; geben Sie der Hebamme zu verstehen, Sie wüßten ihre Erfahrungen und Ansichten ebenso zu schätzen wie die des Arztes, wenn nicht sogar noch mehr.

- Wenn die Hebamme hinausgeht, bevor Sie sich ausziehen, und Ihre Karteikarte auf dem Tisch liegengelassen hat, lesen Sie um Himmels willen jedes Wort. *Natürlich* ist das keine Schnüffelei.

- Falls Sie sich ernsthaft sorgen, machen Sie kein Hehl daraus. Bei meiner zweiten Schwangerschaft war ich unvernünftigerweise überzeugt, daß da irgendwas nicht stimmte. Aber ich absolvierte alle Vorsorgetermine, fast zweiunddreißig Wochen lang, mit steifem Rückgrat. Als sich mein Arzt nach der üblichen Fünfundvierzig Sekunden-Untersuchung zum Gehen wandte, öffnete er mit einer beiläufigen, freundlichen Bemerkung meine Tränenschleusen. Das rettete mich. Er kam zurück, befahl der Schwester einen Lautsprecher zu holen, damit ich Roses Herzschläge hören konnte, gab mir ein Formular, in das ich eintragen mußte, wie oft sie gegen die Bauchdecke tritt, und schickte mich nach Hause, wo ich zum erstenmal seit Wochen friedlich eine ganze Nacht lang schlief. Die geschäftsmäßige, abrupte Art gewisser Leute in medizinischen Berufen erweckt manchmal den Eindruck, sie würden einem etwas ganz Schreckliches verheimlichen. In Wirklichkeit denken sie nur an die nächste Gehaltserhöhung oder überlegen, ob es der umwerfende Dr. Gupta von der Intensivstation ernst meint, wenn er sagt, er würde am Freitag zum Tanzabend ins Schwesternheim kommen.

- Lesen Sie alle Bücher über Schwangerschaft und Geburt, die Sie verkraften können. Belegen Sie, wenn möglich, Kurse über dieses Thema. Wenn Sie Begriffe wie Placenta, Membrane und Gebärmutterhals benutzen, wird Ihr Arzt oder das Klinikpersonal Sie vielleicht wie einen gleichberechtigten Menschen behandeln. Das ist in etwa die Methode, die man anwendet, um einen gönnerhaften jungen Automechaniker zum Schweigen zu bringen, der einem Vorträge über die Regulierung des Lenkungsspiels hält.

- Wenn man nicht mit Ihnen reden will, kämpfen Sie. Die jüngsten Ärzte benehmen sich oft am schlechtesten. Denken Sie stets daran, um wessen Baby es geht. Hier gebe ich eine selbsterlebte Szene wieder:
  JUNGER ARZT (*stürmt herein*). Frau – eh – ah – Heiney. Eh ... (*wendet sich an die Hebamme*) ... Klagt sie über irgendwelche Beschwerden?
  ICH: Ich habe Sodbrennen und Krämpfe in den

Beinen, Doktor.

JUNGER ARZT (*immer noch zur Hebamme gewandt*): Ach ja (*schreibt ein Rezept aus*)... Geben Sie ihr das (*versucht zu gehen*).

ICH: Bleiben Sie da, Doktor, verzeihen Sie, wofür ist dieses Rezept?

JUNGER ARZT (*als würde er mich plötzlich bemerken*): Gehen Sie damit in eine Apotheke, dort wird man Ihnen ein Medikament geben (*versucht wieder zu gehen*).

ICH: Den Teufel werde ich damit in eine Apotheke gehen! Ich zeige das meinem Hausarzt und bitte *ihn* um eine höfliche Antwort. Warum soll ich was schlucken, wenn Sie nicht mal dreißig Sekunden erübrigen können, um mir zu erklären, ob es gegen das Sodbrennen oder gegen die Krämpfe in den Beinen wirken soll? (*Doktor geht, aber seine Ohren überziehen sich mit einer für mich sehr befriedigenden Röte*).

HEBAMME: Tut mir leid, daß er sich so benimmt, aber was können wir schon tun?

Solche kleinen Szenen werden in den Schwangerschaftsvorsorgeabteilungen unserer Krankenhäuser landesweit und tagtäglich aufgeführt. Passen Sie bloß auf, daß Sie eine Sprechrolle bekommen! Und tragen Sie's mit Fassung, wenn Sie sich mit dem Personal verfeinden; die fragmentarische Schwangerschaftsvorsorge bedeutet wenigstens, daß man denselben Arzt oder dieselbe Schwester nur ganz selten zweimal sieht, geschweige denn von jemandem entbunden wird, dessen Namen man kennt. Also dürfen Sie sich getrost behaupten, ohne das Risiko einzugehen, ihrem Gegner das nächstemal im fortgeschrittenen Wehenstadium wiederzubegegnen. Falls das trotz allem passiert, können Sie's mit der Bemerkung ausbügeln: „Oh, wie schön! Endlich jemand, den ich kenne!"

Natürlich wäre es besser, wenn sich solche Kämpfe vermeiden ließen. Ich sage nur, daß es wahrscheinlich nicht Ihre Schuld ist, falls es zu Streitigkeiten kommt, und ich hoffe, Sie werden siegen.

Was die üblichen körperlichen Unannehmlichkeiten während der Schwangerschaft betrifft, so kann man einiges dagegen tun, aber diese Ratschläge wurden schon so oft wiederholt, daß ich sie hier nicht noch einmal aufzählen will. Wenn mir noch eine wohlmeinende Person erzählt, ich soll eine Scheibe Brot essen, bevor ich aufstehe (um mich zu übergeben), gerade dastehen (um den Rückenschmerzen entgegenzuwirken) und Magnesiamilch gegen das Sodbrennen schlucken, werde ich sie niederschlagen und mich auf sie setzen. Eine meiner Bekannten behauptete, Himbeerblättertee würde gegen Übelkeit, Rückenschmerzen, Sodbrennen und Krämpfe in den Beinen helfen, und die Zigeunerinnen, die ihn trinken, hätten bei den Wehen niemals Probleme. Daß er wie zerfetzte Lastwagenreifen schmeckt, spielt offenbar keine Rolle.

Aber es gibt ein paar Weisheiten, die ich gern schon früher gekannt hätte.

Übelkeit. Wenn Ihnen schlecht ist, ist Ihnen schlecht. Die üblichen Medikamente nützen vielleicht nichts. Wenn Sie sich schon übergeben müssen, tun Sie's wenigstens mit Würde; Verlegenheit und Nervosität sind schlimmer als das Erbrechen selbst. Veranlassen Sie Ihre Bekannten, saubere Spucktüten aus Flugzeugen für Sie zu sammeln, und tragen Sie stets einen Vorrat bei sich, dazu Gummibänder zum Verschließen, einen feuchten Lappen und Papiertaschentücher. Bewahren Sie

Ihren Humor, wenn die Leute auf der Straße glauben, Sie wären betrunken. Falls Sie Ihr Frühstück ausgespuckt haben, so schadet es nichts, wenn Sie noch mal essen, damit Sie sich später nicht schwach und elend fühlen. Einmal frühstückte ich dreimal, zweimal erfolglos, und moderierte um neun Uhr morgens eine Live-Sendung im Radio. Das erlöste mich seltsamerweise genauso effektvoll von meiner Übelkeit wie bei anderen Gelegenheiten von meinem Schluckauf.

Sodbrennen in der Nacht. Schlafen Sie aufrecht, vier Kissen hinterm Rücken, wie El Cid, der mausetot aber kerzengerade auf seinem Pferd saß, weil er so gut festgebunden war.

Krämpfe in den Beinen. Die bekämpft man am besten, indem man weitere vier Kissen unter die Beine schiebt. Dann fühlt man sich wie eine Banane. Das zweite probate Heilmittel ist ein Bettgenosse, der darauf trainiert ist, sich beim leisesten Stöhnen auf Ihre Waden zu stürzen und den Krampf wegzumassieren. Meiner ist so gut abgerichtet, daß er sich heutzutage nach zwei Schwangerschaften sofort auf meine Beine wirft, wenn ich mich auf die andere Seite drehe.

Vor allem müssen Sie hin und wieder vergessen, daß Sie schwanger sind. Bei meiner ersten Schwangerschaft hatte ich alle oben genannten Symptome, fuhr aber am Ende des siebenten Monats im Auftrag einer Zeitung vierzehn Tage lang den Mississippi hinab. Das war eine beschwerliche Reise in Schleppkähnen, und dann spazierte ich auch noch allein im Vieux Carré von New Orleans herum. Interessanterweise verschwanden meine Beschwerden während dieses Trips. Sobald ich nach Hause kam, kehrten sie vollzählig zurück.

Wenn Sie zum erstenmal schwanger sind, können Sie ein paar nützliche Dinge tun, auch wenn die besten Aktivitäten darin bestehen, Reisen zu unternehmen, Urlaub zu machen und sich was dazuzuverdienen, denn auf all das muß man nach der Geburt verzichten. Wenn Sie also unbedingt einer nützlichen Beschäftigung nachgehen wollen, treffen Sie minutiöse Vorbereitungen, verzieren Sie die Wiege, und legen Sie winzige Jäckchen bereit, Sie können sogar schon Windeln besorgen. Ich ertrage so was nicht. Es kommt mir so vor, als würde ich das Fell des Bären verkaufen, bevor ich ihn habe. Ich ziehe es vor, im Krankenhaus zu liegen, während mein armer Ehemann sich abhetzt, um unsere Zink- und Kastorölvorräte aufzustocken, und die wackelige alte Wiege wieder zusammenleimt. Sollten Sie meine abergläubischen Ängste teilen, aber trotzdem das Bedürfnis haben, sich nützlich zu betätigen und Vorsorge für die Zukunft zu treffen – hier sind ein paar allgemeine Ratschläge, die Sie befolgen können, ohne das Schicksal am Ende des neunten Monats herauszufordern:

Inspizieren Sie Ihre Wohnung. Ist es dort warm? Läßt es sich leicht heizen? Gibt es Räume, wo Sie sich oft aufhalten, zum Beispiel die Küche, und wo es immer kühl und zugig ist? Wenn ja, befindet sich der kalte Raum in der Nähe eines warmen, so daß das Baby in seinem Körbchen dösen oder in einem Stuhl sitzen und Sie durch eine offene Tür sehen kann? Ist Ihr Zuhause gemütlich genug, so daß Sie es dort einen ganzen Tag lang aushalten und nicht bloß ein Ort, wo Sie nach der Arbeit alle Viere von sich strecken? Vielleicht wollen Sie das Kinderzimmer noch nicht herrichten, aber es lohnt sich, Wohn-, Schlafzimmer, Bad und Küche hübsch zu gestalten, denn Sie werden wahrscheinlich nie mehr so viel Zeit daheim verbringen wie in der Gesellschaft Ihres Babys.

Glauben Sie bloß nicht, ein Baby wäre ein winziges Wesen, das wenig Platz braucht. Auch in der Umgebung eines sparsam ausgestatteten Kindes sammeln sich Unmengen von Sachen an. Jedenfalls braucht es eine eigene Kommode. Haben Sie Platz dafür? Wenn nicht, was werfen Sie raus?

Ihr Auto. Wenn Sie sich einen neuen Wagen anschaffen wollen, ein Modell mit vier Türen würde sich lohnen. Es ist unglaublich, welche Kräfte sogar ein winziges Baby entwickeln kann um sich an der Türkante festzuklammern, wenn man es in den Fond eines zweitürigen Autos bugsieren will.

Ihre Kleider. Umstandskleidung dürfte kein Problem mehr sein. Klagen über Viskosesäcke mit „interessanten Details am Kragen" sind nicht mehr en vogue. Bei einigen Firmen (achten Sie auf Kleinanzeigen in Zeitungen) kann man Sachen per Nachnahme bestellen, und das vereinfacht das Leben schwangerer Landbewohnerinnen erheblich. Spezialgeschäfte für Umstandsbekleidung werden Ihnen für teures Geld zumindest *ein* Kleid verkaufen, in dem Sie bis zur letzten Minute hübsch aussehen. Es lohnt sich, eines dieser Kleider zu besitzen. Ansonsten genügen lose Oberteile, die man auch nach der Geburt noch brauchen kann, und diese fürchterlichen Hosen, deren elastische Vorderfront immer weiter wird wie die Bäuche toter Tropenfische. Sie mögen ein Greuel sein, aber sie sind billig, und man kann sie später wegwerfen. Schikke, teure Umstandshosen werden nur herumhängen und Sie ständig an Ihren Leichtsinn erinnern. Mit BHs werden Sie vielleicht Ärger bekommen.

Wenn Sie einen kleinen Busen haben, brauchen Sie nur immer größere, gute konventionelle BHs zu kaufen. Aber wenn Sie schon mit großen Körbchen beginnen, werden Sie vermutlich der Stillbüstenhalterbranche zum Opfer fallen. Die meisten Still-BHs sehen deprimierend und unförmig aus, sind unbequem und treiben Sie beinahe in den Wahnsinn.

Aber wie gesagt, im großen und ganzen stellt die Umstandskleidung kein Problem mehr dar. Abgesehen von offiziellen Umstandskleidern gibt es schicke Kittel, hausgemachte Zelte, Herrentrainingsanzüge in Übergrößen und Segelpullover, die Jeans des Ehemanns, die man mit einer Sicherheitsnadel schließen kann, und all die wallenden Folkloregewänder aus Baumwolle. Am einfachsten haben es die fröhlichen, stilbewußten Frauen mit Humor. Die Journalistin Valerie Grove erinnerte sich verschwommen an ein Zeltkleid von Monsoon, das während der siebziger Jahre acht Schwangerschaften verschiedener Mütter in der Literaturszene im Londoner Norden überstanden hat und schließlich an ihrer Schwester in Sydney, Australien, auseinandergefallen ist. Die Verlegerin Helen Fraser erwähnt mysteriöserweise die Tugenden von „Armee-Restbeständen", was faszinierende Visionen von schwerfälligen Guerillas in Tarnkleidung heraufbeschwört, die wie ein übergewichtiges Heeres-Kommando die Entbindungsstation stürmen. Eine BBC-Mitarbeiterin machte ihre halbe Abteilung verrückt, indem sie einfach ihren alten Schulturnanzug herauskramte (sie war eine pummelige Zwölfjährige, die zu einem schlanken Schwan herangewachsen war) und wie eine Statistin in einem Film umhersprang.

Wenn das Baby geboren ist, haben Sie ganz bestimmte Bedürfnisse, und da lohnt es sich, vorzusorgen. Sie brauchen pflegeleichte Kleidung, Kittel, die man beim Stillen leicht hochziehen kann (ein gutes Kleidungsstück für die ersten Wochen ist, mit oder ohne Winterpullover, ihre alte Lieblingsumstandsbluse, über langen Hosen getragen. Dann kann das Baby draufspucken, ohne ein schikkes Modell zu ruinieren). Vor dem Klinikaufenthalt macht es sich bezahlt, daheim ein paar bequeme, praktische Sachen an einem Ort zu deponieren, wo man sie mühelos finden kann. Ich hatte oft Sehnsucht nach einem riesigen Strampelanzug mit angestrickten Socken.

Noch eine letzte Bemerkung zu Kleidungsstükken: Ich war schrecklich wütend auf Strumpfhosen, die ständig über den runden Bauch nach unten rutschten, obwohl sie eigens für schwangere Frauen hergestellt worden waren. Als ich meine Freundinnen fragte, wie sie damit zurechtkamen (Ich habe Ihnen bereits erzählt, daß Schwangere sehr intime Gespräche miteinander führen), fand ich heraus, daß alle mit demselben Problem kämpften. Einige wechselten zu Socken über, andere trugen Strümpfe mit Strumpfhalter und bekamen davon Krampfadern, manche kauften die Strumpfhosen eine Nummer größer und drehten das Hinterteil nach vorn, und ein paar schnitten sie einfach vorn auf und zogen Schlüpfer darüber an (wie Superman; nun wissen wir, was mit ihm nicht stimmte. Er war schwanger!).

Babykleidung. Wenn Sie diesbezüglich vor der Geburt nichts unternommen haben, können Sie Ihre Freundin oder den Ehemann in den nächstbesten Laden schicken, mit dem Auftrag, fünf Strampelanzüge und fünf Jäckchen zu kaufen, und ein paar Wochen mit dem neuen Baby überleben, wobei Sie nur noch Wegwerfwindeln und eine kleine warme Decke besorgen müssen. Falls Sie über strickende Großmütter, Tanten und Freundinnen verfügen, lohnt es sich, deren Aktivitäten in eine bestimmte Richtung zu steuern: Spitzenjäckchen sind ein Graus, weil die Babyfinger ständig in den Löchern steckenbleiben; außerdem haben die meisten Jäckchen viel zu enge Ärmel, was das An– und Ausziehen erschwert. Große Pullover mit weiten Ärmeln sind praktischer und sehr schick. Am besten animieren Sie die Strickerinnen zu Pullundern. In Streifen, pastellfarben oder bunt sehen sie wundervoll aus, man kann sie in Sekundenschnelle über Strampelanzüge oder Pyjamas oder Pullover ziehen,wann immer es das Baby etwas wärmer haben muß, und braucht sich nicht mit Ärmeln abzuplagen.

Wenn Sie einen guten Second-hand-Laden finden, wo Sie Sachen leihen oder kaufen können, dann nichts wie rein!

Mutterpflichten. Die können einem gewaltig oder vage vorkommen, und manchmal hat man auch das Gefühl, daß man sie unmöglich erfüllen kann. Wenn man zuviel über Babypflege und die Bedeutung früher Einflüsse auf das Kind liest, gerät man leicht in tränenreiche Panik. Diese Lektüre weckt mitunter die deprimierende Vorstellung, das künftige Leben würde sich nur noch im trostlosen Einerlei von Wickeltisch und Sterilisierapparaten abspielen – unterbrochen vom ernsthaften Kaffeeklatsch mit anderen Müttern, im Chaos häßlicher Spielsachen. In den Krankenhäusern bekommt man Flugblätter mit dem beängstigenden Titel „Tagesplan", zum Beispiel:

6 Uhr 30: Die Mutter füttert das Baby und legt es ins Bettchen zurück. Sie bereitet für den Ehemann und sich selbst ein nahrhaftes Frühstück vor. Dann

wäscht sie die in der Nacht beschmutzten Windeln und hängt sie zum Trocknen auf.

7 Uhr 30: Die Mutter frühstückt, füttert das Baby, füllt die Waschmaschine, wechselt die Windeln, macht die Küche sauber, bereitet das Gemüse für das Mittagessen vor.

Und so weiter. In keiner einzigen Zeile steht: Die Mutter liest Zeitung, wandert durch den Garten, geht zum Friseur, betrinkt sich beim Lunch mit einer Freundin. Fatalerweise kann man das Baby angesichts solcher Terminpläne leicht mit dem Badewasser verwechseln: die tägliche Routine, winzige Jäckchen, Morgenkaffee, die Verarbeitung von nahrhaftem Gemüse für Ehemänner – das ist alles nur Badewasser. Was *wirklich* zählt, ist die Tatsache, daß Sie nun die Verantwortung für eine kleine, sehr unterhaltsame, erstaunlich tolerante und selbstgenügsame Person tragen.

Ihre einzige Pflicht besteht darin, diese Person zu füttern, zu säubern, warm anzuziehen und zu amüsieren. Es gibt keinen Grund, warum Sie ständig daheim bleiben, Leintücher bügeln oder Kuchen backen müßten wie eine „richtige" Mutter, wenn Sie das nicht wollen. Neugeborene sind leicht zu transportieren, und es interessiert sie nicht, wo sie schlafen oder wachen oder gefüttert werden, solange Sie in der Nähe sind. Später ändert sich das, aber bis dahin werden Sie ausreichende Erfahrungen gesammelt haben, um die jeweiligen Situationen Ihren Wünschen anzupassen. Eine normale Mutter, die weder unter Alkoholeinfluß noch unter Drogen steht, wird ihrem Baby nur sehr selten schaden. Solange es gefüttert, sauber- und warmgehalten wird und einen ruhigen Platz zum Schlafen hat, wird es prächtig gedeihen und wahrscheinlich nicht allzuoft schreien.

Übrigens, wenn Sie bezweifeln, daß Sie Ihr Baby

lieben werden, weil die Kinder anderer Leute scheußliche, quakige, verrotzte, ständig feuchte rosa Dinger sind, machen Sie sich keine Sorgen. Es ist durchaus möglich, eigene (süß duftende, vollkommene und brillante) Babys zu haben und andere abscheulich und widerwärtig zu finden. Die Natur ist sehr raffiniert. Und die Babypflege ist gar nicht so schlimm, sobald es um ein richtiges Baby geht. Falls Sie sich von Elternkursen abgestoßen fühlen, wo man mit grinsenden Plastikpuppen und fransenbesetzten Frotteewindeln arbeitet – Sie werden es trotzdem genießen, ihr eigenes, lebendiges, strampelndes Baby zu baden und zu wikkeln.

Auch der Vater des Babys muß das alles wissen. Er könnte sich ebenso unsicher, aufgeregt und nervös fühlen wie Sie. In diesem Buch habe ich die Väter absichtlich vernachlässigt – nicht weil sie im Hintergrund stehen müßten oder weil ich meinen eigenen Mann dahin verbannt habe, sondern weil eine Mutter meistens in jenen einsamen Augenblicken Hilfe braucht, wo der Vater weit weg ist. Der Arbeitstag im Büro oder in der Fabrik bringt eine lange väterliche Abwesenheit mit sich. Im ersten Jahr, sogar in den ersten drei Jahren, bewirken die biologischen Impulse, daß die Mütter ihren unpäßlichen Kindern blitzschnell zu Hilfe eilen, selbst wenn sich der Vater in die gleiche Richtung bewegt (wenn der Vater nachts aufsteht, um das Baby zu versorgen, liegt die Mutter – wie von vielen solchen Paaren berichtet wird – wach im Bett, bis er zurückkommt). Eine angeborene Toleranz scheint es Frauen leichter zu machen, Geduld mit Schreihälsen, Klammeraffen, Vandalen und Lebewesen aufzubringen, die Nahrungsmittel um sich werfen. Eins steht allerdings fest – je stärker ein Vater von Anfang an einbezogen wird, desto größere Freude wird er an seinem Baby finden, desto weniger werden Sie das Gefühl haben, isoliert zu sein und die alleinige Verantwortung zu tragen.

Die Männer bevorzugen in der Babypflege einen anderen Stil. Ich habe von meinem Mann noch kein Kind vollständig zurückbekommen, also mit derselben Anzahl von Schuhen, Socken, Mützen, Handschuhen etcetera, die es vor der Übergabe trug. Wenn er dem Typus angehört, der das Baby schon in der Klinik badet, mit ihm spielt, es in die Luft wirft und mit ihm herumtobt, das erste Lächeln einheimst und rund um die Uhr voller Selbstvertrauen so einen Winzling betreut, sind Sie ein Glückspilz, er auch und das Baby erst recht. Aber so was kommt nur selten vor. Ich schreibe hauptsächlich über Kinder unter drei Jahren, und einige Männer können nicht viel mit ihnen anfangen, oder sie wollen es nicht. In diesem Fall müssen die Babys trotzdem von irgend jemandem versorgt werden, und Sie müssen wohl oder übel dran glauben. Deshalb habe ich dieses Buch für Mütter, über Mütter, und mit der Hilfe von Müttern geschrieben. Jeder Vater, der sich nützliche Tips heraussucht, ist mir willkommen, und jeder Vater, der es verächtlich in die Ecke schleudert, zeigt zumindest Interesse; ich wünsche ihm viel Glück.

Wenn Sie immer noch Angst vor Ihrer Zukunft mit dem Baby haben, lenken Sie sich mit nützlichen Kleinigkeiten ab. Gehen Sie aus, kaufen Sie eine unzerreißbare Angelschnur, und ziehen Sie alle Ihre Lieblingsperlenketten darauf. Dann haben Sie etwas, womit das Baby spielen und woran es sich festhalten kann, während Sie es herumtragen; und Ihre Lieblingsperlen können so nicht verloren gehen.

Oder verdienen Sie sich ein bißchen dazu, oder verkaufen Sie irgend etwas und richten damit einen Babyfonds ein; in keiner anderen Phase Ihres Lebens werden ein paar zusätzliche Scheine einen größeren Unterschied machen. Eine Freundin kombinierte die Probleme Platzmangel und fehlende Ersparnisse, mietete einen Marktstand, plünderte das Haus und nahm an einem einzigen Nachmittag über fünfhundert DM ein. Sie glaubt immer noch, der Anblick einer hochschwangeren Frau, die auf einer Orangenkiste stand und ihre Waren anpries („... ein Beatles-Sammelalbum aus den sechziger Jahren ... ein Radio ... ein Wok ..."), hätte die Bevölkerung von Süd-London dermaßen eingeschüchtert, daß sie alles kaufte. Außerdem war es ein Abenteuer. Obwohl das größte Abenteuer im Leben einer Frau auf Sie zukommt, können Sie ruhig auch noch ein paar kleinere genießen.

Harte Arbeit – Die Geburt

Mein erstes Kind wurde im November geboren, als auf den Straßen künstliche Mohnblumen für den Volkstrauertag verkauft wurden. Ich war längst überfällig. An einem düsteren Nachmittag rief meine Schwiegermutter an und verlangte einen Zustandsbericht. „Hat man dich noch nicht weggebracht?" fragte sie in schmerzlichem Ton. Auf die Information, daß man das noch nicht getan hatte, gab sie eine ungemein aufmunternde Antwort. „Nun", sagte sie, wobei das Wissen von mehreren Generationen alter Frauen in ihrer Stimme mitzitterte, „gestern habe ich eine Mohnblume gekauft. *Dabei dachte ich an dich.*" Und so hatte sie auf unvergeßliche Weise meinen künftigen Krankenhausaufenthalt mit dem Schmutz, dem Blut und der Sterblichkeit aller Schützengräben in beiden Weltkriegen verquickt und überließ uns dem Schicksal, inmitten heulender Winterwinde und kalter, wogender Nebelschwaden, die vom Fluß herüberzogen, weiterzuwarten.

Wir freuten uns sehr über diesen Zwischenfall. Das war eine nette Abwechslung zum atemlosen Optimismus der Schwangerschaftskurse, wo eine amüsante Lehrerin die kommenden Ereignisse in meinem Unterleib aller Mysterien beraubt und uns darauf trainiert hatte, niemals an den Begriff „Schmerz" zu denken und unsere Erwartungen möglichst hoch zu schrauben. Beglückt hatten wir einer ungeheuer interessanten, nur geringfügig ermüdenden Lebenserfahrung entgegengeblickt, und es wirkte heilsam, an die Kehrseite der Medaille erinnert zu werden – an die brüllenden, sich aufbäumenden und am Bettpfosten festklammernden Frauen, die uns aus zahlreichen historischen Romanen vertraut sind, die Torturen, von denen ganze Großmüttergenerationen (mit drastischen Gesten) berichten.

Jahrelang erzählten sie uns, wenn die „Zeit" einer Frau heranrückt, wird sie stöhnen und die Hand ihres Gatten ergreifen; darauf folgt ein Zwischenspiel voll dunklem Grauen, Geschrei, Schweiß, Schmerz und Mühsal; schließlich das Stadium der Erschöpfung, das die junge Mutter für einen Monat ans Bett fesselt, und letzten Endes ein Besuch im nächsten Tempel, wo sie von ihrer Fäulnis gereinigt wird. In den Waschsalons schwatzen alte Schachteln immer noch genüßlich von Tante Helen, die nach ihrer zweiten Niederkunft nie wieder ganz die alte wurde, von „unserer Brenda", die niemals einen schmerzfreien Tag erlebte (und seit sie aus der Klinik entlassen wurde, standen zwei Einzelbetten im Schlafzimmer, bis zu dem Tag, wo *er* endlich das Zeitliche segnete, der schweinische Kerl); von Sturzgeburten und Muskelrissen, von Spezialisten, die so etwas seit vierzig Jahren nicht gesehen hatten. Der Vorteil dieser Legenden lag vermutlich darin, daß die jungen Frauen – wenn sie dann tatsächlich niederkamen – das bei weitem nicht so entsetzlich fanden wie erwartet und in ihrer Erleichterung die geringfügigen Schmerzen im Wochenbett gern ertrugen. Der Nachteil bestand (und besteht) darin, daß die Mutter um so Schlimmeres erleiden muß, je heftiger sie sich fürchtet; aber das erhält die Legende am Leben, mit immer neuen verfeinerten Details („Ooooh, Sie hätten meine Stiche sehen sollen! Ich war fast zehn Zentimeter weit aufgerissen. Der Arzt sagte, so was hätte er noch nie gesehen ...").

Durch neue Geburtsmethoden wurde der großen Legende eine empfindliche Niederlage beigebracht. Natürliche Geburt – Geburt ohne Angst, wie immer man es nennt, die besonderen Merkmale sind so ziemlich die gleichen. Dazu gehören ein erfrischendes Quantum an technischem Wissen, die Weigerung zuzugeben, daß es weh tut, und in extremen Fällen beispielsweise die Behauptung von Sheila Kitzinger, eine Geburt wäre „das aufregendste sexuelle Erlebnis im Leben einer Frau" (ich meine, das hängt von ihren anderen diesbezüglichen Erfahrungen ab). Für die neuen Prophetinnen ist „gebären" ein aktives Verb, und sie bewundern Leboyers Vision von einem Kind, das bei sanfter Musik und gedämpftem Licht in eine Welt voller Liebe und warmem Wasser gleitet. Enthusiastisch weisen sie auf Michel Odents nackte Mutter in Hockstellung hin, auf die athletische Tätigkeit der Väter bei Pithuer, und veröffentlichen Bücher mit Anleitungen, wie man jeden einzelnen Muskel trainiert und dehnt. Detailliert schildern sie ihre eigenen traumhaften Wehen im Kreis ihrer Freundinnen, die Gitarre spielten, und berichten, wie sie mit Honig- und Himbeerblätterinfusionen nach uraltem Rezept ernährt wurden und wie das Ereignis dann im fröhlichen Verzehr der Plazenta in einem mit Eisen angereicherten Eintopf gipfelte.

Diese Methode hat – ebenso wie konventionelle Methoden – gewisse Nachteile für die nervöse, körperlich träge, verwirrte Primagravida. Es ist jedoch nützlich, sich einige Kentnisse anzueignen und bei den Wehen zu wilder Aktivität gedrängt zu werden. (Man sollte Pingpongtische in den Krankenhäusern aufstellen. Vielleicht würden die Ehemänner ihre Frauen ausnahmsweise gewinnen lassen, während sich diese einer Erweiterung von fünf Zentimetern nähern, und es wäre weniger langweilig, als auf einem Bohnensack herumzuturnen.) Und die Verachtung, die sich über Schmerzmittel ergießt, hält das Ärztepersonal wenigstens davon ab, die Frauen mit Pethidine vollzuspritzen, damit sie zu stöhnen aufhören. Andererseits erzürnt die Lobeshymne auf die Natur jene große Minderheit, deren Babys das Licht der Welt nicht auf natürliche Weise erblicken wollen. Die Opfer von Kaiserschnitten, Tropfinfusionen, örtlichen Narkosen und Zangen beklagen sich bitter, weil sie um die „Erfahrung der Geburt betrogen" wurden, was die Märchentanten, die von lautem Geheul und umklammerten Bettpfosten unken, kaum glauben können. Das ist doch genauso, als wäre man um Folterbank oder Daumenschrauben „betrogen" worden. Fast genauso schlimm sind die Schuldgefühle von Frauen meiner Sorte, denn die müssen befürchten, daß kein Baby eine sanfte, ruhige, magische Leboyer-Entbindung erleben kann, wenn die allerersten Geräusche, die an seine winzigen schleimigen Ohren dringen, die mütterlichen Flüche sind, die einem Marktweib alle Ehre machen würden.

Sie können sich aussuchen, welcher Lobby Sie vertrauen wollen. Im großen und ganzen ist es günstiger, Bücher über Geburtsmethoden zu lesen, als die Zigeunerwarnrufe der Schwiegermutter zu beachten. Als beste Informationsquelle über Krankenhäuser dient das Untergrundnetz der Müttergruppen oder die Gerüchte, die Ihre Kursgefährtinnen bei den Atemübungen vernommen haben. Auf diese Weise habe ich zum Beispiel erfahren, in einer gewissen Klinik würde ein schwuler Geburtshelfer arbeiten, der den Anblick weiblicher Brüste nicht ertragen kann; ein anderer würde im Kreißsaal Country- und Westernmusik laufen lassen (wenn die Babys zum Vorschein kommen, fühlt es sich ohnehin an, als würden sie auf dem Kopf Stetsons aus Beton tragen, also braucht die Phantasie nicht durch solche Klänge angeregt zu werden); und in einem weiteren Krankenhaus herrscht die Gepflogenheit, sechs Medizinstudenten gleichzeitig herbeizuholen, die auf Ihren Damm starren und vor lauter Staunen über Ihre Äußerungen nach Luft schnappen. (Die Frau, die mir das erzählte, hatte sich in der Pause zwischen zwei Preßwehen tatsächlich auf einem Ellbogen aufgerichtet und von der gaffenden Menge zu ihren Füßen Eintrittsgeld verlangt. Zwei Studenten waren so perplex gewesen, daß sie tatsächlich in den Taschen ihrer weißen Kittel nach Münzen gesucht hatten.) Wenn Sie das alles wissen, sind Sie wenigstens vorbereitet.

Vor der Geburt zu Hause wurde ich besonders eindringlich gewarnt. Die ist für eine Erstgeburt in Großbritannien so schwierig zu organisieren, daß ein Ehepaar zwei Monate brauchte, um zu intrigieren, Ärzte zu wechseln, mit Engelszungen zu reden und Feldzüge zu inszenieren, bis es die Erlaubnis schließlich erhielt. Sobald die erste Freude über den Erfolg nachließ, kamen den beiden Bedenken. Etwas beschämt gestand die Frau, in ihrem eifrigen Bestreben, das System zu besiegen, hätte sie kein einziges Mal an die Arbeit und die Unruhe gedacht, die das alles mit sich bringen würde – nicht für das medizinische Personal, sondern für ihren eigenen Haushalt. An dem Tag, wo sie die amtliche Liste der Gegenstände bekam, die sie besorgen mußte (zum Beispiel hohe Holzklötze, auf die das Bett gestellt werden mußte, und eine Plastikabdekkung für den ganzen Schlafzimmerteppich) hätte sie am liebsten alles abgeblasen; doch dazu fand sie nicht den Mut. Ihr Mann verbrachte die halbe Entbindungsnacht mit Aufräumarbeiten. Am nächsten Morgen spülte er das Dutzend Teetassen und Keksteller, die die Gemeindehebamme benutzt hatte (der Arzt hatte nach der Geburt den Großteil des Whiskybestands konsumiert). Manchmal denken diese Eltern immer noch wehmütig an schöne saubere Krankenhäuser mit unbegrenzten Wäschevorräten und professionellem Teeservice. Mein eigener Mann, der mich bei zwei Klinikentbindungen aufheiterte und im Bewußtsein schwelgte, daß jemand anderer saubermachen würde, vertritt nun die Meinung, solche Vorgänge sollten sich besser im Freien abspielen, in jenen Gehegen, wo die Lämmer geworfen werden, und dabei müßten alle Anwesenden Gummistiefel tragen. Also darf man wohl nur den Schafen Hausgeburten gestatten.

(Ich muß allerdings zugeben, daß ich, was Hausgeburten betrifft, keineswegs objektiv bin. Bei meiner ersten Niederkunft stellte ich schamrot fest, daß ich krankenhaussüchtig bin; ich genieße jeden Augenblick eines solchen Aufenthalts, gehöre nach zwei Tagen mehr oder minder zum Inventar, und muß nach acht Tagen gewaltsam hinausgezerrt werden, wobei ich mich bitter beschwere. Monatelang träume ich noch voller Sehnsucht von einer Rückkehr in die gemütliche Entbindungsstation. In einer ermüdenden Nacht, als Rose zwei Monate alt war, gab ich diese Wünsche bekannt, und mein Mann fragte: „Um Himmels willen, was ist denn so besonders an diesem Krankenhaus?" Schluchzend stieß ich hervor: „Um Punkt neun Uhr abends schieben sie einen Wagen mit Abführmitteln und Schlaftabletten herein. Ich nehme nie was von dem Zeug, aber allein das Bewußtsein, daß jemand da ist, der sich um einen kümmert." Worauf sich mein armer verwirrter Mann angewöhnte, mir jeden Abend kurz vor den Neun-Uhr-Nachrichten ein Abführmittel anzubieten, um zu beweisen, wie sehr er sich um mich sorgte, aber irgendwie war das nicht dasselbe.)

Jede Geburt ist anders, und im Grunde kann ich Ihnen nur raten: Hüten Sie sich vor Legenden und albernen Kampagnen.

Legenden

Eine Frau weiß immer, wann die Wehen beginnen.

O nein, das weiß sie nicht. Manche treffen zwei Minuten vor der Geburt im Krankenhaus ein und fragen sich immer noch vage, ob irgendwas nicht stimmt; und unzählige andere erscheinen vierzehn Tage zu früh, mit Verdauungsstörungen und Nervenflattern. Bleiben Sie gelassen, und lassen Sie sich nicht von einem spektakulären Schluckauf zum Narren halten, den Sie bei „Dallas" bekommen.

Ihre Fruchtblase wird ohne jede Vorwarnung platzen, wenn Sie gerade im Supermarkt einkaufen, und Sie in schreckliche Verlegenheit bringen.

Das könnte passieren. Es wäre möglich. Aber deshalb lohnt es sich nicht, in wochenlanger Angst zu leben und Supermärkte zu meiden. Kurz vor Roses Geburt fuhr ich los, um die Sonntagszeitungen zu holen, und plötzlich saß ich auf einem nassen Autositz. Ich geriet in Panik, fuhr vorsichtig nach Hause, spürte alle zwei Minuten vermeintliche Wehenschmerzen und schrie nach meinem Mann, nach einem Babysitter für meinen Sohn, nach Pethidine oder einem Kaiserschnitt oder der Gemeindehebamme oder sonst jemandem. Paul sprang auf den Fahrersitz, hielt inne und begann laut zu lachen. „*Meine* Fruchtblase ist *auch* geplatzt", japste er. Bevor eheliche Gewaltaktionen beginnen konnten, erklärte er: Irgend jemand hatte das Auto mit offenem Fenster über Nacht im Regen stehenlassen. Das Wasser war tief in die Schaumgummipolsterung eingedrungen. Wenn man die Sitzfläche anfaßte, war sie trocken, aber sobald man sich drauf niederließ, wurde sie vom Regenwasser durchtränkt. Allgemeines, wenn auch von meiner Seite gequältes Gelächter.

Wenn der Geburtsvorgang begonnen hat oder wenn das Baby schon überfällig ist, können Sie es auf natürliche Weise in Bewegung setzen, indem Sie Ihre Brustwarzen massieren.

Angeblich produziert das nützliche Hormone. Aber nur, wenn man's ein paar Stunden lang macht. Und es gibt nur wenige Dinge, die eine Hochschwangere mit noch geringerem Vergnügen tun würde, als den ganzen Tag ihre Brustwarzen zu massieren. Glauben Sie mir.

Eine holprige Fahrt wird die Geburt einleiten.

Die müßte schon sehr holprig sein, wenn zwanzig Meilen auf Nebenstraßen in Lincolnshire, im Beiwagen eines überholten russischen Armeemotorrads jede Wirkung auf meine Schwägerin verfehlten, die sich in der einundvierzigsten Woche ihrer Schwangerschaft befand ...

Wenn es soweit ist werden Sie den überwältigenden Drang spüren, fest zu pressen.

Nie hätte ich gewagt, dieser weitverbreiteten Überzeugung zu widersprechen, wäre mein zweites Baby nicht auf die Welt gekommen, ohne daß ich auch nur das geringste Bedürfnis verspürt hätte zu pressen. Danach traf ich andere Frauen, die heimlich aufs Pressen verzichtet hatten, und brachte sie dazu, das einzugestehen. Wir alle drückten unsere Babys einwandfrei heraus, warteten auf die Kontraktionen und machten dabei mit, empfanden aber keinen Drang, nur eine dumpfe Langeweile angesichts des ganzen Vorgangs und den Wunsch, ihn möglichst schnell hinter uns zu bringen. Niemand sollte sich herumkommandieren oder aufgrund der biologischen Beschaffenheit „aller Frauen" stereotypisieren lassen.

Beim Anblick des neugeborenen Babys, das auf Ihrem Bauch liegt, werden Sie von Liebe und Ehrfurcht überwältigt sein.

Falsch. Das kann zwar passieren. Bei einer meiner beiden Geburten war es so. Bei der anderen fühlte ich mich elend und hätte mich eher für eine Tasse Tee als ein für schleimiges Baby begeistern können. Das ist keine Tragödie. Mein Mann nahm jedes unserer Babys gleich nach der Geburt in die Arme, während ich langsam wieder zu mir selbst fand, und unser Seelenleben erlitt keinen Schaden. Was zur allergefährlichsten Legende führt:

Es ist überaus wichtig für die Bindung zwischen Mutter und Kind, daß sie es sofort in den Armen hält und stillt. Wenn eine Mutter davon abgehalten wird, könnte sie im Wochenbett schwere Depressionen bekommen und keine Beziehung zu ihrem Baby finden.

Es ist grauenvoll, so etwas zu einer Mutter zu sagen die noch unter der Wirkung eines Betäubungsmittels steht, die sich krank fühlt oder deren schwaches Baby im Brutkasten liegt. Was soll sie tun? Eine Beziehung zum Teewagen neben dem Bett aufbauen? Menschliche Wesen haben nicht nur Körper, sondern auch ein Gehirn, das zu denken vermag. Und es wird Zeit, daß die Lobby, die mit solchen Behauptungen für die Mutter-Kind-Bindung kämpft, das zugibt.

Noch schlimmer ist es, dergleichen einer Mutter zu erzählen, die keine medizinischen Probleme, aber einfach keine Lust hat, ihr Baby nach stundenlangen anstrengenden Wehen und einer monatelangen anstrengenden Schwangerschaft sofort in den Arm zu nehmen. Warum zum Teufel sollte sie? Als meine lebhafte, kerngesunde, unbeschwerte Tochter – jetzt mein Augapfel – geboren wurde, warf ich einen Blick auf sie und sagte: „Mein Gott, sie sieht ja aus wie ein blutiger Hai." (Was den Tatsachen entsprach; sie hatte ein fliehendes Kinn und eine seltsam eingedrückte Nase). Das erste Geturtel überließ ich meinem Mann. Nach zwanzig Minuten stillte ich sie, recht erfolgreich. Dann schlief sie ein, und ich wurde in eine andere Abteilung gebracht. Aufgeregt eilten die Schwestern herbei und erklärten, der Raum, wo ich jetzt lag, wäre zu kalt für ein neugeborenes Baby; sie könnten kein Heizgerät finden; würde es mir etwas ausmachen, wenn meine Tochter bis zum Morgen auf der warmen Babystation blieb? „Nein", sagte ich. Und Rose, die tief und fest schlief, verbrachte ihre erste Nacht nicht neben meinem Bett. Nach der Geburt meines Sohnes haben wir beide nebeneinander gelegen und uns sechs Stunden lang hellwach angestarrt; auch das war auf gewisse Weise schön gewesen. Aber für die „Bindung" zwischen Mutter und Kind spielte es keine Rolle. Natürlich ist es bedauerlich, wenn ein neugeborenes Kind sofort in den Brutkasten oder für mehrere Stunden auf die Babystation verfrachtet wird; aber es ist ebenso bedauerlich, wenn von einer müden, mißgelaunten, schläfrigen Frau erwartet wird, daß sie nun die große Schau ihrer heißen, sofort entbrannten Mutterliebe abzieht, obwohl ihr nicht danach zumute ist. Bei vielen Frauen entsteht die Liebe etwas langsamer; und man kann eine junge Mutter schrecklich deprimieren, wenn man ihr das Gefühl gibt, ein herzloses Monstrum zu sein, nur weil sie nicht unentwegt gurrt und ins Babybettchen schaut.

Alberne Kampagnen. Nichts gegen die Leute, die Kampagnen organisieren. Aber es gibt gewisse, früher sicher großartige Bewegungen, die größer geworden sind als die Probleme, die sie lösen sollten. Vor meiner ersten Niederkunft wurde ich von Pionierwerken über die natürliche Geburt inspiriert und vom feministischen Geist beflügelt. Bei meinem ersten Besuch in der Klinik lauteten die beinahe ersten Worte, die ich zu der verblüfften Hebamme sagte: „Ich lasse mir keinen Einlauf geben, wissen sie." Ich gelobte, mich eher selbst ans Treppengeländer zu ketten, ehe ich mich einer Rasur unterziehen würde (dieser „rituellen Demütigung der Frauen"), ich diskutierte schon im zweiten Monat über Scheidendammschnitte und rezitierte vor jeder verblüfften Schwester, die zuzuhören bereit war, die Statistiken über die grausigen Nebenwirkungen einer künstlich eingeleiteten Geburt. Auf Partys trieb ich Geburtshelfer in die Enge, die gerade Würstchen auf Zahnstocher zu spießen versuchten, und spottete über die Apparate, die man zum Abhören der Fötusherztöne benutzt, oder über die Zangengeburt. Ich war eine gräßliche, gräßliche Langweilerin.

Natürlich bekam ich meine wohlverdiente Strafe. Aus unangreifbaren medizinischen Gründen wurde meine Niederkunft künstlich eingeleitet, man hängte mich an einen Tropf und verpaßte mir eine örtliche Narkose, um meinen Blutdruck zu senken; und ein nur milde beunruhigtes Baby wurde gerettet, kam dank eines Scheidendammschnitts und einer Zange gesund und wohlbehalten zur Welt. Davor hatte ich mir willig einen Einlauf geben und mich rasieren lassen weil ich die ziemlich obszöne extravertierte alte Hebamme mochte, die mir beides offerierte. Was die rituelle Erniedrigung der Frauen betrifft – Schwester Hubbard hätte sich mit dergleichen keine Sekunde lang abgegeben. (Es war wundervoll, ihre eigene Taktik der rituellen Erniedrigung von arroganten jungen Ärzten zu studieren.)

Ironischerweise sagte ich bei der zweiten Geburt in einer sehr liberalen, auf natürliche Geburtsmethoden eingestellten Klinik andauernd: „Wie wär's mit einer örtlichen Narkose, wann, Schwester? Sind Sie sicher, daß ich nicht rasiert werden muß? Ich glaube, ein kleiner Scheidendammschnitt würde die Prozedur beschleunigen ... Wenn jetzt die Fruchtblase platzt, Doktor ... Vielleicht sollte ich jetzt einen Einlauf bekommen ..." Kurz gesagt, ich war eine noch schlimmere Langweilerin. Ich bekam überhaupt keine Narkose, abgesehen von einem kurzen beglückenden Zwischenspiel mit einem Gas-Luft-Zylinder, ein wundervolles, berauschendes Erlebnis für eine Frau, die neun Monate ohne Drink hinter sich hat. Und statt eines Scheidendammschnitts hatte ich einen Riß und spürte nachher keinen besonderen Unterschied.

Die Moral dieser Geschichte – entspannen Sie sich. Oder seien Sie eine Langweilerin, wenn Sie das wollen. Der besondere Vorteil einer Geburt liegt darin, daß Sie sich dabei zum letzten Mal abscheulich benehmen, fluchen, alle Regeln mißachten, kreischen, stöhnen und Ihren Mann in die Brust boxen können und daß man Ihnen alles verzeihen wird. Sie sind der Star, die Primadonna – nutzen Sie das aus. Sobald der neue Star eintrifft, begleitet von Ihrem letzten wütenden Fluch, müssen Sie sich wieder anständig benehmen und Sanftmut und Opferbereitschaft zeigen. Genießen Sie ihren letzten Temperamentsausbruch.

Die praktischen Dinge. In den Krankenhäusern gibt man Ihnen eine Liste der Gegenstände, die Sie mitbringen müssen. Papierunterhöschen werden nie erwähnt. Packen Sie zwanzig Stück ein, Sie werdens nicht bereuen. Verständlicherweise wird man Sie nicht dazu ermutigen, allzuviel in den Kreißsaal mitzunehmen, aber verschiedene Organisationen empfehlen Amüsements und Annehmlichkeiten vom feuchten Schwamm bis zur leichten Lektüre. Hier zähle ich ein paar weniger konventionelle Sachen auf, die manche Frauen in den Kreißsaal mitgebracht haben und froh drum waren.

- Dicke Wollsocken (heißes Gesicht, kalte Füße).

- Ein Frischluftspray. (Eine Freundin sagte: „Ich furzte die ganze Zeit wie verrückt, und der Geruch war mir sehr peinlich." Verzeihung ...)

- Eine kleiner Wasserzerstäuber für Topfpflanzen, für den Fall, daß es Ihrem Mann zu langweilig ist, Ihr Gesicht ständig mit dem feuchten Schwamm abzuwischen.

- Ein Kassettenrecorder. (Aber da müssen Sie aufpassen. Als sich der Geburtshelfer mit der Zange näherte, um mein erstes Baby ans Licht der Welt zu befördern, ließ Paul in unserem Recorder – um mich abzulenken – das Seemannslied „Haul away Joe" (Zieh es, Joe) laufen. Nicht sehr geschmackvoll, aber der Doktor mußte lachen.)

- Einen Fotoapparat. (Bilder von zehn Minuten alten Babys sind einfach wundervoll. Aus irgendeinem Grund sehen sie da erwachsener aus als eine Woche später – weise und belustigt.)

- Lippencreme.

- Eine Gitarre. (Eine junge Frau wollte eine Hammondorgel mitnehmen, aber das wurde ihr untersagt.)

- Einen Spiegel (um zu beobachten, wie der Kopf des Babys hervorkommt, falls Sie das mögen).

- Einen tragbaren Fernseher (wenn Sie das dürfen...).

- Ein Picknick für danach (wenn Sie den Termin der Krankenhausmahlzeit verpassen, müssen Sie sechs Stunden hungern).

- Eine Marienbohne (ein tropisches Samenkorn aus Westindien, das bei einer Geburt angeblich Glück bringt).

- Ein Hufeisen (aus demselben Grund).

- Ein Scrabble-Spiel (Eine Mutter berichtet allerdings, daß so etwas an die Nieren gehen kann. „Blut – Befruchtung – Eileiter ... Da gaben wir's auf.")

Vor allem oder statt allem:

- Einen Vater. Wenn er nicht will, will er nicht, und Sie müssen sich mit einer Freundin, Ihrer Schwester oder Ihrer Mutter begnügen. Besser eine willige Begleitperson, als eine, die nur widerstrebend mitkommt und völlig fertig ist. Aber wenn er will, wird er Sie vielleicht überraschen. Viele Männer benehmen sich im Kreißsaal trotz aller Legenden so phantastisch, daß die Hebammen vor Bewunderung erstarren. (Manchmal kann das auch zu weit gehen. Nach Roses Geburt flüsterte mir die junge Schwester hingerissen zu: „Ihr Mann ist großartig. Man könnte glauben, er wäre schon bei ein paar Dutzend Entbindungen dabeigewesen." Ich erwiderte etwas pikiert, das sei unwahrscheinlich. Oder er hat ein Hobby, von dem ich nichts weiß. Vielleicht schlüpft er an seinen freien Tagen heimlich in einen weißen Kittel und schleicht sich in Kreißsäle.)

Ein Schlußwort. Die Tage im Krankenhaus mit einem neugeborenen Baby sind seltsam, wie ein Schwebezustand. Selbstsucht ist absolut erforderlich. Wenn Sie den Besuch eines schwierigen, anstrengenden Verwandten nicht wünschen, sagen Sie es. Eine junge Frau, die ein vier Tage altes Baby verloren hatte, litt während der gesamten zweiten Schwangerschaft unter den Anspielungen ihrer Schwiegermutter auf genetische Defekte („Wenn es einmal passiert, passiert es immer wieder.") Verzweifelt versuchte sie nun, die schreckliche alte Hexe von sich fernzuhalten, wenigstens für fünf oder sechs Tage. Aber alle möglichen Experten redeten ihr ein, solche Krankenhausbesuche wären wichtig für die „Familienbande". Schließlich gab ich ihr den tückischen Rat, auf ihrem Standpunkt zu beharren und notfalls aus diplomatischen Gründen auch die eigene Mutter aus dem Zimmer zu verbannen.

In diesen Tagen muß man bereit sein, die Hilfe anderer anzunehmen. Unabhängige, starke, gesunde Frauen fühlen sich idiotisch, wenn ihnen die Mahlzeiten ans Bett gebracht und ihre Babys von Krankenschwestern gewickelt werden. Betrachten Sie das doch als Vorteil. Auf einer Wöchnerinnenstation kann man stets die Frauen, die zum erstenmal Mutter wurden, von den bereits erfahrenen unterscheiden. Alle Neulinge kämpfen tränenüberströmt mit der fünften Windel des Morgens, stechen sich selber mit den Sicherheitsnadeln und ärgern das Baby – nur um zu beweisen, daß sie zurechtkommen. Währenddessen legen sich die alten Hasen in die Kissen zurück und murmeln. „Mein Rücken tut ein bißchen weh, Schwester. Wenn Sie ihn freundlicherweise wickeln würden, wäre ich Ihnen schrecklich dankbar ...” Sie müssen nicht beweisen, daß sie's können. Das haben sie schon getan. Außerdem kann's auch jede unerfahrene Mutter allein (abgesehen von völlig abnormen Müttern), wenn sie nach Hause kommt, selbst wenn es schwierig ist. Warum soll man sich schon verfrüht anstrengen, wenn man im Bett liegen, Weintrauben essen und mit einem hübschen, sauberen, frischgewickelten Baby schmusen kann? Falls Sie mißgelaunt und unzufrieden sind, falls die Stiche, die Hämorrhoiden und die wunden Brustwarzen schmerzen, falls Sie an Schwellungen oder anderen Beschwerden leiden – das geht vorbei. Und es gibt keinen Grund, warum Sie sich schon in den ersten Tagen die Sporen der Mutterschaft verdienen sollten, indem Sie jede einzelne Windel wechseln.

Ein Tränenausbruch am Tag fünf ist ein so weitverbreitetes Phänomen, daß es niemanden auf der Wöchnerinnenstation überrascht. Sie sollten deshalb Ihre nervenaufreibendsten, unwillkommensten Besucher nicht ausgerechnet für den fünften Tag in die Klinik bestellen.

Das einzige, wofür es sich in diesen sonderbaren, chaotischen ersten Tagen zu kämpfen lohnt, ist das Stillen. Allerdings müssen Sie heutzutage kaum noch drum kämpfen, daß Sie Ihr Baby jederzeit nähren können. So beängstigend es auch anmuten mag, das Kind rund um die Uhr alle fünfundvierzig Minuten zu stillen (es dauert jedesmal fünfzehn Minuten oder länger) – wenn es das so haben will, soll man sich danach richten. Es hält das Baby vom Schreien ab und führt den Augenblick, wo es zu vernünftigen Zeiten trinken wird, schneller herbei (je kräftiger es saugt, desto mehr Milch nimmt es zu sich). Genaue Regeln sind da keine Hilfe. Aber gerade *weil* Sie ständig verfügbar sind, um das Baby zu stillen – der unselbstsüchtigste Liebesdienst, den ein Mensch einem anderen erweisen kann, ist es in der restlichen Zeit Ihr gutes Recht, verdammt egoistisch zu sein. Befassen Sie sich ein paar Tage lang mit sich selbst. Bestehen Sie auf Komfort, Ruhe und Frieden. Verlassen Sie sich auf alle anderen. Immerhin verläßt sich auch das Baby auf Sie – und das noch viel mehr.

Babys im Körbchen – Säuglinge

Alles war bereit in der winzigen Wohnung. Der geringfügige Ehezwist wegen des Weinregals hatte sich in Wohlgefallen aufgelöst. (Das Baby würde im Eßzimmer schlafen. Die Bücher schreiben 20° C für Babys vor, der Wein braucht eine niedrigere Temperatur. *Sie* wollte den Wein dem Zufall überlassen; *er* zog es vor, das Baby im Schneeanzug mit Wollmütze schlafen zu lassen. Schließlich entfernten sie das Weinregal.) Plötzlich erschien eine Beamtin von der Gesundheitsbehörde, korrekt und lächelnd, und ließ die aufmerksamen kleinen Augen nach allen Seiten wandern. Meine schwangere Freundin begrüßte sie arglos, servierte ihr eine Tasse Tee und setzte sich eifrig hin, um gute Ratschläge zu hören.

„Also, Frau D ...", begann die Dame mit jenem forschen Selbstbewußtsein, das unverheiratete zweiundzwanzigjährige Beamtinnen von der Gesundheitsbehörde zehn Jahre älteren besorgten Erstgebärenden gegenüber an den Tag legen. „Wollen Sie Frottee- oder Wegwerfwindeln benutzen?" "Großer Gott, natürlich Wegwerfwindeln", erwiderte die Mutter in spe verwirrt. Die Entfernung des Weinregals ging in Ordnung – gewisse Kompromisse mußte man nun mal schließen. Aber Tag für Tag in einem Eimer voll feuchter Wäsche herumzuwühlen – das war etwas anderes, so etwas kam nicht in Frage. Die Beamtin der Gesundheitsbehörde lächelte nachsichtig und machte sich eine Notiz. „Wegwerfwindeln ... Nun ja. Frau D ..." (Ein weiteres furchterregendes Lächeln.) „*Wissen Sie, deshalb müssen Sie wirklich keine Schuldge-*

fühle haben." Meiner unglücklichen Freundin, in deren heiteren, optimistischen Visionen der künftigen Mutterschaft der Gedanke an Schuldgefühle noch niemals eingedrungen war, verschlug es die Sprache. Plötzlich lauerte ihr schlechtes Gewissen am Horizont und glühte wie ein alptraumhafter Mond, beleuchtete alle Aspekte ihrer mütterlichen Pflichten mit den Strahlen der Unsicherheit und Furcht. In den nächsten Wochen sollten Krankenhausangestellte und Omas, Ärzte und Fremde und Schwägerinnen und sogenannte Freundinnen sich verbünden, um jenen düsteren, täuschenden Schimmer jener Strahlen noch zu verstärken.

Man kann einem auch Schuldgefühle wegen des Gebrauchs von Frotteewindeln suggerieren (falls man sie benutzt), wenn sie nach mehrmaligem Waschen ein bißchen grau geworden sind. Oder weil man das Baby mit dem Fläschchen füttert oder weil man es stillt. („Der arme kleine Kerl ist schon wieder hungrig. Hast du auch wirklich genug Milch?") Die Schuldgefühle warten hinter der Badezimmertür. („Natürlich benutze ich immer Wattebäusche für ihre armen kleinen Popos, mit abgekochtem warmem Wasser getränkt, nicht diese abscheulichen, kalten, chemischen, feuchten Babywischtücher.") Und die Schuldgefühle liegen in den Schubladen. („Mit diesen modernen Kleidern hat es eine Mutter natürlich furchtbar einfach, aber in den alten Tagen, wo die Babys Strampelhosen aus reiner Wolle trugen, konnten die armen kleinen Popos wenigstens *atmen.*") Die Schuldgefühle können auch auftauchen, wenn das Baby schreit, und sich noch heftiger regen, wenn man es tröstend auf den Arm nimmt. („Du machst dir das Leben unnütz schwer, meine Liebe, wenn du das Kind so verwöhnst – und auf lange Sicht tut ihm das gar nicht gut.") Oder die Schuldgefühle kauern in der Küche und sehen zu, wie Sie unter Tränen den Deckel eines Glases mit Babynahrung abschrauben. („Es gibt doch nichts Besseres als richtiges Essen nicht wahr?") Die Schuldgefühle spähen in das Körbchen, wo Ihr Baby friedlich liegt. („Du Armer, das ist sehr langweilig für dich, nicht wahr? Man sagt, es würde die spätere Entwicklung hemmen, wenn ein Baby zu wenig Anregungen bekommt.") Sie schnalzen mißbilligend mit der Zunge, wenn Sie das Baby aufsetzen. („Natürlich belastet das den armen kleinen Rücken viel zu sehr, weil die Knochen noch so weich sind.") Um allen diesen Schuldgefühlen zu widerstehen, müßte man eine Art weiblicher, mit Mutterfreuden gesegneter John Wayne sein: zäh, eigenwillig, selbstbewußt, voller Verachtung für die Welt. Eine vogelfreie Mutter, die ihrem eigenen Pfad folgt. Oder Sie müssen einen langen, ruhigen Blick auf Ihr Baby richten und feststellen, daß es *trotz Ihrer vielen Fehler* völlig okay ist. Es mag Sie. Es ist sauber und im Moment nicht besonders hungrig. Es nimmt das Leben so, wie es kommt. Die Tatsache, daß es eine Wegwerfwindel trägt, seltsame Socken und einen Pullover des um zwei Jahre älteren Bruders – an den Ellbogen hochgekrempelt –, ist irrelevant. Ebenso die Tatsache, daß es ans Sofakissen gelehnt, in einem Karton sitzt, im Fernsehen die Hitparade sieht und seit Wochen nicht mehr von einem Arzt gewogen wurde. Mein erstes Baby brachte ich pflichteifrig einmal pro Woche zum Wiegen und trug in eine Kartei jedes Gramm ein, das es zugenommen hatte, jeden Zentimeter, den es gewachsen war. Aber das zweite sah seit seiner fünften Lebenswoche keine Waage mehr, und jetzt ist es über ein Jahr alt. Ich finde meine Tochter völlig in Ordnung. Aber ich war mit *beiden* Methoden glücklich. Es gefiel mir, die Pfunde meines ersten

Babys zu zählen, und ich ignorierte die rüden Äußerungen, ich würde „zu viel Aufhebens machen". („Letzten Endes tut das dem Kind nicht gut, weißt du ...") Beim zweiten Baby hatte ich einfach keine Lust dazu, also tat ich es nicht. Wenn ich kurzfristig von Gewissensbissen geplagt werde und zur Beamtin von der Gesundheitsbehörde sage, ich sollte Rose vielleicht einmal zum Wiegen bringen, meint sie nur (selbst eine pflichtbewußte Mutter mit Gewichtskartei): „Ach, seien Sie nicht albern! Schauen Sie sie doch an!"

Was bei neugeborenen Babys besonders wichtig ist – sie stellen keine großen Ansprüche, aber wenn sie etwas wollen, dann wollen sie es *mit aller Macht*. Es hat keinen Sinn, sie warten zu lassen. Sie werden nur immer zorniger, machen auch Sie wütend, und schließlich geraten die Kleinen so in Rage, daß sie gar nicht mehr wollen, was immer es auch gewesen sein mag, sondern nur noch brüllen, eine weitere halbe Stunde lang. Es erscheint unglaublich, aber es gibt qualifizierte Krankenschwestern und erfahrene Mütter (letztere leiden vermutlich an Gedächtnisschwund), die erklären: „Das Baby muß lernen, wer der Herr im Haus ist – lassen Sie es ruhig schreien", und strikt einzuhaltende Fütterungstermine auch für ganz kleine Babys empfehlen, die noch nie was von Uhren gehört haben. Manche reden sogar selbstgefällig von einer „kräftigen Lunge", während ihnen das Baby mit hochrotem Gesicht seine Verachtung in die dummen Gesichter schreit. Disziplin und das Lernen, wer der Boß ist – das alles kommt viel später. Solche Schwachköpfe vergessen den Ablauf der Entwicklungsstufen im Babystadium. Ein Neugeborenes ist kein sechs Wochen altes Baby, das man mit Rasseln vom Hunger ablenken kann; ein sechs Wochen altes Baby ist kein Krabbelkind, und ein Krabbelkind kein eigenwilliger Zweijähriger. Es dauert fast zwei Jahre, bis ein Kind klug genug ist, um Verschiedenes „zu probieren" oder Machtkämpfe mit Ihnen auszufechten. Wenn Sie einem Baby die Beweggründe und moralischen Anschauungen eines älteren Kindes zuschreiben, werden Sie wahnsinnig. Für eine Mutter ist das Geschrei ihres Babys ein furchtbares Geräusch. (Interessanterweise ist es für alle anderen Leute weniger schlimm. Ich war bei Freunden eingeladen, und eine Mutter entschuldigte sich für das Gebrüll ihres Babys, das ich gar nicht gehört hatte. Aber sie betrachtete es als ohrenbetäubende Qual.) Zu Ihrem eigenen Besten: Alles, womit man ein Baby zum Schweigen bringen kann, ist – abgesehen von Würgegriffen und Betäubungsmitteln – eine gute Idee.

Ich machte in der Küche das Frühstück, tanzte dabei mit einer Fingerpuppe an der Hand herum und sang dazu mit Baritonstimme ein Kinderlied, um meinem hellwachen, drei Wochen alten Sohn die Langeweile zu vertreiben. Oder wenn er badete, hängte ich ein Mobile an den Handtuchhalter und gab ihm einmal pro Minute einen Schubs, damit die Schmetterlinge unentwegt flatterten, ihn amüsierten und vom Brüllen abhielten. Ich stillte ihn rund um die Uhr in Fünfunddreißig-Minuten-Abständen. Einmal lutschte er eine volle Stunde lang an meiner Brust. Um meine zwei Monate alte Tochter zu unterhalten, gab ich in einem vollbesetzten Eisenbahnabteil unheimliche, quietschende Laute von mir. Ich ging sogar soweit, Nicholas' Kleider unnötigerweise zweimal am Nachmittag zu wechseln, weil er das lustig zu finden schien. Alle Mütter und viele Väter tun diese verrückten Dinge, nur damit das Geschrei verstummt. Es bleibt ihnen nichts anderes übrig, weil sogar die kleinsten Babys mehr brauchen als Nahrung und

Schlaf, nämlich auch noch Unterhaltung und Gesellschaft. „Das ist die Crux der frühen Mutterschaft", sagte eine befreundete Journalistin verbittert, „alles ist okay, solange man nichts anderes tun will". Dieser Winzling, der eben erst die Augen aufgeschlagen hat, ist so versessen auf Vergnügungen wie Broadwaybummler oder wilde Teenager. Und er läßt sich auch nicht lange mit alten Hüten wie Mobiles und Spieldosen abspeisen. Ich bat mehrere Mütter und Väter, offen und ehrlich zu erzählen, wie sie ihre Babys (die noch zu klein waren, um mit Rasseln zu spielen) bei Laune hielten. Unter anderem wurden folgende Methoden angegeben:

- Man läßt das Baby tanzende Flammen beobachten. (Zu diesem Zweck wurde sogar im Juli ein Kaminfeuer angezündet.)

- Über ihm wird eine Wäscheleine aufgespnnt. (Daran hängte man saubere Kleidungsstücke, damit das Baby was zu gucken hatte.)

- Man stellt die Wiege vor einen Wellensittich-Käfig. („Aber Sie müssen mindestens zwei Vögel haben, damit sie auch genug Lärm machen.")

- Das Baby schaut sich in Büchern Op Art-Ornamente an. (Endlich ein Nutzeffekt der sechziger Jahre. Neugeborene Babys interessieren sich viel mehr für komplizierte Dinge als die schlichten geradlinigen Muster, die Kleinkinder begeistern. Das hängt damit zusammen, daß sie eben erst auf einer sehr komplexen Welt angekommen sind.)

- Man stellt die Tragetasche mitsamt dem Baby

auf eine laufende Waschmaschine. (Passen Sie auf, daß es nicht von den Vibrationen heruntergeschleudert wird!)

- Man verfrachtet das Kind in einen Babystuhl, damit es Küchenaktivitäten beobachten oder zusehen kann, wie man die Waschmaschine füllt oder sonst etwas tut. (Ich habe mir überlegt, daß ein Lehnstuhl mit einer langsam kreisenden, eingebauten mechanischen Drehscheibe bestimmt Abnehmer finden würde.)

- Man chauffiert das Baby im Auto rund um den Häuserblock.

- Man bindet überall Luftballons fest. (Der ganze Vorgang, vom Aufblasen bis zum Zerplatzen, fasziniert Babys aller Altersstufen so sehr, daß jede Mutter mehrere Ballons bei sich tragen und sich schon in der Klinik welche schenken lassen sollte.)

- Man brüllt zusammen mit dem Baby Fußballschlachtgesänge. (Die Idee eines Vaters.)

- Man gibt der Katze eine besonders große Spielmaus und läßt das Baby zuschauen, wenn sie verrückt spielt.

- Sobald sich das Baby für die eigenen Zehen zu interessieren beginnt, kann man sich ein paar ruhige Minuten verschaffen, indem man ihm einfach die Socken auszieht.

Wenn alles fehlschlägt, sind alte, probate Mittel am besten: eine riesige Familie sowie ein ständiges Kommen und Gehen von Freunden. Ein lebhaftes, reizbares Baby wird sich vor allem zu Weihnachten gut benehmen und sich an der Bewunderung von Onkel, Kusinen, Nachbarn, Postboten und so weiter freuen. Wenn Sie Ihr Haus mit Gästen vollstopfen oder auf Reisen gehen und Besuche machen, haben Sie nicht mehr Arbeit als sonst auch; statt Mobiles anzuschubsen oder mit dem Baby auf dem Arm zu kochen, brauchen Sie nur zur Bushaltestelle zu gehen oder den Gästen, die sich dankenswerterweise um Ihr Kind kümmern, Kaffee zu servieren.

Partys bei anderen Leuten sind noch besser, weil Sie sich den Abwasch sparen können. Viele frühen Kindererinnerungen beinhalten einen Berg aus lauter Mänteln, auf dem die Tragetasche stand, während im angrenzenden Raum eine Party gefeiert wurde. Im Alter von vier Wochen hatte mein Sohn nur drei Orte gesehen – die Klinik, sein Zuhause und die „Olympia Horse Show". Unsere Freunde hatten eine Loge gemietet und Dauerkarten für Gäste; Joe Parker, der Pate des Babys, steuerte seinen Vierspänner mit ungarischen Grauschimmeln durch eine Feuerstraße. Und so fuhr ich an jedem Abend, den ich ohne meinen Mann verbrachte, mit der Babytragetasche quer durch London, in einem locker sitzenden Kleid, um meinen Sohn mit einem Hauch von Glamour zu stillen. Nicholas hielt Hof in der Loge, wo immer wieder freundliche Schotten erschienen, um ihm Glückspfennige in die Fäuste zu drücken. Glücklich lächelte er alle an, saugte zufrieden an meinen Brüsten oder döste, während ein Reporter seinen Kommentar zum Springreiten durch die riesige Arena brüllte. „Gott sei Dank", schien das Baby zu sagen und ließ die Kulleraugen eifrig umherschweifen, „endlich hat jemand begriffen, was ich will." Um sich halbwegs zu amüsieren, brauchte es wirklich nichts weiter als zehntausend Leute, vier Militärkapellen, zweihundert Pferde und eine Loge voll beschwipster Bewunderer.

Hingegen erlebten wir daheim grauenvolle Abende, wenn wir zu lesen oder fernzusehen versuchten, während Nicholas den Schlaf bekämpfte, quengelte, ewig lange an meinen Brüsten nuckelte und um Mitternacht endlich die Augen schloß – zwei Stunden nach unserer idealen Schlafenszeit. Ich glaube er vermißte die Olympia Show.

Ein weiterer großer Vorteil der Praxis, neugeborene Babys allen verfügbaren Leuten zu übergeben („Die Milchrechnung? Ach ja, ich suche nur rasch das Geld, halten Sie doch bitte mal das Baby ..."), besteht darin, daß diese mit ihm reden, und das braucht es dringend. Vor allem, wenn Sie selber keine Lust dazu haben. Nachdem in den einschlägigen Büchern die Bedeutung der Bande zwischen Mutter und Kind ausreichend betont wurde, lobpreist man hauptsächlich jene Mütter, die ständig mit ihren Babys sprechen, den „Augenkontakt" aufrechterhalten, sich forschend ins Gesicht starren lassen und die Zunge herausstrecken, um Reflexe zu testen. Das ist schön und gut, falls Sie Zeit und das Glück haben, augenblicklich eine anbetende Liebe zu dem Baby zu entwickeln. Wenn Sie beschäftigt, müde oder deprimiert über dieses kleine Wesen sind, das nie lächelt, sich niemals bedankt und Sie Nacht für Nacht gnadenlos viermal weckt, wird Ihnen das Ansinnen, auch noch mit ihm schwatzen zu müssen, genauso unwillkommen erscheinen wie die hundert anderen Jobs Ihres Vierundzwanzig-Stunden-Tages. Trotz meiner zugrundeliegenden Liebe haßte ich es fast zwei Monate lang, mit meinem zweiten Baby zu reden; damals lächelte meine Tochter nie, ich war erschöpft, ein bißchen krank und ständig von meinem eifersüchtigen Sohn in Anspruch genommen. So stillte ich sie nur und forderte dann meinen Mann oder sonstige Anwesende auf, sich mit ihr zu befassen. Schließlich brachten sie ihr bei zu lächeln, sie lächelte mich an und brachte mir ihrerseits bei, ihre Gesellschaft zu genießen. Das ist – der Lobby zufolge, die der Mutter-Kind-Bindung so großen Wert beimißt, ein schändliches Verhalten. Meine Tochter hätte meine Stimme aufgrund ihrer „Erfahrungen im Mutterschoß" wiedererkennen und eine „leidenschaftliche, exklusive Beziehung" zu mir herstellen müssen. Okay, sie stellte stattdessen eine leidenschaftliche Beziehung zu allen möglichen Leuten in ihrer Umgebung her. Wahrscheinlich wird sie eines Tages auf der Bühne stehen und jeden „Darling" nennen.

Es gibt hundert Bücher über Babypflege, mit detaillierten Anweisungen. Ich will Sie nicht mit weiteren Erklärungen langweilen, wie man Windeln faltet oder das Baby auf dem Schoß abtrocknet und anzieht. (Die letztere Kunst habe ich ohnehin nie erlernt. Ich glaube, Kindermädchen müssen sehr, sehr lange Schienbeine oder Spezialstühle haben. Ich kauerte jedenfalls immer vor einer Matte auf dem Boden und zählte ängstlich die winzigen gebogenen Finger, während sie aus den Wollärmeln auftauchten.)

Aber mit der Unterstützung einiger vertrauenswürdiger, erfahrener Ratgeberinnen kann ich doch mit einigen Tips aufwarten.

Das Stillen. Lassen Sie sich von niemandem einreden, das Stillen wäre in der ersten Zeit *nicht* die Hölle. Die Muttermilchlobbyisten setzen sich seit einigen Jahren eifrig in Szene, und manche neigen unaufrichtigerweise dazu, die Unannehmlichkeiten und Erschöpfungszustände der Anfangswochen zu vertuschen. Ich fürchte, deshalb geben viele zunächst bereitwillige Mütter ihre Bemühungen auf, in der sicheren Überzeugung, sie würden zu den wenigen Frauen gehören, die „es nicht können". Doch tatsächlich hat jede Mutter mit pochenden, blutenden Brustwarzen, einem grauenhaft schweren, geschwollenen roten Busen, stechenden Schmerzen und einem sechs Wochen alten Baby, das alle anderthalb Stunden gestillt werden will, ein Recht auf hysterische Anfälle. Ich erinnere mich, daß ich meinen Mann in einer Leidensnacht um drei Uhr mit den Worten weckte: „Soll ich dir mal was sagen? Ich *hasse* diese verdammte Stillerei!" Es gibt viele Gemälde „Madonna mit Kind", aber auf keinem knirscht die Madonna mit den Zähnen oder krallt die Zehen zusammen, wenn dieser gräßliche Babymund den ersten qualvollen Schluck tut. Aber diese schlimme Phase geht zu Ende, manchmal in ein bis zwei Wochen, manchmal erst in einigen Monaten. Und wenn das Stillen zur automatischen Tätigkeit wird, ist es wundervoll. Stillen ist tatsächlich das Beste. Wenn man durchhält, auf niemanden hört, der einem empfiehlt, „dem Baby zwischendurch ein Fläschchen zu geben" und gegen alle Widrigkeiten wie eine frühchristliche Märtyrerin ankämpft, die von einem kleinen, aber energischen Löwen mißhandelt wird, kommt der Tag, wo man mit dem Baby überallhin gehen kann und als Ausrüstung nur ein paar Ersatzwindeln mitnehmen muß. Meine Tochter trank vier Monate lang nicht einmal Wasser. Das wollte sie nicht.

Jeder weiß, daß die Muttermilch am gesündesten für das Baby ist. Aber es gibt auch für die Mütter ein paar eigennützige Gründe, die für das Stillen sprechen:

- Es ist billiger.

- Es macht im Endeffekt weniger Mühe. Man erspart sich das lästige Sterilisieren, verstreut kein Milchpulver in der Küche, braucht sich nicht darum zu kümmern, ob das Loch im Gummisauger des Fläschchens zu groß oder zu klein oder verstopft ist und muß sich nicht über zu heiße oder zu kalte Thermosflaschen ärgern, wenn man ausgeht.

- Die Windeln sind gelb und duften angenehm nach Zimt, statt von der Flaschenmilch sperrig zu werden, sich grün zu verfärben und faulig zu stinken. Auch die unvermeidliche Spucke riecht besser.

- Sie können mit dem Baby überallhin gehen. Später können Sie einen Vorrat an tiefgefrorener Muttermilch anlegen. Als ich beim *Tatler* arbeitete, pumpte ich täglich mit einer zylinderförmigen Pumpe (die sind am besten, hüten Sie sich vor Pumpen, die wie alte Autohupen aussehen) 250 g in ein Fläschchen und legte es in den Redaktionskühlschrank neben den Champagner des Kunstredakteurs. Abends nahm ich es mit nach Hause, und Nicholas hatte seinen Lunch für den folgenden Tag, während ich dann zehn Meilen entfernt in der Damentoilette die nächste Ration herauspumpte. Das praktizierte ich vom vierten bis zum neunten Monat, und nicht nur meinem Sohn zuliebe. An den Wochenenden konnte ich ihn dreimal am Tag richtig stillen und mußte mich nicht mit Fläschchen herumplagen, wenn wir segeln gingen.

- Sie haben stets ein unfehlbares Mittel, um das

Baby zum Schweigen zu bringen, selbst dann, wenn es zahnt. Die Zähne sind klein. Nicholas hatte schon fast alle und Rose ganze fünf, als ich zu stillen aufhörte. Nur ein einziges Mal wurde ich gebissen, und da hob ich meinen Sohn hoch, starrte ihn durchdringend an und sagte: „Mach das nie wieder, Kumpel, sonst gibt's nur mehr Flaschenmilch." Offenbar hat er das begriffen, obwohl er erst sechs Monate alt war.

- Das Baby scheint nicht so viele Blähungen zu bekommen. Blähungen sind sehr lästig, nicht zuletzt, weil sich jede alte Schachtel, die Ihnen anmaßende Ratschläge gibt, für eine anerkannte Expertin auf diesem Gebiet hält und jedes Quengeln auf Zähne oder Blähungen zurückführt. Sie stürzt sich auf das Baby, massiert ihm wie verrückt den Rücken und umfaßt sein Kinn mit Zeigefinger und Daumen. Später furzt das Baby dankbar, wenn es endlich wieder allein in seinem Bettchen liegt. Meine beiden mit Muttermilch ernährten Kinder konnten das ohne fremde Hilfe.

- Dank Ihrer Abwehrkräfte, Immunkörper etcetera, wird das Baby weniger anfällig für Krankheiten, die gerade in diesem Alter oft beängstigende Formen annehmen. Angeblich werden die meisten Immunkörper schon in den ersten Tagen durch die Vormilch auf das Baby übertragen. Aber die Muttermilch muß auch in späteren Phasen allen Krankheiten entgegenwirken. Buchstäblich Dutzende von Müttern, die sich zum Stillen entschlossen hatten, erklärten mir, ihre Babys hätten prompt vierzehn Tage nach dem Abstillen ihren „ersten Schnupfen" bekommen.

Zu dieser Liste könnte ich noch die Theorie hinzufügen, daß stillende Mütter schneller abnehmen. Aber das muß nicht unbedingt zutreffen. Ich verlor meine Pfunde erst, als ich meine Kinder zu stillen aufhörte, und ein Arzt gestand mir widerstrebend, das wäre gar nicht so selten. Aber wen kümmert das schon? Mit Ihren Tränensäcken sind Sie ohnehin kein besonders aufregendes Sexobjekt. Ein großartiger Vorteil des Stillens liegt darin, daß es die grausigen Schuldgefühle zu neunzig Prozent vertreibt. Es läßt jede Kritik verstummen. Was immer man von Ihrem chaotischen Haushalt denkt, von den grauen Windeln, dem Fertigbrei und den scheußlichen modernen Buggys („In einem Kinderwagen liegt der arme kleine Rücken viel besser und wird nicht dieser schrecklichen Zugluft ausgesetzt, aber heutzutage kommt es ja nur auf die Annehmlichkeiten der Mütter an, nicht wahr, meine Liebe?"), man wird zugeben müssen, daß Sie Ihrem Kind den allerbesten Start ermöglichen. Und das können Sie sich auch selber sagen. Es stärkt Ihr Selbstbewußtsein, und außerdem können Ihnen die Laktationshormone, die nach ein paar Monaten durch Ihre Adern strömen, so guttun wie ein doppelter Gin pro Tag.

Was das Stillen in der Öffentlichkeit betrifft, so gestehe ich, daß ich da ziemlich schamlos war. Ich hasse es, in der Bahn oder im Bus ein Baby zu beobachten, das jammernd am Kleid der Mutter zerrt, während sie hochrot anläuft und es zu beruhigen versucht und mit jeder Minute nervöser wird. Mit diesem Unsinn sollte sie schleunigst aufhören und das Kind lieber stillen. Einmal bekam Nicholas die rechte Brust in der Abflughalle 1 von London-Heathrow und die linke beim Start; Rose genoß gemütliche Mahlzeiten in Intercity-Zügen bei 150 km/h, und auf Partys ließ ich mich niemals diskret in „ein ruhiges Schlafzimmer" verfrachten, fern von der fröhlichen Gesellschaft und guten Drinks. Tapfer stillte ich meine Babys vor schwulen Junggesellen, Bischöfen und allen möglichen prüden Leuten. Auf Bahnsteigen lachte ich mit rüden alten Yorkshire-Kerlen, die mir zuriefen: „Der arme kleine Bursche, das kann er doch niemals *alles* essen!" und ihren eigenen Witz umwerfend komisch fanden. Nur ein einziges Mal traf ich einen miesen alten Knacker, der mißbilligend „tz, tz" machte, als ich mein Baby diskret stillte. Doch da brachte ich genug Chuzpe auf, um ihn zurechtzuweisen: „Okay, Kumpel, was mögen Sie lieber – einen Schreikrampf oder meinen Busen? Sie dürfen sich's aussuchen." Man kann das wirklich sehr diskret machen. Am besten tragen Sie einen weiten Pullover, den Sie von der Taille nach oben schieben können, so daß das Baby Ihre furchterregende nackte Haut verdeckt. Kleider mit Knopfverschluß an der Vorderseite und BHs sind in der Öffentlichkeit mittlere Katastrophen. Schals sind gut und schön, erfordern aber das Geschick einer Artistin, noch dazu, wenn ekstatische kleine Fäuste danach grapschen. Vor allem müssen Sie eins stets bedenken: wenn *Sie* glücklich sind, sind auch alle anderen glücklich, und wenn sie das nicht sind, müssen sie krank sein. Mein Bruder, Vater von zwei Kindern, bat mich, einen Ausspruch zu zitieren, der einen typisch männlichen Standpunkt wiedergibt (und nicht aus dem Mund eines Hippies, sondern eines provinziellen, von Kopf bis Fuß in Tweed gehüllten Rechtsanwaltes stammt): „Verstecken Sie's nicht, stellen Sie's nicht zur Schau, tun Sie's einfach. Sie werden wohl kaum die Gefühle von Leuten verletzen, mit denen Sie auf einer Wellenlänge liegen." Zuletzt muß ich noch gestehen, daß ich meine Babys niemals am Eßtisch stillte, zumindest nicht an einem fremden. Es steckt ein Körnchen Wahrheit in der vulgären Bemerkung meiner Kollegin Helen: „Während *du* nur das liebe kleine nukkelnde Babygesicht siehst, sehen *sie* nur eine große Titte mit einem riesigen wackelnden Nippel." Als meine Babys sechs Monate alt wurden und anfingen, alle Leute anzustrahlen und ihnen zuzuwinken, nährte ich sie lieber im stillen Kämmerlein. Irgendwie wirkt es undelikat, wenn ein Baby einen großen Schluck an der Brust tut und dann den Kopf verdreht, um den restlichen Insassen des Zugabteils ein breites, wissendes Grinsen zu schenken. Die Leute fühlen sich unfähig, über das Baby zu lachen, ohne auch über das – äh – andere zu lachen. Dieser Kampf kann ihre Gesichter schmerzlich verzerren, und Sie werden puterrot. Aber in den ersten vier oder fünf Monaten konzentriert sich das Baby nur auf seine Mahlzeit, und alles geht gut.

Eins muß ich aus bitterer Erfahrung noch hinzufügen: Wenn Sie Ihr Baby in einem Zugabteil stillen, alles aufknöpfen und aufhaken, den Schal zurechtrücken und wie eine aufgeplusterte Glucke zwischen aufgebauschten Textilien, Schnüffel- und Gurgellauten und enthusiastisch strampelnden Wollbeinen sitzen – passen Sie bloß auf, daß Sie genau wissen, wo Ihre Fahrkarte steckt! Männer mit Uniformmützen, die ungeduldig mit den Füßen auf den Boden trommeln, können Ihr ganzes schönes Arrangement durcheinanderbringen.

Aber ob Sie Ihr Baby nun stillen oder mit dem Fläschchen füttern, eins gibt es noch dazu zu sagen: Es hat keinen Sinn, in den ersten drei Monaten zu erwarten, daß sich ein gewisses System entwickelt. Wenn das trotzdem passiert – herzlichen Glückwunsch! Aber wenn man die systemlosen

Vorgänge, die Flauten, die Stürme, während sie dem Baby fast ununterbrochen die Brust geben, und all die verrückten und unkontrollierbaren Eßgewohnheiten eines neugeborenen Babys in einer Chronik zusammenfassen wollte, es wäre unmöglich, eine vernünftige Theorie darauf aufzubauen. Es scheint nur eine einzige hilfreiche Methode zu geben – nämlich den Zeitpunkt des Mittagessens festzulegen, damit der Tag in zwei Hälften geteilt wird. Vor dem Lunch können drei Fütterungen stattfinden, danach eine, und am nächsten Tag ist es vielleicht umgekehrt. Aber wenn sie von der Mittagsmahlzeit reden, bringen Sie wenigstens Ihren Glauben zum Ausdruck, daß irgendwann eine funktionsfähige Routine entstehen wird. Und dazu kommt es ganz bestimmt. Das einzige, was mir in den ersten chaotischen Monaten während der konstanten Fütterungen über die Runden half, war der feste Entschluß, das Baby nicht als Person zu betrachten (nur im Zusammenhang mit dem Stillen), denn es wäre eine so kapriziöse, alberne Person gewesen, daß es mich wahnsinnig gemacht hätte. Statt dessen stellte ich mir das Baby als eine Art Witterungselement vor, als unberechenbares Mikroklima. Sie erwarten doch nicht, daß es heute um neun Uhr dreißig regnet, weil es auch gestern um neun Uhr dreißig geregnet hat, oder? Na also. Warum sollte das Baby um neun Uhr dreißig gestillt werden wollen? Fügen Sie sich während der ersten schlaflosen, verrückten Monate in Ihr Schicksal, und eines Tages regelt sich alles von selber. Der beste Weg, ein System einzuführen, ist die plötzliche Erkenntnis, daß das Baby eine Woche lang jeden Tag ungefähr zur gleichen Zeit Hunger hatte. Na, was sagen Sie nun? So ein Zufall! Das kann unmöglich von Dauer sein ... aber dann bleibt es dabei. Sie haben ein Baby, das ein geregeltes Leben führt, und Sie können es mit List und Tücke so hinkriegen, daß es seine Mahlzeiten genau dann einnimmt, wann es Ihnen paßt.

Es ist nicht ungewöhnlich, daß diese verrückten, systemlosen ersten Wochen erheblich an den Nerven einer unerfahrenen Mutter zerren; viele Mütter können sich tagsüber weder entspannen noch schlafen, liegen beunruhigt im Bett, lesen zehnmal dieselbe Zeitungschlagzeile und erwarten jeden Augenblick ein Wimmern aus dem Kinderzimmer zu hören. Auf diese Weise kann man einen dreistündigen Schlaf des Babys sinnlos vertun, und wenn es dann aufwacht, begrüßt man es ziemlich irritiert. Die beste Abhilfe in diesem Fall ist nicht Valium, sondern eine andere Person (jede einigermaßen verläßliche erfüllt ihren Zweck), die das Baby einfach aus dem Haus schafft, um es im Kinderwagen immer wieder rund um den Block zu schieben, und verspricht, es frühestens in anderthalb Stunden zurückzubringen. Ihre Mutter, Ihr Vater, Ihr Ehemann, eine Nachbarin, jeder vernünftige Sechzehnjährige kann Ihnen diesen kleinen Gefallen tun; für Sie wäre das vielleicht die Rettung aus höchster Not. Es ist keine Schande, um so etwas zu bitten.

Nacht und Tag ... Sie sind es, die aufsteht, um nach dem Baby zu sehen. Das ist einer der großen Nachteile des Stillens. Neugeborene Babys wissen nicht, wozu die Nacht da ist. Allmählich finden sie es heraus, weil die Mütter nach zweiunddzwanzig Uhr immer mürrischer, stiller und ungeselliger werden. Nach dem Unterhaltungsprogramm für den Tag ist die Frage, wie man ein paar Stunden ungestört schlafen kann, das größte Problem. Harte Methoden verlängern die Qualen nur; sie werden Ihre Nerven verlieren, ehe das Baby zu schreien aufhört, also können Sie genausogut sofort aufstehen. Am Anfang weigern sich manche Babys, nach der nächtlichen Fütterung sofort wieder einzuschlafen, und man gerät in tiefe Verzweiflung. Aber dieser Zustand ändert sich mit der Zeit: sogar die hartnäckigsten Babys, die hauptsächlich nachts gestillt werden wollen, machen nach ein paar Wochen Schluß mit dieser schlechten Gewohnheit und beginnen durchzuschlafen. Manche Leute versuchen diesen Vorgang zu beschleunigen, indem sie das Baby abends ermüden. Sie erfinden komplizierte Rituale, die mit Nachthemden und Haarbürsten und Gesängen zusammenhängen, und das Baby wird umständlich in einem nächtlichen Spezialzimmer in ein nächtliches Spezialbett gelegt. Eine Freundin stellt eine Wiege neben ihr Bett, liegt im Halbschlaf da, einen Fuß mittels eines alten Gürtels mit dem Griff der Wiege verbunden, und schaukelt das Baby. (Natürlich gibt es keinen biologischen Grund, warum Sie den Gürtel nicht an den Fuß Ihres Ehemanns binden und ihm die Schaukelei überlassen sollten.) Nach vier oder fünf Monaten lohnt sich der Versuch, einen alten Trick auszuprobieren und dem Baby nachts nur Wasser anzubieten; viele Babys sind klug genug, um zu merken, daß es der Mühe nicht wert ist, wegen eines Schlucks Wasser aufzuwachen.

Wenn Sie gelassen bleiben, tagsüber jede Möglichkeit nutzen, um sich das Leben zu erleichtern, und nicht allzuviel von Ihrem winzigen Sprößling erwarten, passiert es vielleicht tatsächlich, daß Ihr Baby es satt kriegt, nachts aufzuwachen, ehe Sie sich's versehen. Eine Mutter von drei Kindern sagte mir: „Sie werden merken, wie schnell das alles geht. Man glaubt, diese schreckliche Zeit würde ewig dauern, und plötzlich wachsen die Babys heran. Ich habe es richtig genossen, mein jüngstes

Kind nachts zu stillen. Es war so schön, das Kleine mitten in der Nacht an der Brust zu halten, und ich wußte, daß es damit bald vorbei sein würde". Bei meinem ersten Baby ging es mir genauso. Ich hatte einen Ganztagsjob und bedauerte, daß Nicholas acht Stunden mit seiner Tagesmutter verbringen mußte, zehn Meilen von meinem Schreibtisch entfernt. In den Nächten erlebten wir magische, zärtliche Augenblicke, wenn er lächelnd auf der Wickelmatte lag und ganz sanft meinen Busen streichelte. Ich hatte einen Agatha Christie-Roman bei der Hand, und darin las ich manchmal eine halbe Stunde lang, während er im Halbschlaf an meiner Brust nuckelte. Als ich sämtliche, im Haus vorhandene Agatha Christies gelesen hatte, war er zehn Monate alt und mein Ganztagsjob beendet. Also schickte ich meinen Mann drei Nächte lang mit einem Wasserfläschchen zu unserem Sohn, und Nicholas hielt es für sinnlos, deshalb zu erwachen. Damit begann eine neue Ära. Bis zum heutigen Tag kann ich auf Bahnsteigen an keinem Bücherstand mit Agatha Christie-Büchern vorbeigehen, ohne ein milchiges Prickeln im Busen zu spüren...

Kleidung. Dieser Bereich kann Ihnen eine Menge Spaß machen, wenn Sie's richtig anfangen. Abgesehen von zu warmer, zu dünner oder verlauster Kleidung gibt es da nicht viel, worum sich das Baby auch nur einen Pfifferling kümmern würde. Anscheinend haben sich zwei Theorien entwickelt. Die eine besagt: „Stecken Sie das Baby in Overalls mit Kapuzen und Reißverschlüssen, und zum Teufel mit Mützen und Stiefeln und Knöpfen und Trägern und allem sonstigen Kram."

Die andere Theorie lautet: „Ziehen Sie das Baby so an, daß es wie ein Mensch aussieht und nicht wie eine Wurst in Frottee. Mit Persönlichkeiten kann man besser umgehen, wenn sie sich übergeben oder Sie wecken etcetera als mit Würsten." Dieser letzte Standpunkt hat etwas für sich, so mühsam man auch an den Designer-Babysachen herumfummeln muß. Und so packte ich mein erstes Kind von Anfang an in todschicke „richtige" Kleidung. Einmal zwängte ich Nicholas jedoch in eine traditionelle weiße Strickjacke mit passendem Häubchen, um seine Oma zu beglücken, und mein Mann war entsetzt. „O Gott" platzte er heraus, „der sieht ja aus wie ein verdammtes *Baby* oder so was ähnliches." (Nicholas war vierzehn Tage alt.) Also setzte ich ihm wieder das gestreifte Fußballfankäppi auf und zog ihm den marineblauen Matrosenanzug an.

Trotzdem – Waschen ist Waschen, und Umziehen ist Umziehen, und Sie können es leid werden, ein kleines Model herauszuputzen, dessen Garderobe Ihnen eine Vollzeitbeschäftigung beschert. Mein zweites Baby trug einen Strampelanzug oder Overall und darüber eine Jacke oder einen Pullunder und diese wunderbaren Babystiefel mit Schafsfellsohlen und Schnürriemen an den Knöcheln, die sich nicht aufknoten lassen. Nachdem ich die Vorliebe meiner Mutter für Wollhosen mit angestrickten Socken im Stil der fünfziger Jahre oft verhöhnt hatte, mußte ich zugeben, daß sie im Winter herrlich praktisch sind. Natürlich sieht das Baby darin wie ein gestricktes Würstchen oder ein Ladenhüter vom Winterschlußverkauf aus.

Die Babykleidung ist ein seltsam emotionales Element. Wenn man zum erstenmal schwanger wird, kann sie das ganze fremdartige, verstandesmäßig noch nicht erfaßte Gebiet der Mutterschaft symbolisieren. Stundenlang wanderte ich durch Kaufhäuser und starrte erschrocken auf die vielen verschiedenen Formen von Babyanzügen – am

Hals hochgeschlossen über Kreuz zu schließen oder in einem Stück – und fragt mich, wie ich ein Kind am Leben erhalten, geschweige denn anziehen sollte. Nun beziehe ich leidenschaftlich Stellung, wenn es um technische Dinge wie Puffer an der Unterseite der Beinlinge geht (das einzige, was schlecht fixierte Windeln festhält) und die Niedertracht mancher Hersteller, die es versäumen, den Reißverschluß bis zur Innenseite eines Beins hinabzuführen. Die Meinungen meiner Freundinnen über richtige Babykleidung gehen weit auseinander (was uns nicht daran zu hindern scheint, einander alles zu borgen und Riesensäcke mit abgelegter, reichlich abgetragener Kleidung zwischen den Babys hin und her zu schicken), und so werde ich, was dieses Thema betrifft, nur meine Schwägerin zitieren. Ihr Haus ist eine Art Sammelstelle für sämtliche winzigen Kleidungsstücke, und ihre Technik auf Wohltätigkeitsbasaren ein Hauptgesprächsthema in Lincolnshire. „Sag zu allem ja, was dir angeboten wird", rät sie. „Es mag wie alter Plunder aussehen, aber du kannst es gut gebrauchen, wenn alles andere im Wäschekorb steckt." In solchen Augenblicken verlieren die Debatten über „Persönlichkeiten" beziehungsweise „Würste" jede Relevanz. Bedauerlicherweise erscheinen manchmal ausgerechnet in solchen Augenblicken Verwandte, die man lange nicht gesehen hat, mit allen ihren Freunden, um Ihr zerlumptes, schäbiges Baby zu bewundern ...

Der Lebensraum. Die schlimmste Zeitverschwendung meines Daseins beging ich in der kurzen Phase, wo ich dachte, neugeborene Babys – zu klein um auf dem Teppich zu spielen und sich schmutzig zu machen – müßten abends in Nachthemden oder Pyjamas gesteckt werden. Nach einer Weile sah ich meinen Irrtum ein und legte das Baby abends nicht einmal mehr in einen besonderen „Container". Dabei entwickelte ich ein effektvolles System, um das mich manche Frachtfirmen beneiden könnten. Das Kind lag in einem leichten, mit Lammfell (das, mit dem man zu früh geborene Babys wärmt und das alle anderen zum Schlafengehen verlockt) ausgekleideten Korb. Nachts paßte er in die Wiege neben meinem Bett, bei Autofahrten in eine alte, auf dem Rücksitz festgeschnallte Tragetasche. Ansonsten stand der Korb auf der Küchenbank, auf dem Sofa im Wohnzimmer oder da, wo ich mich gerade aufhielt. Dadurch mußte ich das Baby niemals aufscheuchen, und es konnte tun, was alle Kinder lieben: nämlich selbst zu bestimmen, wann es schläft oder wann es wach ist. Bei dieser Methode muß man nicht überlegen, ob man das Baby wecken soll, um mit ihm einkaufen zu gehen, bevor die Geschäfte schließen; man braucht keine offizielle Schlafenszeit festzulegen und das Baby nicht zu wecken, um es in die offizielle Wiege zu legen. Wenn man am Fußende des Korbs ein paar Windeln, eine kleine Packung Babywischtücher, einen Ersatzstrampelanzug, ein Musselintuch und einen winzigen Topf Babysalbe verstaut, hat man immer alles bei der Hand, was man zum Wikkeln braucht. Man muß nicht das halbe Fernsehprogramm versäumen, kein Gespräch unterbrechen, keine Treppen hinauflaufen, um alles zu holen, was man benötigt. Dieses System schont die Nerven und beschränkt das Gefühl, ständig beansprucht und gestört zu werden, auf ein Minimum. Wenn das Baby zu groß für den Korb wird („Du behinderst die kleinen Beinchen in ihrem Wachstum, meine Liebe!"), brauchen Sie das getreue (und waschbare) Lammfell nur in das neue Bettchen zu verfrachten, wo sich Ihr Kind sehr schnell eingewöhnen wird. Wenn Sie Glück haben, befindet es sich dann schon in dem Stadium, wo es gewisse Dinge wiedererkennt, und trägt sogar schon Pyjamas. Über das Thema der transportablen Lebensräume gibt es zahllose merkwürdige Variationen. Eine meiner Freundinnen trug ihr Kind exzentrischerweise in einer Babybadewanne im Haus herum und behauptete, das Ding wäre herrlich leicht, würde das Baby vor Zugluft schützen und könnte mit Lammfell ausgekleidet werden. Eine andere stellte in jedes Zimmer einen Karton mit einem festen Kissen darin, überzog ihn mit einem alten Kissenbezug, und in diesem Kokon wurde das Baby umhergeschoben. („... aber ich wurde gewarnt, es könnte in dem Kokon ersticken, also mußte ich immer wieder nachschauen.") Eine dritte trug ihr waches oder schlafendes Baby in einem um Hals und Körper geschlungenen Tuch mit sich herum, wohin immer sie ging oder was immer sie tat; allerdings ist sie eine gute Turnerin und hat erstaunliche Rücken- und Nackenmuskeln. Sobald das Baby sitzt, sollten Sie leichte Babystühle oder Laufställchen überall im Haus oder in der Wohnung aufstellen. Dergleichen können Sie hemmungslos von allen Freundinnen ausleihen, deren Babys schon ohne Stütze sitzen; die Phase ist so kurz, daß ein mittelgroßes Netz von Freundinnen über mindestens drei überflüssige Babystühle zur gleichen Zeit verfügt. Alles in allem – die Praxis, ständig ins Kinderzimmer zu laufen, um nach dem Baby zu sehen oder die Windeln zu wechseln, beläßt man am besten da, wo sie hingehört – in uralte TV-Komödien.

Übrigens, in allen Kindermöbelgeschäften wird man versuchen, Ihnen eine „Wickelkommode" mit winzigen Schubladen für die Windeln und einer herausklappbaren Platte zu verkaufen, auf der man das Baby „ohne Rückenschmerzen" wickeln kann. Ich kenne einige Mütter, die auf solche Kommoden schwören, aber seien Sie nicht traurig, wenn Sie kein Geld für so etwas aufbringen können. Ich erstand dieses Ding nicht, weil ich nicht die *Nerven* dafür aufbrachte. Tief in meinem Herzen wußte ich, daß ich eines Tages etwas Furchtbares, Verwerfliches tun, nämlich mich für einen Augenblick von meinem Baby abwenden würde, ausgerechnet in der Minute, wo es lernen würde, umherzurollen. Krach, Entsetzen. Ein Sturz aus über einem Meter Höhe. Andererseits handelt man sich mit Wickelmatten auf dem Boden tatsächlich Rückenschmerzen ein. Also füllte ich einen großen alten Korb mit Decken und breitete eine Plastikmatte darüber. Und so wechselten wir in unserem Haus die Windeln, indem wir neben dem Korb knieten. Kein Baby ist jemals heruntergerollt, und wenn es das getan hätte, wäre es nicht tief gefallen.

Reisen. Es gibt mehrere gute Gründe, warum man mit einem neugeborenen Baby möglichst oft verreisen sollte. Zum Beispiel kann es gräßlich sein, daheim zu bleiben. Wenn das Baby schwerer wird, ist das Verreisen außerdem eine größere Last, und die Umwelt steht solchen Expeditionen dann immer skeptischer gegenüber. Jeder begeistert sich für ein nettes kleines Bündel, das an der Brust nukkelt oder im Körbchen schläft. Aber ein wilder Vandale, der nach allem grapscht und sein Essen um sich wirft, wird einige Ihrer Freundschaften gefährden. Vor allem, wenn er sich in jenem heiklen Stadium befindet, wo eine Veränderung der täglichen Routine zu stundenlangem Gejammer und der hysterischen Weigerung führt, ins Bett zu gehen. Kleinere Babys kennen keine Routine und keine vorgefaßten Meinungen und wollen nur da sein, wo Sie, die Milch und das Lammfellkörbchen sind. Nutzen Sie das aus. Noch etwas spricht dafür, Ferien zu machen, Verwandte an fernen Orten zu besuchen oder (wie ich es tat) Jobs anzunehmen, die mit weiten Reisen verbunden sind: Je mehr Gesellschaft ein Baby in den ersten Monaten hat, desto leichter scheint es sich später an Fremde zu gewöhnen. Abgesehen von kurzen Klammerphasen sind meine beiden Kinder bemerkenswert gesellig, was (wie ich's mir gern einbilde) auf ein frühzeitig in BBC-Liften, Zugabteilen, Flugzeugen, Autobahnraststätten und Häusern anderer Leute erworbenes Savoirfaire zurückzuführen ist.

Eins muß man allerdings bedenken: Eine tüchtige, zufriedene junge Mutter bereitete sich darauf vor, zum erstemal mit ihrem neugeborenen Baby auszugehen. Sie zog sich zum erstenmal seit der Geburt hübsch an und betupfte sich – ebenfalls zum erstenmal seit der Geburt – mit ihrem Lieblingsparfüm. Im Haus ihrer Freundin nahm sie das Baby zärtlich an die Brust, um es zu stillen, wollte voller Stolz zeigen, wie geschickt sie das machte und was für einen braven Sohn sie hatte – und der begann entsetzt zu brüllen, wich vor ihr zurück, weigerte sich, an der Brust zu saugen und führte sich auf wie ein Vampir, der mit einem Kruzifix konfrontiert wird. *Er mochte das Parfüm nicht.* Sobald sie das merkte, wusch sie den Duft weg, während das Baby auf dem Schoß der Freundin heulte, und alles war wieder okay.

Der Transport. Autos sind in Ordnung, können Sie aber ganz schön nerven wenn das Baby auf der Autobahn oder in einem Verkehrsstau zu quengeln anfängt. Einmal fuhr ich an einem Wochenende von Suffolk nach Manchester und wieder zurück, ohne einen einzigen mißmutigen Laut vom Rücksitz zu hören. Ich hatte über der Tragetasche des drei Monate alten Babys Schnüre mit rasselndem Zeug gehängt und die Enden am Griff des Benzinkanisters hinter dem Rücksitz beziehungsweise an der Kopfstütze des Fahrersitzes befestigt. Wann immer Rose erwachte, stillte und wickelte ich sie in einer Tankstellentoilette („Nein, nein, Mister, ich habe keinen Ärger mit dem Wagen, aber die Windel hält nicht. Haben Sie vielleicht ein Klebeband in Ihrem Werkzeugkasten?") und legte sie wieder in die Tragetasche auf dem Rücksitz, wo sie die rasselnden Plastikdinger beobachten konnte. Der einzige Nachteil dieser Methode zeigte sich, als mir auf der Heimfahrt das Benzin ausging und ich mit einem Kanister zur nächsten Tankstelle sprinten mußte, der mit Girlanden aus Plastikglöckchen und Ringen geschmückt war – so todsicher festgemacht, daß ich sie in der Eile nicht entfernen konnte. Aber eine Mutter gewöhnt sich sehr bald an die Verachtung ihrer Mitmenschen.

Der Babytransport in der Öffentlichkeit kann beängstigende Formen annehmen. „Nichts", antwortete eine Mutter auf meine diesbezügliche Frage, „treibt einen so zur Verzweiflung und macht einen so hilflos." Eine andere erklärte grimmig: „Man muß die Öffentlichkeit *mit allem Nachdruck* zur Mithilfe auffordern und von Busfahrern ein kooperatives Verhalten verlangen." Und nicht weniger als einundzwanzig Mütter rieten: „Machen Sie sich einfach auf den Weg ..." Das alles trifft zu, wenn man kürzere Fahrten unternimmt. Ein städtischer Bus ist vermutlich der schlimmste Aufenthaltsort für eine Mutter mit Baby. Das sollte Sie aber nicht daran hindern, auf längere Reisen zu gehen. Züge sind ideal, vor allem halbleere Fernzüge mit Tischplatten, auf die man die Tragetasche stellen kann. Noch ehe er sechs Monate alt wurde, legte Nicholas etwa zweitausend Meilen per Bahn zurück und absolvierte ein Dutzend Flüge. Und Rose fuhr sechs Monate lang ein- oder zweimal pro Woche von East Suffolk in die Londoner City. Das hing keineswegs mit dem Element der Selbstaufopferung zusammen, das zur vollkommenen Mutterschaft gehört. Ich fühlte mich in den ersten sechs Monaten nur ganz einfach wohler, wenn ich genau wußte, wo das Baby war und was es gerade tat. Die andere Methode versuchte ich auch, ließ Flaschen mit Muttermilch zu Hause und hetzte mich ab, um rechtzeitig zur nächsten Fütterung daheim einzutreffen, und das erschien mir viel anstrengender als meilenweite Fahrten mit dem halb aufgerichteten Baby im Korb, das auf die vorbeigleitende Landschaft starrte und die letzte Mahlzeit verdaute, während ich Walkman hörte, Zeitung las oder ein Sandwich aß. An meinem Ziel angelangt, übergab ich das Baby der Kinderschwester von einer Agentur, was ich vorher rechtzeitig geregelt hatte, und arbeitete drei Stunden. Kein Baby, das von einem ausgebildeten Kindermädchen betreut wird und dessen Mutter eine halbe Meile entfernt am anderen Ende einer Telefonleitung sitzt, dürfte einen nennenswerten Schaden erleiden.

Längere Reisen muß man professionell organisieren. Erwarten Sie nicht, daß irgend etwas automatisch klappen wird. Ignorieren Sie die Propaganda der Fluglinien in der von „Himmelswiegen" und Fläschchenwärmern die Rede ist, verlassen Sie sich niemals darauf, daß es in Luxuszügen Warmwasserhähne gibt. Packen Sie alles, was Sie für das Baby brauchen, in eine große Schultertasche. Denken Sie aber auch an Ihre eigenen Bedürfnisse. Einmal schockierte ich eine ganze Abflughalle von Heathrow, als ich mich liebevoll über den Babykorb beugte, dem schlafenden Kind übers Haar strich, um dann eine Dose Guinness-Starkbier sowie eine Büchse Fleischpastete unter der Decke hervorzuziehen.

Beim Packen dürfen Sie keinesfalls die Quietschente vergessen (wenn das Kind etwa einen Monat alt ist). Nichts vertreibt die Langeweile so wirksam wie eine nette, quietschende Ente zwischen den Kieferbacken. Mampf, mampf, quietsch, quietsch. Als ich einmal am frühen Morgen von Lincolnshire nach London gefahren war, übergab ich das Baby seinem Vater und eilte ins Gay Hussar-Restaurant, um mit dem neuen Chefredakteur des *Tatler* zu lunchen ... Sehr vornehm, sehr gedämpfte Atmosphäre. Wahrlich nicht der Ort, wo man in die Handtasche greifen, zufällig an die längst vergessene Gummiente geraten und die Gäste mit einem gedämpften, aber vernehmlichen Quietschlaut erschrecken dürfte. Ein waschechter Lord saß am Nebentisch, seine Gabel erstarrte, auf halbem Weg zum Mund ...

Auf Reisen mit Babys kann man eine nützliche Taktik anwenden. Man schlendert im Flugzeug oder im Zug durch den Gang und dreht das süße runde Engelsgesichtchen von einer Seite zur anderen, bis man die magische Silbe „Aaaah!" hört. Dann setzt man sich möglichst nahe zum „Aaaah!" und hat einen Babyfreak gefunden, der sich während der restlichen Reise um ein Lächeln bemühen wird. Dafür eignen sich ältere Damen oder Schulmädchen am besten, aber nicht immer. Einer meiner größten Erfolge war ein äußerst streng wirkender Ingenieur auf dem Weg nach Newcastle, der nicht nur mit den Ohren wackelte und aus einer zerdrückten Bierdose eine Rassel bastelte, sondern Nicholas auch noch bereitwillig erlaubte, eine ganze Ausgabe des *Chartered Mechanical Engineer*-Magazins zu zerfetzen.

Oft ist es angebracht, das Getue in Grenzen zu halten und keine übertriebene Hilflosigkeit zu demonstrieren. Auch ein wohlgenährtes, gutgelauntes, weltgewandtes und fröhliches Baby kann in manchen Zugabteilen und Flugzeugen kühlen, entsetzten Blicken begegnen – von Geschäftsmännern, die vielleicht soeben ein Haus voller brüllender Kinder verlassen haben und sich auf eine Gelegenheit freuen, ungestört zu arbeiten; oder von berufstätigen Frauen, die ihre eigenen Babys gerade – etwas wehmütig – ihren Kindermädchen übergeben mußten. Ein Baby in einem schlichten Strampelanzug mit einer kompetenten Mutter wird solche Leute weniger irritieren und mehr hilfreiche Hände anlocken als ein Engelsgeschöpf in einem bebänderten weißen Spitzenkörbchen, dessen chaotische, tränenüberströmte Mutter überall Fläschchen und wollene Schühchen fallen läßt. Wenn Sie darauf verzichten, mürrischen Junggesellen mit Aktenmappen irgendwelche Babyutensilien unter die Nase zu halten, und ihre Jahresbilanzen nicht mit Talkumpuder oder Sabber beträufeln, steigen Ihre Chancen, daß man Ihnen am Ende der Reise aus dem Zug helfen und vielleicht sogar die guten Manieren Ihres Babys loben wird.

Aber rechnen Sie niemals mit dem Beistand der Umwelt. Die verwegene Mutter, allein unterwegs, sollte nichts unternehmen, was sie nicht allein schaffen kann. Und erwarten Sie von niemandem auch nur ein Mindestmaß an Intelligenz. Einmal ging ich mit meinem vier Wochen alten Baby an Bord eines Flugzeugs; die Stewardeß eilte zu mir, während ihrer Ausbildung auch auf Reisende mit Babys programmiert. Sie taxierte die Situation mit einem Blick, trippelte auf ihren Zehn-Zentimeter-Absätzen wieder davon und kehrte mit der offiziellen Version von Kinderbetreuung zurück, die bei dieser Fluggesellschaft üblich war – mit einem Puzzle. Sanft erklärte ich ihr, der Junge würde in seinem Alter die Puzzle-Teilchen noch nicht einmal kauen; beinahe begriff sie das, aber nicht ganz. Als ich sehr diskret und fein säuberlich auf dem leeren Sitz zwischen mir und dem Fenster die Windeln zu wechseln begann (ja, ja, auf einer Gummimatte), bestand ihr Beitrag zum Wohlbefinden junger Reisender in dem Vorschlag, ich sollte meinen Sohn – mitten während des Wickelns – in die winzige Toilette bringen und dort auf dem winzigen schmutzigen Boden weitermachen. Unmöglich, flötete ich liebenswürdig, und sie verschwand. Aber ich beklagte mich nicht. Nicholas und ich genossen einen sehr vergnüglichen Flug. Wir mußten uns nur eine dickere Haut zulegen, was uns nach dem Konsum von all dem guten Gin, den es an Bord gab, nicht schwerfiel.

Trotzdem können Reisen mit einem neugeborenen Baby, so umsichtig und gelassen Sie auch an die Sache herangehen, zu Katastrophen führen. Ich habe mir niemals selbstgefällig zu meinen fachmännischen Leistungen gratuliert, und ich sage am Ende jedes Trips: „Nun, wir sind gerade noch mal davongekommen." Wahrscheinlich ist das Reisen für aus beruflichen Gründen reisende Mütter wie mich – die sich an alle Widrigkeiten gewöhnt haben und millimetergenau abschätzen können, ob die Tragetasche auf den Nachbarsitz im Speisewagen paßt, wenn wir frühstücken – viel leichter als für ungeübte. Aber selbst wenn man noch so erfahren ist, kann man in üble Situationen geraten. Einmal verbrachte ich, unterwegs zu einer Fernsehaufnahme, dreieinhalb gräßliche Stunden in einem Zug. Mir gegenüber saßen zwei Mitreisende, der unfreundlichste, babyfeindlichste Klatschkolumnist von London und ein leicht erschöpfter, offensichtlich kinderloser Partylöwe. In anderen Abteilen war kein Platz, also mußten wir uns miteinander abfinden. Nicholas quengelte während der ganzen Fahrt, was sonst nicht seine Art war; nukkelte ununterbrochen an der Brust, auch bei meinem Lunch; und füllte unzählige übelriechende Windeln, die ich nur auf der Toilette wechseln konnte, denn die Plastikbeutel waren mir ausgegangen. Während ich erwartete, von den aalglatten höhnischen Teufeln mir gegenüber gekreuzigt zu werden, sowohl öffentlich als auch privat, wurde meine Stimmung immer düsterer und das Baby immer mürrischer. Kurz vor Newcastle schlief es endlich ein, und als sein Mund auseinanderklaffte, entdeckte ich ein Wunder.

„Schauen Sie doch!" rief ich und vergaß die Antipathie meiner Reisegenossen. „Er hat einen ZAHN bekommen!"

Auf einmal waren sie fasziniert.

„Toll!" meinte der Partylöwe. „Kommen die Zähne plötzlich raus – eh – einfach so?"

„Oh, ich erinnere mich noch an den ersten Zahn meiner Tochter", sprudelte der unfreundliche alte Klatschkolumnist hervor, schlagartig verwandelt wie Ebenezer Scrooge. „Wundervoll, nicht wahr? Aber Sie werden nie wieder dieses nette zahnlose Grinsen sehen!"

Und so trafen wir strahlend und triumphierend in unserem Zielbahnhof ein, Nicholas inklusive – vereint durch ein winziges Stückchen Elfenbein. Babys besitzen die Gabe, sekundenschnell alle Ärgernisse vergessen zu machen. Und das ist gut so.

Vom Bündel zum Vandalen

Bei unserem ersten Baby hatten wir einen genauen Dienstplan. Nach einem bestimmten Zeitabstand erklang der Ruf: „Ich hatte ihn seit neun Uhr fünfunddreißig, du nimmst ihn bis zwölf." Während der Ferien kann man in Restaurants Familien beobachten, die sich an noch kürzeren Fristen orientieren.

„Hört mal, ich hatte sie jetzt sieben Minuten auf den Knien, also ist nun jemand anderer dran. Wir sagten doch – fünf Minuten." „Ja, aber du konntest sie mit Möhren füttern. Sue und Brian mußten sie bei der Suppe ertragen. Das ist unfair."

„Ja, okay, aber in einer Minute ist Mama wieder dran. Auf meinen Knien ist es ihr schon langweilig geworden. Anscheinend will sie nicht mehr den Salzstreuer hauen."

Es ist keineswegs so, daß niemand das Baby lieben würde. Wenn sie es nicht liebten, hätten sie es nicht mitgenommen und würden sich nicht bemühen, es bei Laune zu halten. Der Unmut liegt an der totalen, ermüdenden Konzentration, die man auf einen rastlos forschenden Geist, immer beweglichere Hände und einen völligen Mangel an Zurückhaltung richten muß. In einer gewissen Phase der Kindesentwicklung fühlen sich die Eltern ziemlich hilflos. In den Büchern steht, ein Baby würde Spielsachen brauchen. Aber sie erwähnen nicht, daß sie im selben verächtlichen Tempo beiseite geschoben werden wie Storys über verschwundene Katzen von einem Zeitungsredakteur. Erzieherisch wirksame Spiele, schöne Holzeisenbahnen, wacklige Raupenschlepper und große Bälle – alles wird in Minutenschnelle inspiziert, für wertlos befunden und vergessen. Fast könnte man meinen, das Baby würde nach etwas ganz Bestimmten suchen – vielleicht nach dem besten Eierbehälter aller Zeiten oder besonders kostbaren Teelöffeln, die auf dem Mond vergraben liegen. Außerdem liest man in den Büchern, man müßte mit einem Baby spielen und es durch die Gesellschaft erwachsener Leute „anregen". Man spielt also „Wo ist denn das Näschen" und „Hoppe, hoppe, Reiter" und versucht ihm zu zeigen, wie man ein Holzklötzchen in ein quadratisches Loch steckt. Jede dieser Unterhaltungen dauert etwa drei Minuten. Aber das Baby ist zehn bis zwölf Stunden pro Tag wach, und mit der Zeit gerät man in Panik. Soeben hat es in der Küche alle Spielsachen weggeworfen. Plötzlich findet es eine Rolle Toilettenpapier und verfällt ihr rettungslos. Es will nicht, daß man mit ihm spielt, würde es nicht einmal merken, wenn man den Raum verließe. Deprimiert kehrt man zur Spüle zurück, um wieder Geschirr abzuwaschen, doch da ertönt am Küchenboden ein Wutschrei und verrät, daß das Toilettenpapier ganz plötzlich allen Reiz verloren hat.

Eine Zeitlang wohnten wir in einem völlig ungeeigneten neuen Haus (brutale Betonböden in den am meisten benutzten Räumen, auch in der Küche; der einzige risikofreie Boden in einem Spielzimmer im Oberstock, zu weit entfernt von den Zimmern, wo sich die Erwachsenen tagsüber aufhielten). Wir kamen uns vor wie zwei Sicherheitsbeamte im Dauerdienst, die ständig Katastrophen und Fluchtversuche verhindern mußten, aber als Spielgefährten nicht sonderlich erwünscht waren. Der Junge wollte nichts weiter, als alles Verfügbare zu erforschen, mit Leidenschaft und Konzentration. Oder er verlangte brüllend nach neuen Welten, die er erobern konnte. Es war ein dunkler, feuchter, kalter Winter mitten auf dem Land, und die Nachbarn mußten wir erst noch kennenlernen. Kurz gesagt, wir fühlten uns elend. Aber solche Verhältnisse bessern sich mit der Zeit. Im Babyalter ist nichts von Dauer. Die verrücktesten Alptraumphasen gehen über Nacht zu Ende.

Ich erinnere mich, daß ich meine Mutter kurz vor jener winterlichen Colditz-Ära – wahrscheinlich, als mein Sohn etwa neun Monate alt war – fragte, ab wann man ein Baby im allgemeinen für einen Augenblick auf ein Doppelbett legen könnte, ohne befürchten zu müssen, es würde herunterkrabbeln und auf dem Kopf landen. „Oh", antwortete sie, ohne zu zögern, „erst wenn es drei Jahre alt ist. Vorher muß man es stets im Auge behalten, in jeder Minute." Worauf ich ernsthaft überlegte, ob ich selber auf dem Kopf landen sollte, nach einem Sprung durchs nächstbeste Fenster. Glücklicherweise irrte sie sich. Alle Mütter leiden an selektiver Amnesie. Der lange Tunnel des Babystadiums taucht nur in kurzen, impressionistischen Bildern im Gedächtnis auf, die kleine Entwicklungen und willkommene Veränderungen übertünchen. Im Rückblick vergißt man die großen intellektuellen Fortschritte des Babys, die das Leben der Eltern von einem Tag auf den anderen neu gestalten. Für uns kam der große Moment, als Nicholas endlich den Befehl NICHT IN DEN MUND STECKEN! verstand. Da war er ungefähr elf Monate alt. Plötzlich vervierfachte sich die Zahl der Gegenstände, mit denen er spielen durfte – Plastilin, Kohlen, Kerzen, Sand, Kieselsteine, Kartoffeln voller Erde. Es war großartig. Für uns begann ein neues Zeitalter, wo wir ab und zu was anderes tun konnten und unsere Ruhe hatten. Eine Woche später erschien es uns unglaublich, daß es einmal Tage gegeben hatte, wo wir morgens nicht genüßlich im Bett liegen und Tee trinken konnten, eine hingerissene kleine Gestalt zwischen uns, die entzückt auf eine Paraffinkerze starrte, obwohl sie diese früher wochenlang zu essen versucht hatte.

Was das Problem des Doppelbetts betrifft, von dem das Baby fallen kann – meine Mutter hätte sich an jenen Prozeß erinnern sollen, in dem es erst mal über die Kante schaut, ein paar Spielsachen runterwirft, sich ein bißchen den Kopf anschlägt und dann zwei und zwei zusammenzählt. Langsam wird es immer unwahrscheinlicher, daß es irgendwo hinunterstürzt. Sobald es lernt, sich etwas geschickter zu bewegen, werden solche Unfälle seltener. Man kann nicht viel unternehmen, um diese Veränderungen zu beschleunigen. Wenn ein normales Baby einen vertretbaren Freiraum hat, um sich die Welt anzusehen und zu erforschen, neue Leute und neue Gegenstände kennenzulernen, kommt es sehr gut mit neuen Aufgaben während seiner Entwicklung zurecht. Einmal brach ich beinahe in Tränen aus, als mir eine perfektionistische Mutter – die ich gefragt hatte, ob es denn keine einfacheren Wege gäbe – mißbilligend erklärte: „In der Entwicklung eines Kindes und in den mütterlichen Pflichten gibt es keine einfachen Wege." Puh ... Der einfache Weg besteht darin, das Baby zu lieben, vor Schaden zu bewahren, stets mitzunehmen, zu füttern, ihm genug Sachen zu geben, auf die es draufschlagen kann, und zum Teufel mit der Erziehungspsychologie und der Seelenmassage! Es ist erstaunlich, zu beobachten, wie die Dinge von selbst geschehen (und das Leben der Eltern dadurch leichter wird). Man entfernt Möbel, in der korrekten Annahme, der niedrige Couchtisch könnte eine Todesfalle für das Baby werden, das sich auf wackligen Beinen daran hochzieht. Aber drei Monate später merkt man plötzlich, daß es um einige Zentimeter gewachsen ist und aufsteht, ohne sich irgendwo festzuhalten. Der Tisch wird wieder aufgestellt. Wochenlang überlegt man besorgt, wie man verhindern kann, daß ein Kind, das auf seinem Dreirad durch die Wohnung fährt, über die Stufe in der Diele stolpert. Zehnmal pro Stunde läuft man hinterher, aber bevor man mittels mehrerer Rampen und Tore eine sichere Fahrstrecke konstruiert hat, kennt das Kind die Gefahrenzonen und weicht ihnen aus. Kaum hat man das Arrangement der Lehnstühle in allen Zimmern vervollkommnet, sitzt das Baby auch schon in einem dieser Sessel und rutscht triumphierend auf seinem kleinen Hintern herum. Aus Gewohnheit püriert man jede Mahlzeit und entwickelt die Methode, das Kind mit dem Löffel zu füttern, beinahe zu einer Kunst. Eines Tages geht man mit dem Baby in ein Lokal, um Tee zu trinken, und wenn niemand hinschaut, langt es auf den Tisch, nimmt sich ein Gurkensandwich und verspeist es ohne fremde Hilfe. Man baut Sperrgitter für die Treppe, und acht Monate später benutzt man sie kaum noch. Diese Dinge geschehen ganz allmählich, und danach setzt bei den Eltern der totale Gedächtnisschwund ein. Im Rückblick kommt einem alles so einfach vor, und man benimmt sich wie Leute, die aus dem Urlaub zurückkehren und behaupten: „Kein einziger Regentropfen!", obwohl es zwei Tage lang geschüttet hat.

Das bedeutet, daß allgemeine Ratschläge sinnlos sind und daß einen der Besuch einer Freundin mit einem etwas älteren (oder etwas anderen) Baby angesichts der eigenen Unfähigkeit in dumpfe Verzweiflung stürzen kann. „Oh", zwitschern sie, „wir hatten niemals Schwierigkeiten mit Jasmine und den Steckdosen. Sie war immer sehr vernünftig. Wir sagen nur nein, und das versteht sie vollkommen ... Oh, Eric weiß, daß sein Bettchen zum Schlafen da ist, und sobald er drin liegt, schläft er sofort ein ..." Oder: „Was diese Gefahren betrifft, muß man von Anfang an *sehr streng* sein. Wir haben Samantha immer erklärt, daß das Feuer heiß ist, und deshalb geht sie da auch nicht ran. Es hängt eben davon ab, wie man den Kindern das alles begreiflich macht."

Diese Mütter ahnen gar nicht, wie schamlos sie lügen. Sie haben nur vergessen, wie wir glücklicherweise alle solche Dinge vergessen, daß Jasmine drei Wochen lang alle Steckdosen belagert und daß Eric noch vor vierzehn Tagen kreischend die Stäbe seines Gitterbettchens umklammert hat und daß man Samantha bis zum letzten Frühling nicht einmal für zwei Minuten in einem Raum allein lassen konnte, wo eine Kerze brannte. Und dann, nach drei heißen Sommermonaten, war sie alt genug, so daß man's ihr erklären konnte. Oder es könnte auch sein (welch ein bösartiger Gedanke), daß Jasmine ein bißchen zurückgeblieben ist und die Steckdosen noch gar nicht bemerkt hat ... Aber irgendwann werden sie ihr schon auffallen.

Manchmal leiden auch die Autoren von Handbüchern unter dieser Vergeßlichkeit und gehen von Rasseln und Holzautos sofort zu der Möglichkeit über, aus Eierkartons Raupenschlepper herzustellen. Ersparen Sie sich die Mühe. Es gibt eine lange Phase, in der sich das Baby mit dem Eierkarton an sich begnügt. Phantasie und die Gabe, sich etwas vorzumachen, alle die geistigen Hilfsmittel, die es einem Kleinkind ermöglichen, an Watterollen und einem Stäbchen Vergnügen zu finden, sind in diesem mobilen, vom Forschungsdrang besessenen Baby noch nicht ausreichend entwickelt. Es denkt buchstabengetreu – was es haben will, ist der Eierkarton. Sobald dieser abgelutscht, zerdrückt und in die Luft geworfen wurde (etwa zweieinhalb Minuten lang), möchte es den Holzlöffel haben. Und die Knoblauchpresse. Und die Autoschlüssel. Und das Nudelholz. Und das Brotmesser, den Fleischwolf und die Flasche mit dem Bleichmittel. Ehrlich gesagt – wenn es das alles nicht haben darf, müssen Sie es aus seinem Blickfeld entfernen. Das spart letzten Endes Zeit. Bei uns hing ein Kästchen mit Löffeln und anderen Utensilien an der Wand, und jedesmal, wenn wir das Baby daran vorbeitrugen, mußte es etwas daraus haben. Einmal lag bedauerlicherweise auch ein Büchsenöffner darin und ein scharfes Fischvorlegemesser und die zerbrechliche Nudelrolle aus Glas. Jetzt nicht mehr ...

In diesem Jahr des Übergangs vom lieben kleinen Bündel zum stürmischen Vandalen übertrifft sich das Baby selbst. In den Tagen völliger Reglosigkeit merkt man auf einmal, daß das Baby, das bisher nur gucken konnte, plötzlich mit der Hand wackelt und etwas berühren möchte, dann greift es danach und übt schließlich unermüdlich, es wieder loszulassen (normalerweise über dem Rand der Wiege). Das kraftlose Baby mag seine Rückenmuskeln noch nicht entwickelt haben. Trotzdem ruckt es nach vorn und will sich aufsetzen. Sobald es sitzen kann, möchte es stehen. Das Kind, das noch nicht laufen kann, will sich in Bewegung setzen und findet großartige Methoden, indem es über den Boden rutscht oder rollt und sich irgendwo hochzieht. (Meine Tochter wandte ein sonderbares System an, wie die Männer, die sich auf Karikaturen durch den Wüstensand zu einer Oase schleppen – auf Ellbogen und Unterarmen.) An guten Tagen amüsieren sie sich mit diesen Versuchen, ihre eigenen Fähigkeiten zu übertreffen. An schlechten fallen sie immer wieder hin, bleiben unter Möbeln stecken, kündigen dem Universum brüllend Rache und Verdammnis an, und man kann nicht einmal eine Kartoffel zu Ende schälen, ohne das Baby mindestens zweimal zwischendurch retten zu müssen. Und dann kommt die Schwiegermutter vorbei, um zu bemerken, ein Baby würde O-Beine bekommen, wenn es sich zu früh am Tisch hochzieht.

An den guten Tagen posiert man wie die vorbildliche Mutter auf den Illustrationen in Mütterzeitschriften, gibt dem Kind pflichtbewußt die makellos saubere, erzieherisch wirksame Rassel und wechselt höfliche Glueckslaute mit ihm, um seine zwischenmenschliche Kontaktfreudigkeit zu fördern. An schlechten Tagen nimmt man vor einem Haufen aus zerkautem und zerquetschtem Abfall verbittert zur Kenntnis, daß jede neue Fähigkeit, die das Baby entwickelt, neuen Ärger bedeutet. Ich verbrachte stolze, glückliche Stunden damit, meinem Sohn zu zeigen, was er mit den Spielzeugschrauben aus dem Frühlernzentrum machen sollte, und drehte die Plastikschraube immer wieder rein und raus. Drei Tage später verschwanden alle Deckel von Schraubgefäßen auf mysteriöse Weise, und ich mußte ihm abgewöhnen, die Shampooflaschen im Bad zu bearbeiten. Man bringt ihm bei, mit Bauklötzen zu spielen und glaubt, ein neuer Brunel würde heranwachsen. Im nächsten Augenblick fliegen Marmeladegläser auf den Boden, Reste eines brillant konstruierten Glasturms auf dem Frühstückstisch. Spieltherapeutische Wasserorgien im Bad, wie sie von Kinderpsychologen empfohlen werden, führen zu gleichfalls therapeutischen Beschäftigungen, die den Babystuhl dreimal am Tag mit warmer Milch überschwemmen.

Eine weitere Quelle zahlreicher Verwirrungen ist die Tatsache, daß ein heranwachsendes Baby eine andere Mutter braucht als jene, die zu dem

Neugeborenen so gut gepaßt hat. Der völlig systemlose, impulsive Säugling benötigt eine etwas zurückgebliebene Hippie-Mutter, die glückstrahlend um ein Uhr nachts zu Bett geht, an drei aufeinanderfolgenden Tagen zu drei ganz verschiedenen Zeiten den Lunch vorbereitet, niemals weiß, wie spät es ist, und keine anderen Termine hat. Sie paßt sich der Exzentrik ihres Neugeborenen an und nimmt die Dinge so, wie sie kommen.

Und dann, in einem gewissen Stadium (das niemand genau definieren kann, das aber offensichtlich zwischen dem ersten Zahn und dem ersten Krabbelausflug beginnt), muß sich diese frei schwebende Mutter in eine militärische Routine-Fanatikerin verwandeln, stets bereit, das Mittagessen Punkt zwölf Uhr fünfzehn zu servieren, das Baby um Punkt eins ins Bettchen zu legen und so weiter. Alles, was man verrückt fand, als es von Kindermädchen und Verwandten für den Umgang mit Neugeborenen vorgeschlagen wurde (strenge Routine, pünktliche Mahlzeiten, nachts nur Pyjamas), ist plötzlich sehr brauchbar, wenn das Baby älter wird. Deshalb reiten die Ratgeber zweifellos von Anfang an darauf herum (mütterliche Amnesie und selektive Erinnerung ...), aber es irritiert einen ganz schrecklich. Als mein Sohn – mein erstes Baby – elf Monate alt war, wollte ich ihn zu einer Kleinkindergruppe bringen, aber die traf sich nur von zehn bis zwölf Uhr. Und so stotterte ich eine Weile herum und erklärte: „Nun ja, normalerweise will er anscheinend zwischen halb zehn und elf seinen Morgenschlaf halten", als wäre er ein unberechenbares, einen Monat altes Bündel in der Wiege. Eines Tages reichte es mir plötzlich, und ich beschloß, die Initiative zu ergreifen. Das Schläfchen wurde offiziell auf ein Uhr verlegt. Nachdem ich ihn zwei Tage lang den ganzen Vormittag wach gehalten und nach dem Lunch hingelegt hatte, paßte er sich einer Routine an, die (plus oder minus eine Stunde) zwei Jahre lang in Kraft blieb. *Meine* Routine! Dieses Machtgefühl war schwindelerregend. Baby Nummer zwei wurde schon mit sechs Monaten diesen martialischen Gesetzen unterworfen.

Das Problem bei solchen Routinegepflogenheiten besteht darin, daß man sich selbst – so angenehm es anmutet, wenn sich das Baby dran hält, zu einer bestimmten Zeit aufwacht, wenn es einem gerade in den Kram paßt, stets um eins sein Mittagsschläfchen absolviert und abends immer zur gleichen Stunde einschläft – ebenfalls danach richten muß. Sobald sich das Baby an den Gedanken gewöhnt, den Mittagsschlaf auszulassen, den ganzen Nachmittag übermüdet und quengelig zu sein, um halb sechs einzuschlafen – zu erschöpft, um das Abendessen einzunehmen – , um zehn hungrig aufwacht, bis Mitternacht bei Mama und Papa im Bett sitzt und dann zwischen ihnen entschlummert, dann haben Sie sich das selber zuzuschreiben, und Gnade Ihnen Gott! Eine geänderte Routine an einem oder zwei Tagen scheint keine Rolle zu spielen. Eine Woche oder vierzehn Tage schon. Zum Beispiel sagen Dutzende von Leuten: „Oh, er schlief tagsüber, bis wir in Urlaub fuhren, und da gewöhnte er sich das ab." Oder: „Er schlief in seiner Wiege, bis wir bei Großmama waren, und von da an wollte er in einem Bett liegen." Das geht in Ordnung, solange es sich um erwünschte Neuerungen handelt. Ich selbst habe geradezu lächerliche Mühen und Plagen auf mich genommen, um die Zerstörung einer Routine zu verhindern, die mir ebenso angenehm ist wie der Familie und dem Baby und zudem einen ordentlichen Tagesablauf sichert. Gäste, die am Sonntag zum Mittagessen kommen, erhalten die Order, rechtzeitig zu erscheinen, damit wir uns um Punkt eins an den Tisch setzen können. Die Bad-Spiel-Märchen-Bett-Routine befolge ich allabendlich mit dem Fanatismus eines Ayatollahs. Die Leute, die behaupten, man müßte den Babys erlauben, ihre eigenen individuellen Wünsche bezüglich der Schlafenszeiten und so weiter zu äußern, sollen das ruhig tun und die Konsequenzen tragen. In den zehn Stunden pro Tag, die Babys in wachem Zustand verleben, bringen die meisten, die ich kenne, ihre Individualität in ausreichendem Maße zum Ausdruck ...

Das Nette an diesem Stadium zwischen dem trägen, schlaffen Säuglingsdasein und der Rebellion der Zweijährigen liegt darin, daß der Umgang mit Kindern entmystifiziert werden kann. Wenn man für ein Neugeborenes sorgt, muß man auf die Ratschläge von Experten hören und ein oder zwei Bücher lesen. Gegenstände müssen sterilisiert, Köpfe gestützt, Windeln inspiziert werden. Ein fremdartiges Wesen ist auf der Erde gelandet. Sechs Monate später erledigt man die Sache mit den Windeln und der Ernährung mehr oder weniger automatisch. Das Baby fühlt sich robust und kräftig an, wenn man es hochhebt, lächelt und macht Spaß und sitzt bei den Mahlzeiten gern mit den anderen am Tisch. Selbst die widerstrebendsten Väter neigen in diesem Stadium dazu, sich in ihr Baby zu verlieben, Fremde lassen sich von dem strahlenden, charmanten, putzigen kleinen Freund die Brille von der Nase reißen. Man kennt die Schwächen des Babys (z. B. die Angst vor dem Geräusch, das beim Zerreißen von Packpapier entsteht oder die Leidenschaft für Bananen). Nun fällt es anderen Leuten viel schwerer, einem Schuldgefühle oder Minderwertigkeitskomplexe zu suggerieren, wenn das Baby ganz offensichtlich in bester Laune ist, mit dem Löffel auf den Tisch trommelt und die Katze mit unverständlichen Flüchen überhäuft. Auf der anderen Seite erhebt nun der Konkurrenzkampf sein schreckliches Haupt. Obwohl es jedem klar sei müßte, daß man ein besonders intelligentes, schönes Kind hat, stehen andere Mütter dieser Tatsache völlig verständnislos gegenüber. Wie es Pam Ayres auf unsterbliche Weise ausdrückte: „... es ist schwer zu erklären, aber wenn ich mir deinen Wayne anschaue – warum hast ausgerechnet *du* dir die Mühe gemacht, ein Kind zu bekommen?"

Andere Babys können früher sitzen als die eigenen (aber nicht so charmant). Angeblich sagen sie schon nach acht Monaten „Dada". Sie haben mehr Haare (nun ja, Schimpansen auch). Sie schlafen länger, laufen früher und sitzen vielleicht sogar schon mit einem Jahr auf dem Töpfchen. All das ist erträglich, solange man die Babys persönlich kennt, die Mütter mit ihnen gelegentlich zum Kaffee einlädt und sie stillschweigend kritisieren kann, um sich zu trösten. Aber es ist unerträglich, wenn die Eltern oder Großeltern älterer Kinder wilde verrückte Behauptungen über die historischen Leistungen ihrer Nachkommen aufstellen. In solchen Fällen stecken Sie sich Watte in die Ohren. Wenn es zu deprimierend wird, schauen Sie sich die Wunderkinder genau an – auf normale Mütter wirkt es sehr beruhigend, daß diese überaus tüchtigen Bälger anscheinend ziemlich spät mit alledem angefangen haben. Gott segne sie.

Es herrscht kein Mangel an Instruktionen, wie man für Babys sorgt und sie amüsiert. Aber gerade für diese Vagabunden-, Grapsch- und Flatternervenphase habe ich bei den etwas gelasseneren Müttern in meinem Bekanntenkreis wahre Perlen gesammelt. Manche dieser Ratschläge erscheinen vielleicht verrückt, ein bißchen unhygienisch, unmöglich oder aus psychologischer Sicht zweifelhaft, aber das gehört nun mal zu den Freuden der Mutterschaft – man kritisiert die merkwürdigen Systeme der anderen, um dann heimlich einen Teil davon zu stehlen.

Spiel und Spaß. Man darf nie erwarten, daß sich Babys für längere Zeit mit ein und derselben Sache vergnügen, man muß sie stets beschäftigen: Beim ersten Jammerlaut aus dem Laufstall laufen Sie hin, reißen das Baby heraus und verfrachten es ins Gitterbett, in den Kinderwagen oder andere Alternativen, die Ihnen zur Verfügung stehen. Wenn Sie ausgehen, müssen Sie die Tasche ständig voller Überraschungen haben – Wattebäusche, Luftballons oder Seifenblasenröhrchen. Auf Bahnsteigen pflege ich gewaltige Scharen älterer Kinder anzulocken, wenn ich für mein Baby im Buggy Seifenblasen produziere, und die Bahn muß sich sehr anstrengen, um die Züge bei diesem Durcheinander von den Gleisen wegzubekommen. Man sollte ständig auf Langeweile beim Baby vorbereitet sein: Hängen Sie klapperndes Spielzeug neben den Kindersitz im Auto, stecken Sie ein paar hölzerne Vorhangringe (von denen Sie die Ösen abgeschraubt haben) über die Haltegriffe des Buggys, damit das Baby daran kauen kann. Ein paar erprobte Lieblingsspiele für zu Hause:

- Zeitschriften zerreißen. Das ist viel billiger geworden dank der freundlichen Firmen, die ständig mit dicken Katalogen unsere Briefkästen verstopfen. Zeitungen sind ebenfalls nützlich, obwohl die dort verwendete Druckerschwärze nur selten ganz und gar ungiftig ist.

- Waschpulvergasse. So lautete der Name eines großartigen Tunnels aus aneinandergeklebten Schachteln, den ein mir bekannter Vater baute und durch den die Babys kriechen konnten. Er zierte für eine halbe Ewigkeit den Schlafzimmerboden und ermöglichte den Eltern, länger im Bett zu bleiben, während ihre Söhne durch das Gebilde aus alten Omo-Kartons robbten.

- Der Küchenschrank – die Königsdisziplin. Alle Mütter in meinem Bekanntenkreis erklären, ihre Babys würden monatelang täglich den Küchenschrank ausräumen. Das ist so weit verbreitet, daß ich es nur erwähne, um Ihnen einen bestimmten Hinweis zu geben. Checken Sie einmal im Monat die Größe aller Pfannen, Töpfe (und Kuchenformen, o Gott, vor allem der Kuchenformen!), um sicherzugehen, daß nichts davon auf den Kopf Ihres Babys paßt. Falls Sie das versäumen und das Schlimmste passiert, bedenken Sie, daß sich ein Topf aus dünnem Aluminium oder eine Kuchenform vorsichtig verbiegen läßt und der Kopf eines Babys oval ist. Manchmal schafft man es, das Ding sanft gegen die Ohren zu drücken und Platz zu gewinnen, so daß man es über der Stirn hochziehen kann. Babyöl hilft. Ein bißchen.

- Kochen. Mit Linsen, Wasser, Sand, Mehl und Reis. Und von den Resultaten wenden Sie am besten den Blick ab. Malen ist ähnlich chaotisch, aber da gibt's einen wunderbaren Trick. Reden Sie Großmama/Papa/Kindermädchen/Babysitter ein, aufgrund ihrer Kreativität und ihres künstlerischen Flairs wären sie – und nur sie allein – imstande, Ihrem einjährigen Kind Malunterricht zu geben, während Sie einer geruhsameren Tätigkeit nachgehen, zum Beispiel den Wagen waschen oder Kartoffeln schälen.

- Mädchen. Wenn Sie ein neun- bis dreizehnjähriges Mädchen einfangen, stehen die Chancen, daß Sie für einen ganzen Nachmittag eine hingebungsvolle, geduldige, erfinderische Betreuerin für Ihr Baby bekommen, sehr gut. Einige Jungs eignen sich genauso dafür, aber (tut mir leid, Feministinnen!) sie neigen eher dazu, das Kind zu erschrecken, als es sanftmütig zu behandeln.

- Besucher. Holen Sie sich Leute ins Haus. Lassen Sie Leitungen neu verlegen oder das Badezimmer reparieren. Laden Sie Firmen ein, und bitten Sie um Kostenvoranschläge für Fliesenwände. Ersuchen Sie liederliche, charakterschwache Junggesellen aus der Nachbarschaft, auf Ihrem Sofa zu übernachten. Nichts ist schlimmer, als den ganzen Tag mit einem einsamen Baby Auge in Auge festzusitzen. Jede x-beliebige Gesellschaft aus der Welt da draußen ist besser als gar keine. Ich habe ein Abkommen mit meiner großen Familie geschlossen. Am Sonntagmittag bekoche ich eine große Personenzahl, vorausgesetzt, mindestens zwei erscheinen schon um halb elf und unterhalten die Babys. Zu Weihnachten gehen wir noch weiter und engagieren einen offiziellen Pflichtonkel, der ab halb neun Uhr morgens da sein und die Kinder aufheitern muß, während wir das Festmahl vorbereiten. Das ständige Kommen und Gehen führte ab dem ersten Geburtstag zu einer enormen Kontaktfreudigkeit unserer Kinder und wird vermutlich ein despektierliches Erwachsenendasein bewirken, in dem sie mit den 1990er Versionen des Freiherrn von Knigge Partys feiern.

Oder sie entwickeln sich zu Eremiten.

- Auspacken. Es lohnt sich tatsächlich, einen kleinen Koffer zu packen, damit das Baby den Inhalt ausräumen und auf dem ganzen Boden verstreuen kann. Eine gute Idee ist es – falls das Kind sie noch nicht öffnen kann – verschlossene, knisternde Tüten mit Süßigkeiten zwischen Schals und Tüchern zu verstecken. Ein schnell gepackter Koffer am Abend ermöglicht es Ihnen, eine ganze halbe Stunde lang im Bett zu liegen und Kaffee zu trinken, während das Baby fröhlich herumstöbert.

- Bücher. Erstaunlich beliebt, in einem erstaunlich frühen Stadium. Wenn Sie Wert auf Ihre geistige Gesundheit legen, kaufen Sie keine Bücher mit irritierenden Geschichten. Diese pflegen sich später als Lieblingsstorys zu entpuppen, und wenn ich „Polly, das Schwein und die Biene" noch einmal lesen muß, wandere ich aus.

- Das Spülbecken in der Küche (wenn es groß genug ist). Füllen Sie es mit warmem Wasser, ziehen Sie das Baby aus, setzen Sie es mit ein paar Plastikbechern hinein. Währenddessen können Sie in unmittelbarer Nähe ungestört die Bügelwäsche erledigen.

- Vogelhäuser. Stundenlange kostenlose Unterhaltung. Wenn Sie Glück haben, klettert auch noch eine Katze hinauf und fällt immer wieder runter. Appartmentbewohner können kleine Vogelhäuschen an die Fensterscheibe kleben.

- Essen. Weil Sie Ihr Baby nicht andauernd vollstopfen können, um es zum Schweigen zu bringen, sollten Sie zu dem wundervollen „Tropical Mix" o. ä. Zuflucht nehmen, das aus getrockneten Früchten, gehackten Haselnüssen und so weiter besteht. Eine kleine Handvoll enthält nur wenig Kalorien, und es dauert eine Ewigkeit, bis sie verspeist ist. Falls eine Ihrer perfektionistischen Freundinnen vorbeikommt, sagen Sie einfach, Sie wollten die Kautätigkeit und manuelle Geschicklichkeit Ihres Kindes fördern.

- Musik. Überraschend aufheiternd und besänftigend, ebenfalls in einem überraschend frühen Stadium. Das erste Wort meines Sohnes lautete „Reggae Reggae".

- Megaphone. Das klingt sehr albern, aber bei meiner Tochter hat es monatelang funktioniert. Wenn das Baby im Laufställchen sitzt und vor Langeweile brüllt, beschaffen Sie sich so etwas Ähnliches wie eine große Pappröhre von einer Whiskyflasche oder das Innere einer Küchenpapierrolle. Vielleicht besitzen Sie sogar ein richtiges kleines Megaphon. Halten Sie das Ding vor das schreiende, schluchzende Gesicht. Das Baby ist fasziniert von seiner Stimme, die durch die Röhre ganz anders klingt, und wird etwa eine halbe Stunde lang fröhlich hineinbrabbeln.

- Mama legt sich hin. Wenn Sie restlos erschöpft sind, aber das Gefühl haben, Sie müßten eigentlich mit dem Baby spielen, legen Sie sich bäuchlings auf den Boden (mit einem Taschenbuch, wenn Sie wollen) und lassen Sie das Kind über Ihren Körper kriechen und klettern und kichernd runterrollen. Große Freude für das Baby, geringe Unannehmlichkeiten für Mutti – für mich war es genau das richtige Spiel. Bei unserem Sohn hat es noch seinen dritten Geburtstag überlebt, denn nun kann er sich vorstellen, ich wäre eine kaputte Lokomotive, und meine Räder mit seinem Schaumgummihammer bearbeiten. Meine Tochter tut so, als wäre ich ein Pferd, ich bilde mir ein, ich läge an einem Strand auf Korfu, und wir sind alle drei glücklich.

Wenn ein Baby acht oder neun Monate alt ist, kann man es am ehesten für einen Gegenstand interessieren, indem man für ein paar Minuten – möglichst hingerissen – selbst damit spielt und ihn dann mit merklichem Widerstreben aus der Hand legt. (Dieses Prinzip nimmt im Lauf der Zeit immer intensivere Formen an, bis man ein Kleinkind vor dem Spaziergang nur noch mit einer einzigen Methode veranlassen kann, seine Mütze aufzusetzen – man muß sie kommentarlos eine Stunde lang selber tragen, bevor man hinausgeht.) Aber wenn ein Baby etwas haben will, das Sie ihm keinesfalls geben möchten denken Sie für einen Augenblick scharf nach, ehe Sie es ihm verweigern. Die Leute, die von Babys erwarten, daß sie nur mit „Spielzeug" spielen, müssen sich auf jahrelange Frust- und Konfliktsituationen gefaßt machen. Warum soll das Kind die Fahrradpumpe nicht bekommen? Oder das Ende eines Wasserschlauchs? Die Taschenlampe? Die Klebebandrolle? Einen schweren, leeren Nachtcremetiegel, den es nicht zerbrechen kann? Den Staubsauger? (Nicholas pflegte nur dazustehen und den Griff träumerisch und respektvoll festzuhalten, eine halbe Stunde lang.) Oder Ihre alte Handtasche? Warum soll das Baby nicht einen ganzen Tag in einem Koffer sitzen? Je mehr Sie ihm vorenthalten, desto größer wird die Feindseligkeit zwischen Ihnen und Ihrem Kind, desto öfter müssen Sie sich ärgern. Der Trick besteht darin, nicht allzu viele verbotene Dinge in seinem Blickfeld zu belassen – oder ihm wenigstens nicht vor Augen zu führen,daß diese Gegenstände transportabel sind. Jahr für Jahr erscheinen in den Zeitungen Artikel mit Überschriften wie „O BABY!" oder „DER TERRORKNIRPS!" Sie handeln von kleinen Kindern, die ab ihrem ersten Geburtstag (wobei die Berichte mit Ausrufezeichen gespickt sind):

die Stereoanlage ZERTRÜMMERTEN!

das Badezimmer ZUM ÜBERSCHWEMMEN BRACHTEN und wertvolle Möbel ruinierten!

Papa 1000 DM KOSTETEN, weil die Wände neu tapeziert werden mußten!

ein ZWANZIGTAUSEND DM-AUTO ZERKRATZTEN! Und so weiter.

Wenn die Eltern interviewt werden, behaupten sie voller Stolz: „Er muß der schlimmste Junge im ganzen Land sein! Wir wissen gar nicht, wo wir zuerst hinschauen sollen! Er kostet uns Tausende!" An alledem sind diese verrückten Leute selber schuld. Jeder, der Bleistifte neben teure Tapeten legt, Blumenvasen auf Stereogeräte stellt, Badezimmertüren offenläßt oder auf andere Weise Methoden wählt, um ein Chaos heraufzubeschwören, ist einfach zu naiv, um ein Baby zu bekommen. In solchen Fällen muß man stets mit dem Allerschlimmsten rechnen.

Baden. Wie wir festgestellt haben, kann man ein Baby, das gerade Sitzen gelernt hat, am besten in einem großen Eimer baden. Darin wird der Rükken gestützt. Das Gefäß bildet genug Sicherheit und viel Platz zum Planschen. Unser Eimer stand in einem Boot, aber Sie können ihn auch in die Badewanne stellen, wenn Sie heißes Wasser sparen wollen. Beim Baden zu Hause ist es am wichtigsten, daß man stets in der Nähe bleibt. Das Baby glaubt, sich in einem Laufställchen voller Wasser zu befinden, während man ihm Gesellschaft leistet und irgendwas Beruhigendes tut – zum Beispiel Fingernägel lackieren oder Haare waschen. Ich selbst lese Kurzgeschichten und spiele dabei mit den Gummienten.

Mahlzeiten. Manche Leute breiten Zeitungen oder Plastiktücher unter dem Babystuhl aus, aber ich mache lieber all das sauber, was ich mag – zum Beispiel das Haus und die Babys – statt der ekligen Plastiklappen. Eine Freundin folgt diesem Prinzip bis zum Extrem. Sie sagt, sie wäscht ihre Kinder so gern, denn die liebt sie, haßt es aber, Kleider und klebrige Schlabberlätzchen zu waschen. Deshalb zieht sie die Kleinen splitterfasernackt aus, ehe sie gefüttert werden, manchmal im Bad. Ein sanftmütiger, hungriger Hund, der um den Babystuhl herumschleicht, kann eine große Hilfe sein.

Was das Essen betrifft, so gewöhnen sich die Babys viel schneller daran, mit den Fingern zu essen, als Sie glauben. Nachdem ich mein Gewissen mit ein paar Löffeln nahrhaften Babybreis beruhigt hatte, schnabulieren meine Kinder seit dem sechsten Monat ein Durcheinander aus gegrilltem Käse, Brot und Honig, Erbsen, Gurkensandwiches, Möhren, Äpfeln, Sellerie, Salami (in bescheidenem Maß), kalten Fischstäbchen, Würstchen, salzlosen Crackers, Vollkornnudeln in allen Formen, Avocados und Toast.

Am wärmsten empfahlen mir die fünfzig Mütter, die Fragebögen ausfüllten, die Mikrowellengeräte. „Mikrowelle – Pürierstab – Gefrierschrank – Mikrowelle – Baby", schrieb eine kurz angebunden. Dafür braucht man nicht reich zu sein. „Ich bezahlte meinen Mikrowellenherd, indem ich aushilfsweise bei einer Tankstelle arbeitete, während Carla, als sie noch ganz klein war, in meinem Auto schlief", erinnert sich eine Freundin. „Dann nahm ich für ein paar Monate einen Untermieter auf, so daß ich mir eine Geschirrspülmaschine kaufen konnte." Alles, was die Zubereitung der richtigen Babykost weniger langweilig und mühsam gestaltet, ist hilfreich – nicht zuletzt, weil es den Ärger in Grenzen hält, wenn Ihr Kind das Zeug nicht essen will. Falls Sie schon in der Anfangsphase einen neurotischen Kampf ums Essen zulassen, wird er jahrelang dauern. Wenn meine Kinder in den Hungerstreik treten, päpple ich sie ganz einfach zur Schlafenszeit mit einem Glas warmer Milch auf, gebe ihnen Vitaminbonbons und hoffe das Beste.

Die Löffel stellen ein besonderes Thema dar. Manche Babys grapschen lange, ehe sie damit essen können, nach diesen Gegenständen. Rose entwickelte ein System, indem sie nach dem einen Löffel griff, während ich ihr einen anderen mit Brei in den Mund schob, worauf sie letzteren packte. Also holte ich noch einen dritten, in der Überzeugung, mit zwei vollen Händen hätte sie keine Kraft mehr zum Grapschen. Wonach sie Löffel Nummer eins fallen ließ um sich Löffel Nummer drei anzueignen – und so begann die Phase, in der sie mit den Fingern aß. Laut einer raffinierten alten Kinderfrau hätte ich ihr Brotstücke in beide Hände drücken sollen, denn sie wären wahrscheinlich nicht auf dem Boden gelandet. Nächstes Mal werde ich's besser wissen. Eins muß man stets bedenken – sogar das trägste Baby lernt irgendwann, einen Löffel zu benutzen. Falls es Ihnen Spaß macht, ihm möglichst früh eine Gelegenheit dazu zu geben, könnte es mit neun Monaten gewisse Fertigkeiten eines Verputzers erlangen. Wenn Sie die Bescherung nicht verkraften, spielt das keine große

Rolle. Löffeln Sie einfach weiter.

Bedauerlicherweise liegt der glücklichste Umstand während dieses Stadiums außerhalb Ihrer Kontrolle. Kahle Babyköpfe kann man einfacher saubermachen als dichtbehaarte.

Der Sonntagnachmittag. Diesen Absatz füge ich nur ein, um eine wundervolle, von Chris Serle, seiner Frau Anna und ihrem Baby Harry praktizierte Idee zu erwähnen. Chris und Anna sitzen mit den Sonntagszeitungen im Laufstall vor dem Kamin, trinken Tee und reichen Harry Krapfen durch die Gitterstäbe. Der Junge hat das ganze restliche Zimmer für sich allein, ist vor dem Feuer sicher und kommt nicht an die Zeitungen heran. Alle lieben diese Stunden.

Schlafenszeit – die einzigartige, allergrößte Errungenschaft des ersten Jahres, wenn's damit klappt. Nichts macht das Leben erträglicher als ein Baby, das gern in sein Bettchen geht und dort bleibt. Es lohnt sich, einige Mühe auf sich zu nehmen, diesen Zustand zu erreichen und dem Teufelskreis zu entrinnen, der aus Tränen und Warten besteht – während man immer wieder nach oben läuft, das Baby noch mehr aufregt, wieder hinuntergeht, auf den nächsten Schrei lauscht ... Ob Sie beim Schlafengehen mit einem kleinen Teufel zu tun haben oder nicht, ist reine Glückssache. Unser erstes Kind quälte uns ein Jahr lang so erbarmungslos, daß wir es kaum allein zu lassen wagten, nicht einmal mit der Tagesmutter, die ihm bekannt war – nachdem der Junge sie eines Abends mit seinem Geschrei so weit getrieben hatte, daß sie trotz ihrer langjährigen Erfahrung mit ihm über die Straße zu einer Nachbarin gelaufen war, um Hilfe zu erflehen. (Übrigens beruhigte er sich sofort, sobald sie das Haus verlassen hatten. Babys sind sehr empfänglich für eine veränderte Atmosphäre – selbst wenn es sich nur um eine regennasse Straße handelt –, wenn sie bereits die gewohnte Umgebung mit ihren eigenen panischen Vibrationen gefüllt haben.) Gewöhnliche Babysitter kamen nicht in Frage. Neidvoll beobachteten wir unsere Freunde, die ihre sechs Monate alten Kinder einfach irgendwelchen Schulmädchen anvertrauten und ins Kino gingen, ohne einen Blick zurückzuwerfen. Offenbar machten wir etwas falsch – schrecklich falsch.

Dann kam das zweite Kind zur Welt, sah sich um und versank prompt in einem Tiefschlaf, aus dem es zwei Monate lang kaum erwachte, abgesehen von den Zeitpunkten, wo es gestillt werden wollte. Als die nächtliche Mahlzeit nicht mehr nötig war, lag unsere Tochter friedlich in ihrem Bettchen, wimmerte nur ganz selten, wachte lächelnd auf und lutschte eine ganze Stunde glücklich an ihrem Musselindeckchen, ehe sie unruhig wurde. Plötzlich begriff ich, daß all diese sorgenfreien, selbstgefälligen Eltern gar keine Genies sind, sondern nur Glückspilze. Der Himmel stehe ihnen bei, wenn sie das nächstemal einen nächtlichen Schreihals bekommen.

Familien, die mit einem solchen gestraft wurden, sind reizbar, ganz besonders, wenn man ihnen Ratschläge gibt, die sie alle schon ausprobiert haben. Deshalb möchte ich mich vorsichtshalber entschuldigen, ehe ich von einigen Beobachtungen berichte.

- Manche Babys werden wütend, wenn man sie hin und her wiegt. Wenn Ihr Kind das nicht mag, bilden Sie sich nicht ein, Sie würden es falsch anfangen – hören Sie einfach auf. Dasselbe gilt für Wickeln, Füttern und Schlaflieder. Wenn ein Bettchen völlig gesichert und das Zimmer warm genug ist, wäre es sinnlos, sich einzumischen, auch wenn das Baby eine noch so groteske Schlafstellung einnimmt, völlig verdreht daliegt oder sich alle Decken unter den Bauch stopft. Nehmen Sie Tips aus der Kinderstube alter Schule nicht zu ernst: Es ist erst fünfzig Jahre her, seit die Mütter in die Zimmer ihrer Babys schlichen und ihnen das Kinn mit Tüchern hochbanden, um zu verhindern, daß sie durch den Mund atmeten.

- Farbpsychologen behaupten, helle, neutrale Farben würden den Babys helfen, sich zu entspannen. Ich gebe diesen Rat nur weiter. Einmal drapierte ich in meiner Verzweiflung ein hellrosa Tuch über einen grellbunten Lampenschirm, aber es fiel herunter.

- Übermüdete Babys schlafen genauso schlecht ein wie energiegeladene. Wenn Sie Ihr Baby den ganzen Tag wach halten, um auf einen „ruhigen Abend" hinzuarbeiten, wird sich vielleicht um halb sieben Uhr abends ein hysterisches, völlig erschöpftes Häufchen Elend an Sie klammern.

- Es ist nicht nötig, daß ein Baby sofort einschläft, sobald es in seinem Bettchen liegt. Manche entwickeln die fröhliche Angewohnheit, noch eine Stunde lang zu gurren, zu glucksen und zu schwatzen, um sich vom vergangenen Tag zu erholen.

- Betten und Schlafzimmer sollten kleine Paradiese sein. Wenn das Baby seine Kuscheltiere niemals in andere Räume mitnimmt, werden sie zu

Bewohnern einer warmen, träumerischen, angenehmen Welt voller Decken und Lammfellen und Bildern an den Wänden – Freunde, die man zur Schlafenszeit entzückt wiedersieht und begrüßt. Was das Bett selbst betrifft, so darf Ihr Baby niemals merken, daß dies eine Stätte ist, wo Sie es nach einem langen Tag dankbar hineinpacken, in der inständigen Hoffnung, es würde nicht lernen, daraus zu entfliehen. Wenn Sie verrückt genug sind und den Rat des Arztes befolgen, der einmal meinte, Wutausbrüche würde man am besten bestrafen, indem man das Baby in seinem Zimmer einsperrt, werden sich die panischen Vibrationen ständig steigern und jahrelang an den Wänden hängen.

- Eine nützliche Erfindung, die ein Kind ins Bettchen locken kann, ist der Baby-Alarm. Manche Eltern hassen den Gedanken, jeden Schnarchlaut und Seufzer mitzubekommen und behaupten herzlos, wenn das Baby tatsächlich schreit, wäre es ohnehin nicht zu überhören. Aber ein gutes, die Geräusche nicht verzerrendes Alarmgerät ist eine großartige Vorrichtung. Man vernimmt sogar ein ganz leises Wimmern, kann sofort eingreifen und den vermißten Teddy, der aus dem Bett gefallen ist und das Unbehagen verursacht hat, zurücklegen. Der Alarm hilft Ihnen, die Stimmung Ihres Kindes abzuschätzen, während es einschläft oder aufwacht. (Manche Babys plaudern morgens und abends eine Stunde lang fröhlich vor sich hin, und ohne den Alarm könnten wir glauben, „Muh" und „Quak" und „Papa sagt zum Teufel mit dem verdammten Auto zum Teufel zum Teufel" wären Unmutsäußerungen und keine glücklichen Erinnerungen an den vergangenen Tag.) Man merkt auch, wenn die Kinder nachts krank werden, würgen oder Kehlkopfdiphterie bekommen. Obwohl der Baby-Alarm so ein geräuschvolles Utensil ist, hilft er einem paradoxerweise, besser zu schlafen.

- Wir haben unsere Babys niemals nach der Schlafenszeit wieder nach unten geholt, sobald diese festgelegt war (wenn Sie Glück haben, etwa nach sechs Monaten). Während ich dieses Buch schreibe, ist mein Sohn fast drei und glaubt tatsächlich immer noch, wir würden um dieselbe Zeit ins Bett gehen wie er. Wenn er jemals die aufregende Abendwelt der Erwachsenen entdecken sollte, könnte es sich als verführerisch erweisen, aus dem Bettchen zu klettern und eine Invasion zu versuchen. So, wie die Dinge liegen, genießen wir geruhsame Abende ohne Kinder und können tun und lassen, was wir wollen – eine Wohltat. Daß wir gelegentlich nach oben laufen, um Meinungsverschiedenheiten mit entfleuchten Teddys zu schlichten, ein Glas Wasser zu bringen oder Füße zu retten, die zwischen Gitterstäben stecken, ist ein geringer Preis, den wir gern dafür bezahlen.

- Penelope Leach gab mir einen ausgezeichneten Rat, der Gold wert ist: Nach der Schlafenszeit muß man zwar verfügbar, aber „sehr langweilig" sein. Ich konnte das zu einer wahren Kunst vervollkommnen. Bei jedem Jammerlaut meines Sohnes gehe ich nach oben, stehe da, überreiche ihm ein Glas Wasser und tue ansonsten überhaupt nichts. Vorausgesetzt, er hat nur geschrien, weil er Gesellschaft haben wollte, wird er merken, daß es sich nicht lohnt zu brüllen, um diesen uninteressanten Zombie heraufzuholen, der nur sagt: „Du schläfst noch nicht? Großer Gott, da hast du deinen lieben Teddy, gute Nacht." Um drei Uhr nachts werde ich übrigens langweilig, ohne mich anstrengen zu müssen.

- Ein Becher warme Milch, der in den zwanzig Minuten zwischen dem abendlichen Stillen und der Schlafenszeit als Überleitung zum Bettchen fungiert, wirkt als Ritual und gutes Beruhigungsmittel.

- Komplizierte Rituale können sich in den nächsten Jahren entwickeln, ohne daß sie schon in diesem Stadium von Ihnen gefördert werden. Man muß beim Gute-Nacht-Sagen jedes Stofftier in der richtigen Reihenfolge küssen, stets dieselben drei Kinderreime aufsagen, während man die Steppdecke genau bis zu den Ecken des Bettchens zieht, aber das dürfte an Reiz verlieren, wenn das Kind fünf ist. Immerhin können gewisse Ausdrücke schon einem zehn Monate alten Baby klarmachen, daß sein Bettchen ein unausweichlicher Ort ist. „MARSCH INS BETT!" ruft Papa in einem besonderen Tonfall gutmütiger Verzweiflung, und das Kind weiß – jetzt wird's ernst. Der Tag ist zu Ende. Kismet. Eine Gnadenfrist kommt nicht in Frage.

Aber wie ich bereits erwähnte – das alles wird Sie nur irritieren, wenn Sie sich inmitten einer schlimmen nächtlichen Kampfphase befinden. Vielleicht hilft es Ihnen zu bedenken, daß Sie das Baby nur veranlassen wollen, stumm im Bett zu liegen, und daß es nicht mit aller Macht sofort einschlafen muß. Akzeptieren Sie das, dann ist schon einiges gewonnen. Eine sanfte Beleuchtung, ungefährliche Kuscheltiere, sogar ein oder zwei Bilderbücher sind vertretbare Lockmittel. Das bringt sogar einen zusätzlichen Vorteil. Wenn das Baby abends gern im Bett liegt und dabei Mobiles oder Bilder betrachtet, wird es das am Morgen ebenso willig tun. Währenddessen hören Sie im Halbschlaf per Baby-Alarm Gekreische und Gekicher. Es gibt unangenehmere Arten aufzuwachen.

Wie man Babys mit anderen Leuten allein läßt

Bis zum heutigen Tag kann ich nicht im *London Weekend Television (LWT)* arbeiten, ohne von panischem Schrecken erfaßt zu werden. Das hängt nicht mit meinem TV-Auftritt zusammen (der – verglichen mit der Mutterschaft – ein eher geruhsames Erlebnis ist), sondern ausschließlich mit Babys.

Eines Abends, als mein erstes Kind etwa drei Monate alt war, sollte ich zwei Sendungen des Quizprogramms „Tell the Truth" (Sag' die Wahrheit!) aufzeichnen. Da Nicholas voller Zufriedenheit schon mehrere Flaschen Muttermilch getrunken hatte, beschloß ich ihn zum erstenmal zu verlassen, statt die üblichen umständlichen Arrangements mit Tragetasche, Wickeltasche und der Betreuerin von der Agentur zu treffen, die in die Garderobe des Studios zu kommen pflegte. Die Aufzeichnungen sollten von siebzehn bis mindestens zweiundzwanzig Uhr dauern, das Studiopublikum, die anderen Quizteilnehmer und mehrere Mitspieler mit richtigen und falschen Identitäten (so ausgesucht, daß sie den Quizteilnehmern an diesem Abend unbekannt waren), hatten sich alle versammelt. Ersatzleute konnte man nicht einsetzen. „Tell the Truth" ist – in einem komplizierten Medium – eine der kompliziertesten Sendungen, und ich war ein Rädchen in dieser Maschinerie. Ich konnte nicht absagen, es sei denn, mein Kind wäre todkrank gewesen.

Was geschah also? Um achtzehn Uhr (vier Stunden mußte ich noch von daheim entfernt verbringen, eingesperrt in der großen LWT-Festung) rief ich zu Hause an. „Er schreit", sagte Paul, „schon seit einer halben Stunde. Ich kann nichts tun, um ihn zu beruhigen. Er will seine Milch nicht trinken. Ich weiß nicht, was ich tun soll."

Nie zuvor in meinem Leben war ich in so wilde Panik geraten. Nach wenigen Sekunden war ich schweißüberströmt, allen vernünftigen Argumenten unzugänglich, Milch floß in den BH, und ich wurde von heftigen Schmerzen gequält, als hätte ich das Baby eben erst zur Welt gebracht; ich drohte in einem stürmischen Meer voller wirbelnder Hormone zu ertrinken. Eine meiner Quizkolleginnen, eine Schauspielerin, der ich ewig dankbar sein werde, schleppte mich zu einem Stuhl und drückte mich darauf. Wir reparierten mein Makeup, dann gingen wir ins Studio. Sobald die Scheinwerfer aufflammten, schaffte ich es seltsamerweise, einigermaßen über die Runden zu kommen; aber wann immer die Aufzeichnung unterbrochen wurde, suchten mich neue Schweiß- und Milchausbrüche und Angstzustände heim. Um zehn Uhr raste ich endlich zu einem Taxi, drängte den Fahrer, im Rekordtempo zu meinem Haus zu fahren, und stürmte hinein, um mein armes Baby aus höchster Not zu retten. Das natürlich seit zehn nach sechs friedlich schlief.

Die meisten Mütter könnten Ihnen ähnliche Geschichten erzählen. Es ist schmerzlich, ein Baby das erste Mal zu verlassen; schmerzlich, wenn die Trennung zu lange dauert; schmerzlich – und zwar in jedem Entwicklungsstadium –, wenn das Baby krank oder aufgeregt oder wenn der Betreuer nicht Ihre allererste Wahl ist. Weinend saß ich in einem Zug nach London, weil ich die Babys in der Obhut einer soeben gefeuerten Kinderfrau zurücklassen mußte und kurz vor meinem Aufbruch heftig mit ihr gestritten hatte. Wie kann man seine winzigen Kinder jemandem anvertrauen, der einen haßt? Verzweifelt schwankte ich ein anderes Mal zwischen einem Kleinkind mit fiebriger Erkältung und einer Radio-Livesendung die ich hundert Kilometer entfernt moderieren sollte. (Wie schlimm ist die Erkältung? Ist sie gefährlich? Könnte sich der Zustand des Kindes plötzlich verschlechtern? Wird man mich jemals wieder engagieren, wenn ich eine Sendung nur wegen eines Schnupfens platzen lasse?) Als ich eines Tages nach Hause fuhr, um mein Baby zu stillen, ging mir auf einer einsamen Landstraße das Benzin aus. Ich schleppte meinen Mann von einem pompösen formellen Jachtclubdinner weg (*bevor die Reden gehalten wurden*, o Graus), weil mich eine unbestimmte, aber böse Ahnung bezüglich des Babys zu Hause erfaßt hatte. Übrigens glaube ich, Paul hat an jenem Abend zum erstenmal so richtig begriffen, daß die Vater- und Mutterschaft das ganze Leben verändert, und zwar für immer. Trotzdem hatte mich mein Anstandsgefühl nicht restlos verlassen. Ich wartete bis nach dem Eröffnungstoast, ehe meine Knie zu zittern begannen. Oh, es ist grauenvoll ein Baby zu verlassen.

Grauenvoll – wenn es nicht großartig ist! Ich habe auch erlebt, mit welch unnachahmlich leichtfüßigen Schritten man eine Straße hinabwandern kann, ohne Buggy, ohne Tragetuch, ohne eine Tasche voller Babywischtücher; wie schön es ist, in einem Büro voller erwachsener Leute zu sitzen, denen nicht ständig die Nase läuft. Ich stieß Freudenschreie aus, wenn ich ohne Babytragetasche zu einem Dinner gehen durfte, wühlte fröhlich mit beiden Händen in Läden herum (und in voller Konzentration), endlich befreit nach monatelanger Sklaverei. Ich schaute in Zugabteile voller wimmernder Babys und pries den Himmel, weil kein einziges davon mir gehörte. Und nach etwa einer Stunde kam ich bestens erholt nach Hause, um den Faden wieder aufzunehmen. Wenn man sich angewöhnt, seine Babys manchmal anderen Leuten zu überlassen, und die richtigen Arrangements trifft, wird man plötzlich von ganz neuer Lebensfreude erfüllt. Und wenn Sie's nicht lernen, stehen Ihnen und dem Baby schlimme Zeiten bevor, wenn Sie zum Beispiel ein zweites bekommen und ins Krankenhaus müssen. Selbst die opferwilligste Ganztagsmutter, die immer zu Hause bleibt, muß die Kunst erlernen, ihr Baby in andere Hände zu geben. Deshalb habe ich dieses Thema mit Absicht vom noch heikleren Bereich „Berufstätige Mütter" getrennt und hier eingefügt, denn je früher Sie anfangen, sich vorübergehend von Ihrem Kind zu trennen, desto leichter fällt es allen Beteiligten. Als ich meine Mütterdiskussionsrunde, lauter sehr vernünftige, liebevolle, verantwortungsbewußte Frauen (teilweise berufstätig) nach der besten Methode befragte, ein Baby für ein paar Stunden mit einer Betreuerin, einem Kindermädchen oder einer Verwandten, allein zu lassen, bekam ich keine übereinstimmenden Antworten.

„Verabschieden Sie sich fröhlich und fest entschlossen", sagte eine Mutter. „Kein Geschrei, kein Schluchzen, keine traurigen Gesichter. Gehen Sie einfach." Eine andere riet munter: „Verschwenden Sie keine Zeit, gehen Sie." Aber die dritte meinte: „Man muß dem Baby Zeit lassen, sich an die veränderte Situation zu gewöhnen, und darf nicht einfach verschwinden." Essen als Seelentrost fand eine starke Lobby. „Gehen Sie, wenn das Baby gerade seinen Lieblingskeks zu essen anfängt", empfahl die eine, und eine andere:. „Stopfen Sie ihm den Mund voll, und laufen Sie!" „Man muß sich immer verabschieden", sagte eine Mutter, während eine andere den Rat erteilte: „Schleichen Sie lautlos davon, wenn das Baby gerade woanders hinschaut."

Wenn man auf alle diese Frauen hört, wird man so verwirrt, daß man in Tränen ausbricht, das Baby schrecklich aufregt, und schon ist alles verloren. Trotzdem – *jede einzelne dieser Mütter hat recht.* Diese profunde Wahrheit wurde mir eines Tages klar, als ich mit meinem zweijährigen Sohn auf dem Boden saß und vorsichtig erklärte, Mami müßte nach London fahren, und wenn er morgen aus seinem Mittagsschlaf erwachte, würde er einen kleinen Hubschrauber bekommen; bevor ich mich dann zum Auto hinausstahl, bedeutete ich der Tagesmutter hektisch, meine einjährige Tochter abzulenken – verschiedene Babys erfordern in verschiedenen Altersstufen verschiedene Taktiken, wenn man sie für einen gewissen Zeitraum verlassen will. Ein ganz kleines Baby kann man relativ leicht überlisten, mit einer Methode, die schon viele Mütter praktiziert haben. Geben Sie der Betreuerin Ihren Pullover, oder besprühen Sie sie mit Ihrem Parfüm. („Teuer, aber es lohnt sich!") Ein älteres Baby wird von einer solchen Ersatzperson wahrscheinlich zu Schreikrämpfen getrieben. Mein Sohn gerät jedesmal in helle Aufregung, wenn Papa nicht da ist, und wenn er einen Mann sieht, der die gleichen dunklen Locken hat wie sein Vater. Neugeborene Babys reagieren instinktiv, ältere finden heraus, daß sie nur eine Mama haben, die immer wiederkommt, und daß die Ersatzpersonen akzeptabel sind. Eine verkleidete Ersatzmutter kann beängstigend wirken – Mama und doch nicht Mama, igitt!

Die Methode, davonzuschleichen, wenn das Baby gerade wegschaut, funktioniert monatelang. Aber der Moment, wo die Tür ins Schloß fällt, ist so schrecklich, daß man ihn dem Baby ersparen sollte. Sobald das Baby einiges mitbekommt (bei meinem ersten Kind geschah das, als es genau achtzehn Monate alt war), wird es – wenn Sie sich öfter klammheimlich davonmachen – bald glauben, Sie könnten das jederzeit tun, und Ihre Gesellschaft nie mehr genießen, weil es sich fragt, wie lange dieses Glück wohl dauern mag. Dann gibt es auch die Technik „Noch ein letztes Spiel". Ihr Erfolg hängt von der augenblicklichen Stimmung des Kindes und seiner Entwicklungsstufe ab. Wenn die Mutter das Baby auf den Schoß nimmt und noch eine letzte Geschichte erzählt, ist das eine angenehme Bestätigung der Macht, die es über Mama ausübt. Manchmal kann das den Trennungsschmerz aber auch verlängern. An einem Dienstag, bevor ich für vierundzwanzig Stunden nach London fahren mußte, sagte Nicholas doch tatsächlich: „Mama, geh *jetzt*." Er wollte es hinter sich bringen.

Je besser Sie Ihr Baby kennen und je näher Sie ihm stehen, desto einfacher ist es paradoxerweise, es mit anderen Leuten allein zu lassen. Denn Sie wissen bis ins kleinste Detail, wie Sie das am besten hinkriegen und ob es ihm was ausmachen wird. Wenn man behutsam zu Werke geht, wird es die Trennung gut überstehen. Einer der vernünftigsten Ratschläge, die ich bekam, als ich gerade anfing, mein Baby kurzfristig zu verlassen, lautete: „Erwarten Sie nicht, daß es Ihr Baby stört, wenn Sie gehen, und seien Sie nicht beleidigt, wenn es das mit Gleichmut hinnimmt." Offen gestanden – erstaunlich viele Babys, die noch nicht achtzehn Monate alt sind, verbringen frohgemut einen Vormittag, sogar einen ganzen Tag mit einer halbwegs vertrauten Betreuerin. Manchmal habe ich sogar das Gefühl, sie empfinden das als nette Abwechslung ...

Aber Ihr Baby ist Ihr Baby und nur Sie (und nur

dann, wenn Sie sich konzentrieren) finden die beste Methode, es für eine Weile zu verlassen. Hier sind ein paar nützliche Überlegungen für den Augenblick der Wahrheit:

- Die jüngsten Forschungsergebnisse haben bestätigt, was erfahrene Eltern wahrscheinlich schon wissen: Sogar ganz kleine Babys können verstehen, daß die Eltern sie sehr, sehr lieben. Wenn Sie dem Kind Ihre Liebe zeigen, wann immer Sie es sehen, wird es Ihre Abwesenheit leichter ertragen. Wenn Sie sich schuldig und deshalb elend fühlen, wird das Baby es merken und ebenfalls leiden.

- Sogar Babys und Kleinkinder, die vor Wut brüllen, wenn die Mutter weggeht, beruhigen sich im allgemeinen sofort, nachdem sie verschwunden ist. Was man von der armen, von Magenkrämpfen geplagten Mutter, die weinend zur Bushaltestelle geht, nicht behaupten kann. Manche Leute haben ein Spezialsystem entwickelt. Sobald das Gebrüll verstummt, hängt die Betreuerin einen Luftballon oder eine Flagge ins Fenster. Und die Mutter kann dann draußen im Regen, mit fahlem Gesicht, wie die Heldin eines Films über die französische Resistance, nach oben blicken, erkennen, daß die Luft rein ist, die Straße hinabgehen und in *La Libération* schwelgen.

- Betreuerinnen – Kindermädchen, Omas, Nachbarinnen – schätzen es vielleicht nicht besonders, wenn sie eingehend nach allen Ereignissen während Ihrer Abwesenheit befragt werden und genau schildern müssen, womit das Kind aufgeheitert beziehungsweise den ganzen Tag beschäftigt wurde und ob es von Ihnen gesprochen hat. Aber es ist Ihr gutes Recht, so zu verfahren, wann immer Sie wollen. Denn Sie stellen ein persönliches Dossier über das Verhalten Ihres Kindes in Ihrer oder in der Gesellschaft anderer auf.

- Schwierige Babys beruhigen sich leichter in der gewohnten Umgebung. Eine Freundin, die sich nur eine Gemeindeschwester leisten konnte, überredete sie, in ihr Riesenhaus zu kommen und drei andere Schützlinge mitzubringen. Diese brachten das Haus ein bißchen durcheinander, aber das dort beheimatete Baby genoß das sehr, die Betreuerin freute sich über die Abwechslung, und den anderen Eltern schien es nichts auszumachen. Aber solche Arrangements kommen sehr selten vor.

- In der ersten Zeit, wo ich das Baby um neun Uhr morgens einer Tagesmutter übergab (es war drei Monate alt), fand ich einen guten Kompromiß zwischen der Taktik, länger dazubleiben, und der Methode, heimlich davonzuschleichen. Ich ließ die Tagesmutter eintreten, setzte ihr das Baby auf die Knie und wartete auf *das erste Lächeln des Wiedererkennens.* Sobald das erfolgt war, wagte ich zu verschwinden. Die längste Wartezeit betrug zwölf Minuten, und ich verpaßte deshalb meinen Zug, aber *nach* dem Lächeln fühlte ich mich viel besser.

- Es ist keineswegs albern, jeden Babysitter über alle potentiellen Notfälle zu informieren. Trotzdem kommt man sich manchmal ein bißchen dumm vor. Eines Abends ging ich mit den Worten aus: „Wir sind bei der Horse Show. Wenn was passiert, wird uns die Lokalpolizei in der Arena ausrufen lassen. Die Telefonnummern von Polizei und Feuerwehr stehen in dem schwarzen Buch neben dem Apparat. Auch die Nummern des Hausarztes und aller seiner Vertreter. Ann wohnt weiter unten an der Straße. Sie war mal Missionsschwester, und ihr Mann hat einen gutbestückten Werkzeugkasten." (Das war zu der Zeit, als wir dachten, er müßte vielleicht einmal seine Blechschere benutzen, um die Kuchenform von Nicholas' Kopf zu entfernen.) – „Nancy, die Nachbarin, weiß über den Sicherungskasten auf dem Dachboden Bescheid, falls es einen Kurzschluß gibt. Wenn Rose weint, hat sie wahrscheinlich ihr Kuscheltier verloren. Wenn Nicholas noch Hustensaft braucht, darf er ihn nicht vor halb elf bekommen. Oh, und wenn das Haus niederbrennt, und Sie die Kinder hinausgebracht haben, sagen Sie doch bitte den Feuerwehrmännern, daß eine verwaiste kleine Ente in einem Karton oben im Arbeitszimmer sitzt. Vielleicht kann man sie noch rausholen, da steht eine Leiter im ..." Und so weiter. Dabei fühlt man sich ein bißchen wie James Thurbers Tante, die Nacht für Nacht alle ihre Habseligkeiten vor der Schlafzimmertür aufhäufte, damit die Einbrecher sie nicht umbrachten. Aber irgendwie sichert man sich damit einen einigermaßen vergnüglichen Abend.

- Eine weitere große Beruhigung ist es für abwesende Eltern, wenn sie der Betreuerin eingeschärft haben, im Krankheitsfall sofort den Arzt anzurufen und gar nicht erst zu versuchen, Sie in einem weit entfernten Büro mit ständig besetzten Telefonleitungen zu erreichen. Erklären Sie ihr auch, daß Ärzte dafür *bezahlt* werden, wegen gewisser Symptome kleiner Kinder aus ihrer Ruhe aufgestört zu werden. Einmal brachte ich Nicholas um halb acht Uhr morgens ins Krankenhaus. (Die Praxis des Hausarztes war geschlossen, ich hatte kein Transportmittel, und mein Kind hatte sich den Kopf an der Babyalarmbox aufgeschlagen.) Ich lief um die Ecke aufs Polizeirevier und veranlaßte die Beamten, mir einen Wagen mit Fahrer zur Verfügung zu stellen. Zuerst sagten sie immer wieder: „Oh, Sie brauchen einen Krankenwagen", und ich mußte mit dem Fuß aufstampfen. In der Klinik erklärte man mir auf der Unfallstation (wo massenweise grämliche Betrunkene herumsaßen): „Oh, vor halb neun kommt kein Arzt." Ich mußte wieder mit dem Fuß aufstampfen und drohen, ich würde mich bei der Ärztekammer beschweren. Da dies eine Klinik wäre, müßte doch verdammt noch mal irgendwo ein Arzt sein, und sich um ein zwei Monate altes Baby kümmern, das am Kopf stark blutet. Und dann erschien eine Ärztin und nähte die Wunde. Sogar die grämlichen Betrunkenen klatschten Beifall. Wäre ich eine scheue, höfliche, unsichere kleine Neunzehnjährige gewesen, hätte ich vielleicht eine Stunde lang dagesessen, dem Baby das Blut von der Stirn getupft und Angst vor einer Gehirnerschütterung gehabt. Seit damals suche ich mir nur Kinderbetreuerinnen mit zähem, unwirschem, hartnäckigem Charakter aus und gebe ihnen mit gewissen Verhaltensmaßregeln zusätzliche Kraft. Wie die Ärzte uns hassen müssen ... Tut mir leid.

- Wenn man über Nacht wegbleibt, ist eine etwas andere Technik erforderlich. Wenn Sie davonschleichen, nachdem das Baby ins Bett gebracht wurde, haben Sie viele Stunden Vorsprung. Aber achten Sie wie ein Habicht auf Anzeichen für die beginnende Überzeugung, Sie würden *immer* verschwinden, sobald es einzuschlafen wagt, und kämpfen Sie dagegen an. Sonst bekommen Sie ein Einschlafproblem.

- Seien Sie nicht allzu beleidigt, wenn das Baby nach einer längeren Trennung häßlich zu Ihnen ist oder Sie ignoriert. Dergleichen ist weit verbreitet, und es geht wieder vorbei. Aber so lange es andauert, ist es grauenvoll. Einmal fuhr ich von London nach Hause, voller Sehnsucht nach meinen Kleinen, und wurde mit eisigem Schweigen und ostentativ um den Hals der Tagesmutter oder des Papas geschlungenen Armen empfangen. Normalerweise gibt es später im Badezimmer einen Riesenwirbel, und dann sind wir alle wieder Freunde.

- Wenn Sie ohne das Baby in Urlaub fahren wollen (berufstätige Mütter scheinen solche Wünsche nur selten zu hegen, Hausfrauen haben es vielleicht nötiger), tun Sie es, bevor das Baby achtzehn Monate alt wird. Wenn das schwierige Stadium der Zweijährigen näherrückt, leidet das Kind immer stärker unter der Trennung, hat ein ausgeprägteres Zeitgefühl und unterliegt immer öfter dem Irrtum, es wäre für immer verlassen worden. Zwei Wochen im Ausland, während die Oma das einjährige oder jüngere Baby versorgt, können hingegen wie ein Elixier wirken. Aber zwei Wochen im Ausland, gefolgt von Nachtwachen, Wutanfällen und herzzerreißenden Fragen wie: „Hat Mama mich auch lieb?" erinnern eher an einen Schierlingsbecher.

- Zum Schluß möchte ich meine Mutter zitieren. Vor der ersten Nacht, die sie allein mit meinen beiden Babys verbrachte, meinte sie mit einem engelsgleichen Lächeln: „Wir werden's *überleben*, meine Liebe. Ich kann dir nicht versprechen, ihnen diese modernen Anzüge richtig anzuziehen oder deinen Mikrowellenherd zu benutzen, aber morgen früh werden wir immer noch da sein – vollkommen glücklich auf unsere eigene Art." Und genauso war es auch.

Doppelbelastung – Berufstätige Mütter

Niemand scheint allzuviel von Müttern zu halten, die bezahlte Arbeit verrichten, solange die Kinder noch unter sechs sind (abgesehen von den Kindern selbst). Die „Mutter-Erde"-Lobby lächelt mitfühlend und meint abwechselnd: „Oh, das muß ja schrecklich für Sie sein" und: „Natürlich, jeder hat andere Wertmaßstäbe, aber sie sind ja nur ein paar Jahr *so* klein, und gerade diese Zeit ist *so* wichtig." Die Chefs, die man um Mutterschaftsurlaub und eine Garantie für die Wiedereinstellung bittet, pflegen zu sagen: „Oh, wenn das Baby erst mal da ist, werden Sie ganz anders darüber denken. Die Hormone, wissen Sie ..." Potentielle Arbeitgeber stöhnen mißtrauisch bei dem Gedanken an tränenüberströmte Frauen, die täglich mehrmals auf Firmenkosten daheim anrufen und vor Dienstschluß weglaufen, zur Kindertagesstätte. Die Regierung predigt unaufrichtig von der Bedeutung der Familie, weil sie einen Vorwand braucht, um die Kosten für die Kindertagesstätten der Gemeinden, auf die arme Bürger angewiesen sind, verringern zu können. Selbst Ehemänner stehen ihren unglücklichen berufstätigen Frauen manchmal feindselig gegenüber. („Das wirft kein gutes Licht auf *mich*, wenn *sie* die Kinder irgendwo abgibt und arbeiten geht", sagte einer voller Verachtung, als er leicht beschwipst war.) Sogar scheinbare Verbündete können mit gespaltenen Zungen reden: Zeitungsartikel über berufstätige Mütter konzentrieren sich ostentativ auf Schulwege, Schlüsselkinder, Krippenspiele, Turnsachen und andere Aspekte, die ausschließlich die über Fünfjährigen betreffen.

Und ständig sagt irgend jemand: „Ich finde es bewundernswert, wie Sie das alles schaffen ...", und dabei klingen ganz deutlich die unausgesprochenen Worte mit: „... diese arrogante, egoistische Kuh." Wenn Sie Ihr Kind einem Kindergarten anvertrauen, rümpfen selbstgerechte Mütter die Nasen und stellen sich überfüllte, vor Schmutz starrende Pflegestellen vor. Wenn Sie eine Tagesmutter beschäftigen, glauben die Leute ärgerlicherweise, Sie würden Ihr Baby weder nachts noch tagsüber anrühren und seien stinkreich. Wenn Sie das Kind an den Arbeitsplatz mitnehmen und in der Mittagspause diskret stillen, macht die Belegschaft abfällige Bemerkungen und erklärt, Sie würden sich „zur Schau stellen" und wollten „alles auf einmal haben".

Am besten akzeptieren Sie die Tatsache, daß eine Mutter immer unrecht hat, vor allem, wenn sie arbeitet. Warum tut man's dann? Warum widmet man diese paar Jahre nicht den Kindern und kehrt später in den Beruf zurück? Dafür gibt es viele Gründe. Wie ich zugeben muß, war mein ursprüngliches Motiv die Überzeugung, daß ich unmöglich Tag für Tag mit winzigen Kindern isoliert bleiben könnte, ohne den Verstand zu verlieren. Jetzt bin ich mir nicht mehr so sicher. Während ich an meiner Schreibmaschine sitze und mir überlege, daß ich morgen wieder quer durch London vom Bahnhof zum Studio hetzen muß (ich hetze mich immer ab, weil ich daheim bleibe, bis meine Kinder aufstehen, damit ich ihnen einen Abschiedskuß geben kann), sehe ich durch mein Fenster ein unbeschwertes Mädchen in Jeans, das mit meinen Kindern auf dem sonnenhellen Rasen herumtobt. Und dieses Mädchen verdient das Geld, das *ich* verdienen muß, indem ich mich durch die Rush Hour kämpfe. Später wird meine Tagesmutter Kaffee trinken gehen und sich bei einem Treff von Müttern und Kleinkindern vergnügen, während ich ein langwieriges, mühsames, von ständigen Störgeräuschen unterbrochenes Telefongespräch mit einem bornierten Zeitschriftenredakteur führe. Und gerade heute sieht das Gras da draußen besonders grün aus. Andererseits wage ich anzunehmen, daß die meisten Frauen in den zahlreichen Mütter- und Kleinkinder-Gruppen, die ihren mißgelaunten Sprößlingen andauernd Tränen abwischen und die Rotznasen putzen, meinen Lebensstil viel erstrebenswerter finden. Und es gibt tatsächlich Augenblicke, wo es eine wahre Wonne ist, diesem zahnenden, quengelnden, undankbaren Zirkus zu entfliehen.

Ein besserer Grund ist das Geld: Gut 40 Prozent der Frauen in der Bundesrepublik Deutschland mit Kindern älter als sechs Jahre sind berufstätig, Mütter von jüngeren Kindern sind es nur zu einem Drittel (Zahlen von 1983). Es ist offensichtlich, warum; abgesehen von den natürlichen Banden ist die Betreuung von Kindern im Vorschulalter ein so anstrengender Job, daß man sehr gut verdienen muß, um jemanden bezahlen zu können, der das macht. Manche Frauen (ich kenne eine, die jetzt eine erfolgreiche Redakteurin ist) haben fünf Jahre lang für ein Gehalt gearbeitet, mit dem sie gerade die Kosten für die Kindermädchen und die Fahrten vom und zum Arbeitsplatz decken konnten. Jene Redakteurin hatte sich dazu entschlossen, „um auf der Karriereleiter zu bleiben". Die meisten Mütter würden das nicht tun und, zumindest in den ersten fünf Jahren, sagen: „Zum Teufel mit der Karriere!" Fast alle berufstätigen Mütter arbeiten wegen des zusätzlichen Einkommens. Man muß nicht unbedingt ums tägliche Brot kämpfen, um etwas mehr Geld zu brauchen. Vielleicht wohnt man in einem

Haus, für das die Hypothek noch nicht abgezahlt ist. Oder man hat einen Ehemann, dessen Arbeitsplatz gefährdet ist, oder er will beruflich kürzer treten, um mehr Zeit für die Kinder zu finden. Eine Mutter kann auch arbeiten, um für die Erfüllung heißer Familienwünsche zu sparen – man will aufs Land ziehen oder auswandern, ein Boot kaufen oder eine Wohnung für die Oma anbauen. Was für einen Grund Sie auch immer haben mögen – es ist sinnlos, sich schuldig zu fühlen. Und wenn Sie tatsächlich von Gewissensbissen geplagt werden – unternehmen Sie irgend etwas Drastisches, verkaufen Sie das große Haus, bügeln Sie daheim die Wäsche anderer Leute, oder tippen Sie, arbeiten Sie nachts, seien Sie tagsüber Mutter, werden Sie selber bezahltes Kindermädchen, nehmen Sie einen Untermieter ins Haus, tun Sie irgendetwas. Sollten Ihnen diese Vorschläge noch grausiger erscheinen als Ihr derzeitiger Lebensstil, liegt die Vermutung nahe, daß Sie bereits die beste Lösung gefunden haben. Warum fühlen Sie sich dann schuldig?

Wenn Sie zu Ihrem eigenen Vergnügen arbeiten (ein paar tun das), geben Sie so viel Geld wie nur möglich für eine liebevolle, brillante Tagesmutter aus. Tagtäglich schlägt irgendwo eine leibliche Mutter ihre Kinder oder vernachlässigt sie – während woanders eine Pflegemutter oder ein Kindermädchen ein kleines Kind restlos glücklich macht. Der leiblichen Mutterschaft muß nicht unbedingt ein magisches Element anhaften. Aber die Verantwortung ist nicht übertragbar. Wenn Sie versuchen, diese Verantwortung abzuwälzen – die Pflicht, vierundzwanzigstündige Liebe und Aufmerksamkeit *wenigstens zu arrangieren* –, werden Sie sich wahrscheinlich elend fühlen. Wenn nicht, sind Sie viel zu hartherzig, um dieses Buch zu lesen ...

So wie der Beamte der Bahn einmal sagte, als ich mich erbot auszusteigen und den Zug in die nächste Station zu schieben: „Das ist normalerweise nicht nötig". Berufstätigkeit, verbunden mit Mutterschaft, erfordert nichts als einen gigantischen jahrelangen Kompromiß und Ihren fast völligen Verzicht auf Freizeit. Man muß Organisationstalent besitzen und Opferbereitschaft aufbringen. Ein selbstsüchtiger Entschluß ist es nicht, wenn eine Mutter arbeitet, oder nur sehr selten. Und niemand wird Mitleid mit Ihnen haben. Ein paar Leute werden unhöflich genug sein, um Ihnen ins Gesicht zu sagen, Sie wären „geldgierig", und viele Frauen werden etwas ähnliches in der Geborgenheit ihrer Küche murmeln. Die vergessen, daß es auch für Sie eine Küche gibt und daß dort am Ende eines langen Arbeitstages das ungespülte Geschirr auf Sie wartet.

Die Arbeitsmöglichkeiten für Mütter lassen sich sehr gut in Kategorien einteilen:

1. Arbeit außer Haus. Aufbruch ins Büro! Bevor die Karrierefrau, vom Designer gestylt, den Aktenkoffer in der Hand, zu ihrem BMW eilt, küßt sie eine Reihe rosiger, lächelnder kleiner Gesichter und teilt der rosigen, lächelnden Tagesmutter mit, welche hausgemachten Delikatessen sie zu Mittag für die Kinder aus der wohlgeordneten Gefriertruhe nehmen soll. Im Büro wird sie bereits von ihrer Sekretärin erwartet, die hören möchte, welche scharfsinnigen Entscheidungen bezüglich der Morgenpost getroffen werden sollen. Welch Superfrau! Bewundern wir nicht jeden einzelnen Nadelstreifen an ihrem korrekten Kostüm, während sie zuversichtlich auf Werbefotos oder in Broschüren über den Lebensstil der berufstätigen Frau grinst? Nein, wir bewundern sie nicht. Wir hassen sie. Wir schmusen mit unseren Babys bis zehn Minuten vor Abfahrt des Zuges, ziehen im Schlafzimmer die Kleider mit den wenigsten Schmutzflecken an, stecken die Füße in zerkratzte, flache Schuhe, und erklären der bleichen Tagesmutter, wenn ihre Zahnschmerzen schlimmer werden, soll sie das Baby bei der Nachbarin abgeben, mit dem Auftrag, es um vier Uhr bei Nummer 13 abzuliefern, wenn die Nachbarin das eigene Kind von der Krippe abholen muß, denn sie hat nur einen Babysitz im Auto, und wenn der Zahnarzt sagt, der Zahn muß morgen raus, soll die Tagesmutter *vor* halb eins im Büro anrufen, damit Mutti die Goldsmith-Effekten-Konferenz absagen und den halben nächsten Vormittag daheim bleiben kann, denn die Nachbarin *hätte* ihr den Gefallen getan, bekommt aber Besuch von einer geschwätzigen Tante und hat am Vormittag keine Zeit ... Dann hängen wir auf der Busfahrt zum Bahnhof mit heftig klopfendem Herzen am Haltegriff und überlegen, ob die Katze gefüttert wurde, ob das Kindermädchen womöglich in Ohnmacht fällt, weil es die Schmerzen im Weisheitszahn nicht mehr erträgt, und das Baby währenddessen in den Kamin kriechen könnte; mutlos und erschöpft treffen wir am Arbeitsplatz ein, sind gerade noch imstande, Kaffee zu trinken und zu schimpfen, und da bricht die Hölle los, weil wir gestern Punkt halb sechs aus einer Besprechung gelaufen sind, um rechtzeitig daheim zu sein und das Baby zu baden. Das alles ertragen wir und verfluchen die imaginäre Gelassenheit der imaginären Superfrau.

Es gibt nämlich keine wirklich bombensicheren Arrangements, was die Kinderbetreuung angeht. Reiche Leute haben es besser. Aber selbst wenn Sie über ein Kindermädchen *und* eine Haushälterin verfügen, wird der Tag kommen, wo erstere Masern hat und das Baby aus Angst vor der letzteren wie am Spieß brüllt. Und wenn Sie die beste Nachbarin von der Welt haben – der Tag wird kommen, wo sie eine Teeparty ihres Frauenclubs besucht, während das Kindermädchen gleichzeitig mit dem Kohlenarbeiter durchbrennt und Papa auf Geschäftsreise nach Peru geht. Es wird also der Tag kommen, wo Sie keine andere Möglichkeit haben, als die Babytragetasche oder das Kleinkind mitsamt einer Schachtel Buntstifte (hoffentlich keinen Nachttopf) packen und ins Büro mitnehmen müssen, wenigstens für eine Stunde. Ich habe noch nirgendwo gearbeitet, wo so etwas nicht wenigstens einmal passiert ist. (Am unbefangensten tun das Mütter in gehobenen Positionen, wobei es einen großen Unterschied macht, ob es sich um das Baby der Chefin oder das Baby der Miß Supersekretärin handelt.) Aber wenn der Fortbestand der menschlichen Rasse gesichert und Babys ordentlich versorgt werden und begabte Frauen ihre Talente nutzen sollen – dann muß irgend jemand irgendwo eben eine seltsam gurgelnde Tragetasche hinter dem Aktenschrank tolerieren.

Der Leiter einer Abteilung im „Radio 4" wickelte einmal während einer wichtigen Besprechung seinen Sohn auf dem Boden. Er behauptet, niemand hätte es bemerkt, was ich sehr eindrucksvoll finde angesichts der Tatsache, daß die Konferenz in seinem Büro stattfand und er den Vorsitz führte.

Meine eigenen Arrangements bezüglich der Babybetreuung schlugen einmal dramatisch fehl, und ich mußte Nicholas bei einer Besprechung mit zwei hohen Polizeibeamten, einen Aufsichtsbeamten von „Radio 4" und anderen Leuten stillen. Das verlief sehr diskret, im Gegensatz zu dem darauffolgenden lauten Schluckauf. Aber wir haben es alle überlebt.

Im großen und ganzen ist es aber an den meisten Bürotagen besser, keine Babyatmosphäre zu schaffen. Ausnahmen sind okay, eine ständige Aura von getrockneter Muttermilch und emotionaler Anspannung kann jedoch schädlich wirken. Hier sind ein paar Regeln zur Aufrechterhaltung Ihrer beruflichen Glaubwürdigkeit:

- Lernen Sie Ihr Tempo zu ändern. Wenn Sie abends nach Hause hetzen, müssen Sie auf den trägen Babyrhythmus umschalten, jedes Wort übertrieben betonen, dumme Witze und Geräusche wiederholen, immer wieder dieselbe kleine Hand von derselben Steckdose entfernen. Und vergessen Sie am nächsten Morgen die umgekehrte Prozedur nicht – nämlich, das Tempo wieder zu beschleunigen! Ich lache jetzt nicht mehr über die alte Geschichte von der Frau, die bei einem offiziellen Dinner neben einem faszinierenden Mann saß und zu spät merkte, daß sie ihm das ganze Fleisch vorgeschnitten hatte. Nicht mehr, seit ich Gastrednerin bei einem Dinner für Reservisten der Royal Navy war und den Portwein, der auf einer silbernen Lafette herumgereicht wurde, in die Tischmitte schob, damit das imaginäre Baby ihn nicht umstoßen konnte.

- Rufen Sie nicht ständig zu Hause an. Hinterlassen Sie statt dessen daheim die Nummer, unter der Sie zu erreichen sind. Veranlassen Sie Ihre Babysitterin, sich niemals mit den Worten zu melden: "Hier ist das Kindermädchen" falls das in Ihrem Büro ein unfreundliches Stöhnen hervorruft. Versuchen Sie es mit: „Es geht um etwas Persönliches, ich sollte zurückrufen" oder mit ähnlich neutralen Phrasen. Allerdings muß ich gestehen, daß ich in der sehr schicken, sehr babyfreundlichen *Tatler*-Chefredaktion einmal das folgende Telefonat geführt habe: „Clare? Stimmt was nicht? Er – WAS? Nein! Ein *Zahn!* Unmöglich! Ich habe nicht gesehen ... Nein, also wirklich! Das ist ja wundervoll! Geben Sie ihm einen Kuß von mir!" Eingefleischte Junggesellen erschauerten dezent im Hintergrund, elegante Moderedakteurinnen zuckten mit den Schultern. Nur eine Redakteurin, die schon erwachsene Kinder hatte, schenkte mir ein wissendes Lächeln ...

- „Erwähnen Sie am Arbeitsplatz niemals Ihre Kinder, wenn Sie nicht danach gefragt werden", riet mir eine Mutter in leitender Position. „Und wenn, seien Sie kurz angebunden. Männer reden bei der Arbeit nie von ihren Kindern." Nun, auf manche Büros trifft das zu, aber ich habe einmal bei einem Lokalradiosender voller „Neuer Männer" gearbeitet, wo die Damen sehr karrierebewußt waren und die Herren ständig über Placentas und Babynachttöpfe diskutierten.

- Eine andere Mutter empfiehlt allen Müttern, die bei Beförderungsgesprächen herausgefordert werden: „Erklären Sie dem Chef in aller Entschiedenheit, Ihre Tagesmutter würde bei Ihren Kindern die gleiche Funktion erfüllen wie seine Frau bei den seinen." Das wird dieses Ungeheuer vielleicht zum Schweigen bringen.

- „Lackieren Sie sich die Fingernägel", rät eine Mutter von drei Kindern. „Das erweckt den Eindruck, Sie wären sehr tüchtig und hätten genug Zeit für sich selbst. Ein gekonntes Make-up erfüllt den gleichen Zweck." Sexistisch, aber wahr.

- Wenn Sie Ihr Kind in eine Krippe geben, packen Sie am Wochenende eine große Tasche mit Babyutensilien voll, dann müssen Sie sich während der Woche nicht jeden Morgen neu um Fläschchen und Wegwerfwindeln kümmern.

- Und wenn Sie trotz einer häuslichen Krise ins Büro müssen: „Legen Sie Ihr Make-up auf, telefonieren Sie häufig, aber verstohlen – und wenn das nichts hilft, entwickeln Sie psychosomatische Kopfschmerzen, und fahren Sie nach Hause."

2. Teilzeitarbeit. Eine gute Möglichkeit für Mütter (auch für Väter, vielleicht wird die Familie mit zwei Halbtagsjobs eines Tages gang und gäbe sein). Schon heute werden Job-Sharing, gleitende Arbeitszeiten oder Schichtarbeit oft akzeptiert, auch andere Formen unregelmäßiger Berufstätigkeit, die Ihnen ein Einkommen und Fluchtwege sichern, ohne Sie an Wochentagen völlig vom Familienleben zu isolieren. Dabei gibt es allerdings gewisse Nachteile – wenn Sie keine verläßliche Hilfe haben, bleibt die „geteilte Hausarbeit" unweigerlich an Ihnen hängen. Viele Mütter rasen von der Nachtschicht nach Hause, um tagsüber das Baby zu versorgen. Nur ganz wenige Väter tun so etwas. Und das ist gar nicht komisch. Wenn Sie sich keine Hausangestellte leisten können – ein vertrauenswürdiges Schulmädchen, das den Kinderwagen pro Tag eine Stunde lang herumschiebt, ist auch schon eine gewisse Entlastung.

3. Heimarbeit. Auf den ersten Blick ein wunderbarer Kompromiß. Da sitzen Sie wie eine berühmte Dichterin an Ihrem Schreibtisch, umgeben von glücklich spielenden Kindern. Sie verdienen Geld und Respekt, ohne Gefühle opfern zu müssen. Sie teilen sich die Arbeitszeit selber ein. Sie können Ihr Baby immer selber baden und brauchen niemals ein fieberndes Kind allein zu lassen. Sie können aufstehen, zehn Schritte weit gehen, das Baby umarmen und dann weiterarbeiten. Zauberhaft.

Manche heroische Frauen schaffen es, daheim zu arbeiten – sie nähen, tippen, lesen Korrektur, schreiben, programmieren Computer, betätigen sich als Kunsthandwerkerinnen oder managen sogar kleine Geschäftsbetriebe. Und das alles ohne Hilfe, im Beisein ihrer Kinder, die sich im Vorschulalter befinden. „Ich habe im Laufstall gearbeitet", erzählte eine Mutter. Aber wenn in der Richtung, wo Sie das Baby zuletzt gesehen haben, eine plötzliche Stille eintritt, springen Sie mit heftig klopfendem Herzen aus dem Laufstall und ertappen den Racker, wie er Vim ißt oder eine kostbare Erstausgabe zerfleddert.

„Kassetten mit Märchen und Liedern helfen eine halbe Stunde lang" sagte eine andere Heimarbeiterin.

„Nein, das ist hoffnungslos", wurde ihr widersprochen. „Dabei habe ich nur zehn Minuten Ruhe. Dann will das Baby mit meiner Schreibmaschine spielen oder unbedingt spazierengehen."

Alle riefen im Chor: „Der MITTAGSCHLAF ist das einzig Wahre!"

Er kann, wie alle schlauen, findigen Mütter wissen, über das eigentliche Schlafbedürfnis hinaus verlängert werden. Ich erinnere mich, daß ich im Vorschulalter in mein Zimmer verfrachtet wurde, um mich „auszuruhen", und ich glaube in den Schulferien ging das so weiter, bis ich acht war. Viel später erkannte ich, wer in diesen Stunden *wirklich* seine Ruhe hatte. Trotzdem ist es in jedem Alter angenehm, eine Stunde in einem gedämpft erhellten Raum zu verbringen, mit einem Buch oder einer Spieldose. Allerdings darf man den Mittagsschlaf nie länger als zwei Tage ausfallen lassen, sonst ist es schwierig, ihn wieder einzuführen.

Ein häßlicher Nebeneffekt mütterlicher Heimarbeit (wenn man allein mit dem Kind zu Hause ist), besteht darin, daß man den Augenblick zu fürchten beginnt, wenn das Baby aufwacht, das fröhliche Glucksen, den Ruf nach Mama; und man mag es ganz und gar nicht, wenn es einem unaufgefordert auf den Schoß klettert. Das ist keine geeignete Methode, um das Leben einer glücklichen Mutter zu führen – und man beginnt die Frauen in den Büros zu beneiden, die sich daheim hundertprozentig für ihre Kinder begeistern können. Nein, man kann beruflich mehr leisten und eine nettere Mutter sein, wenn man während der Arbeitszeit einen Babysitter beschäftigt.

Falls man zu Hause arbeitet, kommt man mit der billigeren Version einer Tagesmutter aus, vielleicht mit einem angehenden Kindermädchen oder einer aufgeweckten Sechzehnjährigen; aber irgend jemanden brauchen Sie. (Vorzugsweise eine Person, die problemlos zum Bügeln und Staubwischen übergeht, während das Baby seinen Mittagsschlaf hält, wie ein Computer mit Multiprogramm. Es gibt kaum größere Ärgernisse als ein Kindermädchen das auf ihrem Bett liegt und fernsieht, während Ihr Kind zwei Stunden lang schläft.)

Wenn Sie eine festangestellte Tagesmutter vor sich selber nicht rechtfertigen können, beschäftigen Sie mehrere Babysitter, die mit Ihren Kindern zu festgelegten Zeiten gesunde Spaziergänge machen; oder beteiligen Sie sich an dem grausigen Austauschsystem, das in Wohngegenden von Mittelklasseniveau praktiziert wird und an alptraumhafte Kettenbriefe erinnert: An drei Vormittagen pro Woche schicken Sie Ihre eigenen Kinder weg, am Freitagmittag, kurz vor dem Lunch, gewinnen Sie den ersten Preis, denn da stehen plötzlich zwölf kleine Kinder vor Ihrer Tür. Eine alte Freundin war deshalb besonders verbittert, als sie feststellte, daß jeder in der gesamten Lunch- Kette die ganze Kinderschar den Au-pair-Mädchen überantwortete und sie selbst als einzige richtige Mutti im ganzen System fungierte. Und sie fand, sie hätte einen Bonus für ihre Erfahrungen, gutes Essen und einen verständlichen Akzent bekommen müssen. Auch wenn man eine Ganztagsmutter im Haus hat, schafft die Heimarbeit gewisse Probleme:

- Es ist neun Uhr morgens. Die Tagesmutter fängt zu arbeiten an, Sie wollen das gleiche an Ihrem Schreibtisch tun. Das Kleinkind denkt anders darüber. Es ist erkältet und will seine Mama bei sich haben. Um keine Szene heraufzubeschwören, lassen Sie es auf Ihrem Schoß sitzen. Als es sich endlich hinreichend beruhigt hat, um der Tagesmutter übergeben zu werden, ist sie verschwunden, um mit dem anderen Kind einen ausgedehnten Spaziergang zu unternehmen.

- Das Telefon läutet. Sie haben auf einen Anschluß in Ihrem Arbeitszimmer verzichtet, aber die Tagesmutter ist nicht schnell genug, und das Kind ist zuerst am Apparat, um Ihrem Chef was von „großen Töff-Töffs" ins Ohr zu kreischen. Ein solcher Zwischenfall (den ich am liebsten vergessen möchte) ereignete sich, als Edward Heath mich persönlich zurückrief, um mir ein kurzes Zitat für einen Artikel durchzugeben. Nicholas unterhielt den armen Mann ein paar Minuten lang mit Schweigen und dann einigen unzusammenhängenden Bemerkungen über Enten. Oh, diese Schande!

- Sie kommen gut voran, haben eine knifflige Arbeit beinahe beendet, da klopft die Tagesmutter an die Tür. Das Abflußrohr in der Küche ist verstopft, der Sandkasten des Babys deshalb überschwemmt. Niemand hat ihr beigebracht, was man mit verstopften Rohren macht, und von „schwerer Hausarbeit" steht nichts im Vertrag. Weil in *Ihrem* lebenslang gültigen Vertrag nichts unzumutbar ist, gehen Sie mit dem Sauger ans Werk, während die Tagesmutter die Kleinen um ihre Röcke schart und von Hygiene schwatzt. Bei Lady X war alles ganz anders ...

- Ein Krach, ein Schrei. Zusammengesunken sitzen Sie über Ihrer Arbeit und fragen sich, was Sie tun sollen. Ringsum herrscht schreckliche Stille. Sie gehen in die Küche, wo alles okay ist, machen sich eine Tasse Tee und denken immer noch über den Krach und den Schrei nach, es widerstrebt Ihnen aber, die Tagesmutter danach zu fragen, weil Sie sich nicht in ihr Ressort einmischen wollen. Dann merken Sie, daß es schon Zeit fürs Mittagessen ist. Sie haben dreißig Minuten verloren.

- Mittagszeit. Sie haben mit der Tagesmutter nicht vereinbart, ob es ihr Job ist, Sie ebenso zu füttern wie das Baby. Am liebsten würden Sie ein Käsesandwich am Schreibtisch essen. Aber in der Küche, wo Sie sich das Brot zurechtmachen wollen, stellen Sie fest, daß die Tagesmutter eine herrliche Lasagne zubereitet hat, und Sie sind eingeladen. Natürlich schmollt sie, weil Sie sich verspätet haben und das Essen kalt geworden ist. Sie würgen es runter und versuchen Sie zu beruhigen, indem Sie das ganze Geschirr spülen und Ihr Kind nach oben bringen, wo es seinen Mittagsschlaf halten soll. Zwei Stunden sind vertan, und Sie kehren zur Schreibmaschine zurück, von der dumpfen Angst geplagt, Ihre Hilfe könnte kündigen, gerade jetzt, wo Sie eine wichtige Terminarbeit abliefern müssen. Und dann ruft die Organisatorin von der lokalen Spielgruppe an. „ ... weil ich doch wußte, daß Sie daheim sind."

- Sie sind in Ihre Arbeit vertieft. Das Telefon läutet. Es ist eine Freundin mit einem Kind im selben Alter wie Ihr Sohn, und sie bittet Sie, ihn rüberzuschicken, damit die beiden im Pool planschen können. Sie durchschauen den kontaktfreudigen Erpressungsversuch. Natürlich will man mit Ihnen und nicht mit der Tagesmutter am Pool plaudern. Sie gehen, ein halber Arbeitstag ist verloren. Oder: Die lokale Tagesmütter-Mafia und ihre Schützlinge treffen sich in Ihrem Haus zum Tee. Sie schleichen sich hin, um zu sehen, in was für eine Gesellschaft Ihr Kind da geraten ist. (Büromütter finden fast nie Gelegenheit, um das festzustellen, also würden auch Sie nichts verpassen, wenn Sie's nicht wüßten.)

- Der Tag ist zu Ende. Die Kinder liegen im Bett, Ihr Mann ist zu Hause, die Tagesmutter weg, der häusliche Friede kehrt zurück. Aber weil Sie in dieser Woche so oft gestört wurden, sind Sie mit Ihrer Arbeit im Rückstand. Anstatt sich zum Abendessen an den Tisch und danach vor den Fernseher zu setzen und den Klagen des Ehemanns über den vergangenen Tag zu lauschen, verschwinden Sie betrübt wieder in Ihrem Arbeitszimmer und schuften weiter bis halb eins. Ganz einfach, weil die Arbeit daliegt. Und sie wird immer daliegen.

Aber die Heimarbeit muß gar nicht so schlimm sein. In dieser schmerzlichen Liste von Frustrationen verbergen sich die Grundregeln, die man beachten muß, wenn man es besser machen will. Suchen Sie sich eine Tagesmutter, die Verständnis für Ihren Lebensstil aufbringt und kleine Krisen mühelos meistert. Lassen Sie ein Telefon mit Schlüsselschalter installieren, um winzige Finger fernzuhalten. Legen Sie Ihre Arbeitszeit genau fest und fertigen Sie während dieser Stunden private Anrufer kurz angebunden ab. Machen Sie zu einer ebenfalls festgesetzten Stunde Feierabend. Und ehe Sie zu arbeiten anfangen, sperren Sie die Tür zu. Dann wird zwar vielleicht ein trauriges, heulendes Kind davor stehen, das für eine halbe Stunde unter Ihrem Schreibtisch sitzen will – aber um dem Kind dies zu ermöglichen, unternehmen Sie ja schließlich auch all diese Anstrengungen und arbeiten zu Hause. Aber wenn zwischen dem Kind und der bezahlten Betreuerin alles okay ist, wird es Sie nicht lange stören. Eine langweilige Mama gibt man leicht auf, um sich einer Tagesmutter zuzuwenden, die malt, Plastilin knetet, das Gummiplanschbekken aufbläst und singt und tanzt.

Als berufstätige Mutter genießt man große Vorteile. Abgesehen von der finanziellen Sicherheit und der Möglichkeit, auch in der Außenwelt ein paar Entscheidungen zu treffen, gewöhnt man sich eine ganz neue Disziplin an. An guten Tagen fühlen Sie sich tatsächlich wie eine Superfrau. Sie lernen die Arbeit einzuteilen – in Tätigkeiten, die man mit dem Kind unterm Schreibtisch oder beim Stillen erledigen kann, und solche, wobei man von allen Leuten unter einundzwanzig in Ruhe gelassen werden muß. Und man eignet sich eine unglaubliche Konzentrationsfähigkeit an. Eine Zeitlang ordne ich Büroklammern, und sobald an der häuslichen Front Ruhe herrscht, stürze ich mich energisch auf meine Schreibmaschine und lege los. Dabei behandelt man die Kinder viel freundlicher und toleranter. Manchmal kam ich vom Büro, stürmte glücklich zu meinem Sohn und rief: „Weißt du was? Den ganzen Tag habe ich niemanden getroffen, der so nett gewesen wäre wie du." (An Wochenenden, nach zwölf Stunden voller geballter Kreischerei und geschwisterlicher Kämpfe, fällt es einem schwerer, so etwas zu sagen.) Wenn man ein gewisses Tempo durchhalten kann, macht die Arbeit Spaß. Aber wenn alle Widrigkeiten aus der Welt geschafft sind, bleiben immer noch zwei Probleme übrig – auch wenn man ein ideales Gleichgewicht zwischen Beruf und Privatleben gefunden hat. Beide sind emotionaler Natur.

Das erste betrifft das Kind oder die Kinder. Wenn Sie den Kontakt mit dem Alltagsleben eines Kindes verlieren – vor allem eines Babys, das noch nicht richtig sprechen kann – ist es schwieriger zu behandeln. Jede Woche beobachtet man kleine Barbaren, die sich in Cafes oder Supermärkten brüllend auf den Boden werfen und Mama und Papa so viel Kummer bereiten, daß es die Tagesmutter kaum glauben würde, wenn sie es sehen könnte. Das ist ein Zeichen von Liebe und Erleichterung, von Wut über die seltenen Auftritte der Mama, die sich nur am Wochenende blicken läßt. Das ist kaum zu ertragen, wenn Sie sich die ganze Woche auf die Tage gefreut haben, wo Sie wieder Mutter sein können.

Bis zu einem gewissen Grad können Sie diesem

Syndrom entgegenwirken, indem Sie die Zeit, die Sie daheim verbringen, sorgfältig planen. Wenn Sie sich dem Kind zu bestimmten Tageszeiten widmen, werden Sie ihm innerhalb weniger Stunden näher stehen als Ganztagsmütter. Zum Beispiel holen wir die Kinder *jeden* Morgen, auch wenn ein Kindermädchen im Haus schläft, zu uns, ziehen sie an, frühstücken gemeinsam. Wenn ich weggehen muß, stehe ich früher auf. Abends baden wir die Kleinen. (Das ist ein guter Zeitpunkt, um mütterliche Gefühle auszuleben, mit zärtlichkeitsbedürftigen, lachenden nackten Kindern.) Und vor dem Schlafengehen ist eine sakrosankte halbe Stunde eingeplant. Da konzentrieren wir uns voll und ganz auf die Nachkommenschaft, sehen nicht fern, bauen Duplo-Schlösser und schaukeln Babys auf den Knien. Diese Schlüsselmomente morgens und abends wiegen viel schwerer als die dreifache Zeit, die geistesabwesende Mütter tagsüber mit den Kindern verbringen. Dazu kommen noch die unvorhergesehenen Augenblicke, wenn Sie daheim arbeiten und zum Lunch auftauchen, eine Autofahrt, um ein Manuskript zu fotokopieren, eine Busfahrt zum Büro und die Rückfahrt mit dem Kindermädchen ... Damit können Sie eine Menge Vertrauen gewinnen, und Sie brauchen sich nicht vor kleinen Wochenendfurien zu fürchten. Und wenn Sie beim Frühstück lachen und scherzen, statt mit den Gedanken woanders zu sein, ihre Handtasche einzuräumen und das Tarn-Make-up aufzutragen, wird es sich lohnen. (Ich persönlich mache mich in der Bahn zurecht, aber ich bin ja auch eine notorische Schlampe.)

Das andere Problem ist Ihr eigenes. Das System ist nicht flexibel. Wieviel Zeit Sie auch immer von der Arbeit abzwacken – sie gehört den Kindern. Väter scheinen es besser zu verstehen, sich eine kleine Nische voller Ruhe und Privatsphäre zu schaffen. Mütter sind unfähig dazu. Ich habe mehrere berufstätige Mütter gefragt: „Was tun Sie, um ein bißchen Zeit für sich selbst zu finden?" Darauf bekam ich verschiedene, meistens bittere Antworten.

„Keine Ahnung. Vielleicht sollte ich das ganze Chaos einfach mal vergessen und weglaufen."

„Ich warte auf die Nacht. Um Ihren Fragebogen auszufüllen, habe ich drei Stunden gebraucht."

„Die U-Bahnfahrten sind recht geruhsam. Auch Mittagspausen können sehr privat verlaufen. Nutzen Sie die Zeit, wann immer es geht."

„Man muß das Problem geographisch lösen – weg von Kind und Arbeit! Ein Boot? Oder vielleicht Tennis? Weder ein Kind noch eine Schreibmaschine können im Tennisclub auftauchen."

„Unternehmen Sie irgend etwas, das Sie von daheim wegführt. Treten Sie einem Verein bei, belegen Sie Kurse, und so weiter."

„Alle vierzehn Tage gehe ich ins türkische Bad, lasse mich massieren, pediküren und maniküren, die Haare waschen ... Es ist herrlich, wenn mal jemand das alles für *mich* tut – nur zur Abwechslung." (Das kann ich dieser Frau nachfühlen. Als ich neulich in der Badewanne lag, wurde mir ganz flau bei dem Gedanken, daß ich für die Pflege von sechzig Nägel verantwortlich bin – zwanzig eigene an Fingern und Zehen, zwanzig bei jedem Kind ...)

„Ich fühle mich zu schuldig, um irgend etwas zu genießen, wenn ich die Kinder abschiebe, obwohl es nicht unbedingt sein muß."

„Man muß alles mögliche tun, um sich fit zu halten, Tennis spielen oder im Garten arbeiten, wann immer es sich einrichten läßt."

Diese beiden letzten Antworten fassen das Problem zusammen, zumindest für mich. Kurz nach der Geburt meiner Babys konnte ich es ertragen, sie quengeln zu hören, während ich ihren Interessen diente – die Betten frisch bezog oder Wäsche aufhängte. Aber das gleiche leise Wimmern war mir unerträglich, wenn ich die Sonntagszeitung las, und heute schaffe ich es noch immer nicht, die beiden zu verlassen, um selbstsüchtigen Vergnügungen nachzugehen, zu schwimmen oder zu wandern. Daß ich einen Beruf ausübe, ist okay. Aber wenn ich mich von meinen Kindern trenne, nur um meinen Spaß zu haben, ist mir elend zumute. Andererseits erfüllt mich eine überwältigende Sehnsucht nach erfrischender körperlicher Betätigung. Ein Spaziergang hinter dem Buggy (mit gebeugten Schultern und kleinen Trippelschritten) oder mit einem zweijährigen Trödler ist kein richtiger Spaziergang. Wenn man ein Baby betreut, agiert man innerhalb enger Grenzen und verausgabt sich körperlich nicht – nicht einmal, wenn man schwere Gegenstände über kurze Distanzen hinweg von einem Ort zum anderen befördert. Damit kann man seinen Bewegungsdrang nicht befriedigen, man wird nur müde, auf ungesunde Art, und reizbar. Genauso, als würde man in einem Büro sitzen, und eine Kombination von beidem kann einen wahnsinnig machen. Einmal wurde ich vom *Punch* beauftragt, dreizehn Meilen weit die Themse hinaufzurudern, und meine beiden Begleiter konnten nicht begreifen warum ich darauf bestand, auf der ganzen Fahrt ein Ruder zu schwingen statt mich mal am Steuer auszuruhen. Es war eine wahre Wonne, mich endlich wieder in die Riemen zu legen, ohne von winzigen Händen in meinem Rhythmus gestört zu werden oder auf fragile Köpfe aufpassen zu müssen. Es lohnt sich also, gelegentliche Ausbrüche privater Aktivitäten (oder privater Faulheit, wenn Sie das bevorzugen), einzuplanen, wenn Sie wieder arbeiten wollen. Das ist ein vorzüglicher Rat. Allerdings habe ich das Gleichgewicht zwischen Schuldgefühlen, weil ich nicht sofort nach Hause eilte, und Ärger über den Mangel an persönlichen Freuden nie ganz erreicht. Eine energiegeladene Freundin fand eine energiegeladene Lösung für dieses Problem. Sie weigert sich, Geschäftsreisen zu unternehmen, wenn das Hotel keinen Swimmingpool hat. „Das ist die einzige Gelegenheit, wo ich ohne schlechtes Gewissen schwimmen kann, ohne daß sich ein nervöser kleiner Frosch an mich klammert." Aber zufällig weiß ich, daß dieses arme, weichherzige Kamel manchmal mit Tränen in den Augen aus den Fenstern exotischer Dachrestaurants starrt und sich vorstellt, wieviel Spaß ihr Dreijähriger an den Liften hätte. Leider hat sie recht – es würde ihm wirklich Spaß machen. Da ich das weiß, nahm ich einmal tatsächlich meinen zwanzig Monate alten Sohn samt Tagesmutter auf eine Geschäftsreise nach Plymouth mit, und wir teilten uns alle ein großes Zimmer im Holiday Inn. Die Tagesmutter schlich in den frühen Morgenstunden herein, nachdem sie mit der halben Navy ausgegangen war, Nicholas begeisterte sich für die herrlichen federnden Betten, der Zimmerservice vergaß die Milch aufzuwärmen, und alles war ein großartiges Erlebnis. Vor allem litt keiner von uns an Schuldgefühlen.

Die Geschichte zweier Kindermädchen

Es war einmal ein nettes junges Ehepaar, das ein Baby erwartete; wir wollen die beiden Simon und Sarah nennen. Einmal pro Woche, wenn sie im Kurs für natürliche Geburt schnaufend ihr Pensum absolviert hatten, diskutierten sie daheim nach dem Abendessen die Gestaltung des künftigen Familienlebens. Sarah wollte ihre Karriere weiterverfolgen; Simon wollte nicht mit einer Hausfrau verheiratet sein. Einträchtig schmiedeten sie ihre Pläne: Sie würden sich in aller Ruhe ein Kindermädchen suchen und schon zwei Wochen, ehe Sarah wieder zu arbeiten begann, einstellen. Natürlich wußten sie ganz genau, was andere Leute in dieser Beziehung falsch gemacht hatten und beklagten unisono, ihre verschiedenen Freundinnen hätten die Mädchen unterbezahlt, unhöflich behandelt, ausgebeutet und sogar erwartet, daß die armen Geschöpfe die Hemden der Ehemänner bügelten. (Simon bügelte seine Hemden selbst. Er war ein „Neuer Mann".) Unter solch würdelosen Zuständen durfte das Kindermädchen der beiden nicht leiden. Sie würden es sorgsam auswählen, gut bezahlen, ihm voll und ganz vertrauen und auf seine Ratschläge hören. Eine freundschaftliche Atmosphäre des Gebens und Nehmens sollte entstehen. Falls Sarah berufliche Krisen meistern mußte, würde das Mädchen mit Freuden länger bei dem Baby bleiben, und wenn es ein verlängertes Wochenende mit dem Freund genießen wollte, würde Sarah Verständnis dafür aufbringen. Offenheit, Großzügigkeit und Loyalität sollten ihre Beziehung prägen.

Ehe Simon einschlief, pflegte er sich einem privaten kleinen Traum hinzugeben – von einer altmodischen Nanny in gestärkter Tracht, die ihm seinen frischgewaschenen, glucksenden Sohn brachte, damit er mit ihm spielen konnte, und lächelnd mit einem feuchten Lappen hinter dem Stuhl warten, um jeder kindlichen Klebrigkeit vorzubeugen, bevor diese sein Jackett erreichte. Die Nanny würde die Küche spiegelblank polieren, verstreute Socken auflesen, und wahrscheinlich (dieser Gedanke schlich ganz behutsam und klammheimlich durch seinen Kopf, kurz bevor er einschlief) würde sie darauf *bestehen*, seine Hemden zu bügeln ...

Sarah träumte von einer Kreuzung zwischen einer Krankenschwester (allwissend, was Bäuerchen und Zähnchen betraf) und einer neuen besten Freundin. Sie stellte sich ein heiteres, tüchtiges Mädchen in Jeans und Sweatshirt vor, vielleicht mit Pfadfinder-Vergangenheit. Oder ein mütterliches Landmädchen, das mit einem Polizisten verlobt war. So oder so, das Kindermädchen durfte seine Freunde mitbringen, und wenn Sarah von der Arbeit zurückkam, würde sie höfliche junge Leute antreffen, die das Haus und das Baby bewunderten und höflich nach oben verschwanden, um im Zimmer des Mädchens zu warten, bis es mit ihnen zum Bowling gehen konnte. Eine familiäre kleine Gemeinde würde entstehen – Simon und Sarah und das Baby und das Kindermädchen und die fröhlichen jungen Freunde.

Und so schliefen beide mit ihren verschiedenen Phantasiebildern ein, bis die unausweichliche Nacht kam, in der Sarah ihren Mann wach rüttelte, den gepackten Koffer ergriff, die Klinik anrief und aufbrach, um das große Abenteuer zu bestehen.

Die Annonce in der Frauenzeitschrift erwähnte ein „komfortables Haus" in einem „schicken Vorort". Gesucht wurde ein „liebevolles, verantwortungsbewußtes Kindermädchen" für „Damien, 6 Monate". Simon hatte es anders formulieren wollen. „Kindermädchen und Haushaltshilfe", aber Sarah war entsetzt gewesen. Unter einer Haushaltshilfe stellte sie sich eine schlampige, mürrische Haushälterin vor, die zu wenig Verstand besaß, um als Kindermädchen zu fungieren. Außerdem – die beiden zusätzlichen Wörter hätten bedeutet, daß man „Mutter berufstätig, in leitender Stellung" hätte streichen oder eine weitere Zeile bezahlen müssen. Also blieb es bei „Kindermädchen" und in der ersten Woche meldeten sich achtundsiebzig Bewerberinnen.

Nach den ersten Telefonaten waren Simon und Sarah leicht verwirrt. Sie erfuhren, daß jede Frau, die nichts gelernt hatte, die Ansicht vertrat, sie könne – weil sie eine Frau war – für Kinder sorgen. Nach schmerzlichen Begegnungen – mit einer älteren Alkoholikerin aus Glasgow, einer jungen Frau mit unstetem Blick, in deren Lebenslauf geheimnisvollerweise zwei Jahre fehlten, zwanzig hoffnungsvollen Sechzehnjährigen (Sarah hatte vergessen, in der Annonce auf das gewünschte Alter hinzuweisen) und einem geistesabwesenden Punk, der die Frage, wie er das Baby zu unterhalten gedächte, mit der Erklärung beantwortete: „Ach, wir können ja ein bißchen U-Bahn fahren" – begannen die Nerven der jungen Mutter zu flattern. Die Dinge wurden noch erschwert, weil sie sich verpflichtet fühlte, jeder Bewerberin mindestens eine halbe Stunde zu widmen, selbst wenn der erste Augenschein oder die ersten Worte am Telefon ihr schon klargemacht hatten, daß man der betreffenden Person nicht einmal einen Wellensittich anvertrauen konnte. Simon löste seine Frau ab, begutachtete den Rest in brüskem, typisch männlichem, mitleidlosem Rekordtempo und nannte ihr schließlich die Namen der zehn, die den Ausscheidungskampf bestanden hatten.

Wenn sie Sarahs Vorstellungen auch nicht ganz entsprachen – alle zehn waren doch durchaus akzeptabel – vor allem nach dem Punk und der wilden Maggie aus Glasgow. Außerdem dachte sie an die Erfahrungen einer Freundin, die endlose Gespräche mit allen Bewerberinnen geführt, über Montessori-Wasserspiele, die Entwicklung der Greiffähigkeit in den ersten Lebenswochen eines Babys und die wechselnden Beruhigungsobjekte in den einzelnen Phasen gesprochen und schließlich ein Mädchen eingestellt hatte, das vierzehn Tage später mit dem Familiensilber davongelaufen war. Sarah versuchte ganz entspannt an die Sache heranzugehen und eine Frau auszusuchen, die freundlich und aufrichtig wirkte und Babys zu lieben schien. Schließlich fand sie eine Zwanzigjährige mit sanften Augen, engagierte sie und fiel Simon schluchzend vor Erleichterung in die Arme.

Allmählich spielte sich das neue Alltagsleben ein. Sie gewöhnten sich an die entnervenden winzigen Höschen, die tropfnaß über der Badewanne hingen, an bisher nie gehörte Reggae-Sendungen, die aus dem Radio plärrten, ans gemeinsame Frühstück, an all die kleinen Störungen, die man ertragen muß, wenn ein Kindermädchen im Haus wohnt. Das Baby gedieh prächtig. Wenn Sarah ein Wäschestück, das zu waschen, oder eine Ecke, die aufzuräumen war, erwähnte, wurde es getan. Wenn sie nichts sagte, geschah nichts. Oft war sie zu müde, das Gespräch darauf zu bringen und mit ihren Gedanken anderweitig beschäftigt. Aber das liebe Baby war sehr glücklich und sie auch. Als Damien älter wurde und breiförmige Nahrung zu sich nahm, ließ Sarah Kochbücher für Babynahrung im Haus herumliegen und hielt lebhafte Vorträge über die Vorteile selbstgekochter Speisen; aber sie brachte es niemals fertig, sich zu erkundigen, ob das Baby oder das Mädchen den Inhalt der Bohnendosen aß, die sie fast jeden Abend im Abfalleimer entdeckte. Vertrauen, Loyalität, eine gute Beziehung, dachte sie. Und Damien machte einen sehr zufriedenen Eindruck. Schade, daß Sarah abends so lange saubermachen und Vollwertkost für den nächsten Tag zubereiten mußte ... Sie hätte gern so wie Simon mit dem Baby gespielt, ehe es schlafen ging. Aber alles funktionierte, und sie wollte nichts riskieren. Wenn das Kindermädchen beleidigt war und kündigte, würde Damien das Herz brechen, nicht wahr? Außerdem würde Sarahs Job im Augenblick den vierzehntägigen Urlaub nicht verkraften, den sie nehmen müßte, um neue Bewerberinnen zu inspizieren. Und so rakkerte sie sich tapfer ab, und das Kindermädchen wirkte sehr zufrieden.

Wie lange es so weitergegangen wäre, wird niemand je erfahren. Aber die Biologie mischte sich ein. Erstaunt stellte Sarah fest, daß sie wieder schwanger war. Das Mädchen mit den sanften Augen wurde etwas nachdenklich, blieb noch ein paar Monate, dann kündigte es liebenswürdig und ging nach Oman, wo sagenhafter Reichtum winkte, nur ein Prinzchen zu versorgen war und eine Haushälterin zur Verfügung stand.

Unfähig, die Anzeigen-Prozedur noch einmal über sich ergehen zu lassen, bestand Simon darauf, diesmal eine Agentur zu bemühen. Außerdem vereinbarten sie, eine ausgebildete Kinderschwester einzustellen und diese zu verpflichten, im Haushalt mitzuhelfen. Mit dem beruhigenden Gefühl, alles unter Kontrolle zu haben und fest entschlossen, keinen einzigen Abend mehr mit der Reinigung des Babystuhls zuzubringen, sprach Sarah mit drei „richtigen" Kindermädchen, die ihr die Agentur geschickt hatte. Alle hatten glanzvolle Referenzen, ordentliche Frisuren, untadelige Fingernägel, Sarah wählte eine aus, die Damien mit einem netten, professionellen, gurrenden Unterton anredete, aber seine Hand energisch vom Lichtschalter entfernte und freundlich erklärte: „So etwas dürfen kleine Jungs *niemals* anfassen." Da Damien stets nach allem zu greifen pflegte, was er sah, war Sarah tief beeindruckt. Die Kinderschwester stellte nur eine einzige Bedingung (machte eine Pause, um Damien mitzuteilen, kleine Jungs würden Mami *niemals* an den Haaren reißen) und bat darum, förmlich „Nanny" genannt zu werden. Simon lächelte still und zufrieden und zupfte nachdenklich an seinem lockeren Manschettenknopf.

Der Haushalt funktionierte wie ein Uhrwerk. Sarah kam von der Arbeit nach Hause und fand eine strahlende, klinisch saubere Küche vor, die Regale der Wäschekommode waren mit neuem Schrankpapier bezogen, Gardinen hingen da, wo sich zuvor keine befunden hatten. Simons Unterhosen waren zum erstenmal in ihrem Leben gebügelt, die Hemden gestärkt. Damien wurde dreimal pro Tag in frische Kleider gesteckt und einem strengen Zeitplan unterworfen. Nachdem Sarah wieder zu Arbeiten begonnen hatte, traf sie ihre Jüngste eines Abend, mit einem gerüschten weißen Musselinlätzchen an, wie sie, leicht verwirrt, an einer sterilisierten Rassel lutschte.

Warum sich die Atmosphäre zu verschärfen begann, war zunächst ein Rätsel. Immer noch vom Prinzip des Gebens und Nehmens durchdrungen, hatte sich Sarah nicht die Mühe gemacht, einen Vertrag aufzusetzen. Das wäre auch zu peinlich gewesen, denn die Kinderschwester übernahm so viele zusätzliche Aufgaben. Zum Beispiel stand sie noch um acht Uhr abends in der Küche an der Spüle, um irgend etwas zu schrubben, wovon Sarah gar nicht gewußt hatte, daß es geschrubbt werden mußte. Natürlich gab Sarah ihr frei, wann immer sie zu ihrem Arzt, ihrem Zahnarzt oder ihrem Osteopathen beziehungsweise zum Friseur mußte, und nahm selbst hin und wieder einen Tag Urlaub, um die Babys zu betreuen. Nachdem alle diese Termine absolviert waren, erwähnte das Kindermädchen eines Tages „meinen halben freien Tag in dieser Woche". Verblüfft erkannte Sarah, daß sich die Zugeständnisse zu einem Anrecht entwickelt hatten und daß sie bald nur noch an viereinhalb Tagen pro Woche ein Kindermädchen haben würden, wenn sie nicht auf ihre Autorität pochte.

Sie pochte nicht auf ihre Autorität. Stattdessen entschied sie, ihre Mutter könnte die Babys an den Freitagnachmittagen übernehmen. Die Kinderschwester arbeitete doch ohnehin so viel. Hatte sie gestern nicht bis neun Uhr die Löcher in den Duplo-Bauklötzchen gereinigt, für den Fall, daß das Baby daran saugen würde? Simon wünschte, von wachsendem Ärger erfüllt, das Mädchen würde pünktlich Feierabend machen, und bügelte sogar die Hemden selber, um seinen Protest zum Ausdruck zu bringen. Die Kinderschwester blieb unerbittlich. Entweder war sie da, wenn man sie nicht haben wollte, oder sie verschwand für ein langes Wochenende, wenn man sie brauchte. Außerdem mußte sich Sarah um die bedauernswerte Frau Sorgen machen, denn nach einer arbeitsreichen Woche war sie manchmal so erschöpft, daß sie am Sonntagabend einen Migräneanfall bekam und erst am Montag gegen Mittag wieder erscheinen konnte. Die Ärmste, sie arbeitete ja so hart!

Als das Kindermädchen schon fast ein Jahr in ihren Diensten stand, schrien sich Simon und Sarah immer öfter an und drohten einander gelegentlich sogar mit der Scheidung. Sie begannen, ihr Haus zu hassen und fürchteten sich davor, heimzukommen. Damien entwickelte sich zu einem irritierenden Klammeräffchen, das kleinere Baby wurde zusehends reizbarer. Das alles brachten sie niemals mit dem Mädchen in Zusammenhang, nur mit sich selbst. Denn ihr Juwel gurrte immer noch energisch und schrubbte die Küche. Erst als sie vierzehn Tage Urlaub nahm, fiel der Groschen. Plötzlich war das Haus von einer bösartigen Aura befreit; Sarah sorgte für eine gemütliche Unordnung, Simon versengte seine Hemdkragen und -manschetten und begann sich an seine zerknitterten Boxershorts zu gewöhnen; Damien und das Baby schien die Abwesenheit der Nanny nicht zu stören, und ihre Eltern betrachteten das Leben wieder von der heiteren Seite. Nachdem sie eine Woche lang diese anstrengende, chaotische, von Lachkrämpfen erfüllte Häuslichkeit genossen hatten, brachten sie sogar den Mut auf, der Kinderschwester zu kündigen und wieder von vorn anzufangen.

Das Ende dieser Geschichte können Sie selbst schreiben. Vielleicht erkannte Sarah, daß sie der geborene Fußabstreifer war und daheim, ohne Kindermädchen, viel glücklicher sein würde als im Büro; oder sie versuchten noch einmal ihr Glück und fanden diesmal einen Schatz, eine freundliche, entgegenkommende, vernünftige Frau, die jahrelang bei ihnen blieb. Oder sie hatten Pech und gerieten an eines dieser Monstren auf dem Kindermädchen-Markt, die mir Jane Reed von der Agentur folgendermaßen beschrieb: „Die eine war eine Diebin. Ich wußte über sie Bescheid, aber eine andere Agentur vermittelte ihr einen Job; als sie die Stelle kündigte, rief mich die Mutter des Babys an und sagte: ‚Mein Kindermädchen ist grade gegangen!' Ich erwiderte: ‚O Gott, wie heißt es denn?' Nachdem ich das erfahren hatte, forderte ich sie auf: ‚Schauen Sie sofort in Ihre Handtasche! Suchen Sie Ihre Kreditkarten!' Die waren weg. Später wurde die Frau gefaßt, aber da hatte sie bereits einen anderen Job hinter sich und den Familienschmuck mitgehen lassen ... Dann gibt es noch ein anderes Mädchen, das jetzt auf der schwarzen Liste steht, aber immer noch Empfehlungsschreiben mit sich herumträgt. Einmal hatte es ein Baby mit dem Fläschchen im Bett liegenlassen, Flüssigkeit drang in die Lungen ein, und das Baby hörte zu atmen auf. Einen Monat später, als es aus der Klinik entlassen worden war, passierte das noch einmal – aber das Kindermädchen erpreßte die Mutter, ihr eine Referenz zu schreiben. Und dann ... "

Nein, nein, stop, stop. Wir alle können uns diese Horror-Geschichten vorstellen, und die einzige Möglichkeit, ihnen zu entrinnen, besteht darin, die Empfehlungsschreiben sorgfältig zu prüfen, und die Mädchen während der ersten Monate aufmerksam zu beobachten oder Nachbarinnen, die stets daheim sind, zur Spionage aufzufordern. Etwas schwieriger ist das psychologische Problem zu lösen, das entsteht, wenn Sie eine Fremde ins Haus nehmen, die Ihre geliebten Kinder betreuen soll. Zum Beispiel wird sie vermutlich jünger sein als Sie, von anderer Herkunft und unterschiedlichem Charakter (immerhin möchte sie den ganzen Tag mit Babys zusammensein, und Sie wollen das eindeutig nicht). Dazu kommt noch der Umstand, daß Sie – das Kind einer dienstbotenlosen Generation – wahrscheinlich noch nie eine Hausangestellte beschäftigt haben. Und jede dritte Person, die mit jungen Eheleuten unter einem Dach wohnt, wird ein eigenes Gesellschafts- und sehr wahrscheinlich auch Sexualleben brauchen. Das sanftmütige Mädchen, das beim Einstellungsgespräch so enthusiastisch vom Wachsen und Werden kleiner Kinder sprach, hat womöglich einen riesengroßen, aggressiven Freund mit Motorrad; oder noch schlimmer – mehrere riesengroße, aggressive Freunde mit Motorrädern. Die respektable fünfunddreißigjährige Karriere-Schwester ist vielleicht nur deshalb eine Karriere-Schwester, weil sie seit Jahren eine Affäre mit einem verheirateten Mann aus dem Nachbarort hat, dessen Ehefrau jeden Augenblick auf Ihrer Schwelle stehen könnte.

Mich persönlich stören Schlangen rauflustiger Motorradfahrer nicht besonders (beziehungsweise – in unserem Fall – ein verschmähter GI vom lokalen Stützpunkt der US-Luftwaffe, der jeden Samstagmorgen um halb neun anrief, während sich das Mädchen in ihrem Zimmer verkroch und uns bat, ihn abzuwimmeln). Ich würde sogar die wütende Ehefrau verkraften. Immerhin betreffen solche Eskapaden nur die Freizeit des Kindermädchens und sein Logis in unserem Haus; und sie lassen sich leicht vermeiden, wenn man sich für eine Tagesmutter entscheidet, die anderswo wohnt – das ist teuer, aber manchmal lohnt es sich. Bedenklicher sind die Probleme, die von Arbeitgebern verursacht werden, wenn sie nicht wissen, wie man ein Kindermädchen behandelt – mit der richtigen Mischung aus Distanz und Freundlichkeit. Manche Mütter – wie mein erfundenes Dummchen Sarah – trauen sich nicht, der Angestellten irgendwelche Aufträge zu erteilen, machen lieber alles selbst, übernehmen sich und entwickeln Haßgefühle. Andere halten Kindermädchen für Sklavinnen und weigern sich – Jane Reed zufolge – ihnen einen

Jahresurlaub zuzugestehen oder die Angestellten- und Krankenversicherung zu zahlen. Es gibt also schreckliche Arbeitgeber, die ihre Mädchen ausbeuten, oder: „Sie sitzen jeden Abend bei einem Glas Wein mit der Kinderschwester zusammen, und allmählich stehen Sie ihr sehr nahe. Wenn sich dann nach sechs Monaten ein Problem ergibt, wissen Sie nicht, wie Sie es meistern sollen." Manche Leute sind so vertrauensselig, daß sie betrogen werden oder ihr Baby gefährden; andere durchwühlen die Handtasche der Angestellten und lesen ihr Tagebuch, bis sie in Wut gerät und kündigt. „Einige unserer Mädchen", erklärte Jane Reed, die es gewohnt ist, bei delikaten Disputen zu vermitteln, „legen tatsächlich Haare oder Klebebandstreifen auf ihre Schwelle, um die Arbeitgeber beim Schnüffeln zu ertappen." Ich finde, irgend jemand müßte eine Schiedsstelle organisieren, die sich mit allen heftigen, aber unausgesprochenen Ärgernissen befaßt. Oder eine Kindermädchen-Beratungsstelle, an die sich alle Sarahs und ihre Angestellten wenden können – natürlich getrennt –, um ihr Leid zu klagen. Denn jedesmal, wenn ein Mädchen gekündigt wird, können Sie sicher sein, daß es sich als unschuldiges Opfer fühlt und niemals glaubt, es selbst hätte seine Schwierigkeiten verursacht. Manchmal ist es im Recht.

Jane Reed meint: „Die wirklich guten Kinderschwestern sind dünn gesät." Dafür gibt es aber zahlreiche brauchbare, und wenn Sie die richtige Atmosphäre zwischen ihr und Ihrer Familie schaffen, können Sie alle glücklich werden. Deshalb ist es so schrecklich schwer, gleich beim erstenmal das ideale Kindermädchen zu finden. Sie haben das Baby eben erst bekommen, es ist winzig klein und kaum aktiv, Ihre Hormone sind in Aufruhr, und Sie *wissen* einfach nicht, was für ein Familienleben sich nun entwickeln wird. Bis jetzt waren Sie und Ihr Mann nur ein Ehepaar.

Als unser zweites Kind schon etwas älter war, hatten wir genug über unser Leben, unsere Sprößlinge, unser Haus und (offen gestanden) über uns selbst herausgefunden, um ein fünfseitiges Manifest zusammenzustellen. Darin wurden erbarmungslos alle Schwierigkeiten erwähnt (zum Beispiel, daß wir zwei Meilen von der Welt entfernt wohnen und im Winter frieren, wenn sich niemand um den Kohlenofen kümmert) und alle Pflichten und Termine exakt definiert. Selbst wenn man zum erstenmal ein Kindermädchen einstellt, ist es keine schlechte Idee, einen Vertrag auszuhandeln, in dem die Arbeitszeit, die Ferien, die Babysitter-Pflichten und die häuslichen Demarkationslinien festgelegt werden. (Soll sie bügeln? Muß sie, wenn sie „die Kinderzimmer in Ordnung hält", auch staubsaugen, oder ist das „schwere Hausarbeit" und deshalb unzumutbar? Wird sie gelegentlich Überstunden machen und – wenn ja – dafür bezahlt werden? Oder bekommt sie dafür einen halben Tag frei? Oder kann sie sich aussuchen, was ihr lieber ist?)

Einstellungsgespräche sind problematisch. Der beste Rat, den ich je bekam, lautete: „Entscheiden Sie sich für ein Mädchen, das – nachdem Sie Bekanntschaft geschlossen haben – den Kindern mehr Aufmerksamkeit schenkt als Ihnen." Weichen Sie der Falle aus, in die ich ständig tappe, indem ich den Job so eingehend beschreibe, daß das Kindermädchen gar keine Gelegenheit findet, Fragen zu stellen. Diese Fragen sind oft sehr aufschlußreich. (Wenn das Mädchen sich zu allererst erkundigt: „Darf ich in meiner Freizeit das Auto benutzen?", ist anzunehmen, daß Kinder nicht unbedingt das Wichtigste in seinem Leben sind ...)

Studieren Sie die Referenzen so gründlich wie möglich. Eine quallfizierte, aber unerfahrene Kinderschwester mag wissen, wie man die Badeutensilien des Babys zurechtlegt, kann aber vielleicht nicht mit Babys umgehen. Wahrscheinlich zucken Sie leicht zusammen, wenn sie Ihnen das „Spielprogramm für Babys" zeigt, das auf dem College erarbeitet wurde und das eine zehn Seiten lange, detaillierte und illustrierte Anleitung enthält, wie man „Guck-Guck" spielt. Ich persönlich bevorzuge Mädchen, die instinktiv „Guck-Guck" spielen.

Eine Empfehlung von einer Freundin kann sehr wertvoll sein. Eine Journalistin, die mir immer reichlich sorglos erschien, hatte neun Jahre lang ein und dasselbe Kindermädchen (und mehrere Babys). „Alles was man mir sagte, war: ‚Sie hat extrem saubere Fingernägel und wird nicht mit dem Briefträger davonlaufen.' Beides stimmte." Aber wenn Ihnen das Mädchen völlig fremd ist, müssen Sie die Referenzen um so genauer lesen. Ein guter Tip von Jane Reed: Wenn Sie ein völlig nichtssagendes Empfehlungsschreiben bekommen („Imogen ist ein erfahrenes Kindermädchen, das meine beiden Kinder versorgt hat", etc., ohne ein einziges warmherziges Wort), denken Sie gut nach. Und wenn der letzte Satz lautet: „Ich bin bereit, telefonische Auskünfte zu geben, zögern Sie bitte nicht, mich anzurufen", dann rufen Sie um Himmels willen an! Vielleicht wird man Ihnen etwas Gräßliches über Imogen erzählen, das man aus Angst vor einer Verleumdungsklage nicht im Empfehlungsschreiben erwähnen wollte. Oder Sie hören, das Mädchen hätte etwas Merkwürdiges an sich, das der früheren Arbeitgeberin Unbehagen bereitet hätte, aber sie könnte es nicht definieren ...

Wenn *Sie* ein gewisses Unbehagen empfinden, ignorieren Sie alle enthusiastischen Referenzen, auch dann, wenn Ihre Kinder das Mädchen zu mögen scheinen. Engagieren Sie es nicht.

Wenn Sie die Kinderschwester eingestellt haben, müssen Sie sie erst einmal behalten. Hier ein paar Ratschläge von Agenturen und Eltern:

- Machen Sie ihr klar, welche Pflichten sie erfüllen muß.

- Stellen Sie ihr ein komfortables Zimmer zur Verfügung.

- Respektieren Sie ihre Meinungen.

- Respektieren Sie ihr Privatleben.

- Nutzen Sie ihre Gutmütigkeit nicht aus, vor allem nicht, indem Sie sie abends als Babysitter einsetzen. Sie ist ein alleinstehendes Mädchen und hat das Recht, auszugehen.

- Schreien Sie sie nicht an, um damit Ihren eigenen Frustrationen Luft zu machen. Dafür sind Ehemänner da. Das arme Mädchen darf nicht zurückschreien.

- Schaffen Sie Meinungsverschiedenheiten möglichst bald aus der Welt.

- Machen Sie sie mit allen Leuten bekannt, die ins Haus kommen.

- Nehmen Sie sie manchmal auf Wochenendausflüge mit, wenn sie das will.

- Halten Sie einmal im Monat eine Besprechung ab, um Probleme zu lösen. Manche Mädchen mögen solche Formalitäten nicht und hassen Verträge; andere begeistern sich für solche Gespräche.

- Steigen Sie nach einem Streit von Ihrem hohen Roß runter, wenn Sie im Unrecht waren.

- Überlassen Sie ihr das Baby und vertrauen Sie ihr. Mischen Sie sich nicht unnötig ein.

- Seien Sie großzügig, was die Freizeit betrifft, aber konsequent. Wenn Sie sie zum Beispiel am Freitag früher gehen lassen, wird sich das einbürgern.

- Zahlen Sie ihr mehr, als Sie zunächst vorhatten. Erhöhen Sie das Gehalt einmal pro Jahr, und teilen Sie ihr diese Absicht mit.

Wenn Sie diese Ratschläge befolgen und Ihr Kindermädchen immer noch unzufrieden wirkt, lohnt es sich, nach dem Grund zu fragen. Es ist abscheulich, wenn eine berufstätige Mutter fürchten muß, die Kinderschwester könnte plötzlich an irgend etwas Anstoß nehmen und kündigen, wenn die Mutter gerade eine wichtige Geschäftsreise machen muß und das Baby sich an seine Betreuerin gewöhnt hat. Wir alle wollen uns nicht zu Eltern entwickeln, die fünfmal im Jahr ihr Kindermädchen wechseln. („Das ist ja schlimm für die Kinder! Um ihretwillen sollten die Eltern toleranter sein, was immer ihnen an dem Mädchen nicht gepaßt hat ...") Aber es ist unangenehm, erpreßt zu werden, und auch unnötig. Wenn Sie die Bindung zu Ihrem Kind aufrechterhalten, wird es in keine gefährliche Abhängigkeit von seiner Betreuerin geraten. Als eine unserer Nannys beim Lunch ostentativ die Stellungsangebote in einer Frauenzeitschrift zu lesen und dabei tief aufzuseufzen begann, schrieben wir an eine Agentur und setzten eine Anzeige für lokale und überregionale Zeitungen auf, steckten beide Briefe in frankierte, adressierte Umschläge und legten sie in eine Schreibtischschublade. Dort fungierten sie als Talismane, die uns vor einer überraschenden Kündigung unserer Nanny schützten und uns ermutigten, unvernünftige Forderungen abzulehnen und uns über ihr Schmollen zu beschweren.

Hier ist eine kommentarlose Liste einiger Antworten, die ich von Müttern auf die Frage nach den schlimmsten Fehlern bekam, die man im Umgang mit einem Kindermädchen machen kann. Manche sind widersprüchlich, aber nützlich erscheinen sie mir alle:

- „Man zeigt zuviel Entgegenkommen und räumt die Spielsachen weg, während die Kinderschwester Kaffee trinkt."

- „Man halst ihnen anstrengende Hausarbeiten auf, läßt sie zum Beispiel die Fußböden schrubben; oder man zwingt sie, wenn das Kind krank ist, jede Nacht an seinem Bett zu sitzen."

- „Man will von ihr geliebt werden."

- „Man entwickelt eine unausgesprochene Abneigung."

- „Man erwartet von ihr Intelligenz und Reife, andererseits soll sie sich aber mit einem niedrigen Gehalt zufriedengeben und unterwürfig sein."

- „Man kommt nach ereignisreichen Arbeitstagen

oder Freizeitexpeditionen nach Hause und will sofort die Kontrolle übernehmen und alle Regeln umstoßen, die von der Kinderschwester eingeführt wurden."

- „Man ist eifersüchtig auf ihre Beziehung zum Kind."

- „Man erwartet, sie würde das Kind genauso lieben wie man selbst."

- „Man bringt durcheinander, wo das Verhältnis zwischen Arbeitgeber und Angestellten endet und wo eine Freundschaft beginnt, und das Kindermädchen weiß zuviel über das Privatleben der Familie."

- „Man versäumt es, Tag für Tag zu überprüfen was das Kindermädchen macht. Ich bin entsetzt über Eltern, die ich kenne und die nicht wissen, was im Alltag ihres Kindes passiert."

- „Man erwartet, eine perfekte Beziehung zum Kindermädchen zu entwickeln und vergißt, daß es nur auf die Beziehung zwischen ihm und dem Kind ankommt."

- „Man gibt niemals Anweisungen. Viele Kindermädchen sind sehr jung und ziehen es vor, daß man ihnen sagt, was sie tun sollen."

- „Man gibt zu viele Anweisungen und untergräbt die Autorität des Mädchens."

- „Man vergißt, daß eine sehr normal veranlagte, freundliche junge Frau keine Lust hat, die Abende allein in ihrem Zimmer zu verbringen."

- „Man übersieht, daß es gang und gäbe ist, wenn Kleinkinder aus Unfug erklären, sie würden diese oder jene Leute hassen, nicht sehen wollen, etc."

Die Grundsätze über den Umgang mit Nannys lassen sich in den meisten Belangen auch auf Au-pair-Mädchen anwenden, aber da gibt es wesentliche Unterschiede. Au-Pair-Mädchen haben eine kürzere Arbeitszeit, müssen nicht unbedingt wissen, wie ein neugeborenes Baby aussieht, und erwarten, wie ein Familienmitglied behandelt zu werden. Außerdem kann man nicht immer mit diesen Mädchen sprechen, bevor sie ankommen. Über Au-pair-Mädchen kursieren viele Horrorgeschichten, doch die Aussagen von Familien, die Freundinnen, hilfreiche Hausgäste und beinahe Töchter gefunden haben, sind in der Überzahl. In gewisser Weise ist der obligatorische „Familienstatus" eines Au-pair-Mädchens sehr nützlich; man stellt sich darauf ein und braucht nicht zu überlegen, ob man eine Freundin oder eine Arbeitgeberin sein will. Das Mädchen sitzt mit Ihnen am Eßtisch und damit basta. „Aber", so sagte mir eine erfahrene Mutter, „wenn man glaubt, das Au-pair-Mädchen wäre ein billiges Kindermädchen, ist man verrückt. Eine solche Hausgenossin muß ganz anders behandelt werden. Wenn eine Angestellte Zahnschmerzen bekommt, geht sie zum Zahnarzt, zu dem Zeitpunkt, der Ihnen am unangenehmsten ist. Aber sie wird immerhin für eine Ersatzkraft sorgen. Wenn das Au-pair-Mädchen Zahnweh hat, gehen Sie mit ihm zum Zahnarzt, fungieren als Dolmetscherin, bringen es mit einem Whisky-Toddy zu Bett, führen ein Ferngespräch mit dem Freund der jungen Frau in Stockholm und kaufen ihr einen neuen Nagellack, um sie aufzuheitern."

Es kann sich wirklich lohnen, ein Kindermädchen oder ein Au-pair-Mädchen ins Haus zu nehmen. Während ich dieses Buch schreibe, bin ich zufrieden und zuversichtlich, was dieses Thema angeht. Aber es gab auch Zeiten, in denen ich ein halbes Dutzend der oben erwähnten Fehler beging und Kindermädchen völlig falsch einschätzte, und da war mein einziger schmerzlicher Trost eine angeblich wahre Geschichte, die meine Mutter gern erzählte. Diese handelte von einer streng katholischen Familie, die an dem Tag, an dem die Kinder endlich so groß waren, daß das allerletzte Kindermädchen aus dem Haus ziehen konnte, eine Dankesmesse lesen ließ. Eigentlich müßten die Leute zu diesem Anlaß ein besonderes Gebet gesprochen haben. Und wenn man in der Bibel nach passenden Worten sucht, stößt man vielleicht auf die Sprüche Salomos 5, 3-4.:

„Denn die Lippen der fremden Frau sind süß wie Honigseim, und ihre Kehle ist glatter als Öl, hernach aber ist sie bitter wie Wermut und scharf wie ein zweischneidiges Schwert."

Kleinkinder und Tornados

Vor vielen Jahren hatte ich in Oxford einen Freund mit buschigem roten Bart und launischem Temperament. Er pflegte am offenen Schlafzimmerfenster durch ein Megaphon „Carolina Moon" zu singen und bei massiven Saufgelagen alle Leute zu beleidigen, die er kannte, um danach in Tränen auszubrechen. Mich mochte er sehr und benahm sich manchmal wie ein Engel – war amüsant, ein guter Gesellschafter und steckte voller irischer Lieder. Zu anderen Zeitpunkten beschimpfte er mich auf offener Straße und verdarb meine Dinnerpartys, indem er die Gäste attackierte. Einmal fuhr er zur Konferenz der Jungen Liberalen nach Brighton und kaufte fünfundvierzig verschiedene Porzellanschweine, weil sie ihn alle an mich erinnerten. Die stellte er auf sein Kaminsims; es war sehr rührend.

Eines Nachts brach er nach einem Streit mit seiner Freundin in mein College ein und erschien in den frühen Morgenstunden am Fußende meines Bettes, zusammen mit einem gräßlich betrunkenen Jungen Konservativen, mit dem er sich ebenfalls zankte. Die beiden hatten mir ein Glas Champagner bringen wollen, aber die Flasche zerbrochen, als sie über die Gartenmauer des Dekans geklettert waren. Sie waren riesige Burschen, aber ein scharfes Wort aus meinem Mund (während ich die Bettdecke keusch um meine Schultern drapierte) genügte, und sie trotteten sanft wie die Lämmer davon. Am Morgen war Guy sehr zerknirscht; später gelangte er allerdings zu der Überzeugung, ich hätte ihn gekränkt, und zertrümmerte deshalb alle fünfundvierzig Porzellanschweine mit einem kleinen Hammer.

In diesen letzten Jahren mußte ich oft an ihn denken. Nach der seither verstrichenen Dekade, in deren Verlauf all die sanftmütigen liberal gesinnten, fröhlichen und vernünftigen Leute in mein Dasein traten, die ich anzuziehen scheine, hatte ich nichts außer den Erinnerungen an Guys Eskapaden, um mich auf das Zusammenleben mit einem zweijährigen Kind vorzubereiten. Die Wahnsinnsanfälle, der Charme, die Tobsucht, die in Gelächter und dann in Bosheit übergehen, die Unberechenbarkeit, das unlogische Verhalten, die im allgemeinen so liebenswerte Schrecklichkeit eines Zweijährigen – all diese Züge sind nur in wenigen Erwachsenen zu finden. Wenn man jahrelang mit ruhigen, verständigen Leuten verkehrt hat, ist man auf den Dämon, in den sich das nette Baby für eine Weile verwandelt, überhaupt nicht eingestellt. Alle Eltern würden von einem Schnellkurs profitieren, der sie auf den Umgang mit diesen mutwilligen kleinen Geschöpfen einstimmt. Zum Beispiel wäre es hilfreich, wenn man mit Dylan Thomas in seiner wildesten Periode zusammengelebt, eine welkende sizilianische Primadonna auf ihrer fünften Abschiedstournee begleitet oder im Privatbüro eines Fleet-Street-Bonzen mit zerrüttetem Seelenleben gearbeitet hätte. Falls Sie für zwei Jahre als persönliche Managerin einer drogensüchtigen Punk-Rockgruppe fungieren könnten, würden Sie so ungefähr herausfinden, was auf Sie zukommt.

Alles hilft, solange es Sie daran gewöhnt, mit energischen, launischen Persönlichkeiten fertig zu werden, ohne Ihre Gelassenheit einzubüßen. Unser Leben lang haben Paul und ich Szenen und Dramen vermieden; und nach einem besonders ereignisreichen Wochenende entschieden wir, unser Problem müßte daran liegen, daß Nicholas die stärkste Persönlichkeit und die wenigsten Hemmungen aller Haushaltsmitglieder hatte. Aber Sie brauchen gar kein Hasenfuß zu sein, um von der dämonischen hektischen Persönlichkeit ihres Zweijährigen in den Schatten gestellt zu werden. Ich habe ein extravagantes, willensstarkes, brillantes Elternpaar beobachtet – *beide* Industriemagnaten – , das in einem Cafe saß und versuchte, ihr winziges goldblondes Kind zu beruhigen, das lieber am Boden lag und brüllte, statt sich den Mantel wieder anziehen zu lassen, und das mitten im Winter. Die ängstlichen Gesichter der verzweifelten Eltern wurden von einem wenig überzeugenden Grinsen übertüncht, die wachsende Wut und Frustration hinter gurrenden Lockrufen verborgen, hinter Monologen wie „Komm jetzt, Herzchen" oder „Väterchen Frost soll dich doch nicht beißen". Schließlich flüchtete der weibliche Industriekapitän, das immer noch nicht in seinen Mantel gehüllte, immer noch schreiende Kind unter dem Arm, während der Vater mit verkniffener Miene die Rechnung beglich und alberne Entschuldigungen murmelte. Wir begegneten seinem Blick, wiesen auf unsere beiden eigenen, noch nicht explodierten Bomben und nicken einander mitfühlend zu.

Solche Momente inniger Verbundenheit mit anderen leidgeprüften Eltern kommen häufig vor. Ein Gast, der eines Sonntags mit uns zu Mittag gegessen hatte, stand um acht Uhr abends unerwartet vor unserer Tür, nach einer Zwanzig-Meilen-Fahrt und einem Sprint über den Gartenweg. „Habt ihr irgendwo einen Wollpandabären gesehen?" keuchte er. Wir übergaben ihm das Ding, und er raste ohne ein weiteres Wort und ohne eine Tasse Kaffee zu seinem Auto zurück und brauste nach Hause, wo sich ein kleiner untröstlicher Pandafan vermutlich weigerte, ins Bett zu gehen.

Ein Teil der Verbundenheit besteht darin, daß ein zweijähriges Kind das Urteilsvermögen der Eltern trübt. Nach einer Weile merkt man nicht mehr, wie häßlich gewisse grellbunte Spielsachen wirken, weil man erleichtert beobachtet, wie sich die Kleinen erzieherisch wertvoll beschäftigen und vorerst in Sicherheit sind. Sie vergessen Ihren Schwur, niemals ein Kind im Wohnzimmer aufs Töpfchen zu setzen, denn Sie sind froh, daß es überhaupt darauf Platz nimmt.

Es ist wichtig, diese Phase genau zu definieren, sei es auch nur, weil es sinnlos wäre, sich einzureden, in der eigenen Familie würde dergleichen nicht stattfinden – und wenn Sie mit dem Schlimmsten rechnen, ob es nun zwei oder zwanzig Monate dauert, werden Sie letzten Endes vielleicht angenehm überrascht sein. Das Stadium beginnt, wenn ein Baby, das bisher die Erfüllung aller Wünsche von Ihnen erwartet hat und zufrieden war, wann immer seine Bedürfnisse gestillt wurden, plötzlich anfängt, nicht nur Sie, sondern auch sich selbst zu betrachten. Das Kind entdeckt, daß es verschiedene Möglichkeiten hat – schreckliche, verwirrende, verlockende Möglichkeiten. Es möchte mit Ihnen nach oben gehen, oder es will unten bleiben – es kann sich nicht entscheiden. Und was immer Sie vorschlagen – es schreit trotzig, weil es unbedingt eine andere Wahl treffen muß, ganz einfach, um die soeben erkannte Fähigkeit, Entscheidungen zu fällen, auszuprobieren.

Einen ganzen Vormittag lang gehe ich Nicholas aus dem Weg, worauf sich beim Mittagessen eine furchtbare, inzwischen vertraute Szene abspielt:

„Ich will einen Orangensaft."

„Okay, Herzchen, hier ist ein wundervoller Orangensaft.

„Ich will *Zitronen*saft."

„Wirklich? Nun dann stellen wir den Orangensaft weg. Hier ist Zitronen ..."

„Ich will ORANGENSAFT!"

„Gut, hier hast du ihn ..."

„ICH WILL IHN NICHT! ICH WILL IHN NICHT! ICH WILL IHN NICHT!"

Wir beide sind nahe daran, hysterische Anfälle zu bekommen. Mit einem erzwungenen fröhlichen Lachen stelle ich beide Gläser auf den Tisch. Er wirft beide zu Boden, beginnt zu brüllen und stößt seinen Stuhl um.

„MAMI, GEH WEG! ICH MAG MAMI NICHT! MAMI? BLEIB DA!"

Wie ein Betrunkener in einer Kneipe will er alle bekämpfen, die ihm was servieren – egal, unter welchem Vorwand. In einem jargon-beladenen amerikanischen Buch werden solche Szenen als „Hausaufgaben in Sachen Unabhängigkeit" bezeichnet. Man mag die Ausdrucksweise beklagen, weiß aber, was gemeint ist. Kleinkinder müssen ihre eigene Unabhängigkeit kennenlernen. Und das können sie nur, wenn sie gegen die Mutter opponieren.

Außerdem ist das Kind jetzt kein Baby mehr, das sinnlos herumspielt. Es merkt, daß manche Dinge einen bestimmten Zweck erfüllen, und es will sie benutzen. Aber seine Fähigkeiten sind begrenzt. Beim ersten Mal gelingt es ihm nicht. Seine Geduld hat vielleicht noch enge Grenzen, und es wirft das Spielzeug wütend auf Sie. Dergleichen wird bei guten Spielzeugen berücksichtigt. Sie müssen auch für kleinere Kinder so zu handhaben sein, daß sie dem Besitzer das Gefühl vermitteln, das Ding im Griff zu haben. Schlecht entworfene oder Spielsachen für ältere Kinder können so frustrierend wirken, daß ein Wutanfall manchmal als einziger Ausweg erscheint. So behutsam Sie in der Kindererziehung auch vorgehen mögen – gelegentlich sind Sie zu harten Maßnahmen gezwungen. Als meine Tochter auf die Welt kam, war das „Geschenk" für den zwanzig Monate alten Bruder ein kleiner Holztraktor. Er liebte ihn – liebte ihn so sehr, daß er darin sitzen wollte. Aber das Ding war nur fünfzehn Zentimeter lang ... In seiner Wut brüllte er, daß die Wände der Klinik wackelten – aber nur ein paar Minuten lang. Dann beschloß er auszuprobieren, ob er die Wiegen zum Schaukeln bringen oder in einem Rollstuhl fahren konnte ... Bei Kleinkindern muß man vorsichtig sein. Es ist sinnlos, sie zu früh oder im falschen Moment anzuschreien. Es ist sinnlos, Fragen zu ignorieren, nur weil Sie müde sind. Die helle Stimme neben Ihrem Ellbogen fragt: „Möchtest du eine Suppe, Mami?" und bietet Ihnen einen Aschenbecher voller Zigarettenstummeln und Milch an – vielleicht nicht ganz der Anblick, den Sie ersehnen, nachdem Sie sich zum erstenmal am Tag in aller Ruhe hingesetzt haben. Aber wenn Sie wütend schreien (und völlig unvernünftig, denn wer hat wohl den Aschenbecher auf dem niederen Couchtisch stehenlassen?), brechen Sie ein Spiel ab, das Ihnen – wären Sie darauf eingegangen – eine friedliche Stunde bescheren würde, während Ihr Sohn Suppen- und Teeparty mit weniger ekligen Requisiten spielt. Falls Sie das Schlafengehen zu einem Kampf ausarten lassen, werden Sie diesen Kampf jeden Abend ausfechten müssen. Wenn Sie ihn zwingen, sein Gemüse zu essen, und dabei die Geduld verlieren, machen Sie nicht nur ihn unglücklich; Sie inszenieren einen Dauerkonflikt, der auch Sie in tiefe Verzweiflung stürzen wird. Aus reinem Selbsterhaltungstrieb, wenn schon aus keinen anderen Gründen, müssen Sie taktvoll, heiter und optimistisch sein, wenn Sie ein Kleinkind im Haus haben.

Wenn es zum Schlimmsten kommt, können Sie immer noch schreien. Das scheint alle Kleinkinder zu unkontrollierbarem Kichern zu animieren, lange, ehe sie die Worte verstehen. Trotzdem wiederholen sie diese den ganzen Tag lang. Ich spreche als erfahrene Mutter eines unschuldigen Kindes, das die entsetzte Oma aus Yorkshire ein ganzes Weihnachtsfest lang mit „Saukerl" titulierte.

Man muß den kleinen Rebellen heimlich lenken und leiten. Jeder nächste Schritt muß attraktiv wirken und so, als hätte sich das Kind selbst dazu entschlossen. Bieten Sie ihm verschiedene Möglichkeiten an – alle, bloß nicht die von Ihnen gewünschte. Wenn Sie ein Kind in diesem Alter gewichtige Entscheidungen treffen lassen, wird es wahrscheinlich ausflippen. Es ist einfach noch zu schwer, herauszufinden, ob es spazierengehen oder daheim bleiben möchte. Aber „Sollen wir den Hasen oder den Pandabären mit nach oben nehmen?" oder „Willst du auf der Wickelmatte dein Buch anschauen?" oder „Verwenden wir heute abend das rosa oder das gelbe Shampoo?" sind kalkulierte Fragen, die das Kind zum Nachdenken anregen. In rein zufälligem Gehorsam geht es nach oben oder zur Wickelmatte oder in die Badewanne. Wenn Sie energisch rufen: „Marsch nach oben!" werden Sie mit sechzigprozentiger Wahrscheinlichkeit Ärger kriegen. Wenn Sie andererseits zu viele Alternativen zur Wahl stellen, werden Sie mitten auf der Treppe, die Arme voller Wäsche, festgenagelt, weil sich das Kind anders besonnen hat, was den Hasen und den Pandabären betrifft. Folgen Sie Ihrem Gefühl. Benutzen Sie harmlose Reizmittel, um mit Ihrem Kind einen einigermaßen angenehmen Tag zu verbringen. Die Lieblingsschallplatte auf dem Weg zum Mittagsschlaf, ein Blick auf einen Bagger durch das Küchenfenster, wenn es zu Mittag essen soll. Falls es nicht essen will, tun Sie, was alle einschlägigen Bücher empfehlen – präsentieren Sie die Speisen in neuer Form, aber plagen Sie sich nicht ab, indem Sie Stachelschweine aus Wurstbrät kneten, wenn Sie keine Lust dazu haben. Servieren Sie das Essen auf einem Erwachsenenteller mit Weidenmuster, oder bilden Sie aus Fischstäbchen einen Hut. (Mein Sohn ißt fast alles, wenn möglichst viel darauf gestreut oder geschüttet wurde. Allerdings sehen Geleewürfel auf der Erbsensuppe etwas merkwürdig aus.)

Neben solchen Lockmitteln sind auch Ablenkungsmanöver sehr wichtig. Einmal beobachtete ich fasziniert, wie eine weise alte Ex-Kinderfrau bei einem Spaziergang am steinigen Strand ein störrisches Kind behandelte. „Ich will nicht kommen, ich will nicht, ich will gehen, ich will den Buggy nicht! Ich will GEHEN!" plärrte es, bis Janet eingriff. „Sei still! Du machst so viel Lärm, daß ich die Steine nicht reden hören kann. Die unterhalten sich nämlich. Was sagen sie? Spitz doch mal die Ohren ..." Tief gebeugt, den Blick neugierig zu Boden gerichtet, wanderte das Kind fünfzehn Minuten den Strand entlang. „Wenn man sie in diesem Alter nicht ablenken kann, ist man verloren", meinte die alte Janet selbstzufrieden.

So etwas funktioniert natürlich nur bei Kindern, deren Sprache und Phantasie schon ziemlich weit entwickelt sind – also bei aufgeweckten Zweijährigen oder Zweieinhalbjährigen. Und damit wären wir beim letzten wesentlichen Punkt angekommen. Eine kluge Mutter beobachtet eingehend jedes Stadium ihres Kleinkindes und weiß ihren Nutzen daraus zu ziehen. Zum Beispiel die Sprache.

Zugegebenermaßen kommt in jedem Familienleben der Zeitpunkt, wenn der unbändige Stolz über die ersten Wörter eines Kindes in die resignierte Erkenntnis übergeht, daß es jetzt, wo es sprechen kann, niemals damit aufhört. Aber so entnervend das Geplapper nach einem langen Tag auch wirken kann, niemand ärgert sich ernsthaft darüber. Klar und deutlich sprechen zu lernen – das ist einer der besten Gefallen, den das Kind Ihnen und sich selber tun kann. Endlich vermag es auszudrücken, was es meint, und um das zu bitten, was es haben will, statt in hilfloses Geschrei auszubrechen wie ein Baby. Die Phase vor den ersten Wörtern ist oft am schlimmsten: Willensstarke Babys leiden oft ebenso heftig an Frustrationen wie die Mütter. Ein griesgrämiges, schluchzendes kleines Etwas ist schwieriger zu besänftigen als ein griesgrämiges, schluchzendes Kleinkind, das erklärt: „Milchwagen soll fahren" oder „Brotmesser haben". Die Sprache hilft. Nun können Sie dem Kind wenigstens etwas ähnlich Interessantes anbieten, zum Beispiel den Schneebesen. Wenn sich die Sprache entwickelt, bevor die geistige Rebellion einsetzt, werden Sie es viel leichter haben als im umgekehrten Fall, also machen Sie mit Ihrem Kind möglichst oft Sprechübungen.

Bei einem kleinen Kind geht das ganz einfach – Sie reden. Nicht in der Babysprache. Meine beiden Sprößlinge konnten längst „Katze" sagen, ehe sie ein Wort wie „Miez-Miez" zustande brachten. Eine deutliche Sprechweise führt viel schneller zum Ziel, als wenn Sie ein Kind mühsam veranlassen wollen, Ihnen etwas nachzuplappern. „Sag ‚Ente'. Nun mach schon – sag ‚Ente'." – das ist jedenfalls ein Spiel, das Sie bald langweilen wird. Sobald das Kind ein wenig sprechen kann, sollten Sie ihm nützliche Wörter beibringen, wie „essen", „trinken", „heiß" und „kalt" (und „Töpfchen"). Ebenso brauchbare Begriffe, die es verstehen lernen muß, sind „in einer Minute", „bald", „später" und „eines Tages". Falls ein Kind einen Keks essen will und Sie gerade ein anderes Baby wickeln, benötigen Sie den „In-einer-Minute-Code", um zu erklären, daß sein Wunsch bald erfüllt wird. Wenn Papa nicht zum Tee nach Hause kommt, sagen Sie „später". Sollte das Baby ein Motorrad haben wollen, benutzen Sie die Phrase „eines Tages". „Niemals" zu antworten, ist nur selten eine gute Idee (abgesehen von: „Du darfst niemals mit Streichhölzern spielen" oder „Du darfst niemals jemanden schlagen!"). Mein Mann erteilte mir folgende Lektion: Wir waren mit Nicholas (gerade einundzwanzig Monate alt) in der Werkstatt, und der Junge wollte eine „große elektrische Säge" haben. Ich sagte: „Nein, das geht nicht, nein, nächste Woche auch nicht." Paul verbesserte mich und verhinderte einen Wutanfall mit der Erklärung: „Eines Tages" – eine Phase, die erst in ferner Zukunft beginnt, wie unser Sohn bereits begriffen hatte. Im großen und ganzen sollte man, sobald ein gewisses Verständnis einsetzt und die Forderungen beginnen, öfter positiv als negativ antworten (auch wenn man manchmal alberne Sätze bildet). Wenn ein Kind um ein Messer bittet, erwidere ich fröhlich: „Ja, das ist ein schönes großes Messer, nicht wahr? Und ganz scharf, also lege ich es wohl besser wieder in die Schublade. Ja eines Tages, wenn du siebzehn bist, kannst du dir auch so ein Messer kaufen." Das funktioniert zu fünfzig Prozent, und das bedeutet, daß ich um fünfzig Prozent mehr Ruhe und Frieden erzielt habe, als es mir mit einem klaren „Nein" gelungen wäre. (Trotzdem würde ich das Wort „nein" nicht völlig abschaffen. Schon einem neun Monate alten Baby kann man beibringen, was es bedeutet, und wenn es quer durch ein Zimmer gebrüllt wird, rettet es manchmal ein Menschenleben. Aber gehen Sie differenziert damit um.)

Was Regeln und Verbote betrifft, so scheint es zu helfen, wenn man an eine größere, mysteriöse Welt voller Regeln, Ursachen und Wirkungen appelliert. Das mildert die Willenskämpfe zwischen Ihnen und Ihrem Kind. „Wenn du Rose weiterhin ärgerst, muß ich dir die Wasserpistole wegnehmen" ist besser als „Jetzt nehme ich sie dir weg!". Es impliziert eher eine Wirkung als eine Drohung. Im Winter kann man ein Kind leichter dazu überreden, Schuhe und Wollsachen anzuziehen, wenn man allgemeine Regeln einfließen läßt. „Was werden die Leute sagen, wenn du ohne Pullover aus dem Haus gehst." Das klingt nach knorrigen alten Gouvernanten, aber sehen wir den Tatsachen ins Auge – knorrige alte Gouvernanten erzielen oft die besten Resultate.

In dieser schwierigen Phase ist es empfehlenswert, daß die Eltern nicht als die Quelle aller Wohltaten und Freuden posieren. Ein Kind ist überglücklich, wenn ihm sein Spielzeugpapagei eine Mandarine „bringt" oder wenn eine geheimnisvolle Fee irgendwas Hübsches unters Bett gelegt hat; das stärkt den Glauben an eine gute Welt, was nicht das Schlechteste ist.

Eine übermütige kleine Verschwörung zwischen Ihnen und dem Kleinkind kann nicht schaden. Das Lieblingsspiel meines Sohnes war wochenlang „Erschrecken". Er lief mit irgendeinem Gegenstand (meist etwas Harmlosem wie einem Teelöffel) zu den Leuten und hielt ihn drohend hoch. Worauf das Opfer entsetzt zurückweichen und rufen mußte: „O nein, wie furchtbar!", und Nicholas trabte begeistert davon. Ich muß gestehen, daß ich ihm dieses Spiel beibrachte (das erstemal wurde Papa mit einem Plastikfisch erschreckt), um ihn zu amüsieren und ihm Stolz und Selbstbewußtsein einzuflößen. Sollten sich Schwierigkeiten anbahnen, flüsterte ich ihm zu, es wäre besser, Oma mit einer Duplo-Figur zu erschrecken. Als er diesem Spiel entwachsen war, gingen wir zu anderen Scherzen über. Zum Beispiel konnte ich sein Selbstbewußtsein immer wieder folgendermaßen aufbauen. „O nein! Nicholas hat einen – nein wirklich, einen TURM gebaut! Ein Glück, daß er zu klein ist, um ihn umzustoßen ... Nein! Jetzt hat er's doch tatsächlich geschafft!"

Wenn Sie noch kein Kleinkind haben, werden Sie bei dieser Lektüre zusammenzucken. „Sie bringt dem Kind bei, Leute zu erschrecken! Sie ermuntert es, ständig seine Grenzen zu überschreiten! Gräßlich! Kinder sind von Natur aus freundlich und bestrebt, den Erwachsenen Freude zu machen und in Harmonie mit ihnen zu leben. Man braucht also nur nett und vernünftig mit ihnen umzugehen, um sie zu lehren, auf andere Rücksicht zu nehmen ..." Aber das Problem besteht darin, daß Kleinkinder noch keine verständigen Kinder sind. Sie wollen nicht automatisch brav sein und sie legen monatelang nicht einmal auf Ihre Anerkennung Wert. Liebe – ja! Anerkennung – nein! Vernünftige Argumente sind sinnlos. Freundlichkeit ist notwendig, aber sie sind nicht dankbar dafür. Es wäre ein schlimmer Fehler anzunehmen, das Kind wäre nun, da es gehen und reden kann, reif und verständig. Das ist es *nicht*. Einmal hätte ich meinen Sohn beinahe verloren (und das ist alles, was ich über Sicherheitsmaßnahmen und Kleinkinder sagen werde – Wachsamkeit ist absolut erforderlich, in allen Aspekten des Tagesablaufs, und es ist überflüssig, hier ins Detail zu gehen), als ich einmal seine Hand losließ, um das Gepäck ins Auto zu verfrachten. Er war in guter Stimmung, wußte, daß man den Gehsteig nicht verlassen darf, und ich sagte ihm, er müßte bei mir bleiben. Kaum war er von meinem Griff befreit, rannte er auch schon hinter dem Wagen zur Mitte einer verkehrsreichen Straße und hüpfte kichernd herum. Das sollte ein Scherz sein. Trotz seiner Redegewandtheit und seiner raschen Auffassungsgabe – er war erst zwei Jahre alt und nicht *vertrauenswürdig.* Die Möglichkeit, er könnte sterben oder verletzt werden, ging über sein Begriffsvermögen und war deshalb irrelevant. Hätte ihn ein Auto überfahren, wäre es *meine* Schuld gewesen – weil ich seinen Charakter und seine Entwicklungsstufe für wenige Sekunden falsch eingeschätzt hatte.

Je besser Sie Ihr Kind kennen, desto leichter fällt es Ihnen, für seine Sicherheit zu sorgen und die Tage mit Spielen und Scherzen über die Runden zu bringen. Wenn das Kind zwanzig Monate alt ist, können Sie es beispielsweise trotz seiner Proteste aus der Badewanne locken, indem Sie das Wasser langsam ablaufen lassen, damit es „schlurrrps" macht, und ähnliche Geräusche nachahmen. Dabei trocknen Sie ihm schnell die Ohren ab. Später machen Sie raffinierte Vorschläge wie: „Jetzt ziehen wir uns an und gehen hinunter, um zu sehen, ob Papi schon deine Milch und deinen Keks serviert hat." (Wenn man die Milch und den Keks vor einem jüngeren Kind erwähnt, will es beides *vor* dem Anziehen haben – eine ständige Quelle des Ärgernisses.) Bei einem Dreijährigen können Sie eine ganze Reihe etwas gewagter Gründe anführen, warum er dieses oder jenes tun soll. „Weil du gerade so schön sauber bist, solltest du deinen neuen Pyjama mit den Häschen anziehen", „Weil ‚Tom und Jerry' bald beginnt." Oder sogar „Weil du Mamis braver Junge bist" (worauf ich mich nicht allzusehr verlassen würde).

Wenn das Kleinkind älter wird, können Sie die übertriebenen, unsinnigen Späße allmählich aufgeben und vernünftige Fragen vernünftig beantworten. Trotzdem wird das surreale Element immer wieder auftauchen. Unser Sohn rannte monatelang in der Küche herum und schrie: „Ich stasche gerade. Gleich bin ich wieder da, aber jetzt habe ich zu tun! Gib mir meinen Staschcr! Okay!" Wir fanden nie heraus, was „staschen" ist, waren aber der Meinung, daß es uns nichts anging.

Als Nicholas einmal leichtes Fieber hatte, fragte der Arzt, ob er irgendwelche Symptome eines Deliriums zeigen würde. Das war schwer zu sagen. Wenn man ein Kind hat, das sich morgens kerzengerade im Bett aufsetzt und ruft: „Wir dürfen Papis elektrische Säge nicht in die Waschmaschine stekken", kann man kaum zwischen Fieberphantasien und normaler Alltagskonversation unterscheiden. Das Wachstum der kindlichen Einbildungskraft ist sehr praktisch für die Eltern. Mit dem Augenblick, da ein Kleinkind eine Bauernfigur in eine Schachtel stellt und „Traktor" sagt, eröffnen sich neue Welten voller Amüsement. Das alles müssen Sie sehr ernst nehmen. Wenn der zerbrochene Stock auf dem Sofa eine Ruderpinne ist, entfernen Sie ihn um Gottes willen nicht, solange sich das Kind in der Nähe aufhält. Ich mußte einen halben Vormittag lang einen heftigen Tränenausbruch ertragen, weil ich ein Kissen weggeräumt hatte, ohne zu ahnen, daß es ein Heuballen war. Wenn Ihr Kind ein Rad für seinen Wagen braucht, geben Sie ihm einen Plastikteller, aber seien Sie nicht beleidigt, wenn er verschmäht wird. Sollte Ihr Sohn glücklich und selbstvergessen auf dem Vordersitz eines richtigen Autos spielen, und Sie können ihn im Auge behalten, ziehen Sie den Zündschlüssel heraus und lassen Sie ihn in Ruhe. Falls das zu gefährlich ist, nehmen Sie sich eine halbe Stunde Zeit, setzen Sie sich zu ihm, und lesen Sie Zeitung.

Besucher und Nachbarn warfen mir seltsame Blicke zu, als Nicholas achtzehn Monate alt war, weil er sich im Hochsommer weigerte, auf dem Rasen in seinem aufblasbaren kleinen Schwimmbekken mit dem hübschen Wasserball zu spielen. Statt dessen raste er zu seiner einzigen wahren Liebe, dem Land Rover. Ich saß neben ihm, las oder schrieb Buchkritiken, während er hupte, die Scheinwerfer aufflammen ließ und draußen die Sonne strahlte. Wie die Leute uns anstarrten! Nun, ich war im siebenten Monat schwanger und hatte Heuschnupfen, und er war nun mal besessen von unserem Land Rover. Übrigens haben wir mit dieser kleinen Marotte niemandem geschadet.

Noch ein allgemeine Bemerkung über Kleinkinder – und zwar über die Gesundheit. Aus irgendwelchen Gründen scheinen Kinder um den zweiten Geburtstag herum (vermutlich, weil sie nun öfter mit anderen zusammen sind und sich ständig „verausgaben") besonders anfällig für Virusinfektionen. Soviel ich feststellen konnte, ist eine Virusinfektion eine Krankheit, über die der Arzt nichts Genaues weiß, um die er sich keine großen Sorgen macht und auf die er „letzte Woche draußen in Sowieso" mehrmals gestoßen ist. Ein guter Arzt wird das Kind besuchen, so oft Sie wollen, alle Gefahrenpunkte checken (Magen, Augen, Ohren, Hals) und nur selten ein starkes Medikament verschreiben. Sein Job ist es, Ihre Nerven zu besänftigen und sicherzugehen, daß sich keine schlimmere Krankheit hinter der Infektion verbirgt Die meisten Kinder neigen in solchen Fällen zu Erbrechen, Durchfall, laufenden Nasen, leichtem Fieber und erschreckend schlechter Laune. Die Symptome sind so ähnlich wie beim Zahnen. Ich erwähne dieses Phänomen nur, weil es offenbar weit verbreitet ist und weil es Sie sehr beunruhigen kann, wenn es immer wieder auftritt. Nicholas fühlte sich zehn Wochen lang niemals richtig wohl, und ich beklagte mich schluchzend bei unserem Arzt, weil ich an ein gesundes, robustes, mit Muttermilch ernährtes Baby gewöhnt war und jetzt ein leidendes, chronisch hinfälliges Kind hatte, das einer viktorianischen Salonballade zu entstammen schien (aber nicht so tugendhaft war). Was hatte ich bloß falsch gemacht? Siechte Nicholas dahin weil ich selbstsüchtigerweise noch ein Baby bekommen hatte? War er allergisch gegen das zwanzigste Jahrhundert? So und ähnlich unsinnig lauteten meine Fragen. Tag und Nacht war Nicholas reizbar, mißgelaunt und durch nichts von seinem Kummer abzulenken – teils, weil er ein Kleinkind, teils, weil er ein bißchen krank war. Der Arzt bat um eine Urinprobe, womit er uns grausige Stunden bescherte (an Töpfchenübungen war unter diesen Umständen nicht zu denken). Das Leben erschien uns wie die Hölle.

Aber Nicholas erholte sich, und als ich mich umblickte, stellte ich fest, daß auch alle anderen Winterviruskinder genesen waren. Die Mütter begannen sich wieder zu frisieren und liefen mit beschwingten Frühlingsschritten herum. Diese Qualen gehen also vorüber. Ich kann Ihnen nur wenige Ratschläge geben.

- Wenn Ihr Arzt kein Mitgefühl zeigt, gehen Sie zu einem anderen. (Fragen Sie die Mütter in Ihrer Nachbarschaft um Rat.)

- Tragen Sie eine Tasche oder Schachtel voller verlockender kleiner Dinge mit sich herum –

Pfeifen und Bücher und Luftballons und ein Seifenblasenröhrchen und Klebebilder – das hilft Ihnen und dem Kind über kritische Augenblicke hinweg.

- Halten Sie stets einen Krug mit Orangensaft bereit, wenn möglich frisch ausgepreßt.

- Wenn das Kind keine Milch verträgt, die es normalerweise gern mag, versuchen Sie sie durch Honigwasser zu ersetzen. Ein Teelöffel Honig in ein Glas geben, heißes Wasser darauf gießen, einen Spritzer Zitronensaft beifügen und umrühren. Das ist eine Energiequelle und ein Trost für den empfindlichsten Magen. Trinken Sie's selber auch, mit Whisky drin.

Spielsachen und Spiele für Kleinkinder. Glücklicherweise sind Kleinkinder im großen und ganzen immun gegen den Comic-Quatsch, den geschäftstüchtige Leute auf den Markt bringen, um größeren Kindern das Taschengeld zu entlocken. Also können Sie für Ihre Kleinen hübsche, erzieherisch wertvolle, haltbare Spielsachen kaufen und bleiben für eine Weile von Superman, Fix und Foxy verschont. Das lohnt sich nicht nur aus pädagogischen Gründen, es ist auch ein Vergnügen, Geld für wirklich gutes Mehrzweckspielzeug auszugeben, mit dem sich das Kind lange beschäftigen kann. Außerdem ist es sinnvoll, Second-Hand-Läden zu durchstöbern, um zu sehen, welches heißgeliebte, oft benutzte Spielzeug so lange funktionsfähig bleibt, daß es später noch verkauft werden kann. Es ist erstaunlich, welch eine geringe Anzahl von Massenherstellern in solchen Geschäften vertreten ist. Wenn Sie tatsächlich etwas in einem Second-Hand-Laden kaufen – um so besser.

Kein Kleinkind wird beleidigt sein, wenn es ein Spieltelefon aus dritter Hand bekommt, solange die Glocke immer noch läutet.

Eine etwas lästige Aufgabe, die sich aber für alle Beteiligten ebenfalls lohnt, ist es, vierzehntäglich (okay, allmonatlich) die Spielsachen in Ordnung zu bringen. Wenn Sie unbedingt wollen, stecken Sie alle Steckringe zusammen. Aber viel wichtiger wäre es, die Utensilien für die Küchen- und Puppenhaus-Spiele, gekaufte und improvisierte, in getrennten Körben zu verstauen und die Bausteine in „Familien" einzuteilen (falls Sie verrückt genug waren, mehrere Sorten zu kaufen!).Ich finde, das alles kann man nur tun, wenn die Kinder nicht im Weg sind. Jedenfalls macht es richtig Spaß, wenn man sagen kann: „So, jetzt spielen wir Teeparty", und alles, was man dafür braucht, in einem Korb beisammen hat, statt in einer Schachtel herumzuwühlen, die einen alten Schuh, einen Becher, einen Puppenhut, einen halben Duplo-Kippwagen und die Schneide eines Spielzeugschwerts enthält. Außerdem ist es eine brillante Strategie, gewisse Sachen für einen oder zwei Monate wegzuräumen. Wenn ein Kind zwischen einem und drei Jahre alt ist, kann man ihm mindestens dreimal dasselbe Extra-Überraschungsgeschenk geben. Nach ein paar Wochen langweilt es sich damit, einige Zeit später wird dieses Spielzeug wieder freudig begrüßt.

Ich habe das alles gehaßt, und der Gedanke, durch ein Meer greller Plastiksachen zu waten und schmutzige Puppentellerchen zu sortieren, erschien mir als der Höhepunkt mütterlicher Sklaverei. Aber fassen Sie sich ein Herz – man kann sich richtig dafür begeistern. Meine moralische große Inventur und die Parade der Duplo-Autos zählen zu den Wundern meines Haushalts, und die währen einen ganzen Abend, wenn ich ein Hörspiel im Radio genieße und dabei Feuerwehrautos mit Leitern versehe und den „Mann mit dem blauen Hut" in einen zusammengekrachten Laster setze. Spielzeug zu basteln, gehört zu den großen unerwarteten Freuden der Mutterschaft. Noch besser ist es, den Ehemann dazu zu animieren. Da die Neigung meines Mannes für Holzarbeiten an zahllosen kindlichen Forderungen nach Sägen, Äxten, Hobeln, Schabhobeln und Fräsen schuld war, fand ich es nur fair, daß er seine Werkzeuge benutzte, um auch für Nicholas welche herzustellen. Unsere Spielzeugaxt ist großartig, vor allem die Silberfarbe auf der Schneide. Paul produzierte sie in einer halben Stunde, nachdem ich in den Londoner Geschäften vergeblich nach einem Plastiktomahawk oder etwas ähnlichem gesucht hatte, um den verzweifelten Wunsch zu erfüllen, der von Nicholas allmorgendlich beim Aufwachen geäußert worden war: „Ich will eine Axt fürs Holzhacken." Die Fahndung danach gab ich auf, als mir der arrogante Verkäufer eines Spielwarenladens erklärte: „O nein, wir haben natürlich Indianeranzüge, aber keine Tomahawks, keine Waffen, die zur Gewaltanwendung anregen." Ringsum schimmerten und gleißten Maschinengewehre, Todesstrahler, Atomraketenwerfer aus Plastik und Computerspiele, die ausschließlich dazu dienen, Außerirdische abzuknallen. Und mein armer kleiner Pazifist wollte nur Holz hacken.

Wenn Sie es nicht schaffen, Spielzeug selber herzustellen, können Sie welches improvisieren und billige, originelle Sachen kaufen. Die alltäglichen Bauklötze, Karten und dergleichen will ich nicht erwähnen, dafür aber einige interessante Dinge, die bei Freunden und Bekannten als Spielzeug dienen:

- Alte Schreibmaschinen.

- Wäscheklammern, um etwas zusammenzubauen. (Ein paarmal zwicken sich die Kinder in die Finger, aber dann lernen sie es.)

- Muscheln und Steine – groß genug, daß sie nicht verschluckt werden können – zum Sortieren.

- Papierabfall, Filzschreiber, ein Plastiktischtuch und Nerven aus Stahl ..."

- Eine Schachtel voller alter (unzerbrechlicher) Becher und Rosinen zum „Kochen".

- Die Waschschüssel.

- Alte Illustrierte zum Zerreißen.

- Ein Tuch, das man über einen Stuhl legen oder drumherumwickeln kann, um ein Haus zu bauen. Noch besser – ein altes Leintuch, das in Streifen gerissen wird.

- Ein stumpfes Kartoffelmesser und eine Kartoffel.

- Liederkassetten für Kleinkinder sind sehr beliebt – aber Vorsicht! Auf dem Markt gibt es auch einige mit trister Popmusik, da kann das Kind nicht einmal den Text verstehen. Besser sind klar und deutlich gesungene Lieder mit lustigen Geräuscheffekten. Bereiten Sie sich aber darauf vor, daß Ihr Kind süchtig danach wird. Am Tag, als die „Mrs. Twisty"-Kassette kaputtging, hatte ich es stundenlang höllisch schwer, auch nur eine geringfügige Kooperation zu erzielen. Es dauerte drei Wochen, bis ich eine neue „Mrs. Twisty" bekam. Bis dahin wurde von mir erwartet, daß ich das gräßliche Lied selber singe.

- Floristen verwenden harten Schaumgummi (man gibt Ihnen die Abfälle, wenn man die Ringe für die Arrangements herausgeschnitten hat), den das Kind mit dem Spielzeughammer zertrümmern kann. *Nichts* für Kauer!

- Das Beste für Badewannenspiele – eine lebensgroße Lockente aus dem Sportgeschäft. Dick der Enterich verbrachte ein ganzes Jahr in unserem Badezimmer, und mit seinem schönen Gefieder und der faszinierenden Fähigkeit, „Pipi zu machen" (mittels der Ballaströhre unter dem Bauch), sorgte er für viele vergnügliche Stunden.

- Alte Deckel. Fragen Sie mich nicht, warum. Desgleichen alte Vorhangquasten.

- Pingpongbälle. Dafür gibt es erstaunlich viele Verwendungsmöglichkeiten.

- Im Garten: Kurz nachdem ich dreißig Pfund für eine Plastiksandkiste ausgegeben hatte, kauften Freunde für einen Fünfer einen alten Traktorreifen, schnitten ihn mit einem Brotmesser in der Mitte durch und machten daraus eine wunderbare, viel bessere Sandkiste.

- Wenn Sie ein altes Boot, das sich nicht mehr über Wasser hält, für wenig Geld oder umsonst kriegen – so etwas ist das beste Gartengeschenk für ein Kleinkind, dessen Phantasie sich zu entwickeln beginnt. Stellen Sie einen Mast mit Baumwollsegel hinein, das übertrifft alles, was man in einschlägigen Läden bekommt.

- Ein Schrank voller Dosen. Eine Freundin mit einem berüchtigten, sehr anspruchsvollen Kleinkind sagte: „Ich muß nur murmeln: ‚Ich glaube, jetzt könnte ich etwas Katzenfutter gebrauchen', und schon ist er für eine ganze Weile glücklich."

Das alles verlangt aber nach einem Startzeichen der Mutter, auch wenn sie keine Lust zum Spielen hat. Aus ein paar Minuten mit dem Kind kann sich eine halbe Stunde voller Zufriedenheit entwickeln, und Sie haben Zeit für andere Dinge; leider nicht immer. Als ich einen erfahrenen Vater (einen Anwalt, wie Sie noch erkennen werden) fragte, mit welchen Spielen sich ein zweijähriges Kind ohne fremde Hilfe befassen kann, antwortete er: „Kriminelle Sachbeschädigung, Sabotage, scheinbare Selbstmordversuche, Plünderung des Katzenfreßnapfs, grundloses manisches Gelächter." Eine noch erfahrenere Mutter antwortete auf dieselbe Frage schlicht und einfach: „Masturbation." O Gott!

Ehe wir das Thema „empfehlenswertes Spielzeug" beenden, muß ich noch etwas erwähnen, ohne das kein zweijähriges Kind auskommt: ein Dreirad oder irgendein Gegenstand, auf dem es sitzen und den es mit den Füßen voranbewegen kann. Das ist absolut unersetzlich. Alle Kleinkinder, die ich kenne, hatten lange Dreiradphasen, bereisten in ihrer Phantasie alle Erdteile, unternahmen bizarre Expeditionen, „um Stascher zu besorgen" oder hockten einfach darauf und dachten nach.

Ordnung halten. Während die Zeit verstreicht, droht die bunte Plastiklawine das Haus zu überrollen – gleichgültig, welch feste Entschlüsse Sie gefaßt haben. Am besten läßt sich das Problem auf folgende Arten lösen:

- Rangieren Sie einmal im Monat die Sachen aus, die nicht mehr beliebt sind.

- Große Körbe. („Die sind so ungefährlich", sagte eine Benutzerin, „und man kann sie mühelos von einem Ende des Zimmers zum anderen werfen.") Man braucht einen pro Raum.

- Bunte Beutel, die „wie ausgestopfte Kalbsmägen hinter jeder Tür hängen".

- „Spielsachen, die nicht mehr benutzt werden, muß man skrupellos ausrangieren", meinen mehrere beherzte Mütter. Das ist leicht gesagt. Wenn sich nun herausstellt, daß das Plastikpuppenbein, auf dem ein zerplatzter Luftballon steckt, ein Stascher ist? Wird er uns je verzeihen?

- Funktionieren Sie alle untersten Schrankschubladen in der Küche und in jedem Zimmer zu Schatzhöhlen um. Da können Sie jeden Abend alles Spielzeug hineinwerfen und haben wieder eine Erwachsenenwohnung. Das tut der Moral gut. Am hinteren Ende der Schubladen werden Sie Ihren Fotoapparat wiederfinden, die Scheckkarte, die Puderdose, Gläser, Ihr Tagebuch ...

- Dreiräder und Spielsachen, auf denen man sitzen kann, sind groß und unhandlich. Ich kenne einen Haushalt, in dem an der Lenkstange jedes

Dreirads ein Strick befestigt ist. Allabendlich werden diese an einem Wäschetrockner aufgehängt und zur Zimmerdecke hochgezogen. Während die Leute dinieren, baumeln drei Dreiräder und ein Bus bedenklich über ihren Köpfen, aber sie können wenigstens nicht mehr darüber stolpern.

Kleider. Geschmäcker sind verschieden. Ich persönlich finde, daß sich jede Mutter an eine gesunde egoistische Regel halten soll – niemals ein Kind, das unter drei ist, zum Kleiderkauf mitzunehmen, lieber ein Maßband. Maßbänder langweilen sich nicht, laufen nicht umher und werfen nichts um. Maßbänder kippen keine fremden Sportkarren um und lassen deren heulende Insassen nicht kopfüber in einem Berg von Sonderangebots-Socken liegen. Praktische Kleidungsstücke, die Sie vielleicht noch nicht kennen: Overalls aus dünnem, luftdurchlässigem Nylon, nicht so sperrig wie Regenkleidung (darin können sogar Krabbelkinder auf nassem Gras herumkriechen, ohne die Sachen schmutzig zu machen, die sie darunter tragen); Wollmützen, die Ohren und Hals bedecken, für Kinder, die im Winter ständig ihre Mütze abnehmen. Und Kleider, die eigentlich für ältere Kinder gedacht sind ... Die können sehr gut aussehen. Vielleicht ein bißchen nach Kenzo ...

Töpfchentraining. „Tu's nicht", sagte eine kluge Mutter, „du ahnst gar nicht, welche Wohltat die Windeln sind, bis die Kinder herauswachsen und beim Einkaufsbummel alle fünf Minuten ‚müssen'." Dieser Standpunkt hat etwas für sich. Das „halbtrockene" Baby ist eine Landplage, vor allem fern von zu Hause, wenn es die Teppiche anderer Leute gefährdet. Und es gibt kaum etwas Unangenehmeres, als ständig fragen zu müssen: „Willst du mal? Nein? Bist du sicher? Sollen wir's mal versuchen?" Was jede vernünftige Konversation mit Kindern oder erwachsenen Freunden ausschließt ... Noch schlimmer ist es, wenn man mit Argusaugen auf untrügliche Zeichen lauert und ab wartet, ob das spielende Baby die Knie zusammenpreßt, sich zwischen den Beinen kratzt oder im Gesicht hochrot anläuft. Manchmal glaubt man, die armen kleinen Dinger würden oberhalb der Gürtellinie überhaupt nichts Interessantes mehr tun. Und wenn man nur für eine Sekunde in seiner Wachsamkeit nachläßt, bildet sich schon eine Pfütze. Einmal ging ich in den Garten und traf dort meinen beschämten Ehemann an. „Tut mir leid", sagte er, „ich vergaß ihn zu fragen, und wir schauten uns gerade das Mauerschwalbennest an." Trotz der triefnassen Hosen, Socken und Schuhe konnte ich den beiden nicht böse sein. Vogelbabys sind nun mal wichtiger als Nachttöpfe.

Da diese quälende Ungewißheit stets mit einem verfrühten Töpfchentraining verbunden ist (vor dem zweiten Geburtstag), vertreten viele Leute die Ansicht meiner oben erwähnten Freundin. Eine Frau, die ein späteres Training bevorzugt erklärte: „Mit zweieinhalb sind die meisten Kinder okay. Wenn Sie nach dem ersten Geburtstag anfangen haben Sie anderthalb unsichere Jahre vor sich, nach dem zweiten müssen Sie sechs Monate leiden, aber nur eine Woche, wenn das Kind erst mit zweieinhalb auf den Topf geht." Das älteste Kind dieser Frau lernte es mit zweieinhalb auf einem Zwölf-Stunden-Flug nach Amerika. „In einem Flugzeug, fast zwanzigtausend Meter über der Erde, zwölf Stunden lang – da kann man sowieso nicht viel anderes unternehmen, als ein Kind alle zwanzig Minuten aufs Klo zu führen."

Mit zweieinhalb haben die meisten Kinder gemerkt, was da passiert, und haben eine gewisse Kontrolle darüber. (Allerdings kann man den Prozeß verlangsamen, indem man die Kinder Tag und Nacht in stark saugfähige, herrlich weiche Wegwerfwindeln wickelt, die einem die Wäsche ersparen und die so angenehm zu tragen sind, daß ein bißchen Pipi unbemerkt bleibt. Erst als wir Mut faßten und die Windeln wegließen – bereit, die Konsequenzen zu tragen – erkannte unser Sohn, was da unten vorging. Bis nach seinem zweiten Geburtstag hatte er noch nicht einmal zufällig ins Badewasser gemacht!) Trotzdem wird man immer wieder dazu gedrängt, schon viel früher auf die Windeln zu verzichten.

Es ist erst ein Jahrzehnt her, daß ein paar Wochen alte Babys übers Töpfchen gehalten wurden, in der Hoffnung, der kalte Porzellanrand könnte Aktivitäten in den Eingeweiden auslösen. Was immer Freud über das Trauma gesagt haben mag, das ein zu frühes Töpfchentraining hervorrufen könnte – es ist weit verbreitet. (Es entzückt mich, daß Jill Freud – mit dem Enkel des großen, finsteren Psychologen verheiratet – ihre Kinder „am Tag drei" zu trainieren begann. „Sehr anti-freudianisch. Ich glaube, ich bin altmodisch.") Obwohl moderne Kinderpsychologen einstimmig meinen, das Töpfchentraining mit Kindern, die unter einem Jahr, sogar unter achtzehn Monate alt sind, wäre infolge der Unfähigkeit des Babys, die richtigen Muskeln zu kontrollieren, völlig sinnlos, verfolgen uns die alten Überzeugungen immer noch. Die Omas machen eifrig Propaganda für das Töpfchen. „Meine Liebe, in diesem Alter dürfte er sich nicht mehr in seinem eigenen Stuhlgang wälzen ..." – „Natürlich habe ich dich schon nach drei Monaten übers Töpfchen gehalten, meine Liebe ..." – „Soll dir die

Oma ein großes, hübsches Töpfchen kaufen?"

Und dann tauchen Freundinnen mit bereits trokkenen Kindern auf, führen die schmalhüftige Nachkommenschaft wie sieggewohnte Rassepferde vor, um Ihre eigenen dickhüftigen kleinen Gewohnheitsverbrecher zu beschämen. Schließlich (das war der ausschlaggebende Grund, der uns veranlaßte, das Training zu beginnen, wenn auch mit einem äußerst desinteressierten und unwilligen Objekt) kann sich das Kleinkind artikulieren und läßt seine Intelligenz erkennen. Es wirkt fast unanständig, wenn ein urbaner Miniaturerwachsener zusieht, wie Sie morgens alles für einen Ausgang einpacken, und sagt: „Vergiß die Zink- und Kastoröl-Salbe nicht Mama, für alle Fälle. Vielleicht brauche ich schon jetzt eine neue Windel. Sollen wir mal nachsehen, ob ich Pipi gemacht habe?" Wenn er so drüber reden kann, müßte er's doch können ... Nein, er kann's nicht.

Bis der Groschen fällt, vergehen mühsame Zeiten. Manche Kleinkinder hassen den Topf, fühlen sich unsicher darauf, und der kalte Rand ist ihnen unangenehm. Einige wollen fast sofort auf die Toilette gehen, auf die man einen Deckel mit kleinerer Öffnung gelegt hat. Andere (besonders Jungs) erleben den großen Durchbruch draußen, hinter einer Hecke. Die wichtigsten Regeln, die ich gesammelt oder selbst aufgestellt habe:

- Fangen Sie im Sommer mit dem Training an, auch wenn das Kind dann vielleicht zu jung oder zu alt ist. Es ist wunderbar, an warmen Tagen ohne Windeln herumzulaufen und überall Pfützen zu hinterlassen, bis man endlich begriffen hat, worauf es ankommt.

- „Trainingshosen" aus Frottee mit Plastikschutz

sind in der Theorie sehr praktisch, aber wenn Ihr Kind sie haßt, führen sie nicht zum gewünschten Ziel. Sie sind ziemlich heiß und steif, die Beinausschnitte oft zu eng.

- Eine Puppe, die Pipi macht, ist tatsächlich hilfreich – vor allem bei Mädchen, die nicht sehen können, was bei ihnen selbst passiert.

- Sobald das Kind weiß, was es tut, schadet es nichts, Lockmittel einzusetzen. Bei jedem Erfolg ein Smartie wird seine Zähne nicht ruinieren. (Und wenn Sie es in diesem Alter an mehr als ein Smartie auf einmal gewöhnt haben, sind Sie selber nicht besonders smart.) Eine Frau, die ich zu diesem Thema befragte, sagte leichthin: „Ich schickte sie für eine Woche zu meiner Mutter, und sie schaffte es durch Bestechung."

- Schimpfen Sie niemals über nasse Hosen. Das wirkt nicht produktiv.

- Eine Mutter von älteren Kindern warnte eindringlich: „Erörtern Sie dieses wenig erfreuliche Thema nicht vor kinderlosen Gästen." Ich dachte, so etwas würde ich niemals tun, aber eine Woche später hörte ich mich überall davon schwatzen. Na und? Wenn Sie kinderlose Freunde haben, die langweilige Monologe über ihr Sexualleben oder ihre Operationen halten, sollten Sie's ihnen heimzahlen. Im Grunde ist das Töpfchentraining sehr interessant: Also, meine Kinder ... Nein, wirklich, Ihre auch? Aufs Sofa?

- Ignorieren Sie alle Omas. (Es sei denn, sie sind bereit, das Kind für eine Woche bei sich aufzunehmen und zu bestechen.)

Fern von Zuhause. Eine findige Firma brachte unlängst einen Artikel für reiselustige Töpfchentrainer auf den Markt – einen aufblasbaren Nachttopf. Wie brillant! Wie konsumentenfreundlich! Aber gewisse Fragen bleiben unbeantwortet – zum Beispiel, wie lange braucht man, um das Ding in Notfällen aufzublasen, und wer will es nach der ersten Benutzung noch an die Lippen halten? Die Designer sollten sich lieber noch mal an den Zeichentisch setzen. Aber das Problem, was man unterwegs mit einem halb- oder neutrainierten Kind, das eine kleine Blase hat, tun soll, ist beträchtlich. Bei einer Meinungsumfrage stieß ich auf eine große militante Gruppe, die in Notsituationen den Rinnstein empfiehlt. „Und wenn Sie von den Leuten böse angestarrt werden – zum Teufel mit ihnen, denn die führen ihre Dänischen Doggen zu dem gleichen Zweck spazieren." Eine weitere militante Gruppe weist darauf hin, daß „es in jedem Geschäft eine Toilette für die Angestellten gibt. Wenn man kein Entgegenkommen zeigt, trichtern Sie Ihrem Kind ein, es soll sich mitten in den Laden stellen und schreien: ‚Mami, das Pipi kommt!' Dann wird man sofort spuren." Und eine zufriedene Minderheit mit Söhnen riet: „Nehmen Sie einfach einen großen leeren Nachtcremetopf mit, und dann gießen Sie den Inhalt heimlich durchs Kanalgitter."

Im Auto können Sie Ihren Seelenfrieden erhalten, wenn Sie stark saugfähige Wegwerfwindeln auf den Kindersitz legen und ein Handtuch darüber breiten. Eine trickreiche Freundin erweiterte dieses Prinzip noch, indem sie ein Frotteekissen mit Wegwerfwindeln ausstopfte und auf Busfahrten und zu Einladungen mitnahm – „als Spezialsitzkissen meines Kindes". (Es bereitete ihr einige Schwierigkeiten, mit dieser Gepflogenheit aufzuhören, als das Training des Kindes zu Ende war. Trotzdem ist die Idee gut.) Ihre Tochter verstand den Zweck des Kissens nicht ganz und versuchte sich weiterhin daran zu erinnern, in bestimmten Augenblicken nach einem Topf zu fragen; und die Mutter war vor peinlichen Situationen sicher, wann immer das Kind im Bus oder an einem Tisch saß. (Sie schwebte sogar in noch schlimmeren Gefahren als die meisten Mütter, denn ihre zweijährige Tochter war so groß und so aufgeweckt, daß alle Leute dachten, sie wäre mindestens vier. Was ein weiterer Grund für viele verzweifelte Versuche ist, schon früh mit dem Töpfchentraining zu beginnen. Ein „vierjähriges" Kind in Windeln sieht wirklich ein bißchen albern aus.)

Tränen und Wutanfälle. Je klüger ein Kind wird und je besser es sich ausdrücken kann, desto ärgerlicher sind seine Wutanfälle. „Unvernunft – als Vernunft getarnt" – so könnte man das Problem auf einen Nenner bringen. Mein Sohn stand einmal neben einem Schwimmbecken und weigerte sich, das einzige trockene Handtuch herzugeben, obwohl sein Kindermädchen und ich – vor Kälte zitternd – höflich darum baten. (Nach Möglichkeit sollte man ein Kleinkind zu nichts zwingen und seine Würde und Unabhängigkeit respektieren ... Ah, diese alten Ideale ...) Wütend, mit rotem Gesicht stand das kleine Wesen da, die winzigen Finger um das Handtuch gekrallt, stampfte mit dem Fuß auf und schrie: „VIRGINIA SOLL ES NICHT KRIEGEN! VIRGINIA SOLL NASS SEIN!" (Das war sie wirklich.) Dann versuchte er auf den Kopf seiner Schwester zu steigen und warf sich laut schluchzend zu Boden, als hätten wir ihn geschlagen. Für so ein Gebrüll, für solche Wut und Tränenausbrüche gibt es keine vernünftige Erklärung.

Niemand wird ein Kind eines unsinnigen Gebrülls bezichtigen, wenn es aus Angst vor einem aggressiven Hund schreit, vor Schmerzen nach einem Sturz oder aus Zorn, weil es gegen seinen Willen festgehalten wird. Das Problem besteht darin, daß Kinder in der Primadonnen-, Dylan-Thomas-im-Suff- und Wahnsinnsphase jedes kleine Ärgernis so aufbauschen, als würden sie von Wölfen gejagt oder angekettet in einem Keller schmachten.

Über diese Anfälle gibt es zwei Theorien. Penelope Leach meint, man sollte sich auf gleiche Höhe mit dem Kind hinabbegeben und es in den Armen halten, bis die Aufregung nachläßt. Die andere, von einem etwas derben australischen Kinderarzt propagiert, empfiehlt, den kleinen Schreihals in seinem Zimmer einzusperren, bis der Zorn verraucht ist. Das erste System basiert auf der Tatsache, daß sich die Kinder mit ihrer Wut selber Angst machen können und Liebe dringender brauchen als alles andere. Das zweite auf dem ebenso wahren Faktor, daß auch Eltern frustriert und nervös werden, wenn ein solcher Anfall stattfindet, und selber Zeit brauchen, um sich zu beruhigen. Außerdem wird ein älteres Kind, wenn es kein Publikum mehr hat, schneller zu toben aufhören. Die schlechteste Therapie ist ganz sicher ein Zimmer voll besorgter Leute, die das Kind mit Süßigkeiten zu bestechen oder auf andere Weise abzulenken versuchen oder die Kakophonie noch steigern, indem sie im Chor Ermahnungen und Drohungen ausstoßen.

Ich an Ihrer Stelle würde mich an keine der beiden Theorien halten. So wie hinsichtlich der Frage, wie die Trennungen zwischen Mutter und Kind am besten durchzustehen sind, müssen Sie Ihren Sprößling sehr gut kennen und wissen, wie weit Sie gehen dürfen, ohne den Bogen zu überspannen. Lassen Sie es gar nicht erst zu einem Wutanfall kommen, wenn Sie ihn unterbinden können. Achten Sie auf die weinerliche helle Stimme, während der Zorn wächst. Versuchen Sie das Kind möglichst früh mit einem Scherz zu überrumpeln. Die folgenden Aussprüche, möglichst laut und deutlich geäußert, haben schon mehrmals kindliche Wut in hilfloses Gekicher verwandelt:

„Sei nicht so ein DICKSCHÄDEL."

„Halt den Mund, du VERRÜCKTES HUHN!"

„Du kleiner RRRRRACKER!"

„Wo ist denn unser WILDER INDIANER?"

„Du kleiner BRUMMBÄR!"

Damit gewinnen Sie Zeit, um das Kind auf andere Gedanken zu bringen. Manche kann man mit einem energischen „Hör auf!" stoppen, aber erst, wenn sie alt genug sind – fast drei – um zu begreifen, was sie tun. Kleinere Kinder reagieren rein emotional und müssen zum Lachen gebracht oder mit etwas abgelenkt werden, das ihr Interesse weckt. Bedauerlicherweise muß ich sagen, daß sogar physische Kräfte wirksam sind. Keine Schläge, die funktionieren nicht. Aber man kann das Kind hochheben, blitzschnell aus dem Zimmer tragen, herumwirbeln oder kitzeln, bis es hysterisch kichert. Daß so etwas effektiv ist, zerstört alle meine Lieblingstheorien über die „Vernunft, der Kinder zugänglich sind, über ihre Würde, die man respektieren muß". Aber – in kleinen Dosen angewandt – erzielt man mit der zuletzt angeführten Methode traumhafte Erfolge, wenn man einen drohenden Wutausbruch abwenden will.

In einem besonders kritischen Stadium half uns ein Trick, den Anfall zu bremsen, ehe er sich richtig entwickeln konnte. Wir veranlaßten das Kind, seinen Zorn auf ein Spielzeug zu konzentrieren. Ein langbeiniger, krummer, schlappohriger Stoffhase eignete sich ideal dafür. Ich packte und schüttelte ihn und schrie mit schriller Stimme: „Ich will dich nicht, ich mag dich nicht! Baaaah:" Nicholas war entzückt, als ihm bewiesen wurde, daß andere Leute unter den gleichen Anwandlungen litten wie er und lernte sehr bald, in leisem, knurrendem, mahnenden Ton zu schimpfen: „Hase! Beeeenimm dich!" Und wenn unser Sohn wieder einmal zu brüllen anfing, schauten wir uns ängstlich um und taten so, als glaubten wir, es wäre der Hase. Darauf fiel er fast immer herein und rannte fröhlich los, um die Wut aus dem schlaffen Tier herauszuschütteln.

Falls der Zorn unweigerlich wächst, gibt es ein paar Therapien (teilweise widersprüchlich, aber alle getestet), die von einigen Müttern angewandt wurden. Im richtigen Moment, beim richtigen Kind, bewirken alle Ruhe und Frieden.

- „Tun Sie so, als würde gar kein Wutanfall stattfinden."

- „Ahmen Sie das Kind nach, und bringen Sie es zum Lachen."

- „Sofort ins Bett mit ihm, ehe es noch einen Atemzug tun kann. Ohne Publikum verfliegt die Wut sehr schnell."

- „Knien Sie sich hin. Ein Augenkontakt ist höchst effektvoll."

- Ein rascher Szenenwechsel: „Komm, schauen wir uns die Enten an!"

- „Wir haben eine große Schachtel voller bunter Knöpfe und nehmen einfach einen nach dem anderen heraus, ganz langsam, bis sich das Kind hinreichend dafür interessiert, um damit zu spielen."

- „Bleiben Sie gelassen, zeigen Sie Mitgefühl, und gehen Sie nicht auf die Wut des Kindes ein. Ich habe ganz ruhig mit ihm gesprochen, als würde ich das ohrenbetäubende Geschrei gar nicht hören, und das hat gewirkt."

- „Heben Sie das Kind hoch und tragen Sie es in die Toilette." (Der Vorschlag einer Lehrerin.) „Drehen Sie alle Hähne auf. Rauschendes Wasser kann durchaus mit Tränen und Gebrüll konkurrieren."

- „Tun Sie etwas Absurdes, um die Neugier des Kindes zu wecken. Legen Sie sich ein Kissen auf den Kopf, oder quieken Sie wie eine Maus."

- „Brechen Sie in schallendes Gelächter aus." (Vorsicht, damit können Sie ältere Kinder tödlich beleidigen!)

- „Gehen Sie mit energischen Schritten davon."

- „Setzen Sie sich mit einer Limonadenflasche und Schokoladenkeksen zu dem Kind. Beides wird mit Wut- und Hohngeschrei abgelehnt, wenn Sie es anbieten, aber zehn bis fünfzehn Minuten später schüchtern und unter Tränen akzeptiert."

- „Laufen Sie herum, singen Sie aus voller Kehle, hüpfen Sie auf und ab. Vor lauter Überraschung wird das Kind seinen Zorn vergessen."

- „Sagen Sie: ‚Da kommt noch ein Schrei – ich

sehe ihn aus deiner Stirn kommen. Schnell, schau in den Spiegel, dann siehst du ihn auch ... Oh, jetzt ist er anscheinend verschwunden. Versuch's noch mal, schrei ganz laut, und wir schauen zu ... "

- „Legen Sie das Kind auf den Boden, fern von allen Gefahrenzonen, und warten Sie. Sobald der Lärm verstummt ist, gehen Sie schnell zu ihm und erklären Sie, wie lieb Sie es haben."

- „Sagen Sie: ‚Komm wieder, wenn du dich ordentlich benehmen kannst', und sperren Sie das Kind aus dem Zimmer aus." (Nur, wenn es schon etwas älter ist und wenn Sie hören und sehen können, was für schreckliche Dinge es draußen treibt.)

- „Geben Sie niemals, niemals, niemals nach! Ignorieren Sie die Wut des Kindes und plazieren Sie es außerhalb Ihres Blickfeldes, bis das Gebrüll verstummt."

- „Setzen Sie sich auf den Boden, nehmen Sie Ihr Kind fest in die Arme, und blasen Sie ihm sanft ins Ohr."

Den letzten Vorschlag habe ich befolgt. Wenn Sie wollen, kann ich Ihnen die Bißnarben an meiner Schulter zeigen. Viel Glück! Eine Bemerkung, die Clement Freud, Vater von fünf Kindern, einmal machte, als sie noch klein waren, hilft mir, mich zu beherrschen. „Wie *tapfer* sie sind!" sagte er bewundernd. „Wir sind viel größer und stärker, aber sehen Sie doch, wie diese kleinen Geschöpfe dastehen und uns herausfordern!" Wenn Sie sich für einen Augenblick als Goliath betrachten, zu dem Davids kleines, verzerrtes Gesicht trotzig aufblickt, bringen Sie vielleicht die nötige Liebe und Geduld auf, um ihn nicht zu schlagen. Vor allem muß man stets bedenken, daß Zweijährige keine Erwachsenen sind. Deshalb sind sie nach dem Anfall nicht verlegen und zürnen weder Ihnen noch sich selbst. Die Sonne beginnt sehr schnell wieder zu scheinen; diesem Tempo müssen Sie sich anpassen und so tun, als wäre gar nichts passiert. Eines Tages wird es Abend, und Sie merken, daß tatsächlich nichts passiert ist.

Schlafenszeit. Mit etwas Glück können Sie das sanfte Schema, das Sie bei Ihrem größeren Baby eingeführt haben, einfach fortsetzen. Die Rituale werden etwas komplizierter, entwickeln sich sogar zu kleinen Festen. Wir zündeten Kerzen im Wohnzimmer an, und unser Sohn blies sie alle aus oder versuchte es zumindest. Schon den ganzen Nachmittag freute er sich darauf.

Die Hoffnung, ein Kind würde einschlafen, sobald es ins Bett geht, muß man aufgeben. Solange es glücklich und wohlbehalten daliegt, ist es einzig und allein *seine* Sache, ob es schläft oder nicht. Während ich diese Zeilen schreibe, gurgeln und kreischen meine beiden Sprößlinge sich an, diskutieren zusammenhanglos über Katzen und Kuchenbacken – eine volle Stunde, nachdem sie zu Bett gebracht wurden. Ich sage mir einfach, dies wäre die „stille Phase, in der sie sich vor dem Einschlafen beruhigen müssen", die in jedem einschlägigen Buch empfohlen wird und die wir aus irgendwelchen Gründen nie zustande brachten. Statt dessen machen sie einen Riesenwirbel, und zum Abschluß werfen wir dann noch ein paar Kuscheltiere in die Betten, während sich die Kinder kichernd herumwälzen. Und dann schlafen sie langsam ein. Das mag eine Methode sein, die vielen Leuten mißfallen würde, aber sie ist durchaus vernünftig. Ich kenne eine Zweijährige, die sofort einschläft, nach einer halben Stunde aufwacht, etwa eine Stunde lang mit ihren Teddybären spielt und wieder einschläft. Ihre Eltern betrachteten das anfangs als Schlafstörung und verbrachten ganze Abende damit, abwechselnd die Treppe zum Kinderschlafzimmer hinauf- und hinunterzulaufen. Immer wieder versuchten sie ihre Tochter zu „beruhigen". Dann sagte der Vater eines Tages. „Sie weint nicht. Ich glaube, sie ist okay." Und so ließen sie das Kind in Frieden. Es kicherte und sang eine Stunde lang, dann döste es ein und schlief tief und fest bis um acht. So macht sie es immer noch.

Wenn das Kind mühelos aus dem Gitterbettchen klettern kann oder bereits in einem großen Bett schläft, ist das Problem dieser nächtlichen Aktivitäten etwas schwieriger. Die Mutter eines Kleinkinds, das nach dem Schlafengehen immer wieder aufstand, hatte keine Lust, die Abende gurrend am Bett zu verbringen und ihre ohnehin vollkommen glückliche Tochter zu besänftigen. Sie löste das Problem, in dem sie ein vollkommen sicheres Kinderschlafzimmer herrichtete (mit abgedeckten Steckdosen und vergitterten Fenstern) und dafür sorgte, daß keine Spielsachen herumlagen, an denen sich das Kind verletzen konnte, keine Schnüre und Plastiktüten. An der Tür hing eine lautstarke Warnglocke. Die Mutter fand das Kind nur hin und wieder *unter* dem Bett, mit Decken und allem Drum und Dran, weil es vergessen hatte, wieder hineinzuklettern. Oder aus der Babyalarmanlage drangen seltsame Geräuscheffekte und Geplapper. Ernsthafte Probleme gab es nicht. (Wenn ein jüngeres Baby im selben Zimmer schläft, muß man die zugänglichen Spielsachen und Möbel natürlich noch genauer überprüfen. Aber Babys schlafen auch im größten Wirbel bemerkenswert gut, besonders, wenn er von Geschwistern veranstaltet wird.)

Gruppen. Während ich dieses Buch schreibe, bringt eine Bekannte ihr zweieinhalbjähriges Kind vormittags in den Kindergarten, bevor sie einkaufen geht. Eine andere fährt ihre gleichaltrige Tochter dreißig Meilen weit zum Suzuki-Violinunterricht, ein drittes Mädchen besucht eine Ballettgruppe, ein viertes einen Gymnastikkurs für Kinder unter fünf Jahren. Ab dem dritten Geburtstag nehmen die meisten an zwei Vormittagen pro Woche an Spielgruppen teil, und andauernd wird in irgendeiner Zeitungsredaktion ein weiterer Artikel über Kinder mit Vorschulerziehung geschrieben, die später viel bessere schulische Leistungen erzielen als die anderen und heranwachsen, um einmal die Welt zu regieren.

Das alles wirkt entmutigend auf Eltern, deren Sprößlinge sich energisch weigern, von Mama bei einer Spielgruppe zurückgelassen zu werden, und sei es auch nur für zehn Minuten. Oder deren liebe Kleinkinder dort so aggressiv auftrumpfen, daß sie nach zwei chaotischen Vormittagen hinausgeworfen werden wie Betrunkene aus einer Kneipe.

Nicht nur die gefürchtete Rivalität zwischen den Müttern bohrt Stacheln in Ihr Herz, wenn sich Ihr Kind mit drei Jahren noch immer nicht in eine Gruppe einfügen kann, auch Ihre eigenen Überzeugungen bedrücken Sie. Ich halte sehr viel von Spielgärten und Turnstunden und Tanzen und Suzuki. Aber mein Sohn hat was dagegen. Er will nicht hingehen, tanzt nur zu Hause und sitzt stocksteif da, wenn andere Kinder dabei sind. Und er würde keiner Kindergärtnerin erlauben, seine Spielpläne zu durchkreuzen oder seinen Knetgummi zu benutzen. Wenigstens balgt er sich mit niemandem herum. Ich kenne andere Familien – freundlich und kultiviert, vernünftig und diszipliniert –, deren Kleinkinder sich in gewalttätige Monstren verwandeln, sobald sie mit einem Dutzend anderer in ein Zimmer gesteckt werden, die um sich schlagen und treten und beißen, als wären sie bisher in der Gosse aufgewachsen und hätten um jeden Happen kämpfen müssen. Da können Sie nichts weiter tun, als im Hintergrund zu bleiben, die Teilnahme am großen Wettbewerb abzulehnen und die allgemein anerkannten Vorteile der Spielgruppen, Kindergärten und Vorschulerziehung anzuzweifeln. Solche Gruppen sind sehr in Mode gekommen, doch Sie könnten genausogut argumentieren, für ein Kind unter sechs Jahren wäre es am natürlichsten, sich in seinem Familienkreis zu entwickeln, umgeben von Eltern, Geschwistern, Nachbarn und ein oder zwei anderen Kindern. Wenn Sie einige Kinder beobachten, werden sie feststellen, daß sie auf ihrer gesellschaftlichen Stufe – zwischen älteren und jüngeren Kindern – tatsächlich glücklicher sind als in einer Gruppe von Altersgenossen. Eigentlich gibt es keinen besonderen Grund, warum ein Dreijähriger (noch weniger ein Zweijähriger) den Wunsch verspüren sollte, mit Kindern zusammenzusein, die genauso alt sind wie er. Manche betrachten Gleichaltrige sogar mit gewissem Entsetzen („Was, ich bin nicht der einzige?") und empfinden sie als Bedrohung. Daher rührt vielleicht die Gewalttätigkeit und die Neigung, sich an den Eltern festzuklammern. Wenn Ihr Kind nicht gern in der Gruppe spielt, so ist das möglicherweise nicht seine Schuld, sondern es handelt sich um die falsche Gruppe. Manche Pädagogen vertreten sogar die gewagte Meinung, Kinder könnten viel mehr lernen, wenn sie den ganzen Tag daheim bei ihren Müttern blieben.

Was die Mütter natürlich nicht wollen! Abgesehen von all den neuen Eindrücken, die das Kind dort gewinnen kann, verschaffen Kindergärten und Spielgruppen den Müttern vielleicht die erste Freizeit nach drei langen Jahren. Andere Lösungen müssen gefunden werden. Manche Familien schließen sich zusammen, zu zweit oder zu dritt, und engagieren einen guten Babysitter, der an ein paar Vormittagen pro Woche eine Minispielgruppe leitet. Wenn genügend Material zum Zeichnen, Malen und Modellieren vorhanden ist und an jedem Vormittag eine der Mütter vorbeischaut, erfüllen solche kleinen Gruppen denselben Zweck wie größere. Wenn Sie allein oder pleite sind, können Sie trotzdem einen Kinderaustausch für ein bis zwei Vormittage in der Woche organisieren, auch mit älteren Kindern. Es gibt viele Möglichkeiten für Sie und Ihr Kind, die Kluft zwischen der Baby-Isolation und dem Gesellschaftsleben der Erwachsenen zu überbrücken.

Freunde, die nicht mit diesem Dilemma konfrontiert werden und deren Kinder gern in Spielgruppen und Kindergärten gehen, empfehlen ein paar Vorsichtsmaßnahme zu ergreifen, ehe der neue Lebensabschnitt beginnt:

- Bringen Sie dem Kind die Lieder der Spielgruppe schon zu Hause bei. Bitten Sie die Kindergärtnerin um die Texte.

- Informieren Sie sich über die Aktivitäten, die in der Spielgruppe üblich sind und üben Sie sie daheim mit Ihrem Kind.

- Packen Sie dem Kind eine vertraute Flasche mit Becher für seinen Vormittagsimbiß ein.

- Kommen Sie anfangs nicht einmal eine Minute zu spät, um Ihr Kind vom Kindergarten abzuholen.

- Bringen Sie ihm schlichte, allgemein übliche Wörter für Töpfchen und Toilette bei. Zögern Sie nicht, den Topf des Kindes mitzubringen, versehen Sie ihn mit einem Namensschild, und weisen Sie die Kindergärtnerin darauf hin. So peinlich das auch sein mag, wenn die anderen Kinder wie Zehnjährige auf fremde Toiletten gehen – es ist besser, als den ersten Schritt Ihres Sprößlings in die Unabhängigkeit zu verderben (und *Ihre* ersten freien Vormittage seit Jahren, indem Sie dem Kind den vertrauten, bei gewissen Bedürfnissen benötigten runden Rand um den kleinen Po entziehen).

Kinder, die sich an die Eltern klammern. Dieses Problem ist weit verbreitet und taucht manchmal auch zu Hause auf. Die Ratgeber teilen sich wieder einmal in zwei Gruppen. Die einen sagen etwa: „Lassen Sie das Kind schreien, es wird begreifen lernen, daß Sie in ein paar Minuten ins Zimmer zurückkehren." Die anderen empfehlen: „Nehmen Sie das Kind mit, sogar auf die Toilette, das gibt ihm Zuversicht."

Viele Mütter gestehen, ihre Kinder würden darauf beharren, in die Toilette mitzugehen; irgendwie ist das symbolisch für die völlige Vereinnahmung des mütterlichen Lebens. „Ich mußte zehn Jahre warten, bis ich endlich wieder allein pinkeln durfte!" rief eine junge Frau dramatisch. Andere geben zu, das Kleinkind hätte in der Toilette monatelang auf ihren Knien gesessen. Eine altmodische Mutter, deren Kindern nun erwachsen und sehr aufgeschlossen sind, erzählte: „Ich sah, wie sich diese vier kleinen Hände unter der Badezimmertür hereinschoben, und wäre am liebsten draufgetreten!" So etwas treibt natürlich alle Mütter hin und wieder zur Verzweiflung. Welchen Rat man befolgen soll, ist ein Rätsel. Vielleicht wäre ein Kompromiß am besten. Nehmen Sie das Kind häufig in die Toilette mit, lassen Sie es gelegentlich aber auch draußen, und erklären Sie: „Ich bin gleich wieder da." Wenn sonst noch jemand da ist, veranlassen Sie ihn, das ebenfalls zu versichern. Fallen Sie manchmal über das Kind her, wenn es gerade *nicht* schmusen will, überschütten Sie es mit unwillkommenen Küssen und Liebesbeteuerungen. Es ist unmöglich, einem Kind in diesem Alter zu oft zu sagen, daß es von der Mami geliebt wird. Denn wie eine Mutter sagte: „Wenn es sich anklammert, drückt es seine Liebe aus und fordert Gegenliebe." Sogar unbequeme Liebe ist es wert, respektiert zu werden.

Natürlich können Sie auch das Purves-System anwenden und auf der Toilette oder im Kohlenkeller oder wo immer Sie gerade sind, laut singen, damit die Kinder wissen, daß Sie immer noch in der Nähe sind. Die Nationalhymne würde sich zum Beispiel eignen.

Die zweite Runde des Kampfes – Geschwister

Ich war einmal auf einer Weihnachtsparty ausschließlich mit Leuten zusammen, die sich im selben Stadium der Kinderproduktion befanden wie wir. Mehrere schwangere Bäuche segelten umher, kleine Kinder krabbelten oder kletterten über Stühle und mausten Leckerbissen und zupften wütend an den Hosenbeinen oder Röcken der falschen Eltern und verlangten nach ihren Töpfchen. Als ich für ein paar Minuten Ruhe fand und mir einen Drink genehmigen konnte, traf ich in einer Ekke einen jungen Vater, der ebenfalls gerade ein bißchen Freizeit hatte. Wir alle waren Altersgenossen, hatten ernsthaft über die Geburt diskutiert, Hebammen verglichen, Klistiergeschichten ausgetauscht, über das Stillen gestritten und unsere Babys zusammen aufwachsen und sich gegenseitig von den Dreirädern stoßen sehen. Gemeinsam waren wir durch die Tretmühle gegangen. Aber ich zählte zu den ersten Pionieren in dieser Clique, die bereits auf die nächste Leitersprosse gestiegen waren. Nicht nur Nicholas trieb sich fröhlich am anderen Ende des Raumes um eine Schüssel mit Knabbergebäck herum, auch Rose – fünf Monate alt – saß in einer seltenen Anwandlung stummer Glückseligkeit am anderen Ende auf den Knien ihrer Oma.

Der junge Vater beobachtete seine hochschwangere Frau und stellte die naheliegende, gefährliche Frage: „Sag mal – wie ist es denn, wenn man *zwei* hat?"

Da dachte ich erst einmal nach und erinnerte mich an die frühen Morgenstunden, die komplizierten Zwei-Phasen-Bäder, die asynchronen Fütterungen, die konstanten Kämpfe, die ständig laufenden Nasen. Vorsichtig bewegte ich meine Schulter, die etwas in Mitleidenschaft gezogen war, weil ich beide Kinder auf einmal die Treppe hinaufgetragen hatte, schaute in sein unbefangenes, unschuldiges Gesicht und sagte: „Ich glaube, das erzähle ich dir lieber nicht." Dabei beließen wir es, und zwei Monate später fand er selber heraus, wie es ist.

Eltern von zwei oder mehr Kindern unter fünf Jahren weisen mehrere gemeinsame Züge auf – unter anderem eine gewisse Ungeduld mit den Leuten, die stöhnen und klagen, obwohl sie nur ein Kind haben. Das geht konform mit der belustigten Verachtung, die eine frischgebackene, an schlaflosen Nächten leidende Mutter für ihre schwangere, analytisch geprägte, hoffnungslos idealistische Freundin empfindet. Jetzt, da ich selbst zwei Kinder habe, sehe ich jene Verachtung gelegentlich in den Augen von Freundinnen mit drei oder vier Kindern aufflackern. Zweifellos hält Mrs. Victoria Gillick, zwölffache Mutter, uns alle für Jammerlappen und Schwächlinge, die keine Ahnung vom Leben haben.

Es hat keinen Sinn, noch lange wie die Katze um den heißen Brei herumzustreichen – ein zweites Kind verändert alles von neuem, gerade, wenn sich das Zusammenleben mit dem ersten einigermaßen eingespielt hat. Gerade, wenn Sie glauben, es wäre überstanden ... Angenommen, Sie entscheiden sich für den beliebten Abstand von einem bis drei Jahren zwischen zwei Babys, passiert folgendes: Sie haben ein Kind, das gerade auf die Beine gekommen ist, mit Ihnen spazierengeht, bezaubernde Fragen nach den Enten im Park stellt, auf dem Töpfchen sitzt und Sie zu imaginären Kaffeegesellschaften einlädt – und plötzlich werden Sie zurückgestoßen in die warme, verschwommene Welt voller Windeln, Hilflosigkeit und unberechenbarer Forderungen. Gerade haben Sie sich dran gewöhnt, Geschäfte abzuschließen. („Ich habe noch fünf Minuten zu tun, dann gehen wir in den Park und spielen am Teich mit deinem Segelboot.") Und auf einmal ist wieder ein winziger, unerbittlicher Ayatollah da, der SOFORT! AUGENBLICKLICH! gestillt werden will, bevor Sie Ihre Blusenknöpfe öffnen, geschweige denn die Knetgummifigur für das ältere Kind fertigstellen können. Gerade wenn beide Elternteile zu ihrem Wochenendrhythmus gefunden haben, um einander ein bißchen Freizeit zu verschaffen, indem sie aufregende Spaziergänge mit dem Einzelkind unternehmen, müssen Vater und Mutter plötzlich gleichzeitig Dienst tun, wenn der eine nicht vor Erschöpfung zusammenbrechen und das größere Kind seine aufregenden Spaziergänge nicht versäumen soll.

Wenn Sie eine berufstätige Mutter sind, verwandelt sich das dreigleisige Leben (Kind, Arbeit, Sie selbst plus Ehemann) in ein viergleisiges (Kind, Kind, Arbeit – und der Himmel möge Ihnen selbst und Ihrem Mann helfen). Der Stil Ihrer Mutterschaft könnte sich ändern. Wenn es bis jetzt keine Ohrfeigen gab – warten Sie mal den ersten absichtlichen, boshaften, gefährlichen Angriff auf das hilflose Neugeborene ab, und beobachten Sie, wie Ihre Hand wie aus eigenem Antrieb zu dem schlimmen Kleinkind hinüberschwingt. Wenn Sie die Bestechungstaktik noch nie anwandten – warten Sie, bis Sie das Baby nur stillen können, wenn der große Bruder Smarties bekommt. Wenn Sie alle Techniken der „egoistischen Kuh" verachten, die ich Ihnen anbot, damit Sie ein bißchen Zeit für sich selbst finden, werden Sie das vielleicht noch einmal lesen – um ein bißchen Zeit für das kleine Baby zu haben.

Wahrscheinlich werden Sie Hallelujah singen und gleichzeitig Seifenblasen produzieren, während Sie dem Baby verstohlen Brei in den Mund löffeln; denn Sie wissen, daß Sie nicht aufhören dürfen, das Kleinkind zu amüsieren, weil es sonst unruhig wird und schreckliche Dinge mit dem restlichen Brei tun könnte, wenn Sie dem Baby gerade schmeicheln, damit es den Mund aufmacht.

Wenn Sie Ihre Babys kurz hintereinander bekommen, wird das ältere vielleicht nicht eifersüchtig – ein Einjähriger empfindet ein Neugeborenes als Wunder. Andererseits müssen sie sich endlos lange mit zwei Windelpaketen abplagen und werden an die Grenzen Ihrer Belastbarkeit getrieben. (Viele Ärzte beklagen sich über die Frauen, die zwischen zwei Schwangerschaften weniger als achtzehn Monate warten.) Beträgt der Abstand etwa zweieinhalb Jahre, sind Sie in einer besseren Verfassung und dürfen hoffen, daß Ihr erstes Kind schon einigermaßen unabhängig ist – aber mit zweieinhalb befindet es sich auf dem Höhepunkt der Trotzphase, und das können Sie kurz nach einer weiteren Geburt nur schwer verkraften. Wenn Sie noch länger warten, bis nach dem dritten Geburtstag des ersten Sprößlings, haben Sie ein körperlich unabhängiges, kluges, vielleicht sogar schon hilfsbereites Kind. Doch es war drei Jahre lang der einzige Mittelpunkt und die große Freude im Leben seiner Eltern. Um es milde auszudrücken – es mag ihm schwerfallen, einen runzligen, langweiligen kleinen Rivalen zu akzeptieren. Mit anderen Worten – es gibt keinen perfekten Zeitabstand zwischen zwei Babys, also hören Sie besser auf, sich deshalb Sorgen zu machen.

Bei mir betrug der Abstand zwanzig Monate, was

einerseits richtig und andererseits falsch sein kann. Nach einem Jahr spielen die beiden manchmal miteinander, und wenn wir Glück haben, wird das immer öfter vorkommen. Aber wir hatten ein volles Jahr lang zwei Windelpakete im Kinderzimmer und morgens, abends und nach dem Mittagschläfchen eine Non-Stop-Parade schmutziger Popos. Und mindestens zehn Monate lang mußten wir beide die Treppe hinauftragen, weil das Kleinkind ins Babystadium zurückfiel.

Übrigens war sein Rückfall gar nichts, verglichen mit meinem: Es ist ein großer, viel zu wenig beachteter Schock für die mütterliche Psyche, in die Klinik zu gehen, das ältere Kind immer noch als „Baby" zu betrachten und einige Tage später mit einem anderen Baby nach Hause zu kommen, das nun diesen Titel beansprucht. Ich hatte, von der Geburt noch genervt, tränenreiche Alpträume, in denen mein richtiges, erstes Baby geraubt und durch diese eher langweilige neue Version ersetzt wurde. Und wenn ich erwachte, war das erste Baby immer noch da, doch hatte es inzwischen die enorme Schuhgröße 23 erreicht und trug riesengroße Lederschuhe, welche die winzigen Zehen verbargen, die ich einst gezählt hatte. Beim Anblick dieser Füße brach ich wochenlang in Tränen aus. Sogar ein Schuh, der auf der Treppe liegengeblieben war, brachte mich zum Weinen. Jetzt ist es mir immer noch peinlich, an diese Phase zu denken, aber ich schildere sie widerstrebend, um zu zeigen, in welchem Ausmaß ein zweites Baby alles verändert. Mütter pflegen ihre Kinder für jünger zu halten, als sie sind, und der Schock über ein Geschwisterchen führt ihnen schmerzlich vor Augen, daß Kinder heranwachsen und eines Tages auf großen Füßen davongehen werden.

Wegen der Schuhe zu weinen, ist allerdings ein

Luxus. Das geht bald vorbei, wenn die harten Tatsachen des Lebens mit zwei Kindern (im Gegensatz zum Leben mit einem heißgeliebten Kind) spürbar werden. Fangen wir mit den einfachen logistischen Problemen an:

Zeiteinteilung und Routine. Der bequeme, vertraute, dem Kleinkind angepaßte Alltag unterscheidet sich beträchtlich vom willkürlichen, unberechenbaren Leben eines Babys, das gefüttert werden muß, sobald es Hunger hatt. Die ersten Monate sind – offen gestanden – chaotisch. Da hilft nur eins (abgesehen von wirklicher Hilfe, die Sie vielleicht nur selten bekommen werden) – das Neugeborene muß den Mittelpunkt aller Dinge bilden, in einem Korb in der Küche oder irgendwo in einem Kinderwagen, so daß Sie keine Spiele oder Arbeiten unterbrechen müssen, um es zu versorgen. Es kann einen ganz schön frustrieren, wenn das Kleinkind zu jung ist, um für fünf Minuten alleine unten zu bleiben, wenn man wählen muß zwischen einem Sprint hinauf zum Baby und dem Versuch, dem anderen Kind gut zuzureden, und es schließlich nach oben trägt, um dort Windeln zu wechseln.

Viele Eltern eifersüchtiger Kinder empfehlen, das Baby zu stillen und mit ihm zu schmusen, wenn das ältere schläft oder für zwanzig Minuten bei der Nachbarin spielt. Vom kindlichen Standpunkt aus gesehen, ist das ein guter Vorschlag, aber dabei wird die Tatsache ignoriert, daß die Mutter, von einer Pflicht zur anderen gejagt, niemals Zeit findet, um aufzuatmen, zu essen oder sich allein und in Ruhe mal hinzusetzen. Das spielt keine große Rolle, wenn man die Abende genießen kann. Aber nur wenige drei bis vier Monate alte Babys schlafen abends, und ein Tag, der von sechs

Uhr morgens bis gegen Mitternacht dauert, ist einfach grauenvoll. In meinem Fall kam die ersehnte Wende, als es mir gelang, die Mittagschläfchen beider Babys auf denselben Zeitpunkt zu verlegen. Sobald ich diese eineinhalb Stunden gewonnen hatte – wenn ich sie auch damit zubrachte, das Chaos vom Vormittag zu beseitigen – war wieder alles möglich.

Nach sechs Monaten hatte sich eine angenehme Routine entwickelt: Das Baby schlief vormittags, was meinem Sohn zu seinem Recht verhalf; der Lunch wurde gemeinsam eingenommen (wobei ihn ein besonders köstlicher Pudding von der Mutterbrust ablenken mußte, die das Baby stillte); zwischen eins und drei schliefen beide. (Dann brach im Durcheinander der Badezeiten alles wieder zusammen, aber das ist eine andere Geschichte.)

Mit Kindern unterwegs. Wenn das größere Kind noch kein verläßlicher Passant ist, nimmt man bei Fußmärschen Risiken und Ärger auf sich. Die konventionellen Lösungen dieses Problems:

- Tragetuch und Buggy – am billigsten, erfordert aber kräftige Rückenmuskeln. Wie man mir erklärte, „hat das ältere Kind, eine Armlänge von der Mutter entfernt, das Gefühl, das Baby im Tragetuch würde ihm seinen angestammten Platz wegnehmen". Womöglich müssen Sie auch noch das Kleinkind und den Buggy tragen, einkaufen, eine Rolltreppe hinabfahren und mit einem Wutanfall fertig werden. Denken Sie mal drüber nach.

- Kinderwagen mit angebautem Sitz. Ich sah schon viele Leute, die so etwas heiter und voller Selbstvertrauen benutzten. Das hängt vermutlich vom Kind auf dem Sitz ab. Mein Versuch endete damit, daß das Baby in die Luft katapultiert wurde, während Nicholas auf seinem phantastischen Kinderthron umhersprang. Eine Freundin, die einen solchen Wagen monatelang benutzt hatte, berichtete: „Eine Katastrophe – wenn ich aus einem Laden kam, fand ich meistens drei hysterische Kinder vor, weil das Ding umgekippt war." Und was den Wagen ohne angebauten Sitz betrifft – eine andere Freundin erzählte: „Obwohl ich meinem Mann dringend davon abgeraten hatte, versuchte er unseren Sohn am Fußende in den Kinderwagen zu setzen, worauf das siebzehn Tage alte Baby auf der Straße landete, also sei gewarnt!"

- Doppelbuggy. Wenn Sie ein einzeln verstellbares Modell bekommen, können Sie es ab dem Zeitpunkt benutzen, wo das Baby zwei Monate alt ist. Dies ist zweifellos die beste von mehreren schlechten Möglichkeiten. Aber suchen Sie das gute Stück sehr sorgfältig aus. Manche Doppelbuggys sind nicht breiter als ein normaler Rollstuhl und können durch die Türen der meisten Geschäfte geschoben werden. Das klappt nicht, wenn sie um fünfzehn Zentimeter breiter sind. Einige sind so schwer (wegen aufwendiger Griffe und Mechanismen, mit deren Hilfe man die Doppelbuggys nach allen Richtungen verstellen kann, etc.), daß sie in zusammengeklapptem Zustand kaum hochzuheben sind. Und alle sind schwer zu manövrieren – besonders, wenn ein lebhafter Dreijähriger auf der einen Seite sitzt. Ein teures Modell „brach tatsächlich auseinander, weil zuviel Druck darauf ausgeübt wurde, als ich den Doppelbuggy um Kinderwagen, Leute und Körbe mit Schuhen herumbugsierte, die vor den Läden aufgestellt waren, und die schwere Seite dabei in der Luft hing". Alle Buggys lenken mißbilligende Blicke von seiten der Passanten auf sich und werden anscheinend als tückische Maschinen betrachtet, die man nur produziert hat, um ihnen Löcher in die Fußknöchel zu stoßen. Auf holprigen Wegen ist kein Doppelbuggy so gut wie ein einfacher. Aber sie wecken immerhin die Kontaktfreude. Die Geschwister fangen schon früh miteinander zu plaudern an. Und wenn das dreijährige Kind gehen will, kann man die Einkäufe in seinem Sitz verstauen.

- Babygeschirr. Selbst wenn Sie dagegen sind, Kinder an der Leine zu führen – es kann sehr nützlich sein, dem Kleinkind ein leichtes Geschirr anzulegen, vor allem in jenen kritischen Augenblicken, wo man versucht, den Buggy zusammenzuklappen, das Baby und die Einkäufe festzuhalten und dem Busfahrer, der ungeduldig mit den Füßen auf den Boden trommelt, ein strahlendes Lächeln zu schenken.

Transport mit dem Auto. In den alten Tagen, bevor die Verkehrssicherheit erfunden und als ein Auto, das hundert Stundenkilometer zustande brachte, noch ein Rennwagen war, verfrachtete man die Kinder einfach auf den Rücksitz und schimpfte, wenn sie den Fahrer an den Haaren rissen. So fuhren sechsköpfige Familien in VW-Käfern herum, ohne sich groß Gedanken zu machen. Nun bekommen wir alle Schuldgefühle, wenn wir ein Kind ohne Kindersitz beziehungsweise Sicherheitsgurt oder wachsamen Erwachsenen an der Seite irgendwohin fahren. Die Ankunft eines zweiten und dann auch noch eines dritten Kindes wirft schwerwiegende Probleme auf. Tragetaschen nehmen den Platz von zwei sitzenden Personen ein, seien es Kinder oder Erwachsene. In unserer kleinen Familienlimousine paßte die Tragetasche gerade neben den Kindersitz, und ein drittes Kind müßte vorn sitzen, was bedeuten würde, daß wir weder Papa, Oma noch das Kindermädchen mitnehmen könnten. Im Heck kleinerer Autos sind Tragetaschen keineswegs gesichert (ein kritischer Blick auf das „Schrumpfzonen"-Design des Herstellers wird Ihnen verraten, warum). Und wenn man die Tragetasche der Länge nach hineinklemmt, könnte sich das Baby bei einem Aufprall der vorderen oder hinteren Stoßstange oder bei plötzlichem Bremsen den Kopf anschlagen. Im Tragetaschenstadium kann man nicht viel machen, außer einen Landrover zu kaufen. Dann geht es um die Frage, wie man die Kindersitze anbringt. Sogar in kleine Autos paßt ein Modell mit Stahlrahmen und zwei Gurten in die Mitte und zwei konventionelle an beide Seiten. Aber lassen Sie sich von meiner Freundin, einer dreifachen Mutter, warnen: „Ich habe den Babysitz in der Mitte befestigt. Meine Tochter kann ihre zwei Brüder gleichzeitig an den Haaren reißen, und mein Fahrstil wird vom Geschrei der beiden und fröhlichem Babygelächter beeinflußt." Es gibt neue Autositze für Babys, die zwischen einem und vier Monate alt sind (statt Tragetaschen zu verwenden). Sie werden am Vordersitz angebracht und das Baby schaut nach hinten. Diese Sitze werden das Problem vielleicht teilweise lösen.

Eifersucht. Alle diese logistischen Probleme sind nur eine Frage des Managements, des Erfindungsgeistes und des Geldes. Die größte Bedrohung, die seit dem Augenblick über der Familie schwebt, in dem der dunkle Ring im Teströhrchen die zweite Schwangerschaft ankündigt, kann durch keines dieser drei Hilfsmittel beseitigt werden, nämlich die Eifersucht. Wird Baby I die Ankunft von Baby II verkraften? Wird sie sein Leben zerstören? Wird Baby II geschlagen oder vernachlässigt werden oder im Schatten des Erstgeborenen aufwachsen? Werden sich die beiden miteinander anfreunden?

Gräßliche alte Omas und Nachbarinnen sagen schreckliche Dinge wie: „Na, junge Dame, wenn erst das neue Baby da ist, geht nicht mehr alles nach deiner Nase", oder fast genauso schlimm: „Bald hast du ein Brüderchen, mit dem du spielen kannst." (Wird sie nicht bekommen. Wenn sie mit einem Spielkameraden rechnet, wird sie über ein Jahr lang bittere Enttäuschungen erleiden.) Freunde erzählen Geschichten von älteren Geschwistern, die das Baby gekratzt, grün und blau geschlagen oder zu ersticken versucht haben. Sogar die bekannte Babybuchautorin Penelope Leach vergleicht den Schock des Kindes mit dem Ihren, wenn Sie heimkämen und feststellen müßten, daß Ihr Mann eine Zweitfrau ins Haus geholt hat und erwartet, Sie würden Freundschaft mit ihr schließen. (Diese Behauptung machte mich hysterisch, bis meine Vernunft wieder die Überhand gewann. Ein Baby ist keine erwachsene Frau, geschweige denn eine Ehefrau. Die Beziehung wird ganz anders sein – stark ausgeprägt, aber anders. Immerhin ist ein Kind im Unterbewußtsein darauf programmiert, daß es eines Tages ohne Sie leben wird; auf eine Ehefrau trifft das nicht zu, außer vielleicht in „Denver".)

Manche Familien haben überhaupt keine Probleme mit geschwisterlicher Eifersucht. Sicher, später kommt es zu einigen Kämpfen, wenn das Baby nach den Spielsachen des größeren Kindes grapscht; aber nicht zu jener heftigen, verzweifelten Eifersucht auf die Aufmerksamkeit von Vater und Mutter, die angeblich unvermeidlich ist. „Wir haben uns so bemüht, das zu verhindern, daß jetzt das jüngere auf das ältere Kind eifersüchtig ist!" sagte eine Mutter. „Wir haben keine Schwierigkeiten, ehrlich", erzählte eine andere. „Sie liebte das Baby vom ersten Tag an, das Baby war brav und still und schlief viel, und später betete es seine Schwester an. *Ich* war eifersüchtig!"

Allgemeinen Erfahrungen zufolge kann man das grünäugige Monstrum auf mehrere Arten bekämpfen:

- Wenn Sie dem Kleinkind erklären, in Ihrem Bauch wäre ein Baby, sagen Sie, es wäre auch seines.

- Legen Sie bei seinem ersten Krankenhausbesuch ein Geschenk aufs Bett – „vom Baby".

- Beziehen Sie den älteren Bruder oder die Schwester in die tägliche Routine ein, wenn das Baby gebadet und gewickelt wird. „Oh, gib mir rasch eine Windel! Danke!" rufen Sie und packen das arme Baby in eine viel zu große Wegwerfwindel für Kleinkinder, um die Gefühle des Spenders nicht zu verletzen. Rose konnte manchmal nicht mehr über den Rand ihrer Windel schauen.

- Sorgen Sie dafür, daß taktlose Besucher bloß nicht auf die Idee kommen, das Baby anzuhimmeln und das Kleinkind zu ignorieren. Und wenn Onkel oder Patentanten unbedingt Rasseln mitbringen müssen, sollen sie dem älteren Kind auch eine Kleinigkeit schenken.

- Schmusen Sie mit Ihren Ältesten, bewundern Sie sie, und starren Sie nicht den ganzen Tag in die blauen Augen des Babys.

Wenn Sie alle diese Ratschläge befolgen, sind Sie auf dem richtigen Weg.

Aber was immer Sie tun – die Eifersucht ist eine Tatsache des Lebens, und ein Kleinkind lebt im konstanten Wirbelwind unkontrollierbarer Gefühle; der ältere Bruder nimmt nicht mehr den Status des einzigen Kindes ein, und er genießt *wirklich* weniger Aufmerksamkeit als zuvor – gerade zu dem Zeitpunkt, an dem er dringend Zuwendung braucht. Es wäre sinnlos, so zu tun, als gäbe es das Problem nicht. Sich selbst dürfen Sie das am allerwenigsten einreden. Ein guter Rat stammt von einer Freundin, die fünf Kinder großgezogen hat. „Ich glaube, man kann ein Kind nicht daran hindern, eifersüchtig zu sein, denn das ist es nun mal. Aber ich würde nicht zögern, ihm klarzumachen, daß es dieses Gefühl nicht am Baby auslassen und es keinesfalls schlagen darf. Ich würde mich dabei nicht um Takt bemühen – ebenso wenig, wie ich taktvoll wäre, wenn ich das Kind festhalte, ehe es vor die Räder eines Autos läuft. Gutes gesellschaftliches Benehmen ist eine Lebensnotwendigkeit, die das Kind besser zu früh als zu spät begreifen lernt, dann tut es sich viel leichter."

Diese robuste Einstellung hat den Vorzug, daß ihr jener Faktor fehlt, der alles kompliziert und den mütterlichen Umgang mit der Eifersucht oft so herzzerreißend beeinträchtigt (ich spreche aus leidvoller Erfahrung). Dieser Faktor ist unser alter Freund – das Schuldgefühl. Es ist in der Tat möglich, sich schuldig zu fühlen, weil man ein zweites Kind bekommen und das erste so schwer enttäuscht hat. Dann fühlt man sich schuldig, weil man das zweite nicht genug liebt ... Von dieser Spirale dürfen Sie sich nicht zu tief nach untenziehen lassen. Sagen Sie sich Jills Worte wie ein Mantra vor: „Gutes gesellschaftliches Benehmen ist eine Lebensnotwendigkeit, die das Kind besser zu früh als zu spät begreifen lernt." Meiden Sie für einige Zeit Ihre Freunde, die brave, nette, ausgeglichene Einzelkinder haben, halten Sie sich lieber an unglückliche Eltern mit größerer Nachkommenschaft.

Hier sind ein paar Tricks, die Ihren Kindern helfen, von Anfang an miteinander auszukommen. Einige funktionieren, im Verein mit blindem Glauben:

- Das größte Talent eines fukelnagelneuen Babys besteht darin zu gaffen. Wenn Sie dem Kleinkind erklären: „Das Baby schaut dich an", wird es sich freuen. Es ist ein Exhibitionist. Der Säugling, in seinen Babystuhl auf dem Küchentisch verfrachtet, ist außer Reichweite, aber das ältere Kind kann ihm Spielsachen zeigen und sich vor ihm produzieren. Nicholas wurde immer wütend, wenn Rose wegsah; monatelang war sie sein Publikum und seine wichtigste Bewunderin.

- Ein weiteres Talent des Babys ist der Schlaf. Auch tagsüber schläft es stundenlang, und dann ignorieren Sie es nach Möglichkeit.

- Wenn Sie von dem Baby sprechen, sagen Sie immer: „Nicholas' Schwester" oder „Arthur ist Isabelles kleiner Bruder", damit die Älteren stets im Rampenlicht stehen.

- Schenken Sie dem größeren Kind ein kleines

Haustier, – eine Rennmaus, einen Goldfisch oder ein Häschen –, um es vom endlosen Babygerede im Haushalt abzulenken.

- „Beißen Sie die Zähne zusammen", sagte eine Mutter von zwei Kindern, „und schmusen Sie mit dem älteren, so oft es nur geht, auch wenn es Ihnen übertrieben lange vorkommt."

- Erklären Sie dem älteren Bruder, das Baby würde ihn lieben. Verlangen Sie nicht, er müßte diese Liebe erwidern, das ist irrelevant für ihn. Aber wenn ihn das gaffende, vielleicht mittlerweile schon lächelnde Baby anlächelt, weisen Sie ihn darauf hin.

- Wenn das Baby nach Gegenständen zu greifen beginnt, behaupten Sie, es wäre „schlimm" und „übermütig". Mein Sohn lächelte seine Schwester zum erstenmal ungezwungen und ohne Mißtrauen an, als sie ein Glas Milch zu Boden warf und lachte. „Was für einen *Dreck* Rose macht!" meinte er in glückseliger Ehrfurcht.

- Machen Sie dem Älteren klar, daß das Baby immer größer wird und bald dieselbe Disziplin lernen muß wie er selbst. Es ist zwar offensichtlich, wird aber leicht vergessen daß ein Zweijähriger ein unterentwickeltes Zeitgefühl hat und nichts vom Heranwachsen eines Kindes weiß. Eines Tages sagte Nicholas: „Vielleicht wird Rose ein *richtiges* Baby." Erst da wurde mir bewußt, daß ich nie mit ihm darüber gesprochen hatte. Nun erzähle ich ihm täglich, bald würde ich auch mit Rose schimpfen, weil sie unordentlich oder eine Landplage ist oder Wutanfälle bekommt. Er kann es kaum erwarten.

- Halten Sie Ihre Gäste unter Kontrolle. Es ist unverzeihlich, in ein Haus zu kommen und ein Baby zu umschwärmen, während ein weniger attraktives Kleinkind mit Rotznase unglücklich zuschaut. Manche Leute bringen das ältere Kind dazu, ihnen das Baby „vorzuführen"; ernsthaft eifersüchtige Kinder lassen sich auf diese Weise keinen Sand in die Augen streuen, und es gibt nur eine einzige Möglichkeit: Prahlen Sie vor den Besuchern mit den Leistungen Ihres älteren Sprößlings, und falls es nötig ist, entreißen Sie das Baby ihren rührseligen Händen. Die Gefühle eines kleine Babys kann man nicht verletzen. Nutzen Sie das aus, so lange es geht ...

- Loben Sie Ihr älteres Kind über den grünen Klee, wenn es mit dem Baby zu spielen versucht. Greifen Sie taktvoll in diese Spiele ein. Wir vergnügen uns mit einem idiotischen Spiel in der Badewanne. Rose nimmt einen Pingpongball aus Nicholas' Plastikboot, und ich rufe: „Wer hat dir erlaubt, dieses Ei zu stehlen?" (Ein Lieblingsbuch handelt von einem Fuchs, der Eier klaut.) Dann gebe ich Nicholas den Ball zurück, und so geht es endlos weiter. Würde ich nicht mitmachen, wäre dieses Spiel ein Kampf. So, wie wir es betreiben, sind beide glücklich. Eines Tages – bitte, lieber Gott – wird meine eher gleichförmige Sprechrolle hoffentlich aus dem Szenario gestrichen werden ...

- Mißverstehen Sie die Pläne des älteren Kindes absichtlich falsch. „Oh, du willst Rose deinen Hammer zeigen? Wie nett! Er gefällt ihr sehr gut. Ja, du könntest ihr einen Klaps geben, der guten alten Rose, sie ist ja nur ein dummes Baby, aber eigentlich ist sie okay, nicht wahr?

Bring den Hammer jetzt lieber wieder weg, denn für so was ist sie noch zu klein, meinst du nicht auch?" Für Zuhörer hat das eindeutig komische Untertöne – eine gurrende, optimistische Mutter, die einen wütenden Hammerangriff abwehrt und so tut, als wäre der gar nicht beabsichtigt. Aber seltsamerweise wirken solche Tricks. Jeder will immer nur das Beste von sich selber glauben.

- Zeigen Sie dem älteren Kind, daß Sie seine Gefühle verstehen. „Rose ist eine Landplage" – so ein Ausspruch kann manchmal Wunder wirken.

- Wenn Geschwister im selben Zimmer schlafen, ändert sich die Situation manchmal über Nacht. Morgens wachen sie auf, sehen keinen Erwachsenen in der Nähe, um dessen Gunst sie wetteifern müssen, und jeder freut sich an der Gesellschaft des anderen. Endlich hat das Kleinkind Publikum für sein Repertoire an Quietschlauten und den Vortrag von „Alle meine Entchen".

Am allerwichtigsten – VERHINDERN SIE GEWALTAKTIONEN. Ein Kind, das ein Baby zum Weinen gebracht hat, ist keineswegs glücklich; es fühlt sich elend. Wenn Sie Ausschreitungen zulassen, wird sich die Situation auf Monate hinaus verschlechtern. Mit den folgenden Methoden können Sie die kindliche Gewalttätigkeit eindämmen:

- Geben Sie dem Kind eine Babypuppe, die es schlagen kann. Mir mißfällt das, aber viele Leute schwören darauf.

- Lassen Sie die beiden niemals, nicht einmal für ein paar Minuten allein, ehe Sie mit Sicherheit wissen, daß nichts passieren wird.

- Machen Sie dem Älteren klar, daß es nur zu rufen braucht, wenn das Baby in zerstörerischer Absicht (was fast immer der Fall ist) zu seinen Spielsachen krabbelt, und daß Sie es dann entfernen werden. Sollten Sie Ihr Wort nicht halten, riskieren Sie Vergeltungsmaßnahmen, die den kahlen kleinen Kopf des Angreifers treffen könnten. Und es ist schwierig, ein Kind zu bestrafen, das sich rächt, weil soeben sein großes Lego-Schloß zusammengefallen ist.

- Stellen Sie die Regel auf, daß Sie jede Waffe oder jedes als Waffe benutzte Spielzeug für den ganzen Tag verschwinden lassen, wenn das Baby (oder sonst jemand) damit geschlagen wird. An diese Regel habe ich mich seit dem ersten Schlag mit einem beliebten Plastikschraubenschlüssel strikt gehalten, und das funktioniert. Die Regel kann man auch bei halbabsichtlichen Attacken anwenden. Ihr Sinn liegt darin, daß ein Kind mit bloßen Händen nicht allzuviel Schaden anrichten kann. An den Schaden, der durch eine Waffe entstehen könnte, denkt es kaum. Ich habe (obwohl das in diplomatischer Hinsicht etwas heikel ist) auch Kindern, die zu Besuch gekommen sind, ihre Spielzeugwaffen weggenommen, um Nicholas davor zu schützen. Natürlich mußte ich auch dem Baby jede Rassel, die es dem Jungen in die Augen bohren wollte, sofort entreißen, um zu zeigen, wie ernst ich die Regel nahm.

- Was immer Sie tun – bleiben Sie gelassen. Die Heftigkeit Ihres mütterlichen Zorns (auch wenn Sie das ältere Kind immer noch insgeheim bevorzugen) könnte Sie selbst überraschen. Wenn Sie das Baby wütend verteidigen, strapazieren Sie die Nerven aller Leute in Ihrer Umgebung. Versuchen Sie, sich nicht wie eine Tigerin aufzuführen, die ihr Junges beschützt. Versetzen Sie sich lieber in die Rolle eines leicht gelangweilten, sehr erfahrenen, im Grunde seelensguten Polizisten am Rand eines Fußballplatzes. Außerdem funktioniert Ihr Verstand besser, wenn Sie Ihre Gefühle kontrollieren. Eine Mutter gab den Rat an mich weiter, den sie von einem sanftmütigen mexikanischen Au-pair-Mädchen bekommen hatte: „Ein Kampf mit einem kleinen Kind ist traurig und unnötig. Die Mutter ist stärker und klüger und kann immer Mittel und Wege finden, um so etwas zu vemeiden." Und das sollte sie wirklich tun, nicht zuletzt, weil das Kind mit seinen Gewaltakten nur um Liebe bettelt.

Feiertage und Ferien

In einem Stechkahn kam mir eine tiefgründige Wahrheit zu Bewußtsein. Wir waren zu siebt an Bord: ein Ehemann, der das Boot stakte, zwei Mütter mit acht Wochen alten Babys in Tragetüchern, ein Junge und ein Mädchen, beide zweiundzwanzig Monate alt, in Babygurten, deren Leinen an den Handgelenken der Mütter befestigt und straff gespannt waren, weil sich die Kleinen über das Wasser beugten und nach Krebsen Ausschau hielten. Wir Mütter beobachteten die Kinder mit unermüdlichen Argusaugen und versuchten ruckartige Bewegungen zu vermeiden, um die schlafenden Babys nicht zu wecken. Der Mann meiner Freundin stakte das Boot verbissen durch den Schlamm und träumte wehmütig von den alten College-Tagen, als es Erdbeeren und Champagner statt Zwieback und Limonade gegeben und als sich die Mädchenschar in zarten weißen Sommerkleidern verführerisch zurückgelehnt hatte, statt sich angstvoll über Babys zu neigen und nach schaler Milch zu riechen.

Dann passierten drei Dinge. Die Kleinkinder hatten es gleichzeitig satt, Krebse zu suchen, und begannen heftig an ihren Gurten zu zerren. Die zwei Babys erwachten und brüllten. Und es fing zu regnen an. Mit jener grimmigen, resignierten mütterlichen Standhaftigkeit, die schon seit einer Million Jahren den Fortbestand der menschlichen Rasse sichert, knöpften wir die Blusen auf, um die Babys zu stillen, während der Regen zwischen unseren Brüsten hinablief. Über die vier kleinen, mit weichem Flaum bedeckten Köpfe zogen wir wasserfeste Kapuzen, auf unsere eigenen schlaffen Haare prasselten die Tropfen ungehindert herab. Michael stakte das Boot widerstrebend zum Ufer und blickte sich vorsichtig um für den Fall, daß ihn ein Bekannter mit dieser beängstigenden Menagerie an Bord entdecken könnte. Irgendwo schrie ein Golfer: „Achtung!", und es fielen lästerliche Bemerkungen über unsere vier strammen Brüste.

Irgendwann sagte einer von uns (ich habe vergessen, wer): „Wie hübsch es hier ist!" Und die anderen stimmten ohne jede Ironie zu. Und in diesem Augenblick wurde mir eine profunde Wahrheit bewußt: Wenn man kleine Kinder hat, muß man die *Ansprüche herunterschrauben*, die man an normale Vergnügungen stellt. Wären wir anderer Meinung gewesen, hätten wir den Ausflug gräßlich gefunden – vom Regen durchnäßt, von Babys in unserer Bewegungsfreiheit behindert, von Kleinkindern genervt, nur zu bruchstückhaften Gesprächen fähig. Aber so, wie wir das alles betrachteten, gefiel es uns großartig: Kein Kind weinte, alle waren in Sicherheit, wir genossen einen Szenenwechsel, fern von unseren Küchen, und fanden eine Gelegenheit, anzügliche Witze über Golfer und Titten zu machen. Während all diese kleinen Freuden an einem einzigen Vormittag zusammenkamen, spielte es kaum eine Rolle, daß aus mindestens drei von vier Windeln im Stechkahn verdächtige Gerüche aufstiegen. Triefnaß gingen wir an Land und traten den Heimweg an, in der beglückenden Gewißheit, daß zumindest die Kleinkinder todmüde waren und nach dem Mittagessen schlafen und uns ermöglichen würden, die Sonntagszeitungen zu lesen. Das sind bescheidene, wichtige Amüsements.

An diese kleinen Wonnen muß man sich halten, wenn man zwei Kinder unter sechs hat. Man sollte stets mit dem Schlimmsten rechnen und sich damit abfinden, daß man eine Konditorei, ein Boot oder ein Wochenendhaus vorerst nicht mehr in Würde verlassen kann. (Wenn wir die Tür erreichen, fühlen wir uns immer an Napoleons Rückzug von Moskau erinnert. Entweder schreit das eine Baby vor Wut, weil es noch nicht gehen will oder das andere brüllt, *weil* es gehen will.)

Einen Trip ans Meer muß man planen wie eine Fahrt in den Weltraum und philosophische Ruhe bewahren, wenn es den Kindern am Ziel nicht gefällt. Ich habe alle Eltern verachtet, die fünf Jahre lang ununterbrochen daheim bleiben oder nur Reisen unternehmen, bei denen sie ausschließlich auf das Wohl der Kinder Rücksicht nehmen. Jetzt verstehe ich ihren Standpunkt. Ohne den Entschluß, die eigenen Ansprüche herabzusetzen, erscheint der Versuch, mit Kindern im Schlepptau einem eigenen Zeitvertreib nachzugehen, nicht der Mühe wert. Manchmal dachte ich, man dürfte – mit Sprößlingen belastet – *niemals* jene Expeditionen wiederholen, die man aus früheren, kinderlosen Zeiten in besonders angenehmer Erinnerung hat. An einem schönen, windigen Tag saßen wir in unserem Boot, während dem Baby schlecht war und Nicholas wegen seines Babysicherheitsgurts einen Schreikrampf bekam, und fanden, es wäre tausendmal besser, sich nicht mit Erinnerungen an frühere, richtige Segelausflüge zu quälen.

Aber manche Eltern behalten ihre einstigen Gewohnheiten bei. Ich kenne eine Rennfahrerin, die ihr Baby zu allen Rennen mitnimmt (und es mit speziellen Ohrpfropfen vor dem Lärm schützt). Jachtbesitzer schnallen Babys in Kojen fest und Kleinkinder an Deck, wo sie mit einem Eimer voller Steine spielen können, während das Boot bei Windstärke 7 dahinbraust. Kleine Gestalten in Buggys beobachten verwundert Pferderennen,

Tennispartien, Segelregatten und das Leben und Treiben auf einem Flohmarkt. Einmal sah ich einen Elternteil im Segelflugzeug dahingleiten, während der andere am Boden das Baby betreute und wartete, bis die Plätze getauscht wurden. Ich sah Babys in den Himmel starren, auf Mami, die an einem großen Fallschirm hing, und (auf eher irdischer Ebene) Eltern, die abwechselnd in einem großen Pool schwammen beziehungsweise im seichten Wasser mit dem Baby planschten, das im Gummiboot saß. Mit Hilfe von Willenskraft, Organisationstalent und (hierin liegt in vielen Fällen das große Problem) Kompromißbereitschaft beider Eltern kann das alles funktionieren.

Es gehören nämlich *zwei* dazu, wenn irgendeiner in der Gesellschaft kleiner Kinder seinem Vergnügen nachgehen will. Wenn Mami die Kinder versorgt und zusieht, wie Papi Tennis spielt, ist das schön und gut, aber (es sei denn, Mami ist ein leidenschaftlicher Tennisfan) es macht für sie kaum einen Unterschied zur häuslichen Szene. Sie sollte lieber mit den Kindern in den Park gehen und dann den verschwitzten, siegreichen Papi zum Nachmittagskaffee treffen. Andererseits, wenn Sie beide für dieselbe Sportart schwärmen und sich abwechselnd um die quengelnden Babys kümmern, gehen Sie *beide* triumphierend nach Hause. (Natürlich gibt es in jeder Ehe Situationen, wo sich gewisse Verstimmungen zu einem gesunden Krach entwickeln. Mein schlimmster Wutausbruch fand statt, als ich inmitten einer Hitzewelle neben dem Auto vor den königlichen Stallungen von Sandringham im Staub saß und ein sieben Monate altes Baby mit kaltem Hammelfleisch und Graupen fütterte. Inzwischen schlenderte Paul drinnen herum und diskutierte mit den Stallknechten des Herzogs über die Besonderheit von Kutschenpferden. Aber dann ruderte ich die Themse hinab, während er ein zahnendes Baby und ein aufgedrehtes Kleinkind versorgen mußte, und rächte mich.)

Nun zu den praktischen Erwägungen: Wenn man Babys und Kleinkinder in solche Expeditionen einbeziehen will, sind zwei Dinge unerläßlich – die richtige Vorbereitung und die Zeitplanung. Was die Vorbereitung betrifft, erübrigen sich nähere Erklärungen. Wenn Sie ohne Windeln, Wischtücher, Fläschchen, Fruchtsaft, feuchten Lappen, Kleider zum Wechseln, leere Plastikbeutel, in denen man namenloses Grauen sicher verstauen kann, Spielsachen, Buggys, Sonnenhüte oder winterliche Strickmützen etc., etc. losfahren, riskieren Sie alle möglichen Ärgernisse.

Die Notwendigkeit eines genauen Zeitplans ist weniger offensichtlich. Wenn Sie zum Beispiel ein Baby haben, das ohne Schläfchen nach dem Frühstück rebellisch wird, müssen Sie dafür sorgen, daß Sie um diese Stunde im Auto fahren oder daß es ungestört im Buggy sitzen kann. Wenn Ihre Kinder um zwölf Uhr fünfzehn ohne Mittagessen quengelig werden, müssen Sie sie um zwölf Uhr fünfzehn irgendwo stillen oder genug Kekse und Obst mitnehmen. Wenn Ihr Kleinkind ungern Auto fährt, können Sie nichts Schlimmeres tun, als es im Wagen anzuschnallen und ins Haus zurückzulaufen, um irgendwas zu holen, den säumigen Partner anzutreiben, sich in ein Telefongespräch verwikkeln zu lassen und den Aufbruch um eine Viertelstunde hinauszuzögern. Das Kind gerät in Wut und wird sich während der ganzen Fahrt nicht mehr beruhigen lassen. Diese terminlichen Schwierigkeiten entmutigen Väter und Mütter manchmal so sehr, daß Sie auf Familienausflüge verzichten. Wenn Sie in Ihrer Jugend spontane Pläne verwirklichen und nach Hause kommen konnten, wann Sie wollten, wenn Sie es gewöhnt waren, aus einer Augenblickslaune heraus in eine Kneipe zu gehen und nur dann zu essen, wann Sie Lust hatten, sind kleine Kinder erst mal ein Schock für Sie. An Ferientagen hört man oft eheliche Diskussionen, wenn ein Elternteil die Prinzipien eines Ausflugs mit Kindern nur unvollkommen verstanden hat.

„Wir brauchen uns nicht wie die Eisenbahn an Fahrpläne zu halten! Ich will das nächste Rennen sehen!" – „Okay, aber was glaubst du, was passieren wird, wenn Debbie nicht bald was zu essen kriegt? Bevor Arthur einschläft? Denn wenn er jetzt schläft, wird er dann im Auto schreien, und *sie* wird nicht schlafen, und wir haben nicht mehr genug Milch für später ..." – „Gut, was immer du willst, fahren wir alle nach Hause, erschießen wir uns, warum machen wir uns überhaupt die Mühe?" "Du bist der dümmste, selbstsüchtigste Typ, den ich je ..."

Aber vergessen wir diese schmerzlichen Szenen. Hier sind ein paar Beobachtungen, die unternehmungslustige Eltern gemacht haben:

Autofahrten. Musikkassetten sind eine große Hilfe. Das gilt für alle Altersstufen, ab der Geburt. Auch Spielsachen (die an den hinteren Haltegriffen über den Fenstern hängen, damit sie nicht hinunterfallen und Wutanfälle verursachen können) wirken Wunder. Ich fürchte, die beste Lösung des Problems ist ein Erwachsener, der im Fond sitzt. Ein Freund mußte ein Jahr lang auf seinen Führerschein verzichten und erkannte plötzlich – während seine Frau verstohlen lächelte –, daß ihm der Richter die schlimmste aller Strafen aufgebrummt hatte. Genausogut hätte der Mann seinen schwarzen Hut auf setzen und sagen können: „Sie werden zwölf Monate lang im Fond Ihres Autos sitzen und für das Amüsement Ihrer beiden jüngsten Kinder sorgen." *Zwölf Monate!* Die Moral dieser Geschichte: Sehen Sie zu daß Sie immer am Steuer sitzen.

Wenn Sie der einzige Erwachsene im Auto sind, kleben Sie mit Saugnäpfen einen zusätzlichen Rückspiegel an die Windschutzscheibe und stellen Sie ihn so ein, daß Sie das süße Gesichtchen Ihres kleinen Fahrgastes sehen können. Es ist gefährlich, sich umzudrehen, sei es auch nur für eine Sekunde. Babys lernen erstaunlich schnell, die Aufmerksamkeit der Fahrerin mit gurgelnden, würgenden, zähneknirschenden Geräuscheffekten auf sich zu lenken. (Mein Sohn brachte schon mit zwölf Monaten ein sehr überzeugendes Todesröcheln zustande, wann immer ich aufhörte, „Ukulele Lady" zu singen, um mich auf den Verkehr zu konzentrieren.)

Bootsfahrten. Ein kleines Boot ist für Kinder, die zwischen neun und achtzehn Monate alt sind, ein denkbar ungünstiger Aufenthaltsort. Neugeborene und ruhig sitzende Babys sind kein Problem, solange sie betreut werden und nicht an Übelkeit leiden. Aber das mobile neugierige Geschöpf auf Knien oder wackligen Beinen ist ein Graus. Es schmollt, wenn es festgehalten wird, stellt eine schreckliche Gefahr dar, wenn es in Bewegung ist, und kommt auf großen Booten nicht mit der Leine seines Laufgeschirrs zurecht, die hinter ihm über die Planken schleift. Der Durchbruch findet irgendwann zwischen achtzehn Monaten und zweieinhalb Jahren statt, wenn sich die Phantasie entwickelt, wenn es plötzlich aufregend ist, auf „Papis großem Boot!" zu sein oder auf „einem richtigen Boot!". Im schwierigen Alter gibt es nur eine einzige Hoffnung. Wenn Sie unbedingt Boot fahren müssen, nehmen Sie ein faszinierendes, möglichst neues Spielzeug mit, so daß das Kind unten auf den Planken eine Beschäftigung hat. Und besorgen Sie eine ganz feste Leine für den Babysicherheitsgurt. Schwimmwesten sind unverzichtbar, aber es kann schwierig sein, ein Kind unter zweieinhalb zu veranlassen, so etwas zu tragen. Es müßte die Schwimmwesten im Laden anprobieren. Einige Modelle bieten mehr Bewegungsfreiheit.

Wandern. Ich kenne ein Ehepaar, das mit dem Baby im Rucksack über Englands Mittelgebirge gewandert ist. Leichthin erklärten sie, der einzige Nachteil hätte darin bestanden, daß ein Elternteil die gesamte Ausrüstung für alle drei hätte schleppen müssen. In den Jugendherbergen war man sehr entgegenkommend. Die Wanderer riefen mehrmals vorher an, worauf rechtzeitig ein Gitterbettchen besorgt wurde. Wenn das nicht möglich war, legte man eine Matratze auf den Boden und improvisierte eine Art Rahmen drumherum.

Camping. Am wichtigsten ist ein „Reisebettchen mit undurchsichtigen Wänden, damit das Baby nicht sieht, daß Sie im selben Zelt liegen, und um fünf Uhr morgens aufstehen will". Die Eltern, von denen dieser Rat stammt, fanden auch heraus, daß ein Kleinkind auf einer gewöhnlichen Liege herumkrabbelt und im Schlaf herunterfällt. Deshalb gingen Sie zu Schaumgummimatratzen über. Und „Man braucht keine Kinderschlafsäcke. Ein normaler, dessen Fußende unter die Matratze gesteckt und oben zugebunden wird, damit das Kind nicht zu tief hineinrutscht, genügt vollkommen."

Sport. Man muß rechtzeitig feststellen, ob es bei den Sportanlagen Toiletten, Schatten, ein Dach über dem Kopf und Getränke zu kaufen gibt. Pakken Sie alles ins Auto, was sie für Notfälle brauchen. Und bedenken Sie, daß die täglichen Bedürfnisse eines kleinen Kindes langweilige Ruhephasen einschließen. Bereiten Sie sich also darauf vor, für eine Weile im Auto sitzen, Bücher lesen oder Musik hören zu müssen. Es ist zu empfehlen, Kleinkinder in grelle Farben zu kleiden und ihnen auffällige Sonnenhüte aufzusetzen, damit Sie etwaige Ausreißer sofort entdecken. Manche Leute versehen ihre Kinder mit Armbändern, auf denen der Zuname und die Adresse stehen. (Niemals den Vornamen hinzufügen! Das macht potentiellen Entführern das Leben zu leicht.) Ich persönlich benutze lieber ein Laufgeschirr ...

Gasthäuser. Die werden langsam besser, wenn ich auch einmal gleich in der Tür (eine Kneipe am Meer, im Tragetuch mein Baby, während ich an einem schrecklichen Stilldurst litt) mit einem einzigen Wort begrüßt wurde: „Raus!" Nicht: „Tut mir leid, wir haben keine Räume für Kinder. Könnten Sie Ihren Drink draußen nehmen?" Nein, nur ganz einfach: „Raus!" Nachdem ich alle Möglichkeiten und die Tatsache bedacht hatte, daß ich allein und meilenweit von allen anderen Möglichkeiten entfernt war, auch nur einen Schluck Wasser zu bekommen, antwortete ich liebenswürdig: „Geben Sie mir einen Drink, oder ich schreie so laut, daß die ganze Kneipe zusammenkracht", und ging mit weichen Knien hinaus. Schließlich brachte mir der Kerl ein Glas Wasser, für das ich die verlangten zehn Penny nicht bezahlte. Aber in den meisten Lokalen, in denen man Wert auf den Besuch junger Familien legt, hat man inzwischen Platz für Kinder geschaffen, selbst wenn es nur eine düstere Ecke im geschlossenen Speiseraum ist. Jedenfalls lohnt es sich, danach zu fragen. Viel empfehlenswerter sind:

Konditoreien. Das beste Möbelstück, das wir jemals in einem solchen Lokal fanden, war ein Babystuhl, fest an einem massiven Tisch verankert. Das erspart es einem, das Baby auf den Schoß zu nehmen. In späteren Phasen sollten Sie die Leine des Laufgeschirrs an einem Sessel befestigen (wenn das Kind bereits sitzen kann, aber manchmal vergißt, wo es ist, und seitlich hinunterfällt). Und während Sie vor Stolz platzen, wenn ihr achtzehn Monate alter Sprößling manierlich vor seinem Orangensaft sitzt, muß er sich an die goldene Regel halten: „In einem Lokal das Glas immer mit zwei Händen anfassen!" Sowohl in Gasthäusern als auch in Konditoreien ist es wichtig, Etablissements mit flinker Bedienung auszusuchen. Wenn Sie Zweifel haben und Ihr Mann dabei ist, soll er zuerst hineingehen und schon mal die Bestellung aufgeben, während Sie mit dem Kind noch einmal um den Block wandern. Übrigens kam ich erst letztes Jahr darauf, daß es keinen biologischen Grund gibt, warum die Mutter immer mit den Kindern am Tisch sitzt, während sich der Vater (der Jäger im Manne) in aller Ruhe an der Theke anstellt.

Schwimmen. Ein beliebter Sport für Babys, die erst wenige Monate alt sind, mit Schwimmflügeln und in warmem Wasser. Wenn Sie ein Kleinkind in ein Gewässer locken wollen, das ihm zu kalt vorkommt, gibt es einen brillanten Trick: Nehmen Sie ein Röhrchen, mit dem man Luftblasen erzeugen kann. Da das nur im Wasser möglich ist, wirkt diese Methode Wunder; bei uns war es jedenfalls so.

Partys. Einer alten konventionellen Regel zufolge

sollten Kinder weder dem Lärm, dem Rauch, dem Alkoholdunst und der Dekadenz einer Erwachsenenparty ausgesetzt noch am Eßtisch gesehen oder gehört werden. Dadurch fühlten sich die Eltern sehr eingeengt. Die *neue* Regel besagt, daß Kinder überall und jederzeit willkommen sein und bei intellektuellen Abendeinladungen zu Füßen der Eltern spielen müssen. In gewisser Weise finde ich das genauso schlimm. „Oh, haben Sie das Baby nicht mitgebracht? Wir würden es so gern sehen!" Es ist schrecklich, mit diesen Worten begrüßt zu werden, wenn man gerade frohlockend aus dem Haus geschlichen ist und das schlafende Baby in der Obhut des Babysitters zurückgelassen hat, der die Wäsche bügelt. In solchen Augenblicken kommt man sich wie eine furchtbar herzlose Mutter vor.

Natürlich werden und wurden beide Bräuche mißachtet. In den prüden fünfziger Jahren nahmen tapfere Mütter ihre Babytragetaschen auf Cocktailpartys mit und speisten gelegentlich mit dem Kleinkind auf den Knien zu Abend. Und heutzutage erklären sogar die fortschrittlichsten Paare ihren zum Abendessen geladenen Gästen, der liebe Zweijährige und das süße, sechs Monate alte Baby wären daheim bei einem Babysitter besser aufgehoben. Schlafende Säuglinge kann man zwar fast überall deponieren, und jeder liebt ein etwas älteres Baby fünf Minuten lang, aber es gibt Probleme, wenn man mit ihnen einen ganzen Abend in fremder Umgebung verbringt. Die Gastgeberin wird über Gebühr beansprucht. (Einmal versuchte ich vergeblich, ein Ehepaar, das zwei Kinder mitgebracht hatte, zu beruhigen und zu unterhalten. Aus Angst vor Katastrophen in der Zimmerecke konnten sich die beiden nicht entspannen.) Außerdem wird die tägliche Routine des Kindes gestört. Einige Babys und Kleinkinder lassen sich bereitwillig in fremde Betten legen, um Mitternacht wieder herausholen, nach Hause fahren und widerstandslos in die eigenen Bettchen verfrachten; aber nicht alle. Ein Kleinkind könnte darauf bestehen, bei den Erwachsenen zu bleiben. Ein größeres Baby schreit vielleicht, sobald es allein gelassen wird, und brüllt aus Müdigkeit und Verwirrung immer weiter, wenn man es ins Partyzimmer gebracht hat. Verschiedene Familien haben gute Erfahrungen mit den folgenden Hilfsmitteln gemacht:

- „Ein Schafsfell, das nur zum Schlafen benutzt wurde. Wo immer wir es hinlegten – er wußte, daß er unbesorgt darauf schlafen konnte."

- „Eine Tasche mit vertrauten Bilderbüchern und eine vertraute Fruchtsaftflasche."

- „Ein sehr, sehr langer Mittagsschlaf und ein Haufen Spielsachen in der Ecke des Eßzimmers."

- „Eine Tragetasche. Sogar mit zwei Jahren zwängte sie sich noch hinein und war zwei Stunden lang restlos glücklich. Ich glaube, die Tasche war eine Art Ersatz für den mütterlichen Bauch."

Eine sehr reiche, sehr pompöse Familie engagiert sogar einen Babysitter, wenn sie Partys gibt. Die Gastgeberin braucht nichts weiter zu tun, als die Kinder daran zu hindern, im Erdgeschoß zu erscheinen und die Erwachsenen zu stören. Ein anderes Ehepaar nimmt das Baby samt Kindermädchen zu Abendeinladungen mit und funktioniert einen Raum im Haus der Gastgeber für einen Abend zum Kinderzimmer um. Das Amüsement wird nur unterbrochen, wenn das Kindermädchen diskret an die Tür klopft, um Mama mitzuteilen, es sei an der Zeit, den Säugling zu stillen. Aber das sind Methoden für die oberen Zehntausend. Die meisten von uns bewegen sich in tiefer gelegenen Gefilden und können nur das Babyalarmgerät in mehrstöckige fremde Häuser mitnehmen.

Hotels. Es lohnt sich, vor der Ankunft ein langes Telefongespräch mit der Hotelrezeption zu führen, um herauszufinden, was das Haus zu bieten hat. Wenn Sie einen großen Wagen und ein Babyreisebettchen haben, nehmen Sie es mit, das ist einfacher, als Hotelkinderbetten von allen Gefahrenmomenten zu befreien. Manche Modelle (vor allem im Ausland) sind mörderisch (der Kopf des Babys kann unter einer Stange am oberen Ende des Betts steckenbleiben), und einige ungefährliche knarren entsetzlich, wann immer sich das Baby bewegt. Einmal hielt ich in einem Hotelzimmer die ganze Nacht den Pfosten des Metallbettchens fest, um das Klirren zu unterbinden, das uns alle drei wach gehalten hätte.

Die Böden von Hotelbadezimmern sind meistens rutschig, und die eigene Gummimatte mitschleppen zu müssen, ist deprimierend. Eine brillante Mutter nahm eine Rolle Kreppband mit und klebte es kreuz und quer über den Fliesenboden, der auf diese Weise für ein paar Tage rutschfest blieb.

In manchen Hotels gibt es „Baby-Abhör"-Systeme. Sie legen einfach den Telefonhörer neben die Gabel, und das Personal lauscht alle zehn Minuten auf verdächtige Geräusche. Es lohnt sich, die Leute am Empfang mehrmals daran zu erinnern und ihnen vorher ein glucksendes, grinsendes Baby zu zeigen, um der Gefahr vorzubeugen, daß sie es vergessen und das Kind womöglich zwanzig Minuten lang unbemerkt schreit. Das könnte bedeuten, daß ein älteres Baby vor Nervosität nicht einmal schlafen kann, wenn Sie ins Zimmer zurückgekommen sind. Falls Sie das Hotel verlassen wollen, müssen Sie einen Babysitter engagieren. Ich lasse mir von Kindermädchenagenturen jemanden vermitteln oder von ortsansässigen Bekannten vertrauenswürdige Personen empfehlen.

Libby Purves
Die Kunst, (k)eine perfekte Mutter zu sein

Für Mütter von
4- bis 7jährigen Kindern

Aus dem Englischen von
Renate Zeschitz

Einleitung

Keine Entschuldigungen, keine Erklärungen. Als ich mein erstes Buch »Die Kunst, (k)eine perfekte Mutter zu sein« beendet hatte, verkündete ich großspurig, daß dieses Thema ein für allemal abgehakt ist. Von der Empfängnis bis zum vierten Geburtstag des Kindes gab es gute Gründe, Bücher über Babys zu lesen – oder zu schreiben, scheinen doch in diesem frühen Stadium Verallgemeinerungen noch vertretbar zu sein. Zwar ist jedes Baby ein Individuum, doch überwiegen in diesem Alter die Gemeinsamkeiten bei weitem. Alle Babys im Alter von sechs Monaten grapschen nach dem Löffel, wenn man versucht, sie zu füttern; alle Babys ziehen die Tischdecke samt Geschirr vom Tisch, wenn sie die ersten Gehversuche machen. Und auch die Zweijährigen sind in ihren allgemeinen Eigenschaften – einem energiegeladenen Wackelpudding in Michelinmännchenform nicht unähnlich – durchaus vergleichbar. Aber nach vier Jahren hat man, so schrieb ich, »entweder einen draufgängerischen, kleinen Rebellen oder ein zimperliches Püppchen (geschlechtsunabhängig), eine Intelligenzbestie, einen kraftstrotzenden Muskelprotz oder einen Jet-Set-Aspiranten. Da stehen sie nun, klein, aber jeder für sich mit seinen ureigenen Erbanlagen, seinem Schicksal, seinen Lebensbedingungen. Also ist das vollendete dritte Lebensjahr ein guter Zeitpunkt, das Thema ein für allemal abzuschließen.«

Ich ließ also alle meine Freunde wissen, daß ich nicht im entferntesten daran dächte, jemals wieder über Kleinkinder zu schreiben. Wenn das Kind vier Jahre alt ist und Sie den Dreh immer noch nicht raus haben, dann ist ohnehin Hopfen und Malz verloren. Von mir war jedenfalls nichts mehr zu erwarten. Ich hatte meine Schuldigkeit getan und wollte nun endlich über andere Themen schreiben. Eigentlich war ich auch recht froh darüber: Nie mehr würde ich mir Gedanken machen müssen, ob ich »er« (altmodisch), »sie« (der Zeitgeist läßt grüßen!) oder »es« (beleidigend) schreiben oder jeden zweiten Satz mit einem schwerfälligen »er/sie« verhunzen sollte. Dieses Problem werde ich wohl nie elegant lösen.

Aber es kam ganz anders. Ich nehme alles zurück. Meine Kinder wurden größer, die Erinnerung an Windeln und durchwachte Nächte verblaßte, aber anstatt mich einer neuen, rationellen Phase des Familienlebens zu stellen, war ich weiterhin ziemlich ratlos. Ich versuchte immer noch, den Dingen auf den Grund zu gehen, diskutierte mit Müttern in meinem Freundeskreis und schreckte auch nicht davor zurück, wildfremde Mütter an der Supermarktkasse anzuquatschen. In vielen Dingen waren die Kinder schon sehr selbständig geworden und mußten nicht mehr rund um die Uhr versorgt werden. Mit jedem Lebensmonat des Kindes schien für mich ein Leben in geregelten Bahnen wieder in erreichbare Nähe zu rücken. Wenn das Kind erst einmal vier Jahre alt ist, kann man schon mal einen Handel vorschlagen wie: »Gib' mir für meinen Bericht hier noch zehn Minuten Zeit. Dann spielen wir zusammen mit dem Legobaukasten. Großes Ehrenwort!« Wenn ein vierjähriges Kind einen Joghurt möchte, kann man auf den Kühlschrank zeigen und sagen: »Gut, geh' schon und such' dir einen aus«, ohne dafür den Versuch, den verstopften Abfluß freizubekommen, abbrechen zu müssen. Ist das Kind fünf, kann man guten Gewissens davon ausgehen, daß es die Kühlschranktür wieder zumacht. Mit sechs Jahren geht das Schließen der Kühlschranktür noch rascher vor sich, hat das Kind doch erst kürzlich in der Schule und im »Öko-Tip« im Fernsehen gelernt, daß Elektrizität nicht zum Verschwenden da ist. Irgendwie war doch alles leichter geworden.

Aber eigentlich hatten sich nur die Perspektiven verschoben, und neue Fragen waren aufgetaucht, die in den Babyjahren noch kein Thema gewesen waren: Alpträume, Flüche, Schule, Mumps, Ohrfeigen, gute und böse Feen und ähnliche Dinge. Wieviele Stunden habe ich heiße Diskussionen mit Freunden darüber geführt, was zu tun ist, wenn das Kind Alpträume von bösen Feen hat, wenn es in der Schule wie ein Fischverkäufer flucht oder beim Kindergeburtstag alle Anwesenden mit Mumps ansteckt. Eines Tages wurde mir klar, daß alles anders geworden und doch alles beim alten geblieben ist. Anstatt mit dem Baby auf dem Arm dem anderen Kind ein Lied vorzusingen und dabei eine Banane mit der Gabel zu zerdrücken, baute ich jetzt ein Raumschiffmodell, versuchte gleichzeitig am Telefon einen Schwimmkurs zu belegen und dabei meinem Sohn zu erklären, warum Flugzeuge fliegen. Und so beschloß ich, schließlich doch Teil zwei der nicht perfekten Mutter zu schreiben.

Natürlich wird dies ein ganz anderes Buch werden, haben sich doch, wie schon gesagt, die Perspektiven verschoben. In diesem Stadium der Elternschaft hat es wenig Sinn, zehn heiße Tips zur Ablenkung eines Babys zu geben oder sich seitenweise darüber auszulassen, wie andere Mütter das Problem der Sauberkeitserziehung gelöst haben. Was sollten Sie auch jetzt mit dem Vorschlag, für einen Hotelaufenthalt auf jeden Fall eine Rolle Kreppband einzupacken, damit ihre Kinder in der Badewanne nicht ausrutschen? (Ehrlich gesagt waren meine Kinder mit fünf Jahren viel sicherer auf den Beinen als ihre Mutter.) Es wäre im Grunde genommen geradezu beleidigend, in einem Buch für Eltern Vier- bis Siebenjähriger die gleichen Töne anzuschlagen wie in einem Buch für frischgebackene Eltern. Kleine Kinder sind ein enormes Managementproblem, aus dem sich allmählich eine Beziehung entwickelt. Bei größeren Kindern steht dann die Beziehung an sich im Vordergrund, und obwohl die Mutter immer noch mit kleinen Tricks arbeiten kann, müssen diese schon sehr viel ausgekochter sein. Warum sonst wenden sich Vier- und Fünfjährige plötzlich so abrupt von Babysittern und Kindermädchen ab, die sich babygemäß gebärden? Weil sich die Kinder verändern. Davon soll dieses Buch handeln. Vor allem ist es vielleicht ein weiterer Schlag gegen den Perfektionszwang im Familienleben. Während in den ersten Jahren der ganze Druck noch auf der Mutter lastet – sie muß eine moderne Madonna mit einem ganzen Arsenal an Fluoridtropfen und endlos selbstaufopfernder Geduld sein –, verschiebt sich mit zunehmendem Alter des Kindes der Schwerpunkt. Plötzlich ist es *das Kind*, das sich als strahlend, ausgeglichen, artig, künstlerisch begabt, naturwissenschaftlich interessiert und körperlich fit erweisen soll. Statt der Mutter ihre eigene Unzulänglichkeit vorzuwerfen, schiebt man ihr indirekt oder direkt die Schwachstellen ihres Kindes in die Schuhe – daß es in der Schule versagt, das Cellospielen aufgegeben hat oder im Sport nicht mitkommt. Kämpfen Sie dagegen an. Es gibt ebensowenig ein ideales Kind, wie es ideale Eltern gibt. Es ist übrigens völlig egal, ob es sich bei den Eltern um Mutter oder Vater oder um beide handelt. Mutterschaft ist meiner Meinung nach eher eine Arbeitsplatzbeschreibung denn eine Sache des Geschlechts.

Wundern Sie sich nicht, wenn die Kapitel sehr unterschiedlich ausgefallen sind. Manche schweben in höheren, philosophischen Regionen, andere wiederum bestehen aus kurzen, praktischen Tips. Das liegt ganz einfach daran, daß Sie, wenn Sie Klein- und Schulkinder haben (so wie ich), sich in zwei verschiedenen Sphären bewegen. Entweder wimmelt es in Ihrem Haus von Kindern – Ihren eigenen und fremden –, Möbel fallen um, schrilles, markerschütterndes Geschrei erfüllt die Räume, oder aber sie sind alle weg, das Haus ist unnatürlich still, und Sie wandern schwermütig umher, heben ein achtlos hingeworfenes Unterhemd auf, drücken es an Ihre Wange und grübeln mit versonnenem Blick über das Privileg der Elternschaft nach. Und ehe Sie sich's versehen, stürmen die lieben Kleinen wieder herein und streiten sich lauthals darüber, wer denn nun die kleine Plastikfigur aus dem Frühstücksflokkenpaket bekommt. Ich hoffe, das Buch wird beiden Situationen gerecht, denn beide sind mitten aus dem Leben gegriffen.

Speckröllchen, ade, oder warum mit vier plötzlich alles anders wird

Bei vier- bis fünfjährigen Kindern vollzieht sich manchmal recht plötzlich ein eigenartiger Wandel – bei weitem nicht so offensichtlich wie die früheren Veränderungen, beispielsweise das aufrechte Stehen, das Sprechen oder das Ende des Windelzeitalters. Die einschlägige Literatur schweigt sich größtenteils darüber aus. Aber er ist nicht wegzuleugnen und verlangt Ihnen in jedem Fall eine Reaktion ab. Wenn Sie das größere Kind wie ein zweijähriges behandeln, hat das für beide Seiten ebenso fatale Folgen, wie wenn Sie einem Schulkind Windeln aufzwingen oder versuchen, Ihren Teenager im Tragetuch überallhin mitzuschleppen. Und doch kann es vorkommen, daß Sie die Veränderungen zunächst einmal gar nicht wahrnehmen. Eltern haben's schwer, sind oft erschöpft und verwirrt, sehen alles durch die rosarote Brille des elterlichen Stolzes, sind manchmal überängstlich und haben immer die Erinnerung an die eigene Kindheit, mag sie nun gut oder schlecht gewesen sein, im Hinterkopf. Ganz zu schweigen von den vielen gutgemeinten Ratschlägen in Zeitungen, Zeitschriften und Büchern, die es zu beherzigen gilt. Da kann es schon vorkommen, daß man das, was vor der eigenen Nase passiert, zunächst einmal nicht bemerkt, obwohl viele dieser Veränderungen, wenn sie nur erst einmal richtig erkannt würden, den Alltag um einiges erleichtern könnten. Ihr Baby zum Zubettgehen zu bewegen und dabei die Sechsuhrnachrichten im Fernsehen versäumen, ist absolut verlorene Zeit, wenn Sie in Wirklichkeit ein fast sechsjähriges Kind vor sich haben, das sich nur allzugerne die Nachrichten ansehen und mit Ihnen eine ernsthafte Diskussion über Perestroika führen möchte, ehe es ganz freiwillig von selbst ins Bett geht.

Die scharfe Trennungslinie zwischen Kleinkind und größerem Kind gibt es wirklich. Wie oft habe ich mir gedacht, daß die gut gepolsterten Beinchen eines Kleinkindes magisch-beschützerischen Charakter haben. Alles an der Gestalt eines Babys oder Kleinkinds ist fröhlich, rund und niedlich anzusehen. Die Speckröllchen an den Beinen harmonisieren voll und ganz mit dem abgerundeten, ganz aufs Praktische orientierten Lebensbild des kleinen Erdenbürgers. Seine Sprüche bringen die ganze Familie zum Lachen, seine Wünsche sind unabdingbar, seine Launen unberechenbar und seine Handlungen – zumindest aus seiner Sicht – ganz und gar ohne Konsequenzen. Irgend jemand wird das schon aufwischen. Irgend jemand wird das schon wieder reparieren. Mami neues kaufen, im Laden. Kein Problem, das nicht durch eine liebevolle Umarmung und eine warme Milch gelöst werden könnte.

Dann verändert sich die Figur des Kindes: Alles wächst in die Länge und wird schlanker. Die rundlichen Beinchen werden lang und spindeldürr, das kleine Schmerbäuchlein weicht einer anmutigen Wölbung nach innen, und plötzlich blickt das Kind, das eben noch ein Baby war, mit großen, verwundert fragenden Augen in die Welt. Warum regnet es? Wird die Maus nie mehr lebendig, wenn Tibby sie totbeißt? Komme ich ins Gefängnis, wenn ich einem Polizisten ein unanständiges Wort nachschreie?

Mir wurde der Unterschied zum ersten Mal so richtig klar, als meine beiden Kinder etwas vom Ozonloch gehört hatten. Das ältere Kind brauchte mehrere Tage, um mit den Ängsten fertigzuwerden: Ein Loch im Himmel, das schädliche Strahlen durchläßt und den Meeresspiegel so weit anhebt, daß viele Menschen ertrinken werden. Das blanke Entsetzen schaute ihm aus den Augen. Die Dreijährige dagegen sagte nur: »Ahahaaa! Wir werden alle gebraten! Brutzel! Brutzel!« Sie glaubte kein Wort. Zunächst dachte ich, die beiden hätten eben unterschiedliche Charaktere. Aber dann fiel mir ein, daß Nicholas noch vor einem Jahr die gleiche unbeschwerte Lebenseinstellung an den Tag gelegt hatte. Sicherlich, vermutete ich, würde Rose in einem Jahr auf derartige Meldungen auch ganz anders reagieren. Ich sollte recht behalten. Und dann tauchte in meiner Erinnerung eine Szene aus meiner Kindheit auf. Zitternd vor Angst lag ich im Bett und dachte an das

Kernkraftwerk ganz in unserer Nähe. Ich hatte Näheres über Radioaktivität erfahren. Auch mein kleiner Bruder wußte davon, aber er war im Gegensatz zu mir ganz fasziniert von der Vorstellung, irgendwann einmal richtig radioaktiv zu werden. Er wollte am ganzen Körper strahlen, »wie eine Uhr mit Leuchtziffern«.

Nur allzu leicht verpaßt man den Zeitpunkt der Trennungslinie. Der Bruch kann irgendwann zwischen dem vierten und sechsten Lebensjahr des Kindes erfolgen, und wenn Sie vielbeschäftigt sind oder noch kleinere Kinder zu versorgen haben, dann kann Ihnen das leicht entgehen. Vielleicht sind Sie auch noch so der Rolle der tröstenden, singenden, spielenden Mutter verhaftet, daß es Ihnen schwerfällt, davon loszukommen, wo das doch immer alles so gut geklappt hat. Ich habe noch ewig mit dem fröhlichen Babygegurre weitergemacht, als mein Kind schon längst konzentriertes Zuhören und ernsthafte Gespräche verlangte. »Mami«, sagte mein Sohn auf einmal, »hör doch mit dem Unsinn auf.«

Manchmal hilft es, ein oder zwei Tage von Ihrem Kind weg zu sein. Wenn Sie dann zurückkommen, sehen Sie wieder viel objektiver, was Ihr Kind braucht.

Dieses Bedürfnis des Kindes ist genauso zwingend wie das des Babys, das nach Milch schreit. Es ist schwierig, groß zu werden, und das Stadium des Vierjährigen ist fast so etwas wie eine Generalprobe für die Jugend. Das Kind mag ein aktives, fröhliches, unerschrockenes Energiebündel sein, das halsbrecherisch radfährt und konzentriert mit seinem Legobaukasten arbeitet, aber es macht auch eine Zeit großer Verwirrungen und Offenbarungen durch. Alle möglichen Vorstellungen und Erwachsenenwahrheiten stürmen auf seine kleine Welt ein und erschüttern sie in ihren Grundfesten. Es ist, als entdecke er jede Woche einen neuen Planeten, ein neues wissenschaftliches Gesetz oder eine neue Religion. Nehmen Sie nur zum Beispiel die erste Erfahrung mit dem Tod: Ein zweijähriges Kind nimmt es gelassen zur Kenntnis, daß der Großpapa jetzt im Himmel ist. Ein paar Jahre später bekommt dasselbe Ereignis eine ganz neue und schmerzliche Komponente. Auch wenn Sie vom Himmel erzählen, um den schmerzlichen Verlust abzumildern, müssen Sie doch zugeben, daß Menschen (und auch das geliebte Kaninchen) nicht mehr wiederkommen – niemals. Das hat meine Kinder – jedes zu seiner Zeit – so geschockt, daß sogar die unvermeidlichen »Peng-Peng-du-bist-tot-Spiele« eine Zeitlang abgewandelt wurden. »Ich schieße dich tot«, riefen sie, »aber nicht tot im Himmel, sondern richtig, peng-tot.«

Auch bei kleineren Dingen gibt es Unstimmigkeiten. Monatelang hörten wir immer wieder die alte Leier: »Ich möchte auch so was haben.« Noch sechs Monate vorher konnten wir unbeschwert ein Eisenbahnmuseum besuchen oder an einer nostalgischen Dampflokfahrt teilnehmen. Unsere Tochter, damals zwei Jahre alt, winkte nach einem erlebnisreichen Tag fröhlich zu den Lokomotiven zurück. Ihr älterer Bruder quengelte mit unglücklichem Gesicht den ganzen Nachhauseweg, er wolle »auch so eine Dampflokomotive« haben, oder sein eigenes Kino oder eine echte Zugmaschine für sein Zimmer. Manchmal wurde er dabei richtig aggressiv. Sicherlich hätte man annehmen können, wir hätten ein verzogenes, materialistisches kleines Ungeheuer an unserem Busen genährt, aber wir versuchten, in diesen Situationen nicht gleich aus den Fugen zu geraten. Nach unserer Theorie – und ich glaube, wir hatten recht – war unser Sohn keinesfalls ein Ausbund an Habgier, sondern bekam ganz einfach nur die Vergänglichkeit der Dinge hautnah zu spüren. Mit einem Schlag wurde ihm bewußt, daß schöne Tage ein unvermeidliches Ende haben, daß Vergnügungen vergehen. Später habe ich dann von Kindern gehört, die vor ihrem Geburtstag bittere Tränen vergießen, weil sie daran denken, wie traurig es sein wird, wenn der große Tag vorbei ist. Da können Sie nicht viel helfen, versuchen Sie Ihr Kind nur zu verstehen.

Das Baby lebt unbeschwert in den Tag hinein, das Kind hingegen trägt die Bürde von unerfüllten und aufgeschobenen Sehnsüchten. Die Zeit ist unendlich lang, die Welt ist unendlich groß. An einem guten Tag ist das vierjährige Kind von dieser Vorstellung entzückt. Geschichten über die Zeit, als Mami noch klein war, oder aus längst vergangenen Zeiten, oder was man alles tun kann, wenn man erst einmal erwachsen ist, finden die uneingeschränkte Aufmerksamkeit. An einem schlechten Tag will das Kind nur etwas von seiner kleinen, geborgenen Welt wissen und keinesfalls da herausgerissen werden. Alle Eltern kennen die Situation, wenn ihr Kind plötzlich darauf besteht, zu Hause zu bleiben oder sich weigert, in die Spielgruppe zu gehen, wo es ansonsten immer sehr glücklich war. Lieber bleibt es zu Hause bei einer durch die plötzliche Verweigerung total genervten und wütenden Mutter. Es will nicht spielen gehen oder sich wie ein Erwachsener benehmen. Es interessiert sich nicht für ein neues Buch und schon gar nicht für das Kasperletheater. Nein, es möchte auf Mamis Schoß sitzen und zum hundertsten Mal die gleiche Geschichte vorgelesen bekommen (eine, die Mami schon bei den Ohren rauskommt).

Alle Bücher über Kinder betonen, wie wichtig der Prozeß der »Sozialisierung« ist, aber alle Eltern von Kindern zwischen drei und sieben werden zugeben, daß es in diesem Lebensabschnitt gelegentlich ganz unberechenbare Zeiten gibt – Tage, Wochen oder auch Monate – in denen das eigene Kind alle anderen Kinder zu hassen scheint und sich weigert, einen Fuß vor die Tür zu setzen.

Für die Eltern kann das schwierig, frustrierend, mühsam und peinlich sein. Leichter tun Sie sich, wenn Sie sich vor Augen halten, daß die Furcht Ihres Kindes vor der feindlichen Welt ein wesentlicher Teil ist, sie zu begreifen. Als meine Kinder klein waren und mit ihren gut gepolsterten Beinchen über den Strand stapften, dachte ich oft voller Wehmut an die Worte Isaac Newtons, die er gegen Ende seines Lebens äußerte: »Mir scheint, ich war nur ein Kind, das am Meeresstrand spielte... während der große Ozean der Wahrheit unentdeckt vor mir lag.« Damals betrachteten die Kinder fasziniert jeden glänzenden Stein, befaßten sich nur mit ihrer unmittelbaren Umgebung und allem was »greif- und werfbar« war. Erst wenn sie älter werden, heben sie erstaunt fragend ihre Augen und erkennen den großen Ozean der unentdeckten Wahrheiten, der sich vor ihren Füßen ausbreitet. Kein Wunder, daß sie manchmal zögern, sich dieser Herausforderung zu stellen.

Aber die Zeit bleibt nicht stehen, und Kinder lernen schnell. Im Alter von sechs oder sieben Jahren haben sie sich mit Ihrer Hilfe eine Philosophie zurechtgelegt, wie sie mit den Fährnissen des Lebens umzugehen gedenken. Tatkraft tritt an die Stelle von Träumerei und Phantasie. Anstatt eine echte Lokomotive in das Kinderzimmer stellen zu wollen, schleppen sie einen Haufen Krempel in den Garten und machen sich daran, selbst eine Lok zu bauen. Sie zittern nicht vor Entsetzen, wenn sie erfahren, daß Kinder in der Dritten Welt Hungers sterben, sondern beginnen, irgend etwas zu Geld zu machen oder in der Schule zu sammeln. Gesetze und Verordnungen faszinieren sie: Lautstark verkünden sie im Auto die zulässige Höchstgeschwindigkeit. Als es Gesetz wurde, daß Kinder im Auto angegurtet sein müssen, waren es die Kinder, die darauf bestanden und die empört aufschrien, wenn die Eltern losfuhren, ehe der Gurt richtig saß.

Also sind dies die »Denkerjahre«, die Jahre, in denen Ihre persönliche Lebensphilosophie auf Ihr Kind übergeht. Ihre gesellschaftlichen, geistigen und emotionalen Wertvorstellungen werden von der nächsten Generation übernommen. Das ist eine äußerst beunruhigende Erfahrung. Die meisten von uns schlängeln sich durch die ersten Jahre des Erwachsenseins ohne sich bewußt zu sein, eine persönliche Lebensphilosophie zu haben. Teenager denken über Moral und Ethik nach, alte Leute über die Ewigkeit. Aber wenn sie nicht ganz unverrückbar auf der einen oder der anderen Seite stehen, verschleiern die Jahre, in denen wir mit Arbeitsstreß und Hypotheken zu kämpfen haben, durchaus den Blick auf die ewigen Wahrheiten. Sicherlich wissen wir, welche politische Partei wir unterstützen, sicherlich haben wir eine Meinung zu den Themen Ehebruch, bleifreies Benzin und Privatschulen. Ins Schlittern geraten wir erst, wenn unser Vierjähriger uns fragt, warum der liebe Gott Menschen durch ein Erdbeben umkommen läßt, warum Herr Rushdie sich versteckt halten muß oder warum Papi über den Bundeskanzler schimpft, wo doch jeder weiß, daß die Regierung von allen Bürgern auf »damakratische« Weise gewählt worden ist.

Es ist, im Grunde genommen, gar nicht so schlecht, wenn

wir ins Schlittern geraten. Schließlich deutet es darauf hin, daß wir uns um die Wahrheit bemühen und willens sind, unsere Unsicherheiten nicht vor unseren Kindern zu verbergen. Menschen, deren Religion ihnen weiszumachen versucht, sie wüßten alles, wirken oft sehr deprimierend: Sie erziehen ihre Kinder nur allzuoft im Sinne selbstgerechter Frömmelei.

Unser sechsjähriger Sohn hatte seine erste Begegnung mit einem Gleichaltrigen aus einer Zeugen Jehovas-Familie. Der liebe, kleine Brusche nahm ihn am Spielplatz zur Seite und erzählte ihm, er sei ein verblendeter Satansanbeter. Egal welchem Glaubensbekenntnis Sie angehören, Sie werden mir beipflichten, daß dies nicht gerade ein idealer Dialog zwischen zwei Kindern ist, die noch nicht einmal einen zusammenhängenden Satz schreiben können.

Eltern sollten in jedem Fall einige Zweifel und Unsicherheiten mit ihren Kindern teilen, sollten Themen interessiert und positiv hinterfragen. Wenn wir zum Beispiel ein aktuelles Thema nehmen, dann sollten wir nicht sagen: »Die Regenwälder werden von bösen Menschen gerodet, die habgierig und schlecht sind.« Statt dessen sollten wir abwägen, sollten versuchen, die Situation der armen Bauern darzulegen, über die Verschuldung, in Bedrängnis geratene Regierungen und Unwissenheit zu sprechen. Mit etwas Glück könnten sie dann zu der relativ leicht verständlichen Schlußfolgerung kommen, daß die Rodung der Tropenwälder allen Menschen auf der Erde schadet und wir uns deshalb bemühen müßten, den Südamerikern, Indonesiern usw. zu helfen, damit dies nicht so weitergeht. Eltern, die das versuchen, kommen oft ganz schön ins Schwitzen und können der Schadenfreude aller Umstehenden gewiß sein. Es gibt kaum etwas unfreiwillig Komischeres als eine besorgte Mami, die sich redlich abmüht, ihrem Sprößling in der Supermarktschlange an der Kasse ihre Umweltphilosophie zu vermitteln. Aber das ist in jedem Fall besser, als einfach abzuwinken: »Denk' nicht an die Regenwälder, trink' lieber deinen Tee.«

Natürlich gibt es einige »unmögliche« Fragen. Es macht überhaupt keinen Spaß mit Fragen wie »Sag' mir die Wahrheit, gibt es nun einen Weihnachtsmann oder nicht?« oder »Wenn Daddy mich liebhat, warum ist er dann von uns fortgegangen?« konfrontiert zu werden. Und es wird Augenblicke geben, in denen die Theorie der offenen, klärenden Diskussion von wichtigen Themen einfach nicht funktioniert. Vor einigen Jahren hatten wir einmal ein sieben- oder achtjähriges Kind bei uns zu Besuch, dessen Eltern wir als weltoffene und diskussionsfreudige Menschen kennengelernt hatten. An einem einzigen Nachmittag hatten wir miterlebt, wie sie mit ihrem Sohn vernünftig und verständnisvoll über Nuklearkrieg, lesbische Liebe, Terroristenbomben, Kindesmißbrauch und Todesstrafe gesprochen haben. Wir erstarrten schier vor Ehrfurcht angesichts einer so engagierten, furchtlosen Familie. Dann berichteten Paul und ich beim Abendessen arglos vor versammelter Mannschaft, wie wir endlich der lästigen Mäuseplage in der Speisekammer unseres Bauernhauses Herr geworden waren. Die Augen des kleinen Jungen wurden immer größer, sein Gesicht wurde kreidebleich. Seine Mutter brauchte Stunden, um ihn zum Einschlafen zu bringen, und sie war ziemlich wütend auf uns, weil wir ihn mit so schrecklichen Dingen konfrontiert hatten. Der kleine Bursche konnte locker mit einer eventuellen Atomkatastrophe und jeder Menge Bomben umgehen, aber bei Mäusen drehte er durch. Auch bei toten Mäusen. Da wir nicht seine Eltern waren, konnten wir das nicht verstehen: Wir waren ihm nicht nahe genug, um seine Ängste zu kennen.

Es ist wichtig, dem Kind nahe zu sein, nicht es mit Affenliebe zu ersticken – schließlich ist dies die Zeit der geheimnisvollen Spiele mit Freunden hinter verschlossenen Kinderzimmertüren –, aber doch nahe genug zu sein, um die Signale aufzufangen, die das Kind aussendet. Hören Sie zu, wenn Ihr Kind mit Ihnen spricht. Das ist schwer, besonders wenn Sie berufstätig sind und abends am liebsten nur einen pflegeleichten Wonneproppen knuddeln möchten. Aber Kindern zuzuhören, wenn sie erzählen, was sie beschäftigt, und ernsthaft mit ihnen zu reden, ist ebenso wichtig, wie mit ihnen Bücher anzuschauen und Zähne zu putzen, und viel, viel wichtiger, als ihre Haare zu kämmen oder ständig zu meckern, daß sie die Gabel richtig halten sollen. Es bringt auch viel mehr als modische Violinstunden und teures, erzieherisch wertvolles Spielzeug. Hier sollten Sie keine Abstriche machen. Und dieser Ratschlag kommt von jemandem, der nur allzugerne Abstriche macht.

Die ersten Freunde: Anderer Leute Kinder

In den ersten vier Jahren müssen Ihre Kinder mit Ihren Freunden vorliebnehmen. In den nächsten vierzehn Jahren müssen Sie mit den Freunden Ihrer Kinder zurechtkommen. Krabbelkinder lieben es, mit Altersgenossen über den Fußboden zu robben, während ihre Mütter sich den neuesten Klatsch erzählen. Ein zweijähriges Kind wird sich, wenn auch manchmal widerwillig, mit den Gleichaltrigen beschäftigen, die ihm von den Eltern präsentiert werden. Ist aber ein Kind erst einmal im Kindergartenalter und trifft auf eine »Bezugsgruppe«, wie die Psychologen das im Fachjargon zu nennen pflegen, dann ist es mit Ihrem Einfluß vorbei. »Gillie ist meine beste Freundin«, wird Ihr Kind dann mit Bestimmtheit sagen. Und wie sehr Sie auch das leere Geschwätz von Gillies Mutter nervt, Sie müssen gute Miene zum bösen Spiel machen und Mutter samt Kind zum Kaffee einladen. Das ist nun mal so. (Und vielleicht finden Sie ja auch ein paar liebenswerte Seiten an Gillies Mutter. Einige der nettesten Ehepaare habe ich durch die Spielgefährten meiner Kinder kennengelernt. Aber auch wenn es nicht so ist, können Sie nichts dagegen tun.) Niemals dürfen Sie es wagen, eine Freundschaft irgendwie zu behindern, denn Sie können sich nichts Schlimmeres vorstellen als daß Ihr Kind keine Freunde hat. Ihr Kind alleine abseits in der Spielgruppe oder am Spielplatz! Schon bei dem Gedanken bricht Ihnen das Herz. Eltern trifft es äußerst schmerzlich, wenn ihr Kind allein am Rand steht oder als letztes in eine Mannschaft gerufen wird. Ich halte mich für ziemlich selbstbewußt, und doch verging kein Kindergeburtstag, bei dessen Planung mich nicht die wahnwitzige Vorstellung gequält hätte, es würde niemand kommen. Deshalb lade ich eigentlich immer viel zu viele Kinder ein und verbringe die halbe Nacht vorher damit, zwanzig Überraschungspäckchen zu packen und den Wackelpudding zu beschwören, er möge doch endlich fest werden. Natürlich kommen sie alle, und wir haben wieder einmal nicht genügend

Stühle. Aber die Angst, das Kind ohne Freunde aufwachsen sehen zu müssen, ist tief verwurzelt.

Denn was hat man schließlich sonst im Leben? Was nützt es, wenn man reich, schön und intelligent aber einsam ist? Und die verläßlichste, am wenigsten schmerzhafte menschliche Beziehung ist echte Freundschaft. Auch gute Ehen gründen zu einem großen Teil darauf. Was immer meinen Kindern in den nächsten siebzig Jahren widerfahren wird: Wenn ich bei einer Fee einen Wunsch frei hätte, würde ich darum bitten, meinen Kindern zuzugestehen, daß sie am Ende jedes problembeladenen Tages ein paar Freunde anrufen können und im Notfall dort auch eine Couch haben, auf der sie schlafen können. Erst dann, und nur dann, kann ich mich mit der Tatsache abfinden, daß ich einmal nicht mehr da sein werde.

Mit dem Augenblick, in dem Ihr Kind einem anderen zum ersten Mal seine Spielzeuglokomotive unter die Nase hält, um sein Gegenüber damit zu einer Reaktion – »Nimm'« oder »schau« – aufzufordern, nimmt alles seinen Anfang. Versuchen Sie sich diesen Augenblick zu merken. Denn er wird nicht lange vorhalten. Nur allzuoft folgt dieser ersten Annäherung ein plötzlicher Sinneswandel. Dieselbe eben noch freundlich angebotene Spielzeuglokomotive landet krachend auf dem Kopf des Spielgenossen. Aber es ist ein Anfang der Annäherung und sollte gefördert werden. Aus meiner Erfahrung, meinen Fehlern und stichprobenartigen Nachfragen bei einigen, mit gesundem Menschenverstand ausgerüsteten Psychologen, hier ein paar Tips:

– Erzwingen Sie nichts. Wenn Ihre älteste, liebste Freundin mit ihrem fünfjährigen Kind über das Wochenende zu Besuch kommt und sich die beiden nicht gesehen haben, seit sie *in utero* waren, können Sie fast darauf wetten, daß sich die beiden erst einmal ganz und gar nicht grün sind. Die Spannung ist einfach zu groß. Bestehen Sie auf den Grundregeln der Höflichkeit, fordern Sie Ihr Kind beispielsweise auf, den kleinen Gast im Haus herumzuführen, aber lassen Sie die beiden dann in Ruhe. Gehen Sie keinesfalls von vornherein davon aus, daß Ihr Kind sein Zimmer mit einem fremden Kind teilen möchte. Stellen Sie sich vor, zu Ihnen sagt jemand: »Da kommt noch ein zweiunddreißigjähriges Mädchen mit, das wird lustig, ihr könnt den ganzen Tag miteinander verbringen und abends zusammen schlafen.« Auch Sie würden ein solches Ansinnen entsetzt von sich weisen oder glauben, Sie wären bei »Billigtours-Reisen« gelandet.

- Zeigen Sie, daß Freundschaft etwas Gutes ist. Zeigen Sie Freude, wenn Sie Ihre Freunde besuchen gehen. Sprechen Sie herzlich von ihnen. Sagen Sie Ihrem Kind, wenn Sie für Freunde eine Besorgung machen, daß Sie ihnen gerne einen Gefallen tun. Bemühen Sie sich ernsthaft, nie über »Daddys Freunde vom Golfclub« mit abfälligem Unterton zu sprechen, als wären sie ein echtes Ärgernis. Auch wenn sie es sind.
- Je früher Ihr Kind das Gefühl hat, sich frei und unbeschwert einen Freund aussuchen zu können, desto besser. Beißen Sie die Zähne zusammen. Bieten Sie Ihrem Kind eine Auswahl – Kinder im ungefähr gleichen Alter, die es ziemlich regelmäßig sehen kann. Vor der Schulzeit ist das nur im Rahmen einer Spielgruppe oder ziemlich häufigen Kaffeeklatschrunden in diversen Küchen zu bewerkstelligen. Wenn Sie nicht gerade auf einem Einödhof wohnen oder versehentlich in einer Seniorenwohnanlage gelandet sind, dann wird es in der Nachbarschaft immer irgendwelche Kinder geben. Es ist verführerisch, sich nur an die eigenen Freunde und deren Kinder zu halten, aber der Kreis sollte größer sein, mehr Möglichkeiten bieten. Nicht jeder mag den Nachbarsjungen. In meiner Jugend gab es nur einen, und den konnte ich nicht ausstehen.

Problematisch wird es, wenn Ihnen die Kinder in der Nachbarschaft rowdyhaft und »ungeeignet« erscheinen. Es liegt nicht an mir zu entscheiden, ob Sie in diesem Fall ein Snob sind oder nicht. Heutzutage gibt es ziemlich schlimme Familienverhältnisse, und es ist sehr ärgerlich, wenn Ihr vernünftig ernährter, kindlich unschuldiger Sprößling nach Hause kommt und mit unabdingbarem Nachdruck die neonbunt leuchtenden Süßigkeiten und das ebenso neonbunt leuchtende Plastikpony haben muß oder aber einen beängstigenden Wortschatz im Kittchenjargon an den Tag legt, den es bei dem großen Bruder seines Freundes, der gerade zwei Jahre auf Bewährung hat, aufgeschnappt hat.

Es bleibt Ihnen nichts anderes übrig, als immer wieder geduldig und ruhig Ihre eigenen Wertvorstellungen zu wiederholen und aufzupassen, daß das kleine, frühreife Biest von nebenan mit dem kurzen Lambadaröckchen wirklich mit Ihrem Kind Mikado spielt, auch wenn sie noch so laut nach einem Rockvideo schreit.

– Andererseits, wenn die Freundschaft gutgeht, sollten Sie sich nicht einmischen. Im Alter von vier bis sieben Jahren spielen Kinder viele ganz seltsame Spiele. Man sollte sie dabei sich selbst überlassen, es sei denn, es droht ein Blutvergießen.

Achten Sie darauf, nicht unbewußt die Bereitschaft Ihres Kindes zu sozialen Kontakten zu unterminieren. Ist Ihr Kind anderen Kindern gegenüber zurückhaltend, dann unterstützen Sie das besser nicht mit den Worten: »Oh, wo ist denn mein Junge, bleib schön bei deiner Mami, nicht wahr, mein Kleiner?« Machen Sie nie anderen Erwachsenen gegenüber Bemerkungen, die den Eindruck erwecken könnten, soziale Kontakte seien etwas Unerwünschtes (»Ist es nicht gleich verdammt laut, wenn sie zu zweit sind?«). Ja, natürlich stimmt es, aber behalten Sie es für sich.

– Martin Herbert, der beste Kinderpsychologe aller Zeiten, schrieb einmal, eine »freundliche Beziehung erfordert ein gewisses Maß an Selbstbewußtsein und sozialer Sensitivität«. Babys haben diese Eigenschaften noch nicht, sie wissen nicht, ob sie nett oder lästig sind, und es ist ihnen auch egal. Allmählich lernen sie es von uns. »Ist die unmittelbare Umgebung des Kindes glücklich, entspannt und aufgeschlossen, wird das Baby geliebt und bewundert, dann wird es auch selbstzufrieden sein und gut mit anderen auskommen.« Sind Sie kalt, steif, kritisieren und mäkeln ständig herum, dann wird auch Ihr Kind ängstlich und abwehrend sein und Schwierigkeiten haben, eine unbeschwerte, vorurteilsfreie Freundschaft einzugehen.

- Aggressive Kinder, Ihre eigenen und andere, brauchen oftmals nur eine Anleitung, wie sie es besser machen können. Sie wissen vielleicht gar nicht, daß man »teilen« und »sich abwechseln« muß, weil es ihnen niemand gesagt hat. Sagen Sie es – mit Gefühl. Sagen Sie es noch einmal. Und noch einmal. Und zeigen Sie es. Teilen Sie mit anderen. Lassen Sie die Katze mit Ihrem Wollknäuel spielen und Ihre Tochter mit Ihrem Lippenstift. Eines Tages wird der Funke überspringen.
- Wenn das Schulzeitalter beginnt, sollten Sie darauf achten, daß Ihr Kind weiterhin Kontakte mit Kindern aus anderen Schulen hat oder Verwandtschaftsbesuche pflegt. Es kann eine große Erleichterung sein – für alle Beteiligten – aus dem Treibhaus von Schulfreundschaften auszubrechen in etwas Beruhigendes, Dauerhaftes. Ein Kind, das die Welt nicht mehr versteht, weil sich sein Schulfreund George nicht mehr um ihn kümmert, wird sich unendlich gebauchpinselt fühlen, daß Jeremy, der an diesem Wochenende aus dem Internat nach Hause kommt, geradezu darauf brennt, mit ihm neue Abenteuer zu bestehen.
- Für den Fall, daß Sie in obengenanntem Beispiel Georges Mutter sind, sollten Sie sich von seiner Launenhaftigkeit nicht aus der Ruhe bringen lassen. Kinderfreundschaften können so kurzlebig wie Seifenblasen sein, müssen aber nicht oberflächlich sein. Erzwingen Sie nichts. Unfreundlichkeit ist tabu, Launenhaftigkeit ist erlaubt. Wenn Laura nicht mehr mit Becky spielt, dann muß sie zwar freundlich zu ihr sein, wenn sie sie trifft, aber sie muß sie nicht nach Hause einladen. Sie müssen sich derweil mit Beckys Mutter arrangieren. Ganz besonders deshalb, weil die beiden jungen Damen schon nächste Woche wieder unzertrennliche Freundinnen sein können. Mädchen, so scheint mir, sind anfälliger für diese Burton-Taylor-Beziehungen als Jungen. Jungen raufen entweder, ignorieren sich oder kommen prächtig miteinander aus. Mädchen scheinen nur so zum Spaß alle Nuancen einer Beziehung durchkosten zu

wollen. »Ich hasse dich, Zoë. Mamie, ich hasse Zoë. Sie ist meine beste Freundin, ich hasse sie. Sie wird jetzt nur mehr meine zweitbeste Freundin nach Sarah. Sarah, ich hasse dich.« Einen Haufen kleiner Mädchen am Nachmittag zu Besuch zu haben, ist ungefähr so wie die Atmosphäre in der Garderobe bei der Miss World-Wahl. Es tut mir leid, wenn das sexistisch klingt, doch so ist es. Aber das wächst sich aus – weitgehend.

Dabei fällt mir ein: Wie steht's denn mit unserer eigenen Beziehung zu den Kindern anderer Leute? Sie kann ausgesprochen unerfreulich sein. Alle frischgebackenen Mütter kennen das Gefühl, das Pam Ayres so wundervoll ausgedrückt hat: »Wenn ich mir deinen Wayne anschaue, frage ich mich, warum ausgerechnet du dir die Mühe gemacht hast, ein Kind zu bekommen.« Und wer von uns hat – Hand aufs Herz – beim Anblick des weinerlichen, kleinen Dickerchens von nebenan nicht schon einmal innerlich tief aufgeseufzt und gedacht: »Oh je!« Und doch ist es reizvoll, eine Rasselbande Kinder im Haus zu haben, die in enger Nachbarschaft miteinander aufwachsen. Die Großfamilie gibt es nicht mehr in unseren westlichen Kulturen, und das ist eigentlich zu bedauern. Die Kinder anderer Leute machen Spaß, weil man nicht direkt verantwortlich für sie ist und sie einen nie so auf die Palme bringen können wie die eigenen Kinder. Wenn sie zum Spielen kommen, achten Sie zwar darauf, daß nichts passiert, es ist Ihnen aber ziemlich egal, wenn sie ihre Nasen am Ärmel abputzen. Wenn Sie andererseits auf der Suche nach den richtigen Gummistiefeln für zehn Kinder schier durchdrehen, finden die eigenen Kinder ihre Mutter ziemlich übertrieben, während die fremden die Panik eher gelassen hinnehmen. Es macht Spaß, andere Kinder zu beschenken – mit dem offenen Blick des Unbeteiligten herauszufinden, was dem kleinen Racker Spaß machen könnte. Und wenn sich die Kinder wirklich einmal gehörig daneben benehmen, fällt es Ihnen erstaunlich leicht, sie in ihre Schranken zu verweisen. Von Nicht-Eltern lassen sie sich eben leichter etwas sagen. In diesem Augenblick dämmert Ihnen auch ein leiser Schimmer der Erkenntnis, wie es einem Grundschullehrer gelingt, fünfundzwanzig brav dasitzende Erstkläßler dazu zu bringen, »Hoch auf dem Gelben Wagen« zu singen, während Sie schon mit einem Kind Ihre liebe Not haben.

Doch ganz so einfach läuft die Sache nicht mit anderer Leute Kinder. Jede Mutter, mit der ich sprach, versicherte mir, sie hoffe sehr, andere Eltern würden ihr Kind ordentlich zusammenschimpfen, wenn es aus der Rolle fällt oder sich auch nur schlecht benimmt, sie selbst hingegen könne es bei anderen Kindern nicht tun. Früher, als ich noch unsicherer war, faßte ich auch die Sprößlinge anderer Leute mit Samthandschuhen an und übte mich in Langmut, anstatt die lieben Kleinen anzuschreien und ihnen den Nachtisch zu streichen. Allmählich aber habe ich meine Hemmungen abgelegt. Einmal machten wir, drei Familien mit insgesamt neun Kindern im Alter zwischen zwei und zehn Jahren, zusammen Urlaub in Norfolk. Am ersten Abend nahmen sich die drei Mütter bei einem doppelten Gin gegenseitig das Versprechen ab, jede dürfe die Kinder der anderen anschreien und ihnen in Extremfällen auch mal eine Ohrfeige verpassen. Es funktionierte ausgezeichnet. Dabei fiel mir allerdings eine Art Naturgesetz auf: Wenn vier kleine Jungs sich streiten und einer aus der Gruppe ausgeschlossen wird, dann sind es immer die Mütter der drei Jungs, die noch in der Gruppe sind, die sagen: »Das sollen sie mal untereinander ausmachen. Wir mischen uns da nicht ein.« Die Mutter des Augestoßenen ist da beileibe nicht so sicher. Doch im Prinzip funktioniert das System. Wir, und auch unsere Söhne, sind Freunde geblieben. Bis auf den heutigen Tag.

Wenn Ihnen das momentan noch nicht so recht gelingen mag, wenn Sie noch ein wenig befangen sind im Umgang mit den Spielkameraden Ihrer Kinder, dann werfen Sie nicht gleich die Flinte ins Korn. Das kann jeder lernen. Gelegentlich wird einem bewußt, daß wir im Grunde genommen alle zu einer großen Familie gehören – alle Kinder gehören allen Eltern. Als ihr Vater auf einer langen Reise war, beobachtete meine Tochter eingehend, wie ein zu Besuch weilender Vater seine kleine Tochter umarmte. »Kann ich da auch mitmachen?« fragte sie und tat es dann auch. Sie hatte keinesfalls die

Absicht, ihren eigenen Vater damit in Mißkredit zu bringen. Die Umarmung war einfach eine Geste, die beiden Seiten willkommen war. Tränen stiegen mir in die Augen. Später stand ich vor dem Chaos, das die Kinder in dem wunderschön aufgeräumten Spielzimmer angerichtet hatten. Aber es machte mir nicht mehr so viel aus.

Ellenbogenmamas: Anderer Kinder Eltern

Ich habe es schon gesagt und sage es noch einmal: Das beste Geschenk, das man einer schwangeren Frau machen kann, ist, sie mit einer ebenfalls schwangeren Frau bekannt zu machen, die in derselben Straße wohnt. Wir brauchen einander. Das ist keine besonders aufsehenerregende oder vielbeschriebene Beziehung. Babygurus beschränken sich für gewöhnlich auf die alte Leier der Bindung zwischen Mutter und Kind oder zwischen Vater und Kind und geben Ratschläge, wie man einen guten Arzt findet. Sie sprechen von Geschwistern, Großeltern und Tagesmüttern, machen sich Gedanken, wie unsere Kinder mit anderen Kindern auskommen. Doch niemand denkt an die Mutter, daß sie sich vielleicht danach sehnt, auch mal mit Menschen zu sprechen, die über sieben Jahre alt sind. Sie sitzt zu Hause und flitzt jeden Tag in der Früh in die Arbeit – und sie braucht Freundinnen. Nein, mehr als das: Sie braucht begeisterungsfähige Mitstreiter, Menschen, die wirklich Verständnis aufbringen. Sie braucht andere *Mütter*.

Natürlich wird sie so tun, als läge ihr nichts ferner. Das habe ich auch getan. Als ich zum ersten Mal jenen magischen braunen Ring in dem Schwangerschafts-Teströhrchen betrachtete, freute ich mich auf das Baby. Das Drumherum hingegen war mir gar nicht geheuer. Irgendwie ließ mich der Verdacht nicht los, ich müßte dann ständig in irgendeiner Küche über häßliche Plastikspielzeuge steigen und über Sauberkeitserziehung plaudern, während anderer Leute Kleinkinder sich ihre Nase an meinem Knie abwischen. Nein, das konnte ich nicht gebrauchen. Mein Baby und ich, das schwor ich mir, wir würden die gleichen Bekanntschaften pflegen wie vorher auch: Junggesellen, berufstätige Frauen, alte Freunde und Kollegen. Weder diese Kaffeeklatschrunden noch eine Stillgruppe konnten mich locken. Diese mamihaften Frauen konnte ich nicht ausstehen, und Kaffee mochte ich auch nicht so besonders gerne. Grau ist alle Theorie, auch meine.

Unsere Gesellschaft stellt Mütter und Babys hintan, deshalb müssen wir zusammenhalten. So kommt es, daß wir plötzlich untereinander erstaunlich intim werden. Wer hätte gedacht, daß Sie, diese zurückhaltende Person, die Hemmungen hat, über ihre Schwangerschaft zu sprechen, innerhalb von neun Monaten freiweg über die Form Ihrer Brustwarzen, Ihre Beziehung zu Ihrer Mutter und die häuslichen Unzulänglichkeiten Ihres Mannes mit einem Mädchen plaudern, das Sie erst im Krankenhaus kennengelernt haben. Ganz zu schweigen davon, daß Sie Ihr einzigartiges, kostbares Baby in die Obhut dieser »wildfremden Frau« geben, um sich die Haare schneiden zu lassen.

Im Laufe der Jahre ändert sich das Bild. Die Auswahl wird größer, es gibt Spielgruppen und Müttertreffs. Allmählich lernen Sie auch die Nachteile der zwischemütterlichen Kameradschaft kennen. Die spontane Intimität zwischen zwei Frauen, deren Kinder sich unter dem Küchentisch innig umarmen, kann den Blick auf so manche Unverträglichkeit trüben. Trotzdem: Wenn Sie mit Ihrem Kind den ganzen Tag zu Hause sind, dann ist es besser, Kontakte mit einigen seltsamen Geschöpfen zu haben, als immer alleine zu sein. Jeder Mensch hat irgendwelche gute Seiten, und es hat wenig Sinn, einen Streit vom Zaun zu brechen. Soldaten, die auf engem Raum in Baracken zusammenleben müssen, wissen das ebenso wie Mütter im Gemeindesaal der Pfarrkirche, die ihren herumtobenden Kindern zusehen, während der Regen auf das Blechdach trommelt. Aber wenn die Kinder erst einmal zur Schule gehen, hören diese zweckdienlichen Freundschaften auf – hoffentlich –, und die echten haben Bestand und entwickeln sich weiter. Aber der Instinkt, jeder Frau mit einem Kind, das im gleichen Alter wie unser eigenes ist, spontan die Hand entgegenzustrecken, bleibt. Und eben dieser Instinkt kann uns manchmal ganz schön in die Irre führen.

Hier sind sechs der schlimmsten Beispiele für diese Behauptung. In manchen werden Sie sich wiedererkennen, in anderen mich: Die *tränenreiche Trixi* ist allen mühselig Beladenen eine wundervolle Labsal. Sie kümmert sich um die

Kinder, wechselt besorgt das Schloß an der Wohnungstür zum Schutz gegen den stets betrunkenen Ehemann aus, bereitet Mahlzeiten zu und lauscht mit Tränen in den Augen stundenlang der Schilderung von Katastrophen. Seltsamerweise wird sie sehr unleidig, wenn die Probleme vorüber sind, und erst da fällt Ihnen auf, daß sie in ihrem Schicksal ganz einfach nur ein Fernsehdrama mit vielen Fortsetzungen gesehen hat.

Die *Schludertrude* liebt man, weil sie noch unordentlicher ist als man selbst. Bei ihr darf der Hund die Eßteller abschlecken, ihre Kinder sind nie frisiert, sie schleppt immer noch einige Pfund Übergewicht aus der Zeit nach der Geburt mit sich herum und vergißt grundsätzlich, an welchem Tag der Elternabend in der Schule ist. Ihr Beispiel steckt an, es ist ein Leichtes, sie zu übertrumpfen. Plötzlich schwenkt das Pendel jedoch um und ehe Sie sich's versehen, landen Sie bei der *perfekten Paula*, deren Haus makellos ist. Vorhänge und Teppiche sind natürlich weiß, und die Spielsachen werden in Designerkästen aufbewahrt. Ihre Kinder verabscheuen Süßigkeiten, Kartoffelchips und alles, was der Kinderarzt nicht ausdrücklich von der schwarzen Liste genommen hat. So weit, so gut. Schwierig wird es erst, wenn sie zu Ihnen nach Hause kommt und Ihnen – ebenso beiläufig wie treffsicher – Ihre Unzulänglichkeiten an den Kopf knallt. Zum Beispiel: »Hast du vielleicht zufällig eine Nadel und einen weißen Faden bei der Hand?« oder »Gibt es hier auch ein *sauberes* Taschentuch, das ich mir ausleihen könnte?« Behalten Sie die Nerven, und geben Sie ihr alle angegrauten Taschentücher aus der Schublade. Sie werden sie blütenweiß und frisch gebügelt zurückbekommen.

Die *Gluckengerdi* ist ein schwieriger Fall. Meistens ist sie lustig, lebhaft und unbeschwert. Aber wehe, es geht um ihr Kind. Wenn es irgendeine Rauferei oder eine zerbrochene Vase gibt, dann war es auf keinen Fall ihr kleiner Liebling, nein wirklich nicht. Schlimmer noch: Es war in jedem Fall allein die Schuld *Ihres* Kindes. Dieses Urteil fällt sie unbesehen...

Das Gegenstück dazu ist die *Jammerliese*. Ihre Kinder sind

an allem schuld, an ihrer Figur ebenso wie an ihren prämenstruellen Beschwerden. Sie wirkt wie ein gefangener Vogel, der verzweifelt gegen die Bürde der Mutterschaft anflattert. Die lustig-chaotische Kleinkinderzeit ist ihr eher lästig, wie mag es da aussehen, wenn die Kinder (und die Probleme) erst größer werden? Sie strahlt Mißmut aus, und man macht sich Gedanken um die Kinder. Überflüssig – denn nachdem sie all ihr Leid bei Ihnen abgeladen hat, ist sie zu Hause wieder der reinste Sonnenschein.

Die *Schmarotzersuse* fällt einem nicht richtig lästig, denn sie gibt immer nur kurze Gastspiele. Sie schaut mal kurz vorbei, dabei fällt ihr ein, daß sie schnell noch etwas einkaufen will, läßt ihren kleinen Timmy nur für »ein paar Minütchen« da, weil er gerade »so süß mit Ihrer Kleinen« spielt, und dann ward sie für dreieinhalb Stunden nicht mehr gesehen. Bei einem knallharten Rachefeldzug versuchen Sie, Ihre kleine Germaine für zwanzig Minuten in ihrer Obhut zu lassen – Pustekuchen. Sie gibt vor, ihre Mutter wäre gerade zu Besuch, die eine panische Angst vor Nicht-Enkeln habe. Wenn Ihr Kind sich jedoch gut mit Schmarotzersuses Sprößling versteht, dann ist sie wahrscheinlich noch die Beste von allen. Sie können stundenlang ungestört Ihrer Beschäftigung nachgehen, während die Kinder friedlich miteinander spielen. Und Sie müssen nicht dauernd Kaffee trinken.

Stimmt, lauter nette Frauen. Genießen Sie ihre Gesellschaft. Es wird nicht lange dauern und Sie werden sich wieder an einem sogenannten »Arbeitsplatz« befinden, als eine von jenen heute so in Mode gekommenen Berufsrückkehrerinnen. Und wenn Sie dann wieder den ganzen Tag nur von Cashflow und Golf hören, werden Sie wehmütig an Gluckengerdi und Jammerliese zurückdenken. Mit einer Ausnahme – sie schließt den Reigen und ist mit äußerster Vorsicht zu genießen:

Die *konkurrenzlose Klara*: Ihr Baby robbte, saß, zahnte, krabbelte, stand, sprach und lief vor allen anderen. Natürlich war es auch früher sauber als alle anderen. Sagt sie. Und es ist erstaunlich sensibel, musikalisch, sportlich und in spe gesellschaftsfähig. Mit unverhohlener Mitleidlosigkeit fiebert die gesamte Nachbarschaft dem Tag entgegen, an dem der junge Viktor in die Hosen macht und seinen Lehrer beißt. Dann wird ein vielkehliger Freudenschrei aus der ganzen Nachbarschaft zu hören sein.

Der Zwang, den anderen Mamis immer eine Nasenlänge voraus zu sein, ist eine Analyse wert, besonders da er so viele an sich glückliche Augenblicke und so manche Beziehung trübt. Zwei große Laster kratzen ein wenig am hehren Bild der Mutterschaft. Das eine ist das Schuldbewußtsein, das andere ist das Konkurrenzdenken. Beide sind schon von Anfang an gegenwärtig. Die Entbindungsstationen sind voll von Frauen, die sich der Tränen nicht erwehren können, weil sie glauben, nicht richtig stillen zu können. Gleichzeitig sind sie jedoch davon überzeugt, daß ihr Baby das schönste und aufgeweckteste auf der ganzen Station ist. Die Tatsache, daß viele von uns darin keinen Widerspruch erkennen, ist der sinnetrübenden Wirkung der vermehrten Hormonausschüttung zuzuschreiben.

Mütterliche Schuldgefühle verlieren sich etwas nach den ersten paar Jahren. Das liegt wahrscheinlich daran, daß unsere Kinder, sobald sie erst einmal selbst sprechen können, ihren Müttern ohnehin so viele Vorwürfe machen, daß wir uns die Selbstvorwürfe getrost sparen können. Aber das Konkurrenzdenken bleibt uns erhalten. Vielleicht liegt das daran, daß unsere westliche Gesellschaft so viel Wert auf Karriere legt und den »Nur-Müttern« so wenig Wertgefühl angedeihen läßt, daß die nicht berufstätige Mutter gar nicht anders kann, als aus ihrem Sprößling ein preisgekröntes Produkt zu machen, und das alles nur, um das Gefühl zu haben, ein ordentliches Mitglied der Gesellschaft zu werden. (Berufstätige Mütter sind meiner Erfahrung nach viel weniger auf dieses Konkurrenzstreben fixiert. Sie sind wahrscheinlich damit schon ausreichend in ihren Büros konfrontiert.) Bei den meisten von uns treibt das Konkurrenzdenken erstaunliche Blüten.

Und während es für kleinere Kinder noch völlig egal ist – was kümmert es ein Baby, ob das gleichaltrige Kind in der

Nachbarschaft mehr oder weniger Zähne hat als es selbst? –, werden die schrecklichen Ellenbogenmamis später wirklich eine Pest. Ganz normale, freundliche Frauen versprühen mit einem Mal wohldosiertes Gift. *»Oh, Jamie geht wirklich in diese Spielgruppe? Na ja, wir haben uns das auch angesehen, aber das war nichts für Viktor. Natürlich ist die ewige Fahrerei kein reines Vergnügen, aber seit er in der Vor-vor-vorschule von St. Blasius ist, ist er nicht mehr wiederzuerkennen. Das Leseprojekt ist wirklich unglaublich, er kann gar nicht genug davon kriegen.«* Sie schnappen nach Luft, atmen einmal tief durch und holen zum Gegenangriff aus. *»Ach wie schön für ihn und wie tröstlich für Sie, besonders wo er doch etwas schüchtern ist.«* Viktors Mutter erkennt ihren taktischen Fehler und schwenkt um. *»Oh, die Bücher sind nur für die stillen Stunden, die er im Haus verbringen muß. Im übrigen ist er ganz verrückt nach Tennis, und der Trainer für ihn war wirklich eine vernünftige Investition.«* Geschlagen sinken Sie in die Seile und sinnen auf Rache wie ein vielgeplagter Medienmogul, dessen Auflagen massive Einbußen erlitten haben. Die Kinder selbst sind natürlich nette kleine Jungs, deren Interesse sich spätestens alle vierzehn Tage genau ins Gegenteil verkehren. Wenn sie meinen, sich vor ihren Spielkameraden beweisen zu müssen, dann tun sie das auf ihre kindliche, geradlinige Art und Weise. Für sie ist das alles kein Problem. Für ihre Mütter schon.

Der Leiter einer Volksschule erzählte mir einmal, daß er absichtlich dazu übergegangen sei, mehrere Leselernmethoden quasi parallel im Unterricht zu verwenden. Das hatte keinerlei pädagogischen Grund. Er war einfach den gestrengen Blick ehrgeiziger Mütter leid, die sich ewig bei ihm beklagten, daß ein anderes Mädchen in der Parallelklasse schon eine Lektion weiter sei, und ob er dafür einen triftigen Grund nennen könne. Zumal beide Mädchen der gleiche Geburtsjahrgang seien. Noch während er beruhigend auf die aufgebrachte Mutter einredete, wußte er, daß ihr das Blut noch mehr in den Kopf steigen würde, wenn sie erführe, daß Jackie im Weihnachtsspiel die Jungfrau Maria spielen dürfe, während Rowanne nur ein kleiner Engel im Chor sein würde. Auch zu Hause macht Rowannes Mutter einem Industriespion alle Ehre. Was, Jackie hat keine Stützräder mehr an ihrem Rad? Gut, auch bei Rowanne werden sie daraufhin sofort abmontiert, und die pummelige kleine Rowanne quält sich danach eine ganze tränenreiche Woche mit aufgeschlagenen Knien und Ellenbogen herum. Jackie geht mit den neuen Legwarmers zur Ballettstunde? Rowanne, hol' deinen Mantel. Wir lassen dir ein Tütü anmessen. Und zieh' deinen Bauch ein, Liebes. Die beiden Mütter tun so, als wären sie die besten Freundinnen. Und wenn sie sich beim Einkaufen sehen, strahlen sie sich mit blitzenden Zähnen an.

Auch Väter sind von diesem Verhalten nicht ausgenommen, besonders wenn der Schulsporttag naht. Wehe dann dem leicht verwirrten Fünfjährigen, der in die falsche Richtung losspurtet, dem unsportlichen Sechsjährigen, der beim Sackhüpfen nicht schnell genug in den Sack hineinkommt, dem poetischen Träumer, der fasziniert einen Meter vor der Ziellinie stehenbleibt, während die Mitkonkurrenten an ihm vorbeidonnern. Innerhalb von Sekunden wird Daddy sich an sein Autotelefon hängen und einen Leichtathletiktrainer für seinen Sohn herbeizitieren.

Nun gut, ich übertreibe. Aber nur ein bißchen. Immer wieder begeben sich viele Tausende von uns – aus Unsicherheit oder aus Angst – freiwillig in irgendwelche unsinnige Wettbewerbssituationen. Wir werden niemals gewinnen. Übertriebener Stolz auf die Leistungen unseres eigenen Kindes sind kein Zeichen von Liebe, sondern deuten nur auf mangelnde Liebe. Anstatt nach Erklärungen zu suchen, warum wir unser Kind so sehr lieben (weil es musikalisch ist, schneller lesen kann, früher Zähne bekommen hat, intelligenter oder stärker ist), sollten wir uns klarmachen, daß wir ihm so sehr zugetan sind, weil er eben *unser* Kind ist. Sehen Sie sich einmal wirklich bewundernswerte Eltern von schwer behinderten Kindern an. Diese Kinder werden nie mit anderen in einen Wettstreit treten können. Entschuldigen sich etwa diese Eltern ständig für ihre Kinder oder brüsten sie sich damit, daß ihr Kind größere Fortschritte macht als das andere schwerbehinderte Kind in der Nachbarschaft? Natürlich tun sie das nicht. Sie lieben sie einfach und helfen ihnen auf ihrem schweren Weg. Sie haben – sicher nicht ohne Schmerzen – gelernt, daß es auf Individualität ankommt. Diese Haltung stünde uns Eltern gesunder Kinder auch nicht schlecht an.

Das Zeitalter der Disziplin dämmert herauf: Vernunft, Ohrfeigen und Selbstverteidigung

Vor diesem Kapitel hätte ich mich am liebsten gedrückt – wirklich. Mit dem Wort »Disziplin« kann man Eltern ganz schnell erzürnen, verunsichern oder auf die Palme bringen. Sie halten wahrscheinlich Ihr Kind entweder für hoffnungslos verzogen oder für unnatürlich unterdrückt. Und sie denken das gleiche von den Kindern der anderen.

Denn schließlich gibt es viele Spielarten des Familienlebens. Nehmen wir einmal irgendeine x-beliebige Straße: Herr und Frau Sorgsam achten immer darauf, daß ihre Kinder sich schriftlich für Geschenke bedanken, ihren Spinat aufessen, aufstehen, wenn ein Besucher den Raum betritt, und pünktlich um sieben Uhr das Licht ausmachen. Die Kinder dürfen nicht mit den Schuhen auf das Sofa, auch nicht mit Hausschuhen. Die Kinder der Nachbarsfamilie Sorglos flitzen prinzipiell mit ungekämmten Haaren herum, turnen mit Gummistiefeln auf den Möbeln herum, gehen zu Bett, wann es ihnen paßt, und beschimpfen ihre Eltern. Sie sind jedoch eifrige Leser und sehr musikalisch. Wieder ein Haus weiter wohnt die Familie Verdrießlich. Auch deren Kinder gehen ins Bett, wann sie wollen, essen nie bei Tisch, sondern ernähren sich von Kartoffelchips und Wurstsemmeln und spielen mitten auf der Straße mit einem selbstgebauten Gocart, dessen Räder den Kinderwagen der Umgebung in den letzten sechs Monaten abhanden gekommen waren.

Die Hackordnung ist hier komplizierter, als man auf den ersten Blick annehmen möchte. Ganz offensichtlich sind für Herrn und Frau Sorgsam die beiden anderen Familien indiskutabel. Andererseits gibt es in ihrer Familie oft Ohrfeigen, was wiederum die Familie Sorglos zutiefst entsetzt. In der Familie Sorglos kennt man keine Ohrfeigen, und die Kinder dürfen auch niemanden schlagen. Das ist die einzige, feste Grundregel in ihrem chaotischen Künstlermilieu. Herr Sorgsam ist dafür, daß die Kinder sich tatkräftig zur Wehr setzen – »Sie müssen lernen, auf eigenen Füßen zu stehen«, sagt er.

Die Familie Sorglos rümpft die Nase, vor allem über Familie Verdrießlich, weil deren Kinder viel zu viel fernsehen und mit Blechdosen auf der Straße kicken. Die Verdrießlichs wiederum verachten die Kinder der Sorgsams, weil sie petzen, und sie rümpfen die Nase über die der Familie Sorglos, weil sie unanständige Worte benützen. Die Verdrießlich-Kinder haben allerdings das Herz auf dem rechten Fleck. Sie waren die einzigen, die neulich für das Kinderhilfswerk gesammelt haben. Die Sorgsams hatten Bedenken, ihre Kinder könnten zu müde werden, und die Familie Sorglos hatte das Datum vergessen. Allen sechs Eltern gemeinsam ist nur die tiefe Verachtung für die Familie Neureich, die in dem großen Haus ein Stück weiter oben wohnt, weil sie die leidige Frage der Kindererziehung auf ein bezahltes Kindermädchen und ein teures Internat abgeschoben haben. Natürlich sind die Neureichs der Meinung, die drei anderen Familien zögen sich eine schreckliche Brut von Rowdys heran.

Wer kann also bei so unterschiedlichen Lebensstilen schon sagen, was unter »Disziplin« zu verstehen ist? Und wie früh sollte begonnen werden? Es gibt immer noch verzopfte, autoritäre Hebammen und Kindermädchen, die allen Ernstes daran glauben, man könne ein neugeborenes Baby disziplinieren – »halten Sie sich an den Vierstundenrhythmus, und lassen Sie sie schreien, meine Liebe, sie muß lernen, wer hier der Herr im Hause ist«. Auch regelmäßige Schläge für Kinder unter zwei sind durchaus an der Tagesordnung (obwohl sie sinnlos und brutal sind). Sie und ich wissen, daß das falsch ist. Aber wir kennen auch alle die ängstliche Familie, in der das »Füttern auf Verlangen« Jahr um Jahr weitergeführt wird, bis es schließlich auch noch Aufräumarbeiten nach mitternächtlichen Teenagerpartys und die selbstverständliche Überlassung des Familienautos an fünf Tagen der Woche einschließt. Das wollen wir nun wieder nicht. Andererseits wollen wir aber auch nicht gefühllos-sture Feldwebel sein, oder? Schließlich sind wir eine Familie und nicht die chinesische Armee.

Das Wort »Disziplin« selbst ist schon eine Falle. Die Politiker werfen es uns an den Kopf, wenn nur einmal eine Bierdose von der Fußballstadiontribüne aufs Spielfeld geschleudert wird. »Keine Disziplin zu Hause gelernt«, heißt es dann. Andererseits predigen ernstzunehmende Lehrer immer wieder das alte Lied, man solle die Kinder »zur Selbstdisziplin anhalten, anstatt ihnen strengen Gehorsam aufzulegen«. Väter kommen entnervt von der Arbeit nach Hause und beklagen lautstark, das Kind »hätte noch nie etwas von Disziplin gehört«, wenn der Fünfjährige partout wieder einmal nicht ins Bett gehen will. Und bei all dem geht uns die Geschichte aus dem alten Kinderbuch nicht aus dem Sinn, in dem zwei kleine Jungs stundenlang in einem dunklen Schrank eingesperrt waren, weil sie nicht folgen wollten.

Aber lassen Sie uns nun einmal das Wort »Disziplin« ohne negativen Beigeschmack betrachten. Es hat etwas mit Ordnung zu tun, es bezeichnet die Fähigkeit des einzelnen, sein Verhalten in bestimmte geordnete Bahnen zu lenken. Das muß gelernt werden. Es kann kein Zweifel daran bestehen, daß Disziplin der Verhaltensbereich ist, der von außen auferlegt wird, auch wenn dies durchaus sanft geschehen kann und sollte. Es ist nicht dasselbe wie die natürliche Freundlichkeit, die Ruhe oder die interessierte Versunkenheit in eine Aufgabe, die wir oft bei Kindern beobachten können. Ein schüchternes Kind bleibt nicht etwa auf der Straße bei seiner Mutter, weil es diszipliniert ist. Andererseits verdient ein Kind, das furchtlos und neugierig ist und trotzdem gelernt hat, nicht gleich loszuspuren, höchste Anerkennung und Belohnung. Ein ohnehin ruhiges Kind ist nicht notwendigerweise besonders »brav«, wenn es während einer langen Bahnfahrt stundenlang Bilder malt. Es ist auch nicht besser oder schlechter als der Bengel vom Abteil nebenan, der ununterbrochen den Gang auf- und abläuft und die Sitze auf Trampolintauglichkeit testet. Die beiden Kinder haben einfach unterschiedliche Charaktere und werden beide noch früh genug lernen müssen, die Instinkte, die ihnen die Natur mitgegeben hat, zu kontrollieren. Disziplin wird den kleinen Bücherwurm in die frische Luft hinaustreiben, damit er etwas Bewegung bekommt; und Disziplin wird den kleinen Vagabunden auch zum Stillsitzen zwingen, damit er seine Hausaufgaben erledigt.

Bestimmte Regeln zu befolgen, ist nur ein Teil des Ganzen. Regeln sind notwendig für das Zusammenleben in einer Gesellschaft und zur Sicherheit des einzelnen. Aber echte Selbstdisziplin geht tiefer. Wir sprechen hier von einem Lernprozeß, der drei Dinge beinhaltet: Selbstbeherrschung, Rücksicht auf andere und warten können auf das, was man möchte. »Verzögerte Befriedigung« nennen die Psychologen das. Ein Neugeborenes weiß davon noch nichts. Es brüllt, wenn es hungrig ist oder sich nicht wohl fühlt, und es ist ihm völlig egal, daß es drei Uhr früh ist. Es kann nicht warten. In den nächsten fünf oder sechs Jahren wird es diese brüllende Selbstsüchtigkeit aufgeben müssen, und Sie werden ihm dabei helfen. Aber wo fängt man an, und wie? Die meisten Eltern haben keine Erfahrung, wie man anderen die Grundbegriffe der Disziplin beibringt, es sei denn, sie waren Lehrer, Pfadfindergruppenführer oder Feldwebel. Sie lieben einfach ihren kleinen Sonnenschein über alles und ertragen es nicht, ihn traurig zu sehen.

Ist das Kind unter zwei Jahre alt, hat es keinen Sinn, böse zu werden. Sie nehmen einfach dem Kind das verbotene Ding zum hundertsten Mal weg. Wenn jedoch der Zeitpunkt gekommen ist, an dem Ihr Kind zur Steckdose geht und dabei einen Blick über die Schulter riskiert oder sogar kichert, dann dürfen Sie schon einen schärferen Ton anschlagen. Gewaltanwendung ist unnötig. Ein ernstes, lautes »NEIN!« wirkt auf ein Kind, das liebevolle Zuneigung gewohnt ist, wie eine Ohrfeige. In diesem Stadium etwa beginnt auch die lebenswichtige Lektion der verzögerten Befriedigung. Ein Kind lernt, daß es auf sein Abendessen warten muß, weil Sie es noch zubereiten. Auch hier ist es oft ziemlich schwer abzuwägen, ob es angebracht ist, ein Kleinkind, das nach seinem Essen quengelt, zusammenzustauchen. Denn einerseits könnte es ja wirklich schrecklich hungrig und dadurch völlig aus der Fassung sein, und bei einer anderen Gelegenheit will es vielleicht nur seine Macht ausprobieren. Im ersten Fall kann es schlimme Folgen haben, wenn Sie ausrasten. Es jagt dem Kind einen Schrecken ein, ohne es etwas zu lehren. Sie müssen also eine Engelsgeduld aufbringen, auch wenn das bedeuten kann, daß Sie einfach aus dem Zimmer gehen und die Katze mit üblen Flüchen bedenken müssen. Wird es erst einmal ganz offensichtlich, daß das Kind Sie ganz bewußt austricksen will – normalerweise ab drei Jahren – dann schadet es meiner Meinung nach nichts, auch gelegentlich laut zu werden. Irgendwann müssen unsere Kinder lernen, daß auch ihre Mütter Gefühle haben. Aber schmollen sollten Sie nie. Kleine Kinder vergeben und vergessen innerhalb von Sekunden, und so müssen Sie das auch halten. Wie oft tönte fast in einem Atemzug durch unser Haus... »HALT' DEN MUND! Komm' Kleines, hinein in die Badewanne, so ist's brav!«

Es erleichtert den Disziplinierungsprozeß, wenn Sie sich die Mühe machen zu erklären: »Wir können jetzt nicht mehr zum Spielplatz gehen, weil der Installateur kommt. Wenn er nicht kommt, haben wir kein heißes Wasser zum Baden. Und das brauchen wir, denn sonst werden wir so schmutzig, daß wir krank davon werden«, usw. usw. Nützlich ist auch darauf hinzuweisen, daß *alle* Menschen sich bestimmten Regeln unterwerfen müssen, eine Tatsache, die das Kind nicht wissen kann, ehe es zur Schule geht. Die meisten Vierjährigen sind fasziniert von Gesetzen, Polizei und Gefängnissen und finden es toll, daß auch ihre mächtigen Eltern sich unterordnen müssen. So ganz nebenbei können Sie auch eine Begründung für etwas einfließen lassen, das Sie selbst nicht sonderlich gerne tun, aber womit Sie jemand anderem helfen: »Ach ja, wir wollten den schweren Wäschekorb für Mrs. Biggs von nebenan zum Waschsalon bringen, es geht ihr nicht so gut.« Oder: »Wir sollten jetzt unseren ganzen Picknickabfall zusammensuchen. Es wäre ja gar nicht schön, wenn andere Leute ihn fänden.« Dafür braucht es allerdings schon ein wenig diplomatisches Geschick, ansonsten bekommt Ihr Kind den Eindruck, alle anderen Leute seien nur unangenehme Plagegeister. Dazu fällt mir der alte Scherz ein: »Gott hat uns zur Erde geschickt, damit wir anderen helfen. Warum er die anderen geschickt hat, weiß nur er allein.«

In allen Entwicklungsphasen zahlt es sich aus, sein Kind

gut zu kennen. Mein Sohn machte zum Beispiel mit vier Jahren eine Zeit durch, in der er jedesmal, wenn wir ihm etwas verboten haben, wütend »ihr Blödmänner« schrie, aus dem Zimmer stürmte und die Tür hinter sich zuknallte. Ein älteres Kind hätten wir sehr wohl zurückgeholt und ihm eine Entschuldigung abverlangt (»So spricht man nicht mit seinen Eltern!«). Aber in unserem Fall unterwarf sich ein sehr kleines Kind einem Verbot, steckte zurück und ließ dann plötzlich auf die einzige Weise, die es kannte, Dampf ab. Also beschlossen wir, die Blödmänner zu überhören.

Im Grunde genommen ist die einzige Art von Disziplin, die man haben sollte, die Selbstdisziplin. Denn sind die als Bremsklötze fungierenden Eltern erst einmal weg, dann gerät ein Kind ohne Selbstdisziplin oftmals sehr leicht aus den Fugen. Die Kinder aus ganz gestrengen Elternhäusern kennen häufig keine Grenzen mehr, wenn Vater, Mutter, Kindermädchen oder Lehrer außer Sichtweite sind. Selbstdisziplin ist der einzig verläßliche Kontrollmechanismus. Damit sie funktioniert, muß erst das Konzept der »verzögerten Befriedigung« verarbeitet werden. Das ist heute, in unserer Wohlstandsgesellschaft, besonders schwer zu vermitteln. Ständig werden die Erwachsenen von Kreditgesellschaften und Geschäften umworben, doch »nicht mehr länger zu warten«. Doch irgendwie ist es für Sie als Eltern eine moralische Verpflichtung, Ihrem Kind beizubringen, daß man nicht immer alles gleich haben kann und sollte. Das muß nicht auf repressive Weise erfolgen. Das gute alte Prinzip des »guten Benehmens« hat nichts von seiner Wirksamkeit verloren. Jedesmal, wenn ein Kind sich ein Stück Schokolade für später aufhebt oder geduldig auf seine Geburtstagsüberraschung wartet, sollten Sie es dafür und für seine Ausdauer loben. Wenn es dann noch mit einem anderen Kind teilt, dann können die Loblieder gar nicht laut genug ausfallen (aber singen Sie erst später, wenn Sie mit Ihrem Kind allein sind).

QUENGELN. Jammern, winseln, quengeln. Nennen Sie es, wie Sie wollen – ein Ärgernis ist es allemal. Für Quengeleien kann jeder Mutter oder jedem Vater eher einmal die Hand ausrutschen als für viel schwerere Vergehen. Schon wenn die Kinder noch sehr klein sind, muß man anfangen, gegen die weinerliche Quengelstimme zu Felde zu ziehen. Freundlich bittet man sie, ihr Anliegen noch einmal vorzubringen. Selbst wenn Sie damit konsequent schon anfangen, solange das Kind noch zwei Jahre ist, werden Sie mit dem Quengeln einige Jahre leben müssen. Die Schwierigkeit bei der Therapie besteht darin, daß es Sie ganz persönlich auf die Palme bringt. Der Taktik mit der vertauschten Persönlichkeit des Kindes kann ich nichts abgewinnen: »Oh, wo ist denn mein Timmy? Statt dessen ist hier ein schrecklicher kleiner Junge, der ständig quengelt. Ach, wenn doch mein Timmy wieder zurückkäme...« Irgendwie ist mir diese Strategie unheimlich. Jedoch habe ich mitunter schon schöne Erfolge erzielt mit der Behauptung, meine Ohren wären mit »Quengelfiltern« ausgestattet, die bewirken, daß ich Forderungen, die mit jammerndem oder aggressivem Unterton vorgebracht würden, einfach nicht hören könne. Wenn Sie dazu noch ziemlich überzeugend schauspielern können, wird es Ihr Kind zumindest halbwegs glauben. Es weiß zwar, daß das nicht stimmen kann, handelt aber so, als wäre es tatsächlich so. Es ist auch ein Spaß und hält Sie davon ab, zu wenig sozialen Mitteln wie Bestrafungen oder Anbrüllen zu greifen.

ESSEN. Wenn es in diesem Bereich eine wahrhaft nutzlose Schlacht gibt, dann ist es die mit dem »Aufessen«. Essen sollte nicht eine Angelegenheit von Wohl- oder Unerzogenheit sein. Es dient einzig und allein der Energiezuführung oder dem Vergnügen. Kinder benützen seltsame Eßgewohnheiten, um Eltern zu ärgern, aber sie haben auch ganz bestimmte Abneigungen und Vorlieben. Wie auch immer, lassen Sie sich nicht zu einer Provokation hinreißen. Ein Stück Brot mit Erdnußbutter und danach Obst – das ist eine ausgewogene Mahlzeit. Und in der Richtung gibt es noch viele andere Möglichkeiten. Die einzigen Grundregeln, für die sich ein Einsatz lohnt, sind: keine leeren Kalorienbomben zwischen den Mahlzeiten außer an besonderen Tagen, und Nachtisch und Süßigkeiten erst nach Eiweiß und etwas Grünem. Versuchen Sie den lauten Aufschrei zu unterdrücken, wenn sich Ihr Kind bei einem Freund gierig auf das Fleisch und die Gemüsebeilagen stürzt, die es zu Hause nicht anrühren würde. Versuchen Sie wegen der auf Festen und auf Ausflügen angebotenen Müllnahrung nicht gleich hysterisch zu werden. In 99 Prozent der Fälle richtet ein gelegentlicher diesbezüglicher Ausrutscher keinen bleibenden Schaden an, auch wenn Ihnen beim Anblick der leuchtendorangen Mundumrandung Ihres Kindes schier die Galle hochkommt.

OHRFEIGEN. Hier scheiden sich die Geister. Einige Länder verbieten die körperliche Züchtigung der Kinder durch die Eltern. In England wird heftig darüber diskutiert, ob wir dem Beispiel folgen sollten. Einigkeit auf breiter Front – ein paar verrückte alte Verfechter der Prügelstrafe ausgeschlossen – herrscht darüber, daß man Babys und Kleinkinder niemals schlagen sollte, daß es auch bei größeren Kindern nie über einen festen Klaps hinausgehen sollte, und daß man ein Kind nie, unter keinen Umständen, mit der Hand oder irgendeinem Gegenstand – Stock, Löffel oder Riemen – auf den Kopf schlagen sollte. Aber auch die Stimmen, daß jede »körperliche, gewalttätige Handlung« gegen ein Kind strafbar sein sollte, werden immer lauter. Ich habe zu diesem Thema einige Interviews geführt und herausgefunden, daß die Befürworter dieser Idee immer Eltern halbwüchsiger oder bereits erwachsener Kinder mit einem schlechten Gedächtnis sind. Wenn ich versucht habe, ihnen das Zusammenleben mit einem aufsässigen Vier- bis Fünfjährigen wieder zu vergegenwärtigen, sah ich nur Unverständnis in ihren Gesichtern. Aber die Argumente waren nichtsdestotrotz interessant.

Die Hauptargumente gegen die Ohrfeigen waren:

- Es nützt nichts.
- Es verführt zu härteren Maßnahmen, vielleicht sogar zu Kindesmißhandlung.
- Es ist viel symbolischer für eine negative Grundhaltung gegenüber Kindern, nämlich daß sie nicht die vollen Menschenrechte haben. Wir züchtigen ja auch Gefangene und Mörder nicht mehr körperlich.

Als Alternative schlagen sie vor, mit dem Kind vernünftig zu reden oder es »einfach links liegenlassen« – ein wahrhaft arroganter Gedanke.

Die Argumente für eine gelegentliche Ohrfeige waren:

- Es hilft manchmal wirklich.
- Es muß nicht unbedingt zu härteren Maßnahmen führen. Auf tausend Familien, in denen Kinder gelegentlich eine Ohrfeige bekommen, kommt vielleicht eine, in der es zu anderen Gewalttaten kommt.
- Katzen tun es mit ihren Jungen. Das soll nur beweisen, daß es so instinktiv und natürlich ist wie eine Umarmung. Und die Kinder lernen daraus, daß sie es eben einfach zu weit getrieben haben.

Die Ohrfeigenbefürworter weisen auch darauf hin, daß das »vernünftige Zureden« in eine unbarmherzige Nörgelei ausarten kann, und daß das »Linksliegenlassen« alle möglichen Spielarten von eiskalten, subtilen Grausamkeiten in sich birgt. Ich erinnere mich an eine Geschichte, in der eine böse Tante vorkam. Jedesmal, wenn ein Kind ungezogen gewesen war, dachte sie sich eine besonders schöne Belohnung für die anderen aus, von der dann der kleine Übeltäter ausgeschlossen wurde. Kinder sind impulsive, aufregende Geschöpfe, und Lynette Burrows vertritt die Ansicht, das »kurze, dramatische Ereignis eines unerwarteten Klapses« bringe sie schneller wieder zur Vernunft als ewiges Gekeife. Meine Kinder haben ab und an eine Ohrfeige bekommen, deren Hauptvorteil ich darin sehe, daß eine unliebsame Episode dadurch zu einem schnellen Ende gebracht wurde und die Luft wieder rein war wie nach einem Gewitter. »Du sollst deine Schwester *nicht* knuffen und andere Leute *nicht* anspucken«, begleitet von einem Klaps auf den Hintern ist manchmal eine bessere Lösung als: »Also nun hör' mir mal zu: Du weißt doch, daß du deine Schwester nicht knuffen sollst – was würdest du sagen, wenn sie es bei dir täte? Sie hat es getan? Und dir dein Auto weggenommen? Nun, sieh' mal, sie ist viel kleiner als du, und du hättest es mir sagen sollen, anstatt sie mit dem Fuß zu treten... Nein, du sollst sie nicht anspucken, das ist nicht nett – nein, ist es nicht, werde jetzt bloß nicht frech, sonst gibt es heute keinen Nachtisch – Frederick, so etwas darfst du nie wieder zu deiner Mutter sagen. Geh' jetzt sofort in dein Zimmer.« Wenn Frederick sich dann noch weigert, in sein Zimmer zu gehen, dann wird seine Mutter noch ein wenig lauter werden oder ihn mit Gewalt dorthin bringen müssen (aber denken Sie daran, jede Art von Einschränkung wird gar nicht gerne gesehen). Bis zum Mittagessen ist die Missetat längst vergessen, und der Entzug des Nachtischs mag dann als eine wahrhaft drakonische Maßnahme erscheinen. Den ganzen Tag wird daraufhin ein ungutes Gefühl in der Luft hängen. Hätten Sie Ihrem Sohn, aufgebracht wie Sie in Ihrem ersten Zorn waren, hingegen einen Klaps verpaßt (und ihm sein Auto zurückgegeben, das ihm seine hintertriebene Schwester geklaut hat), dann wäre die ganze Angelegenheit in ein paar Sekunden vorbeigewesen. Gut, Sie hätten seine Menschenwürde angekratzt, aber zumindest hätte er sich ein für allemal gemerkt, daß Treten und Spucken mit einem Verlust an Menschenwürde verbunden ist.

Aber was immer Sie von der eben beschriebenen Situation halten – es gibt natürlich noch mindestens ein halbes Dutzend andere Möglichkeiten, sie zu meistern –, wirklich negativ haben sich die Ohrfeigengegner lediglich auf das ohnehin schon geringe Selbstwertgefühl der Mütter ausgewirkt. Ganz ehrlich gesagt, hin und wieder rutscht uns einfach mal die Hand aus. Entweder signalisiert uns unser Instinkt, daß es richtig ist, oder aber wir sind so ausgelaugt, daß wir unseren Gefühlen einfach freien Lauf lassen müssen. Wenn dann aber angesehene Kindererziehungspäpste uns vorwerfen, Ohrfeigen seien etwas ganz Verworfenes und würden automatisch zu Kindesmißhandlungen führen, dann geraten wir natürlich in Panik. Unsere Instinkte funktionieren nicht mehr! Wir sind schlechte Mütter! Irgendwie hatten wir es ja schon immer gewußt, schon vom allerersten Augenblick an, als aus der natürlichen Geburt plötzlich eine Zangengeburt wurde. Wir sind grausame alte Vetteln, die nur durch strenge Gesetze unter Kontrolle gehalten werden. In unseren kalten, nordischen Kulturkreisen bedarf es nur sehr wenig, um Müttern ein tiefes Gefühl der Unzulänglichkeit zu geben. Meiner Erfahrung nach ist die Zeitspanne, in der es in normalen, liebevollen Familien zu Ohrfeigen kommt, sehr kurz – etwa, wenn die Kinder zwischen drei und fünf sind. Ist das Kind älter, hat es seine

Menschenwürde zusätzlich gefestigt. Dann zögert man schon eher, sie mit einer Ohrfeige zu erschüttern. Wenn Ihnen bei einem siebenjährigen Kind noch immer die Hand ausrutscht, dann sollten Sie einmal eingehend über sich selbst nachdenken. Denn schließlich ist das Kind in diesem Alter durchaus schon Vernunftgründen oder kleinen Bestechungstricks zugänglich. Sie können ihm Vorrechte entziehen, ohne wirklich unfair zu sein, einfach weil das Kind schon ein besseres Gedächtnis hat. Sobald meine Kinder Taschengeld bekamen, habe ich mit großem Erfolg auch Strafgebühren eingeführt (Treten und Spucken werden derzeit mit fünf Pence belegt. Natürlich bin ich nicht herzlos. Die fünf Pence kann man durch Hilfsbereitschaft, Freundlichkeit und Rücksichtnahme zurückbekommen).

Es gibt noch viele andere, eher unerfreuliche Bestrafungsmaßnahmen: Fernsehentzug, Streichung des Lieblingsgerichts, Zimmerarrest, Besuchsverbot für Freunde usw. Das einzige, was man bei jeder Art von Bestrafung unter allen Umständen verhindern sollte: ESKALATION. Menschliche Konfliktsituationen tendieren leider dazu, sich enorm auszuweiten, wenn nicht einer der Betroffenen einen klaren Kopf behält. Passiert das nicht, dann können tatsächlich aus einer banalen Ohrfeige Kindesmißhandlungen werden, aus vernünftigen Erörterungen seelische Grausamkeiten. Normalerweise lassen es Eltern gar nicht so weit kommen. Erst wenn sie ihre Macht als Eltern benützen, um ihren Gefühlen freien Lauf zu lassen, die mit dem Kind gar nichts mehr zu tun haben, passieren die Katastrophen. Denken Sie immer daran: KEINE ESKALATION. Packen Sie sich selbst am Schopf, wenn Sie alleine sind oder sich so fühlen; wenn die tadelnden Vorwürfe sich schon über einen halben Tag hinziehen und Ihre Stimme dabei immer lauter wird; wenn das Taschengeld schon auf Wochen voraus mit Strafen belegt ist; wenn Ihnen die Hand unvermutet ausrutscht, noch ehe Sie sich ein Bild von dem Fall gemacht haben.

Gehen Sie aus dem Zimmer, bürsten Sie Ihr Haar, tun Sie sich irgend etwas Gutes. Schauen Sie sich ein Photo des kleinen Quälgeistes an aus der Zeit, als er noch ein süßes Baby war. Und weinen Sie, wenn Ihnen danach zumute ist. Dann machen Sie sich klar, wie gut Sie bisher alles geschafft haben. Sie haben ein gesundes, liebes, gescheites und trotziges Kind. Selbst der Trotz ist ein Zeichen von liebevoller, gewaltfreier Erziehung.

Und wenn Sie dann dermaßen geläutert sind, denken Sie auch daran: Liebe ist besser als Gerechtigkeit. Eine Bestrafung, die aus Gründen der Liebe nicht stattfindet, bedeutet nicht, wie manche gerne behaupten, ein Kind zu verziehen. Im Gegenteil, das kann zur allerbesten Lektion werden. Es macht nichts, daß das kleine Teufelchen ungeschoren davonkommt, obwohl es in einem Wutanfall den Badezimmerspiegel zertrümmert hat, ein nagelneues Buch zerfetzt oder Sie zum fünfzehnten Mal eine dumme Kuh genannt hat. Nach einem kräftigen Donnerwetter sollten Sie manchmal auch Größe zeigen und Ihren Groll mit einer Umarmung und einem befreienden Lachen begraben. Ja, Sie könnten sich sogar für Ihren Wutausbruch entschuldigen. Wie sonst sollte ein Kind lernen, es ebenso zu machen?

Fernsehen: Gibt es ein Gegengift?

Es gibt kaum eine schrecklichere Vorstellung für engagierte Eltern, als der Anblick eines intelligenten, aufgeweckten, gutherzigen, vielseitig interessierten Kindes, das fasziniert vor der Glotze sitzt und sich einen hanebüchenen Schwachsinn ansieht. Heutzutage sitzen die Kinder viel zu lange vor dem Fernseher, manchmal vier bis fünf Stunden pro Tag, oft sogar länger, und bei dem Gedanken ist uns allen nicht wohl. Resigniert hat man sich inzwischen damit abgefunden, daß Teenager den ganzen Tag vor dem Fernseher lungern und sich jeden Schrott »reinziehen«, während draußen die Sonne vom strahlendblauen Himmel lacht. Das gehört nun einmal zum geheimnisvollen Prozeß der Pubertät in unserer Zeit. Aber ein Fünf- oder Sechsjähriger, der wahllos jeden banalen oder gewalttätigen Quatsch über sich ergehen läßt, ist wirklich ganz entsetzlich.

Was also ist zu tun? Besonders wenn Sie ein Vater sind. Sie werden über die Tatenlosigkeit Ihres Sprößlings immer wütender und stürzen schließlich mit den Worten »Schalt' endlich den Schwachsinn ab!« ins Zimmer, worauf sie ein vorwurfsvoll schmollender Blick trifft. Mit Recht werden Sie als verständnisloser Haustyrann bezeichnet. Zu allem Übel sahen Ihre Kinder wahrscheinlich sogar einen exzellent gemachten Dokumentarfilm über Meeresvögel, auch wenn sich zuvor fünfunddreißig Minuten lang amerikanische Superhelden mit obszönen Ausbuchtungen im Namen der intergalaktischen Bruderschaft bekriegten. Bei dieser Sendung haben Sie nicht eingegriffen, weil Sie gerade ein schwieriges Problem am Telefon erörterten und Ihnen die entfernten Raumschiffgeräusche immer noch lieber waren als ein quengelndes »mir ist langweilig, was soll ich tun?« direkt an Ihrem Ohr. Das ist keine Entschuldigung. Was Ihnen fehlte, was uns allen immer fehlte, waren klare Richtlinien.

Hier dazu ein paar Tips. Einige stammen aus Familienbesitz, einige sind geliehen. Suchen Sie sich aus, was Sie brauchen können, und halten Sie sich dran:

- Akzeptieren Sie zunächst einmal, daß Fernsehen in Grenzen gut ist für Kinder. Es gibt Fernsehfilme, Geschichten, Dokumentarfilme, gut gemachte Zeichentrickfilme und Kindernachrichtenprogramme, die sich durchaus positiv auf die Erziehung Ihrer Kinder auswirken. Teilen Sie Ihren Kindern mit, welche Sendungen Sie gut finden, schauen Sie selbst auch manchmal zu und äußern Sie sich dazu. Es hat wenig Sinn, das Fernsehen nur als Missetäter zu betrachten und es in Grund und Boden zu verdammen. Wenn Sie die guten Seiten anerkennen, haben Sie auch schon den ersten Schritt getan, die schlechten oder banalen abzulehnen.
- Machen Sie es von Anfang an zu einer unumstößlichen Grundregel, daß die Kinder den Fernseher nach Beendigung des Programms ausschalten und über die Sendung diskutieren. Selbst wenn unsere Kinder zwei aufeinanderfolgende Programme sehen dürfen, schalten sie dazwischen kurz ab. Auf diese Weise behandeln Sie das Fernsehen wie ein Buch oder eine ordentlich servierte Mahlzeit, als etwas, mit dem man bewußt umgeht, anstatt es gedankenlos und unablässig zu konsumieren.
- Wenn Sie es irgendwie schaffen, sollten Sie sich einen Videorecorder zulegen. Nehmen Sie Kinderprogramme auf und archivieren Sie sie. Es schadet den Kindern nicht, ein Programm zwei- oder dreimal zu sehen. Das schärft den kritischen Blick. Selbst ein fünfjähriges Kind wird plötzlich darüber nachdenken, wie es kommt, daß sich die Puppen bewegen, oder warum ein Lied an einer ganz bestimmten Stelle des Stücks gespielt wird. Eine neue Generation von kritischen Zuschauern heranzuziehen, ist allemal besser als die Riege der wahllosen Konsumierer zu vergrößern. Mit einem Videogerät wird es auch viel leichter, auf bestimmten Zeitregeln zu bestehen, so zum Beispiel niemals, niemals Fernsehen vor dem Mittagessen. Und Sie können das Fernsehen dann auch gelegentlich als Babysitter einsetzen – wenn Sie dringend ein wenig Ruhe brauchen und Ihre Zei-

tung lesen wollen. So wissen Sie dann wenigstens, daß Ihre Kinder etwas anschauen, was Sie ausgesucht haben.

- Will ein Kind wirklich eine Sendung sehen, die Sie für himmelschreienden Blödsinn halten (»Alle anderen in meiner Klasse dürfen das auch sehen!«), dann bietet sich als guter Kompromiß die Vereinbarung an, das Kind einen kleinen Aufsatz über die Sendung schreiben zu lassen (mindestens vierzig Wörter) und ein Bild dazu zu zeichnen. In vielen Fällen wird das Interesse dann rapide abnehmen.
- Ermutigen Sie Ihr Kind, zwischen wirklich guten und, von meinen Kindern so getauften , »hirnlosen« Programmen zu unterscheiden. Alle Familienmitglieder haben Anspruch auf ein bis zwei »Hirnlose« pro Woche, aber die Kinder müssen wissen, welche das sind.
- Setzen Sie sich mindestens einmal pro Woche mit Ihren Kindern vor den Fernseher und versuchen Sie herauszufinden, wieviel sie davon verstehen – auch von der Werbung. Erklären Sie, wofür Werbung da ist, und daß sie versucht, Wünsche zu wecken. Analysieren Sie, wie das gemacht wird (schon bei einem vierjährigen Kind können sie damit anfangen). Kinder brennen darauf, den Erwachsenen eine Nasenlänge voraus zu sein und lehnen die ständig in der Werbung angepriesenen Spielsachen ab, wenn sie erst einmal begriffen haben, daß ihnen jemand anderer etwas aufschwatzen will.
- Versuchen Sie, Ihr Kind so lange wie möglich davon abzuhalten, den Fernseher selbst einzuschalten. Mich überrascht immer wieder, wenn Drei- und Vierjährige in der Früh nach unten rennen und als erstes das Frühstücksfernsehen einschalten. Ziehen Sie den Stecker raus, plazieren Sie einen Stuhl direkt vor den Einschaltknopf, machen Sie es so schwer wie möglich. Dazu fällt mir noch ein sehr unternehmungslustiges kleines Kind ein, das morgens alleine nach unten kam, den Fernseher einschaltete, die Bilder nicht interessant fand und sie kurzerhand mit selbstgemalten Bildern überklebte. Die Eltern des Kindes fanden, es hätte eine bewunderswerte Unabhängigkeit von der Fernsehindustrie an den Tag gelegt und spendeten ihm Lob.

Eifersucht ist eine Leidenschaft: »Warum kann ich das nicht auch haben?«

Als es noch Großfamilien gab, wußten die Kinder von klein auf, daß das Leben ungerecht ist. Schon das Kleinkind wußte, daß manche Menschen größer sind als andere, immer neue Kleider bekommen, anstatt alte auftragen zu müssen und Taschenmesser haben durften. Nach den Gesetzen der Wahrscheinlichkeit fällt der Geburtstag bei vier oder mehr Geschwistern bei mindestens einem Kind nach Ansicht der anderen schöner aus als der eigene, und eine andere Schwester ist wiederum ungeheuer eifersüchtig auf den Geburtstag desjenigen Kindes, das seinen eigenen für gar nicht so gelungen hält. Die Gesetze des gesunden Menschenverstandes und der finanziellen Grenzen machen es schlicht unmöglich, daß jedes Kind genau zur gleichen Zeit das gleiche Geschenk bekommt. Ein gewisses Wettbewerbsdenken setzt ein, auf sonderbare Weise gepaart mit geschwisterlicher Zuneigung: Man hat festgestellt, daß Söhne und Töchter aus großen Familien leichter Freundschaft schließen, aber auch, daß sie schneller essen als Einzelkinder. Das liegt daran, daß sie immer versuchen, noch schnell einen Nachschlag zu bekommen, ehe der Topf leer ist.

In der modernen Zwei-bis-drei-Kinder-Familie ist das anders geworden. Eltern zweier Kinder, die altersmäßig nicht weit auseinander liegen, können die beiden Geschwister, sobald das jüngere Kind etwa drei Jahre alt ist, doch ziemlich gleich behandeln. Wenn eines ein kleines Geschenk bekommt, wird das andere ebenso bedacht. Sie können beide ins Kino, ins Schwimmbad oder zum Einkaufen mitgenommen werden. Sie können beide schon ziemlich früh Taschengeld bekommen, werden gleichzeitig eingekleidet und können sich gegenseitig schon kleine Geschenke zum Geburtstag machen. Und zu Weihnachten gibt's für beide qualitativ und quantitativ gleichwertige Geschenke.

Das ging in meiner Familie ziemlich lange gut, bis zu dem Zeitpunkt, an dem meine Tochter wütend wurde, als sie bemerkte, daß die Patin meines Sohnes nicht auch die ihre sein konnte. Quasi als Ausgleich war es meinem Sohn unverständlich, daß er nicht auch einen Gips bekommen konnte. Das Argument, sein Arm wäre eben nicht gebrochen, zählte nicht. In diesem Augenblick wurde mir klar, daß ich einem schamlosen Irrtum aufgesessen war. Ich hatte von Anfang an eine dumme, wenn auch wohlgemeinte Taktik verfolgt. Zwei verschiedene Kinder gleich behandeln zu wollen, ist zwar sehr verführerisch, führt aber zu ziemlich negativen Ergebnissen: Bei uns waren das ein riesiger Haufen von abgelegtem, kaputtem Spielzeug (nur eines der Kinder war wirklich groß genug für die verzierte Spielzeuggondel, die wir aus Venedig mitbrachten) und die Gewohnheit der beiden Kinder, die »Besitztümer« des anderen noch argwöhnischer auf Gleichwertigkeit zu überprüfen. Eine Freundin von mir erinnert sich, daß ihre ältere Tochter in der Schule begann, Blockflöte zu lernen und deshalb natürlich eine bekam. Ihre Schwester, die noch zu klein war, um Flöte zu spielen, nahm das sehr persönlich. Vergeblich versuchte ihr die Mutter klarzumachen, daß sie statt dessen einen Gymnastikanzug und Ballettschuhe für die Ballettstunden bekommen hätte, aus denen sich ihre ältere Schwester wiederum nichts machte. Nein, es mußte genau das gleiche sein, und wenn es nicht so war, dann war der Ärger vorprogrammiert. »Das ist gemeeeeiin!« Allmählich haben wir das begriffen und versuchen es jetzt mit langwierigen Vorverhandlungen: »Wenn er auf dem Nachhauseweg von der Mathestunde Pommes mit Mayo bekommt, dann kriegst du am Donnerstag welche, wenn er bei Matthew ist...« Oder: »Ich kaufe ihm die Schienen für seine Spielzeugeisenbahn, und wir beide gehen uns dafür den Film anschauen, den er nicht sehen will...«

Dieses familieneigene Konkurrenzdenken ist meiner Meinung nach einer der Gründe, warum Geschwisterkrieg und entnervendes Gequengel (»Maa-mi! Er hat mich geschlagen!«) auch durch die verminderte Familiengröße keineswegs aus der Welt geschafft sind. Bei sechs Kindern gibt es Kämpfe mit verteilten Rollen an verschiedenen Fronten. Bei zwei werden die Kämpfe nur mehr an zwei Fronten, dafür aber um so erbitterter ausgetragen. Die ewigen Streitereien sind ärgerlicher als alle anderen unangenehmen Dinge, deren Kinder fähig sind: ärgerlicher als Zerstörungswut, Unordentlichkeit, Frechheit, Trotz und Lügen. Sie bringen die Eltern näher an Gewalttätigkeiten als irgend etwas sonst. Nach all der Mühe, die man sich gegeben hat, erscheinen die Kinder plötzlich verzogen, lästig, undankbar, trotzig und gemein. Jetzt verstehe ich auch, warum in meiner Kindheit oftmals ein hysterisches »Ich schlage euch die Köpfe aneinander!« durch das Haus schallte, was natürlich niemals geschah. Ich hätte das auch schon oft liebend gern getan. Erst kürzlich wieder. Vor zehn Minuten, wenn Sie es genau wissen wollen. Und ich danke Gott für den Alkohol, ohne dessen beruhigende Wirkung ich jetzt nicht den Nerv hätte, weiterzutippen.

Wenn ich etwas milder gestimmt bin, muß ich jedoch zugeben, daß die leidige Angelegenheit auch gute Seiten hat. Früher oder später müssen alle Kinder lernen, Interessenkonflikte durchzustehen. Die Probleme mit den Eltern sind dazu nicht geeignet, haben die Eltern doch zu viele Trumpfkarten in der Hand. Außerdem sind die Kinder doch zu sehr von ihnen abhängig. Auseinandersetzungen mit Freunden sind besonders problematisch. Womöglich zieht sich der Gegner aus der Affäre, indem er einfach weggeht. In diesem Fall bleibt dann nur gegenseitige, kalte Abneigung. Streitigkeiten zwischen Geschwistern sind da viel besser: Hier haben beide etwa gleiche Ausgangsbedingungen, und keiner kann sich einfach aus dem Staub machen. Ein Bruder oder eine Schwester werden den Kampf weder bis zur totalen Niederlage des anderen führen, noch selber allzuschnell klein beigeben. Deshalb sind die Geschwisterkämpfe die beste Vorbereitung auf Auseinandersetzungen mit der großen, weiten Welt: auf Grenzstreitigkeit, auf Konkurrenz im Berufsleben, ja sogar auf die Ehe. Es muß zu einer Versöhnung kommen, weil sonst keiner der beiden Kontrahenten in Frieden und Anstand weiterexistieren kann. Da lernen die Kinder doch wirklich was fürs Leben!

Wenn Sie sich das klarmachen – was nicht ganz so einfach ist, wenn es auf den Rücksitzen im Auto schlimmer zugeht als wenn sie eine Schimpansenhorde geladen hätten –, dann werden die lautstarken Auseinandersetzungen erträglicher. Das zählt zur Rubrik Gesellschaftserziehung, sagen Sie sich, während Sie mit zusammengebissenen Zähnen versehentlich die Einbahnstraße in falscher Richtung fahren. Die Erkenntnis wertet natürlich auch gleich Ihre Aufgaben als Eltern auf. Sie müssen den allumfassenden Geist der Gerechtigkeit, der Gnade und des Friedens vertreten. Sie sind ein Kissinger, ein Terry Waite, ein Salomon. Bringen Sie Ruhe und Besonnenheit in die hitzige Auseinandersetzung. Damit legen Sie den Grundstein für zukünftige Friedensstifter und Schlichter in unserer stürmischen Zeit. Sollte allerdings nur die Gangschaltung krachen und Ihr Kotflügel den Sperrpfosten der Verkehrsinsel rammen, dann sollten Sie besser an den Straßenrand fahren und tief durchatmen. Das tue ich übrigens sehr oft, wenn die Streiterei im Auto losgeht. Ich halte nach einer sicheren Stelle Ausschau, fahre rechts ran, schalte den Motor und die Musik im Kassettenrecorder aus, verschränke meine Arme über der Brust und weigere mich strikt weiterzufahren, ehe das Gerangel und Gekeife auf den Rücksitzen nicht ein Ende gefunden hat. Vielleicht müssen Sie ein bißchen vermittelnd eingreifen, aber das ist den Aufwand wert. »Also hört mal, wenn ihr euch nicht einigen könnt, ob ihr Radio oder die Musikkassette hören wollt, dann gibt's keines von beiden. Wer heute dem anderen den Vortritt läßt, kommt dafür morgen dran.« Oder: »Okay, gut, das ist Rosis Buch. Aber wenn Nicholas jetzt darin liest, wird es dir nichts bringen, wenn du es ihm wegnimmst und es dabei in zwei Stücke zerreißt. Stimmt's?« Wenn Sie den Wagen rechts rangefahren haben, können Sie auch das machen, was jeder gute Schiedsrichter machen muß: zuhören. Terry Waite sagte mir einmal, das Wichtigste an seiner Arbeit, die jahrelang erfolgreich war, ehe er selbst gekidnappt wurde, war, stundenlang beifällig zu nicken, während ihm fanatische Terroristen ihre Lebensphilosophie darlegten. So müssen Sie es auch halten. Irgend etwas muß doch dran sein an dem Streit um den blöden Plastikdinosaurier, und das sollten Sie herausfinden.

Ich habe das Beispiel eines Gerangels im Auto genommen, weil diese Kulisse das elterliche Allheilmittel bei Geschwisterstreitigkeiten, nämlich den Ruf »AUSEINANDER! Tom nach oben, Lucy, du bleibst hier!«, ausschließt. Das hat durchaus seine Vorteile, besonders wenn die Kinder sich gegenseitig zum Spielen brauchen. Letzten Endes werden sie nämlich so lernen, daß man seinen Spiel- und Gesprächspartner nicht gegen das Schienbein treten darf, wenn man seine Gesellschaft möchte und braucht. Aber das intensive Gespräch der Eltern mit den Kindern, bei dem der Streitpunkt analysiert und eine Lösung gefunden wird, ist pädagogisch wertvoller. Wenn Sie den Nerv dazu haben. Und in einem Auto oder in einer Ferienwohnung müssen Sie ihn haben. Hier ein paar Beispiele, worüber sich Geschwister streiten:

– MEIN UND DEIN. Mit einer klaren, festen Linie in punkto Eigentum. Jedes Kind hat ein Recht auf ganz persönliche Dinge, die allen anderen heilig sein sollten. Jeder Verstoß dagegen wird unbarmherzig geahndet. Kann das Kind sich darauf verlassen, dann wird es auch nicht an die Schubladen der Geschwister rangehen.

  Nicht bei allen Gegenständen sind jedoch die Besitzverhältnisse so genau geregelt. Wem gehört beispielsweise der Stein, der wie eine Eule aussieht und den eines der Kinder – wer war es doch gleich wieder? – am Strand gefunden hat. Der Legobaukasten, der beiden gehört, der Modellbaukasten, den sie beide bekommen haben, und dessen Einzelteile inzwischen bunt gemischt sind? Ist eine eindeutige Klärung nicht möglich, ist wieder Salomon gefragt: Entfernen Sie den fraglichen Gegenstand ganz und gar, und warten Sie ab, bei welchem Kind die Empörung größer ist. Besser ist es natürlich, den Kindern ganz ruhig und ein wenig gelangweilt klarzumachen, daß keiner mit dem Gegenstand spielen kann, solange sie sich streiten, und daß sie sich deshalb lieber um einen Kompromiß bemühen sollten. Achten Sie darauf, ob ein Kind immer nachgibt oder auf seine Vorteile verzichtet. Ist das der Fall, dann sollten Sie in einem Gespräch unter vier Augen mit diesem Kind nicht an Lob sparen und es wissen lassen, daß Ihnen bewußt sei, wie schwierig das ist. Sagen Sie ihm, daß Sie stolz auf seine vernünftige Handlungsweise sind.

Haben Sie Ihrem Kind erst einmal erfolgreich die Erkenntnis vermittelt, es falle ihm kein Zacken aus der Krone, wenn es einmal nachgibt, dann müssen Sie selbst natürlich auch zu diesem Prinzip stehen. Demonstrieren Sie also gelegentlich, daß auch Eltern vernünftigen Argumenten zugänglich sind. Nehmen Sie zum Beispiel die Schlafenszeit. Muß sie auch an Feiertagen oder in den Ferien strikt eingehalten werden? Warum sollte dann ein Kind nicht genauso streng sein und sich weigern, seine Schwester mit der Eisenbahn spielen zu lassen?

– WÜRDE. Kinder haben ein beträchtliches Maß an persönlicher Würde. So mancher Streit entsteht, weil ein Kind nichts Besseres zu tun wußte, als seine Schwester als »Walze«, »Furzgesicht« oder »Heulsuse« zu bezeichnen. Ist die Lautstärke bei einem Pegel angelangt, der Sie notgedrungen auf den Plan ruft, sind auch dem anderen Kind inzwischen einige Kraftausdrücke eingefallen, und alle beide behaupten lauthals: »Er/Sie hat angefangen!« Rutscht dabei einem der beiden Streithähne die vielsagende Bemerkung »Nun, sie hat angefangen, das Furzgesicht« raus, dann haben Sie wenigstens gleich Klarheit. Erwähnen Sie beiläufig, Sie wüßten schon, wer der Schuldige sei, und lassen Sie es bei dieser Bemerkung bewenden. Ist der Fall nicht eindeutig, dann gibt es zwei Möglichkeiten. Entweder Sie »bringen die ›message‹ rüber«, daß Frieden und Eintracht mehr Spaß machen als Kampf und Hader, verkünden streng, daß jede weitere Gewalttätigkeit mit der Bestrafung des Verursachers geahndet werde und ziehen sich damit zurück. Oder, wenn es wirklich ganz schlimm ist, trennen Sie die beiden. Geschwister können sich genauso wie Ehepartner schrecklich auf die Nerven gehen, wenn sie zu nahe aufeinander hocken.

– DIE MUTTER. Eine schwierige Sache. Manchmal können Sie sich nicht uneingeschränkt Ihren Kindern widmen. Sie haben andere gesellschaftliche Verpflichtungen, dringende Arbeiten im Büro, die Überstunden erfordern, oder Sie fühlen sich nicht wohl und sind einfach deprimiert. (Alle Mütter sind hin und wieder deprimiert. Das ist absolut keine Schande!) Natürlich machen die Kinder in solchen Situationen alles noch schlimmer. Kaum tun Sie irgend etwas für ein Kind, heult das andere jammervoll auf und beklagt sich über die schlechte Behandlung. Dann lassen beide nicht locker und bestehen auf einer verbindlichen Aussage Ihrerseits, welches der Kinder Ihnen denn nun lieber sei. Als Antwort schlage ich eine Gegenfrage vor: »Welches deiner Augen hast du lieber? Welches deiner Ohren? Welchen deiner Füße?« Ganz wichtig an dieser Stelle ist, meine säuerliche Kritik an der versuchten Gleichbehandlung von Geschwistern am Anfang dieses Kapitels erst einmal wieder wegzustecken und in materiellen Dingen sehr fair zu sein. Aber eigentlich, das wissen Sie selbst am allerbesten, liegt die Ursache des Konfliktes tiefer: Versuchen Sie, die Überstunden abzubauen, sagen Sie gesellschaftliche Verpflichtungen ab, lassen Sie sich von niemandem dreinreden und verwöhnen Sie Ihr geschundenes Ego. Nur so werden Sie am Ende des Tages auch noch etwas an Ihre Kinder weiterzugeben haben.

Bei Ihren Schlichtungsbemühungen sind folgende Grundsätze zu beachten und weiterzuvermitteln:
– Streitereien sind unproduktiv. Wortgefechte bringen nur etwas, wenn beide Seiten zuhören.
– Wenn der Streit an sich wichtiger geworden ist als das ursprüngliche Streitobjekt, dann ist es an der Zeit, ihn zu beenden. Wirkliche Grundsatzdiskussionen sind selten.
– Sehr wenige Gegenstände sind es wert, eine glückliche Beziehung dafür aufs Spiel zu setzen.
– Ein ehrenvoller Frieden ist immer möglich.

Trainerstunden: Früh übt sich...

Sarah Ferguson, die Herzogin von York, wurde bereits im zarten Alter von zwei Jahren auf ein Pferd gesetzt. Mit drei konnte sie schwimmen, mit vier stand sie auf Skiern. Manche Kinder spielen mit drei Jahren schon Geige nach der Suzuki-Methode, andere manövrieren mit fünf Jahren ein kleines Segelboot. Wer es im Tennis oder beim Motorradfahren zu etwas bringen will, sollte schon mit vier anfangen und sich ein Beispiel nehmen an den kräftigen, kleinen Vorschulkindern in weißen Leinenpyjamas, die ihren Gegner gekonnt auf die Judomatte schleudern.

So, und nun alle miteinander im Chor: *Na und? Was soll's?* Wenn Sie sich an diesem Aufschrei mit Inbrunst beteiligt haben, dann können Sie getrost zum nächsten Kapitel weiterblättern. Ihr kerniges Selbstbewußtsein als Eltern ist durch nichts zu erschüttern. Sind sie hingegen – wie die meisten von uns – beim ersten Abschnitt dieses Kapitels nervös auf Ihrem Stuhl hin- und hergerutscht und haben dabei Ihren Kindern draußen zugesehen, wie sie sich mit Plastikschwertern bekämpfen und unkontrolliert Steine gegen die Mauer werfen, dann müssen Sie sich mit diesem Thema eingehend befassen. Viele Eltern lassen sich von gesellschaftlichen Zwängen unter Druck setzen und melden Ihre Kinder bei zahllosen Kursen und Trainerstunden an, genauso wie Besitzer von alten Rostlauben verbissen weiter weiße Ralleystreifen aufkleben und chromblitzende, schnittige Spoiler kaufen.

»Ach«, heißt es dann im Gespräch zwischen zwei Müttern, »Nicky ist ganz verrückt nach den Tennisstunden, aber natürlich bringt Taekwondo viel mehr als Training für die Skisaison, und ich glaube, es ist auch eine ausgezeichnete Konzentrationsübung für sein Cellospiel.« Prompt schlägt die andere Mutter zurück. »Nun, Samantha nimmt es mit dem Schwimmen sehr genau. Und mit den Suzukistunden am Mittwoch und Gymnastikunterricht am Donnerstag befürchte ich fast, daß das Reiten ein wenig zu kurz kommt. Sie will schließlich im Winter an einer Jagd teilnehmen.« Nicky und Samantha sind vier beziehungsweise fünf Jahre alt, und ihre Eltern sollten sich schämen. In einigen Jahren werden diese beiden überforderten Knirpse Opfer eines Syndroms sein, das Lehrer in guten Wohngegenden immer häufiger beobachten. Ein Lehrer erzählte mir einmal: »Ich habe Kinder in meiner Klasse, die vor Müdigkeit kaum noch die Augen offenhalten können, und das sind keineswegs die, die besonders viel zu Hause helfen müssen, sondern die, die jeden Nachmittag etwas anderes vorhaben. Mittelstandsopfer!«

Ehrgeizige Eltern, die ihre Kinder auf Leistungssport trimmen, sind kein Sonderfall. Sportmediziner stellen mit Besorgnis fest, daß schon zehnjährige Eiskunstläufer oder Turner körperliche Wracks sind. Ich sehe durchaus eine, wenn auch weniger sichtbare, Parallele bei Kindern, die von den vielen außerschulischen Aktivitäten völlig überlastet sind, im Grunde genommen ganz normale Kinder, aber einfach übermüdet und aus der Bahn geworfen. Kinder, die es verlernt haben, sich mit sich selbst zu beschäftigen, die es verlernt haben, herumzualbern, sich zu verkleiden und sich zusammen mit anderen phantasievollen Kindern Spiele auszudenken. Kinder, die in Gruppen besondere Kunstfertigkeit beigebracht bekommen, werden konkurrenzbewußt und entwickeln mit erschreckender Schnelligkeit Gefallen an Hackordnungen. Der oder die »Beste« wird auch entsprechend eingeordnet und behandelt. Kinder, die einfach nur miteinander spielen, haben ein anderes System. In einer freien, ungezwungenen Atmosphäre trägt jedes Kind sein besonderes Talent bei. »Matthew kann toll Maschinen zeichnen, und ich denke mir immer aus, was man mit diesen Maschinen machen kann. Rose kann affenflink ein Seil hinaufklettern, aber nur, weil Sally die besten Knoten machen kann.« Welche Kindergruppe wird nun mehr in der Gemeinschaft lernen und wahrscheinlich glücklicher sein?

Also atmen Sie tief durch, und sprechen Sie mir das erste Gebot nach: Mit sechs Jahren anzufangen, ist immer noch früh genug. Bei vielem können Sie auch noch ein oder zwei Jahre zuwarten, und alle besonderen Fertigkeiten – selbst

Sportarten, die nach besonderen Regeln gespielt werden – haben ohnehin noch Zeit.

Natürlich gibt es Ausnahmen zu der Sechs-Jahre-Regel, ganz natürliche Ausnahmen. Kinder, die in der Schweiz oder in Skandinavien aufwachsen, werden auf Skier gestellt, sobald sie laufen können. Pferdenarren setzen ihre Kinder auf Ponies, sobald sie aufrecht sitzen können. Seglerfamilien drücken ihren Sprößlingen ganz selbstverständlich die Ruderpinne in die Hand, und Kinder von Familien, die glückliche Besitzer eines Swimmingpools sind, können meist schon sehr früh wie die Fische schwimmen. Aber diese Eltern tun das nicht, weil dies besonders wünschenswert oder pädagogisch wertvoll wäre. Der Schnee und das dicke, alte Pony und das Boot sind eben nun mal da. Und die Kinder machen es einfach den Eltern nach, so wie sie sich Autos aus Schachteln basteln. Verdächtig wird es erst, wenn das Erlernen dieser besonderen Fähigkeiten Teil eines sozialen Ehrgeizes wird oder des ach so modernen Drucks auf den Eltern, ihr Kind unaufhörlich und mit Gewalt »weiterentwickeln« zu müssen. Es ist, als stünden sie permanent unter dem Zwang, den Wert ihres Kindes zu erhöhen, indem sie ihm »erwachsene Fertigkeiten« eindrillen. Nach einer jahrelangen Gewissenserforschung habe ich einige unbequeme Fragen zusammengestellt, die ich Ihnen hiermit besonders ans Herz lege:

- *Will* mein Kind das wirklich? Hat es jemals auch nur die leiseste Neigung oder auch nur das geringste Interesse gezeigt – ein Pferd gestreichelt, ein Spielzeugboot gebaut, verzückt klassischer Musik zugehört, getanzt, seit es gehen konnte?
- Ist es möglich, daß ich insgeheim wieder vier Jahre alt bin und mir einen Kinderwunsch erfüllen möchte?
- Habe ich die entsprechende Sportart vielleicht gar ausgewählt, weil sie gerade »in« ist, vielleicht bei den oberen Zehntausend?
- Habe ich mich dazu entschlossen, weil unser Nachbarssohn das auch macht und angeblich letzten Monat eine Bronzemedaille gewonnen hat?
- Oder möchte ich einfach einmal jeden Mittwoch eine

Stunde meine Ruhe haben und habe deshalb meinen eigenen Wunsch als »pädagogisch besonders wertvoll« getarnt? Haben Sie ehrlich geantwortet? Dann können Sie auch richtig entscheiden. Dazu noch Erfahrungen von verschiedenen Müttern:

SCHWIMMUNTERRICHT: Eindeutig eine gute Sache. Kann das Kind jedoch erst einmal gut über und unter Wasser schwimmen, verliert es unter Umständen das Interesse am offiziellen Unterricht und blödelt lieber mit seinen Geschwistern herum. Vervollständigen Sie Ihre Hausapotheke mit Mitteln gegen Warzen und Fußpilz.

REITSTUNDEN: Wenn das Kind nicht unbedingt ganz wild darauf ist, dann brechen Sie den Versuch sofort ab. Für unwillige Amateure ist die Sache zu teuer und zu gefährlich. Keine Sorge: Das in die Ausrüstung investierte Geld können Sie wieder reinholen, wenn Sie die Sachen verkaufen.

SKIKURS: Funktioniert genauso. Manche Kinder sind begeistert, andere finden es schrecklich. Es bricht dem Kind kein Zacken aus der Krone, wenn es zum Schlitten zurückkehrt.

SEGELKURS: Siehe oben. Kaufen Sie dem Kind einen wasserdichten Overall, ehe es losgeht. Ein nasses, frierendes Kind kann sich nicht konzentrieren. Ich persönlich würde niemals einen Segelkurs für ein Kind vorschlagen, wenn es nicht selber ausdrücklich danach verlangt. Warum? Ich segle selbst, bin neununddreißig und finde es manchmal *immer noch* schrecklich.

EISLAUFEN, MOTOCROSS, TENNIS und andere Sportarten: Wenn es in dem entsprechenden Club keine kostenlosen Probestunden gibt, vergessen Sie es.

MUSIKUNTERRICHT: Hier läuft's anders. Anfangs weitermachen, auch wenn das Kind einmal nicht will. Oft gibt es nach mehreren Monaten einen Durchbruch. Ist das nicht der Fall, dann drängen Sie nicht weiter, sondern nehmen Sie das Kind statt dessen in ein paar gute Konzerte mit. Braucht die Welt nicht ebenso wie Musiker auch die Konzertbesucher?

THEATERGRUPPEN: Gehen Sie mindestesns zweimal

als Zuschauer hin, ehe Sie Ihr Kind anmelden. Es gibt einige hochnäsige Geldmacher, die Theaterunterricht für Vierjährige anbieten – absolute Zeitverschwendung. Andererseits gibt es einige ausgezeichnete, wirklich traumhafte Theatergruppen.

BALLETTSTUNDEN: Sehr gut für die Disziplin, als Koordinationstraining und als Übung, um »bei der Stange zu bleiben«. Aus irgendeinem unerklärlichen Grund haben Kinder, die aus der Ballettstunde kommen, immer schlechte Laune und stoßen nach ihren Müttern. Wahrscheinlich hat das damit zu tun, daß die Anspannung des disziplinierten Verhaltens endlich nachläßt. Wenn Sie blaue Schienbeine nicht mögen, sollten Sie darauf bestehen, daß Ihr Kind die Ballettschuhe anbehält, bis sich die Anspannung löst.

Der Kreis wird größer: Babysitter und andere Leute

Die ersten drei Jahre des Elterndaseins sind teuflisch harte Arbeit, haben aber auch etwas Beruhigendes, Abgeschirmtes. Zumindest retrospektiv betrachtet. Die große, weite Welt tritt ein wenig in den Hintergrund. Hin und wieder gibt es ein paar Klagen über Türen, die zu schmal sind für Kinderwagen, und über Restaurants, in denen Kinder unerwünscht sind, aber im großen und ganzen leben wir in unserer kleinen Welt aus Buggys und Feuchttüchern, aus Teddys und Tränen und feuchten, klebrigen, rundlichen Kinderärmchen, die sich um unseren Hals schlingen. Wenn ich heute Freunde mit Kindern betrachte, die unter vier sind, dann beneide ich sie um diese private Welt. Gehetzt, aber glücklich lächeln sie durch Talkumpuderwolken hindurch, wischen Tränen weg und wissen einem plötzlichen Wutausbruch mit einer Umarmung und einem kleinen Spaß zu begegnen. Ihre Kinder stellen einfache, wenn auch nervtötende Fragen wie »Was ist das?« und schlafen plötzlich ein wie Katzen.

Und Sie, Sie sind immer im Dienst, und wenn Sie noch so müde sind, Sie haben eine Welt für Ihre Kinder geschaffen, ein Ambiente, einen moralischen Rahmen, in dem die Kinder mehr oder weniger zufrieden leben. Aber es kommt die Zeit, wenn das Kind vier oder fünf Jahre alt ist und anfängt, sich allmählich für die Welt außerhalb der Familie zu interessieren. Es hat im Kindergarten oder in der Schule Freunde, die Sie nicht kennen. Nie werde ich den Schrecken vergessen, der mich durchfuhr, als mein fünfjähriger Sohn, der mit mir durchs Dorf ging, plötzlich einer Frau auf der anderen Straßenseite zuwinkte und fröhlich »Guten Morgen, Mrs. Saxby!» rief. Mrs. Saxby war Schulangestellte, und ich kannte sie damals nicht. Aber es war teilweise ein angenehmer Schrecken für mich. Wenn das Kind sich allmählich der großen, weiten Welt zuwendet, dann ist das für die Mutter eine bittersüße Freude, aber nichtsdestotrotz eine Freude. Schließlich sind Eltern nicht für immer und ewig da. Sollten sie auch nicht. Eine Art emotionales Entwöhnen vollzieht sich. Das ist der Augenblick, auf den das Baby hingearbeitet hat, als es sich in einem überfüllten Eisenbahnabteil plötzlich von der Mutterbrust abwandte und die anderen Reisenden mit einem breiten Lächeln anstrahlte (Sie selbst waren in diesem Augenblick völlig bloßgestellt – im wahrsten Sinne des Wortes. Babys haben eben noch kein Feingefühl). Eine aufregende Zeit, die aber gut vorbereitet sein muß.

Wer sind also diese Erwachsenen, die jetzt ins Blickfeld Ihres Kindes gelangen?

BABYSITTER. Wahrscheinlich hatten Sie, solange die Kinder sehr klein waren, einen kleinen, aber erlauchten Kreis von Ihnen wohlbekannten Babysittern. Großmütter, Tanten, vertrauenswürdige Nachbarn, eine Tagesmutter oder ein Kindermädchen. Diese Menschen sind so kostbar wie Goldstaub. Als frischgebackene Mutter entwickeln Sie plötzlich ein ungeahntes Interesse an gewissen Bevölkerungsschichten. Begehrlich beäugen Sie mütterliche Witwen im Supermarkt und mustern weibliche Teenager ebenso taxierend wie die jungen Männer das tun – wenn auch aus anderen Gründen. Gute Babysitter sollten Sie am besten mit Gold aufwiegen. Schlechte Babysitter sind im besten Fall eine Katastrophe, im schlimmsten Fall eine Tragödie. Das Wichtigste an einem Babysitter ist sein oder ihr gesunder Menschenverstand. Vergessen Sie die Punkfrisur, den Minirock oder den Kaugummi. Achten Sie auf Intelligenz. Schließlich würde nur ein sehr böser Mensch einem Kind bewußt Schaden zufügen, aber Leute, die es gut meinen, aber unsinnig handeln, sind genauso gefährlich und viel weiter verbreitet. Wenn die Tochter Ihrer Freundin oder die Tante Ihrer Putzfrau oder wer auch immer Ihnen ernsthaft doof erscheint, dann nehmen Sie sie nicht als Babysitter – *nicht einmal für eine halbe Stunde*, auch nicht, wenn Sie nur nebenan sind. Ein wichtiges Erkennungsmerkmal echter Dummheit ist, wenn jemand nicht weiß, wann es angebracht ist, Hilfe zu holen. Ein weiteres ist die Neigung zur kopflosen Panik, etwa wenn die Person Wasser auf die brennende Friteuse schüttet, viel Zeit darauf verschwendet, ein Kind, das etwas Giftiges gegessen oder getrunken hat, zum Erbrechen zubringen oder die Eltern aus dem Kino rausholen läßt, anstatt erst einmal den Notarzt anzurufen. Ein guter Babysitter ist nicht nur freundlich und lustig, sondern hat auch eine ausreichend morbide Phantasie, um ein Kind daran zu hindern, ein Stück Seil mit ins Bett zu nehmen und die Plastiktüte vom Kinderzimmerboden zu entfernen. Auch wird er oder sie der noch so treuherzig geäußerten Versicherung Ihres Kindes, es dürfe immer ein Bonbon mit ins Bett nehmen, keinerlei Glauben schenken.

Wenn die Kinder groß genug sind, um an einer Unterhaltung Spaß zu haben, ist der Besuch eines Babysitters eine willkommene Abwechslung. Teenager sind für kleine Kinder hochinteressante Paradiesvögel, und Erwachsene aller Altersgruppen sind immer eine erfrischende Herausforderung. »Hallo, Suzy! Bist du ein Teenager? Gehst du in Discos? Wirst du uns eine Geschichte erzählen? Möchtest du die Kunststücke sehen, die ich kann? Möchtest du sehen, was Rose macht, wenn du ihr zur Limonade einen Strohhalm gibst?« Bei einer netten, freundlichen, gemütlichen Dame mittleren Alters sind es vor allem die Jungen, die die Grenzen ihrer Duldsamkeit testen, etwa so wie Pferde auf der neuen Koppel sich erst einmal gegen die Zäune auf allen Seiten lehnen, um zu prüfen, ob sie elektrisch geladen sind. Eine Freundin von mir ließ einmal einen Babysitter probeweise nachmittags eine Stunde mit den beiden durchaus wohlerzogenen, kleinen Jungs alleine. Als sie zurückkam, war das ganze Haus auf den Kopf gestellt, die Schubladen ausgeleert, alle Spielsachen auf dem Boden verteilt, die Möbel umgeworfen, unanständige Worte auf Papier gekritzelt, und mitten in dem Chaos der unsicher und verstört dreinblickende Babysitter. Meine Freundin war wütend auf die Kinder, aber auch auf den Babysitter. Ein Babysitter muß wissen, wann er die Bremse ziehen und durchgreifen muß. Jemand, der einmal wunderbar mit Ihrem Baby zurechtkam, kann drei Jahre später eine Katastrophe sein.

Andererseits kommen Kinder mit Babysittern, die sehr

streng sind, gar nicht zurecht und streiken dann massiv. Es ist nicht leicht, den Unterschied zwischen Dichtung und Wahrheit herauszufinden, besonders wenn Ihr Kind leicht zu Übertreibungen neigt. »Mami«, jammert das kleine Mädchen, »Katy ist schrecklich grausam zu uns.« Mami kriegt einen Mordsschreck, sieht Kindesmißhandlungen und andere Grausamkeiten vor ihrem entsetzten, geistigen Auge. »Liebling, was tut sie denn?« fragt sie so ruhig wie möglich.

Das Kind fährt fort: »Ich kann sie *apslut* nicht leiden. Sie tut schreckliche Dinge mit mir.« Mami schluckt zwei Valium. »Was denn, Liebling?«

»Nun«, sagt das Kind, erfreut über die Aufmerksamkeit, »ich habe mich zum Baden ausgezogen, und sie sagte, ich müßte mein Unterhemd in den Schmutzwäschekorb geben. Sie sagte, ich müßte es selbst vom Boden aufheben. Und dann sagte sie, sie würde mir meine Gummiente nicht geben, wenn ich das Unterhemd nicht aufhebe.«

Trotz einer halbstündigen, weiteren Befragung können keine Beweismittel für unnatürliche Grausamkeit erbracht werden. Mami entschließt sich, Katy nicht von der Babysitterliste zu streichen.

Das Schreckgespenst schlechthin aller Eltern ist das Babysitterpärchen. Die Eltern haben keine ruhige Minute, weil sie ständig das Bild von ihren verzweifelt um Hilfe schreienden Kindern vor sich haben, während Katy und Jason leidenschaftlich auf der Couch knutschen. Eine Freundin, die in einer Gegend wohnt, wo es unmöglich ist, ein Mädchen als Babysitter zu bekommen, wenn sie nicht ihren Freund mitbringen darf (aus Sicherheitsgründen), hat dazu folgende Faustregel aufgestellt: »Erkundigen Sie sich bei den Eltern. Wenn Ihr Haus das einzige ist, in dem Katy und Jason alleine sind, lassen Sie die Finger davon. Wenn sie genügend andere Gelegenheiten haben, sich anzuknabbern, dann können Sie es riskieren. Ein nettes Mädchen, das ein guter Babysitter ist, wird nicht gleich zum Ungeheuer werden, wenn ihr jemand Gesellschaft leistet. Aber hören Sie auch gut zu, was Ihre Kinder am nächsten Tag über die beiden erzählen.«

Babysitter kommen in Ihr Haus und werden ehrenhalber

Familienmitglieder auf Zeit. Die nächste Stufe der Außenwelt, auf die Ihr Kind trifft, sind:

ELTERN VON FREUNDEN. Das ist leicht. Schon als Babys sind die meisten Kinder daran gewöhnt, für ein paar Stunden oder auch mal über Nacht bei Freunden zu bleiben. Beim ersten Mal ist das ein riesiges Abenteuer mit riesigen Taschen voller Stofftiere, speziellen Schlafdecken, Zweifel in letzter Minute und speziellen Toilettengewohnheiten, die der anderen Mami ins Ohr geflüstert werden. Die zu Hause gebliebene Mami sitzt bangen Herzens den ganzen Abend am Telefon. Manche Kinder finden es schon mit zwei oder drei Jahren toll, bei ihren Freunden schlafen zu dürfen, andere finden erst mit sieben Jahren Gefallen daran. Aber es ist ein wahres Gottesgeschenk, ein Kind für eine Nacht in die Obhut von Freunden geben zu können – das löst nicht nur an Abenden, an denen es spät wird, das Babysitterproblem, sondern es gibt Ihnen auch ein gutes Gefühl für einen etwaigen Notfall in der Familie, der eventuell eine Nacht im Krankenhaus erfordert. Es ist auch gut für das Selbstbewußtsein des Kindes. Nach einer Nacht im gemütlichen Haus von Freunden trottet Ihr Kind mit stolzgeschwellter Brust daher – das können Sie schon von weitem sehen. Ein paar Tips für den reibungslosen Abend von Übernachtungen bei Freunden:

- Machen Sie es nur mit Eltern, die Sie und Ihr Kind ziemlich gut kennen. Achten Sie genau auf irgendwelche Hinweise, daß Ihr Kind einen bestimmten Papi oder eine bestimmte Mami nicht mag oder sich sogar fürchtet, auch wenn Sie wissen, daß es dafür keinen berechtigten Grund gibt. Jeder hat ein Recht auf Abneigungen und Vorlieben.
- Erzählen Sie der anderen Mutter von allen Eigenheiten Ihres Kindes: Lammfell zum Draufliegen, Teddybär unterm Kopf, Licht auf dem Flur, Pyjamajacke hinten geknöpft, trockene Cornflakes zum Frühstück – oder was immer. Aber machen Sie sich nichts draus, wenn Ihr Kind keines dieser Eigenheiten zur Schau trägt.
- Erzählen Sie auch von etwaigen Ängsten oder Alpträumen. Für ein Kind ist es sehr beruhigend, wenn ein verhältnis-

mäßig fremder Erwachsener mit seinen Ängsten vor Rottweilern, sich plötzlich öffnenden Falltüren oder Atomexplosionen vertraut ist.

- Wenn Sie versprochen haben, gleich nach dem Frühstück oder sogar schon vorher da zu sein, dann halten Sie sich auch daran. Nach einer schlechten Erfahrung kann es ein ganzes Jahr dauern, bis das Kind es wieder wagt.

Wenn Sie selbst die Gastgeberin sind, denken Sie daran:

- Lassen Sie alle Lichter auf dem Weg zur Toilette an.
- Selbst der härteste kleine Macho möchte einen Gutenachtkuß, zumindest das Angebot. Selbst wenn er ihn dann mit einem angewiderten »Igitt! Nein, wirklich nicht!« ablehnen kann und sein Freund im anderen Bett dazu kichert.
- Wenn die beiden Kinder in einem Bett schlafen möchten, die Matratzen auf den Boden legen oder ein Zelt aufschlagen wollen, dann machen Sie gute Miene zum bösen Spiel. Schließlich fällt das unter die Rubrik Unabhängigkeitstraining. Bleiben Sie ruhig.
- Wenn möglich, sollte das Ganze nicht vor einem Schultag stattfinden.

Der nächste Schritt. Nach Zuhause, Schule und anderen Mamis geht's nun wirklich in die große Welt. Je weiter und exzentrischer meiner Meinung nach der Bekanntenkreis eines Kindes ist, um so besser. Ich sehe absolut keinen Vorteil darin, daß ein Kind in dem Glauben aufwächst, daß alle Leute verheiratet sind, Kinder in seinem Alter haben und der gleichen Gesellschaftsschicht angehören. Es ist nicht besonders schwierig, einem Kind eine nicht endenwollende Schlange von alten Damen, Neugeborenen und anderen Kindern samt Eltern vorzuführen, aber es gibt auch noch andere Menschen. Mit einem wachsamen, elterlichen Auge in gebührender Entfernung können Kinder sich mit freundlichen alten Herren, Teenagern, Exzentrikern, Singles, geistig Behinderten, Nonnen und Mönchen, rastlosen Reisenden und (ja!) mit Schwulen und Lesbierinnen anfreunden. Innerhalb der Familie kommt es zu sehr schönen Beziehungen zwischen Kindern und ihren unverheirateten Onkeln und Tanten, die keinerlei Konzessionen an die kleine Welt des Kindes machen und die

Kinder statt dessen mit Chaos, Unordnung und Spaß bekannt machen. (»Tante Susie«, schrieb ein Kind, »bringt uns immer Lippenbalsam, der nach Kaugummi schmeckt und Marmelade aus dem Flugzeug. Einmal gingen wir im Covent Garden essen und konnten keinen Parkplatz finden. Also stellte Tante Susie ihr Auto auf einem doppelten gelben Streifen ab. Alle fünf Minuten mußten Susanna oder ich rausrennen und nachschauen, ob ein Verkehrspolizist in der Nähe war. Dafür bekamen wir immer fünf Pence. Sie ist eine Supertante!«) In einer gut funktionierenden, wohlgeordneten, liebevollen, verantwortungsbewußten Familie gibt es nichts Schöneres, als einen unverheirateten Onkel oder Freund, den man mit einem Mordskater unerwartet auf dem Wohnzimmersofa vorfindet und der dem Neffen trotz Brummschädel willig erklärt, wie man aus einer Banane ein überzeugendes Modell eines kranken Schweines macht. Es ist auffällig, daß in Autobiographien die glücklichsten Kindheitserinnerungen von Landstreichern oder exzentrischen Verwandten handeln. Jetzt, da es keine Großfamilien mehr gibt, besteht die Gefahr, daß wir unsere Kinder unter Glasglocken aufwachsen lassen – langweilig, zu sicher, zu sehr nach Versandhausmanier. Seele und Körper brauchen Ballaststoffe. Viele dieser Freundschaften, ich möchte es noch einmal betonen, kommen nicht ohne die elterliche Oberaufsicht aus einiger Entfernung aus. Es gibt pädophile und perverse Menschen. Und selbst die Moralbegriffe gewisser unverheirater Onkel bedürfen oftmals einer kleinen Korrektur. (»Mein Onkel Neddy«, erzählte jüngst ein Kind aus meinem Bekanntenkreis den entsetzten Umstehenden, »sagte, das Wichtigste im Leben ist, klaue nie etwas, das du nicht wieder verscheuern kannst. Ich glaube nicht, daß der liebe Gott damit ein-pferstanden wäre, oder?«) Aber diese Bekanntschaften sind wichtig. Diese netten, unmöglichen Leute helfen uns zumindest über die heutzutage so deprimierende Notwendigkeit hinweg, Kinder eindringlich zu warnen vor:

FREMDEN. Es ist selbstverständlich, daß man Kinder, wenn sie größer und unabhängiger werden, davor warnt, mit

Fremden zu sprechen. Aber gleichzeitig ist das auch sehr traurig. Früher einmal konnten einsame alte Leute im Park ganz ungezwungen mit Kindern reden, ihnen ihre Lebensgeschichte erzählen und Spaß haben an der gemeinsamen Unterhaltung. Manche Eltern sind der Ansicht, es genüge, den Kindern einfach einzubleuen, niemals mit Fremden mitzugehen, und ganz besonders nie in ein Auto einzusteigen. Experten meinen, das genüge nicht. Ein freundliches Kind, das in ein harmloses Gespräch verwickelt wurde, vielleicht nicht nur einmal, vergißt, daß diese Person eigentlich immer noch ein »Fremder« ist. Auf Nummer Sicher können Sie nur mit einem generellen »Sprechverbot« gehen, es sei denn, es sind Vater oder Mutter óder ein anderer Erwachsener dabei. Die Warnung vor dem »bösen Fremden« ist eine schreckliche Sache, kommt sie doch just in dem Augenblick, in dem sich Ihr Kind für sein weiteres Umfeld zu interessieren beginnt. Aber Sie können sich nicht davor drücken, und es wäre der schiere Wahnsinn, die Gefahr herunterspielen zu wollen. Und darauf sollten Sie Ihr Kind vorbereiten.

- »Erinnerst du dich an den Wolf, der die Kleider der Großmutter anzog? Nun, leider gibt es manchmal Menschen, die so sind. Sie erscheinen freundlich und sehen nett aus, aber in ihrem Innern sind sie so böse wie Wölfe. Also sprich' niemals mit Fremden, für den Fall, daß...«
- »Die meisten Menschen sind freundlich zu Kindern und würden ihnen niemals wehtun. Aber einige – die genauso aussehen wie die anderen – haben eine böse Krankheit. Sie wollen Kinder ihren Eltern wegnehmen und ihnen weh tun. Also sprich' niemals mit Fremden, für den Fall, daß...« Sie müssen Ihrem Kind nicht in allen Einzelheiten erzählen, was anderen Kindern an schrecklichen Dingen widerfahren ist. Die Drohung, den Eltern »weggenommen« zu werden, genügt vollauf.

  Weitere Punkte, die Sie betonen sollten:
- Die meisten Menschen sind gut und freundlich, ABER...
- »Nach dem Aussehen kannst du nicht gehen.«
- Mami und Papi würden dich nie von jemand anderem abholen lassen, ohne den Lehrern oder dir Bescheid zu sagen,

und ohne dir zu beweisen, daß du Vertrauen zu dieser Person haben kannst. (Das mag übertrieben klingen, aber das macht nichts. Als ich acht Jahre alt war, weigerte ich mich strikt, mit einem Arbeitskollegen meines Vaters mitzugehen, obwohl die Mutter Oberin und drei andere Schwestern wußten, daß alles seine Ordnung hatte und mich mit allen Tricks dazu zu überreden versuchten. Ich stellte mich schützend vor meine kleineren Brüder und blieb standhaft – wie die Jungfrau von Orleans. Sehr peinlich für den armen Mann!)

- Manchmal tun böse Menschen so, als wären sie deine Eltern oder Lehrer, wenn sie versuchen, dich mitzunehmen. Niemand wird dir einen Vorwurf daraus machen, wenn du wegrennst und laut schreist »Das ist nicht mein Papi!« oder ihn sogar beißen würdest. Sieh' dich nach »guten Fremden« um – Polizisten, weiblichen Verkäuferinnen oder Schülerlotsen.
- Manchmal kommt es vor, daß Menschen, die du gut kennst und die normalerweise sehr nett sind, von dir etwas verlangen, das du nicht für richtig hältst. Tu es nicht. Du gehörst nur dir, niemandem sonst. Nicht einmal deinen Eltern.
- Popos sind Intimsache. Alles ganz normal, aber eben intim. Nur der Arzt oder Mami und Papi dürfen deinen Popo oder deinen Pimmel sehen. Und kümmere dich nicht darum, wenn dir einer seinen zeigen möchte.

Zugegeben, es ist eine Gratwanderung zwischen der Ermutigung zu freundlicher Aufgeschlossenheit und den nötigen Schutzmaßnahmen, die man für ein Kind treffen muß. Meist sind wir ja übervorsichtig, aber es besteht dabei auch die Gefahr, die ganze Welt außerhalb des Familienumfeldes als ein einziges Nest von Mördern, Perversen und Kindstötern zu schildern. Damit ziehen Sie sich womöglich ein überängstliches, mißtrauisches, fremdenfeindliches Kind heran. Selbst wenn Ihnen das nichts ausmacht, bleibt die Gefahr bestehen, daß Ihr Kind eines Tages *einen* Fremden kennenlernt, der ausgesprochen freundlich ist, Ihnen nichts davon sagt, aber stillschweigend davon ausgeht, daß Sie einfach unrecht hatten.

Geld regiert die Welt

Kinder finden schon erstaunlich früh heraus, daß es mit dem Geld eine besondere Bewandtnis hat. Zweijährige werfen Münzen in Schlitze und krähen dabei: »Geldgeldgeld!« Sie wissen, daß es etwas besonderes damit auf sich hat, anders als bei den Kieselsteinen im Eimerchen. Diese klingenden Münzen werden an bestimmten Stellen verwahrt, immer beiseite geräumt, mit Reißverschlüssen und Druckknöpfen geschützt. Im Geschäft sucht man eifrig danach, sie werden sorgfältig betrachtet und in klingenden Kassen weggesperrt. Geld ist umgeben von einer Aura der Macht, Geheimnis und Sorgfalt. Geld ist das Stammestotem. Später hören die Kinder, wie die Eltern das Wort »Geld« ängstlich, fröhlich oder traurig aussprechen. »Das ist viel Geld... gut, wenn du das Geld hast... hast du das Geld mitgebracht? Geld ist die allgegenwärtige Entschuldigung für Entbehrungen, Mängel, Enttäuschungen: »Zuviel Geld... können wir uns nicht leisten... Papi muß zur Arbeit, um Geld zu verdienen... Mami geht arbeiten, wenn du in der Spielgruppe bist, damit wir uns schöne Dinge kaufen können...«

Psychologen haben untersucht, wie Kinder Geld kennenlernen. Zuerst ist da das Prinzip des Austausches. Süßigkeiten gegen Münzen über den Ladentisch. Allmählich entwickelt das Kind eine Wertvorstellung (für 40 Pfennig gibt es keinen Ferrari), dann das Prinzip der Teilbarkeit (Ein kleines Mädchen konnte noch nicht begreifen, daß man auch dann einen Zehnpfenniglutscher haben kann, wenn man ein Fünfzigpfennigstück hat). Als nächste Stufe kommt dann das Geldverdienen (Geld gegen Leistung), der Umlauf (Papi bekommt Geld von seinem Chef, um den Kohlenmann bezahlen zu können) und schließlich das Prinzip des Gewinns (Ladenbesitzer verlangen mehr für die Ware als sie bezahlt haben), und das des Wertzuwachses (Kauf ein Stück Holz und ein Stück Stoff, mach eine Puppe daraus, verkauf sie mit Gewinn). Als letztes kommt dann noch das Verständnis für Zinsen und Sparen. Damit ist das Kind auf dem besten Weg zu Kreditkarten, Steuerhinterziehung, Eurobondhandel und einem Nummernkonto in der Schweiz. Das wären die Grundbegriffe. Unser Interesse jedoch gilt eher den gefühlsmäßigen und moralischen Begriffen von Geld.

Irgendwo muß ein Kind Antwort auf die folgenden Fragen bekommen, die ihn sein Leben lang begleiten werden. Woher weiß ich, wieviel verschiedene Dinge wert sind? Wer bekommt wieviel für seine Arbeit? Ist bezahlte Arbeit mehr wert? Wieviel Gewinn darf man machen? Wann darf man Schulden machen? Sind reiche Leute bessere Menschen als arme? Oder schlechtere? Oder keines von beiden? Warum haben manche Menschen gar kein Geld und hungern, während andere es mit vollen Händen ausgeben? Was ist der Unterschied zwischen sparsam und geizig? Die Antwort auf alle diese Fragen wird Ihr Kind aus dem heraushören, was Sie und andere Menschen tun und sagen.

Dabei ist die Höhe Ihres Einkommens irrelevant. Arme, aber ehrliche Familien können allerdings ebenso einen negativen Eindruck vermitteln wie reiche, gedankenlose Familien. Ich ganz persönlich gebe eher der Philosophie der Kargheit den Vorzug und schwärme immer noch von der romantischen Vorstellung, in einer armen Familie aufzuwachsen, bilde den Charakter. Einerseits möchte ich das gerne glauben, andererseits werde ich nie George Orwells niederschmetternde Beschreibung der Comstock-Familie in *Keep the Aspidistra Flying* vergessen. Sie waren arm und mußten jeden Pfennig umdrehen:

»Das Erste, was für ihn daraus folgte, war seine schleichende Ehrfurcht vor Geld. Damals haßte er seine notleidenden Verwandten, seinen Vater und seine Mutter, Julia, alle. Er haßte sie wegen ihrer schäbigen Wohnungen, ihrer Schlampigkeit, ihrer freudlosen Lebenshaltung, den ständig quälenden Sorgen wegen ein paar Pfennigen. Der Satz, der am häufigsten bei den Comstocks fiel, hieß: ›Das können wir uns nicht leisten‹.«

Das Schlüsselwort hier ist das Wort »freudlos«. Tausende von Autobiographen beschreiben ein ganz anderes Bild von armen Familien. Da wird gelacht, man ist fröhlich und freut sich an Sonne, Mond, frischer Luft und öffentlichen Parks. Die Kinder lesen alles, was sie in der öffentlichen Bücherei kriegen können, und basteln sich geniale Gocarts aus alten Kinderwagen. Kinder wie diese, die in der Familie gelernt haben, sich nicht von der Armut unterkriegen zu lassen, sind bei weitem die besten und glücklichsten Finanzverwalter, wenn sie im späteren Leben zu Geld kommen. Diejenigen, die prassen und protzen oder hinterhältig und niederträchtig werden, hatten Eltern, die im Geld eine zwanghafte, quälende Last sahen. Wir wissen alle, daß Geld eine zwanghafte, quälende Last *ist*. Nur sollten wir die Kinder Kinder sein lassen und sie nicht damit belasten.

Ganz anders ist es in der Familie, in der Geld keine Rolle spielt. Wie verhindern Sie, daß Ihr Kind sich unbeabsichtigt verletzend oder herablassend benimmt, wenn es seine stinkvornehmen Weihnachtsgeschenke vorführt? Wie bringen Sie Ihre Tochter davon ab, auf verletzende Weise mit ihrem neuen Fahrrad anzugeben? Es mag seltsam klingen, aber im Grunde genommen brauchen Sie nichts anderes zu tun, als den Mund zu halten, um die Angelegenheit nicht noch schlimmer zu machen. Bis zum Alter von etwa zehn Jahren haben Kinder, sofern sie nicht von einer besonders materialistisch orientierten Familie oder Schule verdorben worden sind, sehr ungenaue Vorstellungen vom Wert des Geldes. Sie werden mir ihren »Besitztümern« nicht herumprahlen, wenn Sie sie nicht dazu ermutigen. Es gibt sehr wenige Kinder, die nicht mit irgend etwas angeben könnten. Bleiben Sie neutral. »Lisa hat also kein Pony-Wunderland-Schloß? Wie gut, daß du eines hast. Wenn ihr beide dasselbe hättet, wäre es ja langweilig. Glaubst du, daß du sie wieder einmal besuchen und dir die Züge ansehen darfst, die direkt an ihrem Fenster vorbeirattern?« Vermeiden Sie das Reizwort »arm«, wenn Sie von einer Ihnen bekannten Familie sprechen. Es beschwört Vorstellungen von kleinen Mädchen mit Schwefelhölzern und einer Familienschlafstatt im offenen Viehstall um das einzige Schwein herum herauf. Das kann in einer demokratischen Gesellschaft zu sehr peinlichen Situationen führen. Ich habe von Kindern gehört, die mit ernsthaftem Gesicht den Eltern ihrer Freunde, die irgend jemand gedankenlos als »arm« bezeichnet hatte, ihr Taschengeld angeboten haben. Zumindest haben die Kinder dadurch mitbekommen, wie empfindlich die Erwachsenen reagieren, wenn es um dieses komische Geld geht.

Andererseits kann man auch schon kleinen Kindern klarmachen, daß es auf der Welt sehr viel Armut gibt. Nach Aufrufen im Fernsehen zeigen sich gerade die jungen Zuschauer von einer überwältigenden Großzügigkeit. Da wird Spielzeug hergegeben, Geld für Kinder in der Dritten Welt gesammelt, und es werden Briefe geschrieben – alles Zeichen von echter Anteilnahme und tiefem Verständnis.

Wirklich problematisch wird es erst, wenn die Kinder direkt oder indirekt fragen, warum manche Leute reich und andere arm sind. Warum ist das Leben so unfair? Die Versuchung, eine banale Antwort zu geben ist riesengroß. Schließlich geht es hier um eines der größten und traurigsten Probleme der Welt: der reiche Mann in seinem Schloß, der arme Mann am Tor davor. War es wirklich der liebe Gott, der das Schicksal der beiden scheinbar so ungerecht fügte? Sie können Hungesnöte, Dürrekatastrophen und Erdbeben erklären. Sie können einfach von »Glück« reden, sich an irgendeiner Finanzwirtschaftstheorie versuchen (meinethalben auch Marx bemühen, wenn er Ihnen liegt). Sie könnten auch, wenn Sie unbedingt wollen, die sehr beruhigende, aber gewiß unhaltbare Theorie aufstellen, daß gute, hart arbeitende Menschen niemals am Hungertuch nagen werden.

Aber es ist schwierig, ehrlich über die Ungerechtigkeit zu sprechen und dabei gleichzeitig zu betonen, daß das Geld weder ein Gott noch ein Dämon, sondern einfach etwas Neutrales ist. Manche Menschen hätten Anspruch darauf, aber bekommen es nicht, andere werden mit dem Silberlöffel im Mund geboren. Manche genießen es, manche zerstören ihr Leben damit. Sie können sagen, daß es nicht das Wichtigste im Leben ist und nicht glücklich macht. Auch Liebe kann man sich nicht mit Geld erkaufen. Aber andererseits sollten Sie Ihre Kinder durchaus dazu anhalten, Geld zu achten und für schlechte Zeiten etwas auf die hohe Kante zu legen. Schütten Sie am besten alle diese Gedanken in einen großen Topf und rühren sie kräftig um, aber vergessen Sie keine der Zutaten.

TASCHENGELD. Damit sind wir schon mitten in der Praxis. In England hat man in Untersuchungen herausgefunden, daß die Kinder der wohlhabendsten Familien eigenartigerweise am wenigsten Taschengeld bekommen. Eine Fernsehmoderatorin gibt ihrem Achtjährigen lediglich einen Penny pro Tag. Die Kinder in den Arbeiterfamilien bekommen bis zu zwei Pfund die Woche. Natürlich muß man das mit Vorbehalt sehen. In gutsituierten Familien kaufen die Eltern sehr viele Sachen ohnehin. Aber trotzdem erscheint es mir unsinnig, einem Kind sieben Pennys oder auch zehn Pennys (20 bis 30 Pfennige) pro Woche zu geben. Dadurch hat ein Kind bei unseren heutigen Preisen keinerlei Chance, den Umgang mit Geld zu lernen. Es ist schlichtweg unfair, ein Kind zwei Monate auf einen Eislolli oder ein Comic-Heft sparen zu lassen. Mit derart lächerlichen Summen nähren Sie in Ihrem Kind den Glauben, Ihr Geld sei etwas anderes als seines. Sie spielen Ihre Machtstellung aus. Wenn Sie ein mäßig teures Spielzeug um sieben Pfund kaufen, dann unterstreichen Sie damit, daß ein Erwachsener hundert Mal mehr Geld zum Ausgeben hat wie ein Kind. Das Kind fühlt sich machtlos und gekränkt.
Mit einem Pfund (ca. 3,50 DM) Taschengeld hingegen vermitteln Sie Ihrem Kind auch ein gewisses Verantwortungsgefühl. Wenn es ein Jahr lang spart, kann es sich das langersehnte Modellauto kaufen. Es trifft Entscheidungen, es teilt sein Geld ein. Einmal wirft es fünfzig Pennys für ein scheußliches außerirdisches Monster raus und bereut seine Tat kurz darauf zutiefst. Es zahlt sein Geld auf ein Sparkonto ein und sieht, wie es mehr wird. Oder es spendet fünfundzwanzig Pennys für eine Familie in Äthiopien, die davon Reis für zwei Tage kaufen kann. So bekommt das Kind einen kleinen Vorgeschmack auf die Verantwortung und die Macht, die mit Geld verbunden ist. Ja, im allgemeinen bin ich dafür, ein großes Taschengeld zu geben, wenn Sie es sich leisten können.

GELDVERDIENEN ist ebenfalls ein wichtiger Lernprozeß. Für ein Kind von sieben Jahren gibt es wenige legale Möglichkeiten, aber im Kreis der Familie kann das Taschengeld durch verschiedene Taten aufgebessert werden oder gekürzt werden. Ich ziehe ein paar Pennys ab fürs Fluchen, Spucken, Raufereien und so weiter. Und ich zahle extra für Extra-Leistungen im Haushalt (Vorsicht: sechsjährige Kinder können plötzlich sehr berechnend werden und versuchen, sich alles bezahlen zu lassen – vom Tischabräumen bis zum Zimmeraufräumen. Lassen Sie sich nicht für dumm verkaufen). Das erste selbstverdiente Geld ist eine ernste, feierliche Angelegenheit. Zerstören Sie nicht die Stimmung, indem Sie Ihrem Kind großzügig das Doppelte der vereinbarten Summe geben. Das Gefühl, wirklich ehrlich fünf Pennys verdient zu haben, ist besser, als gönnerhaft zwanzig Pennys ausgehändigt zu bekommen.

GELDAUSGEBEN. Über das erste eigene Geld sollte ein Kind frei verfügen dürfen. In manchen Familien wird das viel zu diktatorisch gehandhabt. Natürlich sollten Sie ein Wörtchen mitreden, wenn das Kind sich nur ungesunde Süßigkeiten oder Kriegsspielzeug kauft, aber ansonsten sollte es keine Vorschriften geben, wofür das Kind sein Geld zum Fenster rausschmeißt. Das schale Gefühl, mit einem aufwendig verpackten, schäbigen Spielzeug übervorteilt worden zu sein, würden wir unserem Kind gerne ersparen, aber wir haben kein Recht dazu. In der britischen Politik gibt es einen Slogan, wenn ein hoher Würdenträger zurücktritt: »Berater beraten und Minister entscheiden.« Eltern sind nur Berater, und das ist ein verdammt schwerer Job. Eine der anstrengensten Aufgaben einer Mutter ist es, stundenlang in Spielzeugläden herumzustehen, während ihr aufgeregtes Kind sehnsüchtig, aber doch preisbewußt alle Preisschilder prüft und versucht, zu einem Entschluß zu kommen. Beißen Sie die Zähne zusammen. Nehmen Sie ein gutes Buch mit. Tun Sie alles, nur mischen Sie sich nicht ein.

TAUSCHEN. Das sehe ich locker. Ich bin der Ansicht, Eltern haben kein Recht, sich in die eigenartigen Tauschgeschäfte ihrer Kinder einzumischen. Wenn Ihr Kind das allerneuste Superspielzeug um 50 Pfund gerne gegen zwei Murmeln und ein Stück Schokolade eintauscht, dann lassen Sie es gewähren. (Es sei denn, man hat es dazu gezwungen. Sprechen Sie, wenn nötig, mit beiden Kindern.) Wenn es die wertlosen Gegenstände vorzieht, dann bleibt Ihnen nichts anderes übrig, als Ihr Geld abzuschreiben und diese Lehre daraus zu ziehen: Es ist nicht richtig, kleinen Kindern die Wertsysteme Erwachsener aufzuzwingen. Sie können nicht tatenlos zusehen, daß ganze Modellbaukästen aus dem Haus getragen werden? Dann erklären Sie Ihrem Kind, es dürfe nur Sachen eintauschen, die es selbst gekauft hat, nicht Geschenke.

GELD BORGEN. Hier wird's schon schwieriger. Generell und um des lieben Friedens willen sollten Kinder wissen, daß sie nie ohne Kenntnis der Eltern von irgend jemandem Geld annehmen und auch keines herborgen sollten. Die Angelegenheit gerät zu schnell außer Kontrolle und wird für beide Seiten zum Ärgernis.

Vielleicht haben Sie bisher alles richtig gemacht. Aber eine Schwierigkeit steht Ihnen auf jeden Fall noch bevor. Sie haben Ihrem Kind beigebracht, mit Geld einigermaßen vernünftig umzugehen, aber Sie haben immer noch das Problem, Ihrem Kind zu erklären, daß Menschen, denen es schlecht geht, nicht weniger wert oder dumm sind. Ein mir bekanntes Kind aus wohlhabender Familie blieb vor einem Penner in der Nähe von Charing Cross stehen und fragte laut seine Mutter: »Warum hat dieser Mann nicht schon als Kind ein Sparbuch angelegt?« Ein trüber Blick aus glasigen Augen, ein schuldbewußter Fünfpfundschein von der Mutter, der auch nichts mehr retten konnte, und eilends verschwand die Mutter mit ihrem Kleinen im Gewühl der Menge. Die hastig herausgestotterten Erklärungen verhallten ungehört in der kühlen Abendluft.

Eine harte Nuß: Die Kleiderordnung

Irgendwann zwischen Babystrampler und Hochzeitskleidung entwickeln Kinder ein Gefühl für Kleidung. Je später das passiert, um so glücklicher können Sie sich schätzen. Bei einem Kind, das von vier Jahren bis zur Volljährigkeit immer nur einen ausgebeulten Trainigsanzug in ansteigenden Größen tragen will, haben Sie lediglich das Problem, es gelegentlich für besondere Gelegenheiten ein wenig herauszuputzen. Das geht mitunter nicht ohne Schwierigkeiten ab (Nur allzugut erinnere ich mich an meine eigene Taktik, das ganze Haus zusammenzubrüllen, als man versuchte, mir ein rotes Samtkleid mit Spitzenkragen anzuziehen). Aber es spart Geld und schützt vor ganz anderen Problemen. Kinder sehen in schönen Kleidern zauberhaft aus, aber ein allzu modebewustes Kind ist eine Qual für Ihre Seele und Ihren Geldbeutel. Was immer ein solches Kind anziehen möchte, ist entweder in der Wäsche, zu klein oder kostet siebzig Pfund. Außerdem gibt es nichts Schlimmeres als ein kleines Kind, das ständig in den Spiegel schaut. Mit einem gesunden, aktiven, unbefangenen Racker lebt sich's leichter. Die meisten Kinder sind irgendwo zwischen diesen Extremen anzusiedeln, kümmern sich um wenig, außer um Bequemlichkeit, aber haben natürlich Phasen, in denen sie für bestimmte Sweatshirts oder Pullover mit eingestrickten Motiven schwärmen.

Zu welcher Gruppe Ihr Kind auch gehören mag, es ist augenfällig, daß im Alter zwischen drei und sieben die Kleidung plötzlich einen anderen Stellenwert bekommt. Windeln gehören der Vergangenheit an, Milchspucken wird seltener, und – das Wichtigste – das Kind lernt sich selbst anzuziehen. Diese kostbare Errungenschaft (kostbar für Sie, weil Sie in der Früh wieder in Ruhe eine Tasse Kaffee trinken können) sollten Sie mit leicht anzuziehender Kleidung, großen Halsausschnitten und Taillengummizug fördern. Kleine Jungs sehen wunderschön aus in echten Hemden mit Manschetten, aber die Nachteile liegen auf der Hand. Kinder im Schmutzfinkenalter brauchen viele Kleider, oft muß alles, einschließlich des Pullovers, täglich gewechselt werden. Da bleibt gerade noch Raum für eine bis höchstens zwei »gute« Kleidungsstücke für besondere Gelegenheiten. Wofür in dieser Zeit des Wachstums sicher kein Platz ist, ist Mode. Wenn Sie klug sind, werden Sie nie, niemals einem so kleinen Kind etwas einreden wollen, weil es »modisch« oder »im Trend« ist. Das Zitat einer geplagten Mutter mit einem schlauen, mürrischen Mädchen im Schlepptau: »Sie ist aus allem herausgewachsen, sagt sie, oder es ist aus der Mode – oder umgekehrt.« Ihre Tochter ist sechs Jahre alt. Natürlich wird die Mode beeinflussen, was Kinder tragen, weil nur das in den Kaufhäusern zu haben ist. Aber das noch willentlich zu unterstützen, ist der schiere Wahnsinn. Nach meiner, zugegebenermaßen leicht exzentrischen, Ansicht ist es ebenso unsinnig, kleine Mädchen dazu anzuhalten, sich besonders weiblich zu kleiden. Dafür ist später noch Zeit genug. Jetz sollten Sie sie unbeschwert und unbefangen in Jungenkleidung herumtoben lassen. Schließlich ist das eine Freiheit, die ihnen Frauen erkämpft haben.

Wenn sie bislang gut mit abgelegten Babysachen zurechtkamen, sollten Sie jetzt wissen, daß der lukrative Kinderbekleidungsmarkt sehr gut durchstrukturiert ist. Achten Sie also darauf, in welchen Laden Sie hineinstolpern. Hier die Ratschläge einer Zynikerin:

Die oberen Zehntausend: Dank der Fruchtbarkeit der noch bestehenden europäischen Königs- und Fürstenhäuser, gab es eine Renaissance von sehr vornehmen Kinderkleidern. In jeder größeren Stadt bekommt man heute die cremefarbenen Wollmäntel mit Samtkragen, bestickte Baumwollbatisthemden, Pullover, die nur gereinigt werden dürfen, und rohseidene Ballkleider für vierzehnjährige Mädchen. Die kurzen Hosen für Jungen haben Bermudalänge und Aufschläge, die Schuhe sind aus weichem Leder. Alles muß natürlich sorgfältig mit dem Dampfbügeleisen gebügelt werden. Es wird Ihnen das Herz brechen. Diese Kleider werden für Eltern mit Kindermädchen gemacht, deren Lebensaufgabe darin besteht, die Kleider viermal täglich zu waschen, zu stärken und zu bügeln. Natürlich kosten diese Kleider auch sehr viel, und ihr einziger Vorteil besteht darin, daß sie 50 Jahre in der Familie weitervererbt werden können (sofern sie fleckenlos geblieben sind). Es darf auch nicht untersagt bleiben, daß diese wunderschönen Stoffmäntel, die ganz nach Erwachsenen-Schnittmustern gearbeitet werden, für Fünfjährige an den Armen verteufelt unbequem sind. Ich muß es wissen, ich hatte einen solchen.

Très, très trendy: Während sich die oben genannten Läden vor allem von Königshäusern, Pseudokönigshäusern, Neureichen und hoffnungslos altmodischen Schwärmern ernähren, wenden sich andere mehr an die neue Oberschicht: an Popstars, deren Kinder ständig in irgendwelchen Zeitschriften zu sehen sind, an Schauspielerinnen mit Schuldkomplexen, weil sie wochenlang auf Tournee sind, an Partygänger, die glauben, sie würden sich besser fühlen, wenn sie auch ihre Kinder entsprechend ausstaffieren. Diese Läden verkaufen ausgeflippte Röcke, Stufenpetticoats wie sie in den fünfziger Jahren modern waren, Röhrenjeans für Jungen, die kaum über die armen, kleinen Knöchel zu ziehen sind, vielfarbige Patchworkjacken aus Bali, goldbetreßte Jacken für kleine Jungen und jede Menge geschmacklose Ballettanzüge für kleine Mädchen. Diese Kleider sind auch sehr teuer, aber keiner der Designer hat natürlich an Kleinkinderbäuchlein, Waschmaschinen oder die Notwendigkeit, schnell mal aufs Klo gehen zu müssen, gedacht. Innerhalb einer Woche werden sie denn auch entweder aufgeribbelt, eingelaufen oder verblichen sein. Aber das macht nichts, denn inzwischen sind sie aus der Mode, und wenn Sie sie gekauft haben, hatten Sie ohnehin zu viel Geld.

Teuer, aber gut: Die Kleidung in diesen Läden kommt meistens aus Italien oder aus Amerika, ist wunderschön in Design und Ausfertigung und entsprechend teuer. Der Stil ist klassisch mit modernem Pfiff (pinkfarbene Latzhosen), die Sachen lassen sich wunderbar weitervererben. Kaufen Sie etwas zu groß, denn Ihr Herz wird brechen, wenn Ihr Kind zu schnell rauswächst. Die einzige Art und Weise, Kinderkleidung von guter Qualität wirklich sorgenfrei zu genießen, ist, wenn man eine nette, gutsituierte Nachbarin hat, deren Geschmack unübertrefflich und deren einziges Kind ein Jahr älter ist als das eigene. Mehrere Jahre war meine Tochter so mit wunderbarer Kleidung versorgt: Sie war bequem, schön und pflegeleicht. Dann wuchs sie plötzlich um fünfzehn Zentimeter und war größer als das ältere Nachbarskind. Das war nicht gerade im Sinne des Erfinders.

Während eine normale Mutter in den ersten beiden Ladenkategorien nur ihr Geld läßt, wenn sie der Teufel reitet, sind diese Läden doch gelegentlich in Betracht zu ziehen, besonders wenn man eine größere Familie oder eine Reihe von Neffen und Nichten hat, die man beerben kann. Viele dieser Kleider sind so gut, daß Sie sie auch verkaufen können, wenn in der Haushaltskasse mal Ebbe herrscht.

Kettenläden: Wahrscheinlich die Haupteinkaufsquelle für die meisten von uns. Jogginganzüge, T-Shirts, Sweatshirts (vorzugsweise ohne aufgedruckte Werbung für irgendwelches Spielzeug), Hosen mit Gummizug in der Taille, damit faule kleine Jungs nicht Reißverschluß und Knopf zumachen müssen, T-Shirtkleider für kleine Mädchen, die sich leicht über den Kopf ziehen lassen, Unterhosen und Socken im Sechserpack. Das ist das A und O der Kindergarderobe. Und Kinder muß man hauptsächlich wie körperliche Arbeiter sehen. Ihre Kleidung muß robußt, fröhlich und getrost zu vergessen sein. Wie sind in unseren Breiten bestens mit Kettenläden ausgestattet. Ärgerlich sind die allgegenwärtigen Werbesprüche auf den Kleidern (Warum sollte ein unschuldiger Fünfjähriger Werbung für eine Firma machen oder mit der unsinnigen Aufschrift Surf City oder Cool Dude herumlaufen?) und das mangelnde Verständnis dafür, wie schnell und unvorhersehbar Kinder wachsen. Sie gehen immer noch davon aus, daß man sich im September mit warmer Kleidung eindeckt, so daß man im Januar (wenn es wirklich kalt ist) nur Frühlingskleider und Hawaiihemden in den Regalen findet.

Versandhäuser: Für Landbewohner und berufstätige Mütter sind sie ein wahrer Segen. Zugegeben, es kommt vor, daß jedes zweite Kind im Dorf den gleichen buntbedruckten Rock und den Pullover mit dem eingestrickten Känguruh hat, aber das ist für gute Kleidung zu vernünftigen Preisen wohl zu verschmerzen. Außerden sparen Sie sich die Parkplatzsuche und das ewige Herumziehen in verschiedenen Läden. Die meisten Kinder gehen ohnehin nicht gerne Kleidung einkaufen. Warum also nicht gleich mit einer Postkarte bestellen? Allerdings sind die Bestellkarten so abgefaßt, daß Sie verführt werden, mehr zu kaufen, als Sie ursprünglich wollten.

Kaufhäuser: Die meisten Kaufhäuser haben eine Kinderkleiderabteilung. Mit der Qualität hapert es jedoch häufig. Billige Stoffe werden schlampig verarbeitet. Nach ein- oder zweimaligem Waschen hat man die Bescherung. Die meisten von uns können sich jedoch nichts anderes leisten, vor allem, wenn die Kinder sehr schnell wachsen. Betrachten Sie besonders billige Kleidung besonders kritisch. Prüfen Sie noch im Laden, ob der Ärmel einem festen Ruck standhält. Oft sind Sie besser dran in:

Secondhandläden: In guten Geschäftslagen großer Städte tauchen oft die erstaunlichsten Kinderkleider (zum Teil auch aus den Läden der oberen Zehntausend – siehe oben) in den Secondhandläden als »Sonderposten« auf. Da sollten Sie schamlos zugreifen. Roses heißgeliebtes Partykleid, das sie drei Jahre trug, kostete mich ein Pfund. Außerdem schnappte ich mir bei der Gelegenheit für 50 Pennys pro Stück wunderbare Shorts und T-Shirts für den Sommer – reine Baumwolle und sehr hübsch geschnitten.

Selbstgenäht:« Natürlich immer noch das Beste. Aber auch dazu ein Wort der Warnung: Eine mir bekannte junge Frau kaufte für acht Pfund einen flauschigen Stoff für einen Jogginganzug, nähte drei Stunden daran und sah dann in einem Sonderangebot einen fast identischen um sechs Pfund. Tugend zahlt sich nicht immer aus.

Die lieben Tierchen

Zweifelsohne gibt es eine ganz besondere Beziehung zwischen Tieren und Kindern. Sehen Sie zu, wie ein Kind ein Pferd streichelt oder eine freundliche Katze hochnimmt, und Sie wissen, wovon ich spreche. Beobachten Sie ein noch kleineres Kind, das versucht, die weißen Flecken im Fell des Familienhundes zu kolorieren, oder ein Krabbelkind, das, mit dem Labradorhund als Stütze, die ersten Gehversuche wagt. Erwachsene Männer werden sentimental, wenn sie von der Katze in ihrer Kindheit erzählen, und ich selbst trug in einem Medaillon ein Büschel Bulldoggenhaare durch die Seelenpein meiner Jungendjahre hindurch herum. (Immer wieder mußte ich das Medaillon öffnen und die roten, schwarzen oder brauen Locken der Verehrer, die nicht den Erwartungen entsprachen, rausschmeißen. Aber das sandfarbene Hundehaarbüschel blieb unbehelligt immer an seinem Platz.) Als ich einmal für einen Wohltätigkeitszweck über eine mir heilige, frühe Kindheitserinnerung schreiben sollte, kamen aus der Schreibmaschine Dinge heraus, an die ich schon jahrelang nicht mehr gedacht hatte: die Geschichte von Birdie, dem Käfigvogel, dessen bemerkenswert langes Leben meine Kindheit begleitete. Oh ja, Tiere sind sehr wichtig für Kinder. Philosophisch betrachtet könnte man sagen, daß kleine Kreaturen dem Kind das Gefühl vermitteln, selbst nicht die kleinste Kreatur zu sein, während größere Tiere die wohlwollende Stärke der Natur versinnbildlichen. Oder Sie könnten einfach nur tief und resigniert aufseufzen und zugeben, daß Sie endlich die Zustimmung für ein Haustier gegeben haben.

Jedoch muß die Sache nüchtern und unsentimental angegangen werden, ansonsten ist Ihr Kind entweder gelangweilt oder gebissen worden. Im besten Fall stehen Sie mit einer neurotischen Katze, einem zerbissenen Teppich und einem Aquarium voller toter Fische da.

Wenn Sie ohnehin schon immer für Haustiere waren, dann brauchen Sie diese Kapitel nicht. Außer einer ernsthaften

Warnung, die sich alle hinter die Ohren schreiben sollen. Ein Hautier, das immer lieb war, kann über ein Kind ganz schön böse werden. Besonders Hunde sind sehr eifersüchtig. Lassen Sie nie, nie, ein kleines Kind mit einem Hund allein, wenn Sie seiner Gutmütigkeit nicht absolut sicher sind. Denken Sie auch daran, daß ein Hund, der nichts gegen das Baby oder ein vergleichsweise langsames Krabbelkind hatte, sich plötzlich anders verhalten kann, wenn das Kind größer wird. Das kommt selten vor – meistens ist es umgekehrt –, aber es passiert. Das gilt auch, wenn Sie Leute mit Hund besuchen. Das Gesicht eines kleinen Kindes ist einfach auf zu gefährlicher Höhe, als daß man auch nur einen einzigen übelgelaunten Schnapper riskieren könnte. Und denken Sie an Katzenkrallen. Die meisten Katzen gehen jeder Form von Konfrontation aus dem Weg, aber wenn sie am Schwanz gezogen werden, können sie durchaus in Panik geraten. Bringen Sie Ihren Kindern bei, Katzen mit gebotener Ehrerbietung zu behandeln. Bleuen Sie den Kindern ein, daß auch Katzen sich nicht von jedermann umarmen und abknutschen lassen, wenn sie nicht wollen, genauso wie sie selbst (alleroberster Grundsatz gegen Kindesmißbrauch, der heutzutage in allen guten Schulen gelehrt werden sollte). Wenn Sie selbst noch nie etwas mit Haustieren zu tun gehabt haben, aber glauben, daß Ihr Kind von einem profitieren würde, dann lesen Sie nachfolgende Grundregeln. Ich habe sie so negativ wie möglich gestaltet, um gegen das streichelweiche, pelzige treuherzige Etwas anzukämpfen, das sich in Ihr Herz schleichen will. Während ich diese Zeilen schreibe, sitzt ein Kätzchen auf meiner Schulter, ein anderes knabbert an meinem linken Schuh, draußen vor dem Fenster grunzt ein Schwein, und vor dem Küchenherd kämpft ein untergewichtiger kleiner Igel ums Überleben.

HUNDE. Jeder kennt ihre positiven Seiten. Man kann ihnen nicht böse sein, denn sie sind so hingebungsvoll treu und nehmen nichts übel. Aber das Kind muß mindestens zehn Jahre alt und in der Lage (je nach Wohngebiet) sein, den Hund selbst spazierenzuführen. Alles andere ist purer Wahnsinn, es sei denn, Sie wollen selbst für sich einen Hund. Hunde brauchen viel und teures Futter, müssen täglich Gassi geführt und regelmäßig entwurmt werden, besonders wenn Kinder im Haus sind. Der *Toxicara canis* Wurm ist eine ernstzunehmende Gefahr, die zu Blindheit führen kann. Auch wird man in vielen Städten zu recht von Ihnen erwarten, daß Sie die Hinterlassenschaft des Hundes beseitigen. Bei jedem Spaziergang ein kleines Schäufelchen und einen Platikbeutel mitzutragen, ist nicht jedermanns Vorstellung eines spontanen Naturerlebnisses.

Wenn Sie sich zu einem Hund entschließen, achten Sie auf die Rasse. Große Rassen sind seltsamerweise oft viel gutmütiger als die kleinen, überzüchteten »Toy«-Rassen, und Mischlinge sind eigentlich immer viel unproblematischer als Rassehunde. Viele sehr schöne Rassen werden ausschließlich nach Aussehen gezüchtet, nicht nach Temperament. Folglich wird eine vom Charakter her hinterhältige, unberechenbare Hündin durchaus zur Zucht verwendet, wenn sie nur schön genug ist. Mischlinge hingegen entstehen durch Zufall oder weil man sich einen netten Hausgenossen wünscht. Diese Hunde sind viel friedlicher und unerschütterlich treu.

Fragen Sie mehrere Leute, wenn Sie noch keinen Hund hatten. Und geben Sie ihn in eine Hundeschule. Vielleicht kommt Ihnen die gestrenge Dame in der Hundeschule und auch die gesamte Gehorsamkeitserziehung komisch vor, aber Hunde, die nie gelernt haben zu folgen, sind eine durchaus ernstzunehmende Gefahr. Dazu noch ein wirklich gutgemeinter, eventuell lebensrettender Rat: Lassen Sie sich unter keinen Umständen dazu verleiten, ein süßes, tollpatschiges Hundebaby einer »Angriffsrasse« zu kaufen. Rottweiler, Dobermänner und Schäferhunde haben einen traurigen Rekord im Angreifen von Kindern ohne Vorwarnung aufgestellt. Manchmal töten sie sie auch. In Sekunden.

KATZEN. Katzen sind eigenwillige, freiheitsliebende Tiere. Das kann für Kinder sehr enttäuschend sein, weil Katzen sich ihren Menschen, auf dessen Schoß sie zu sitzen geruhen, immer selbst aussuchen. Und sie ziehen Menschen vor, die nicht ständig in Bewegung sind. Wenn Sie sich ein Kätzchen aussuchen, nehmen Sie die aufgewecktestc und frechste des Wurfes. Zwei sind lustiger als eine, weil sie gerne miteinander herumtollen und sich gegenseitig Mut machen vor den für sie riesig erscheinenden Kindern. Hauskatzen müssen nicht spazierengeführt werden, aber eine Öffnung in der Haustür erspart viel Ärger. Soll das Tier nur in der Wohnung bleiben, müssen Sie sich ernsthaft mit dem Problem Katzenklo auseinandersetzen. Und das ist vor allem bei erwachsenen Katzen NICHTS SCHÖNES. Besonders NICHT, wenn Sie ein Krabbelkind haben oder selber schwanger sind (Katzenklos sind ein Gesundheitsrisiko für Schwangere). Katzenstreu kostet viel Geld. Katzenfutter ebenso. Andererseits können Kinder wirklich eine schöne Beziehung zu Katzen aufbauen. Nicholas und Rose sangen unserer inzwischen verstorbenen Katze im Advent Weihnachtslieder vor und sagten dann zu ihr: »Wenn du Plätzchen oder etwas Geld hättest, würdest du es uns geben, nicht wahr, Nellie?«

KANINCHEN UND MEERSCHWEINCHEN. Diese Nager sind klein, wuschelig weich, man kann sie herumtragen, und sie sind Vegetarier (das heißt, ihre Hinterlassenschaft ist nicht so unappetitlich). Man kann sie draußen in Käfigen halten. Folglich haben Sie den Geruch nicht in der Küche. Also alles ideal? Ganz ideal wäre es, wenn da nicht ständig das Schuldgefühl wäre. Diese Tiere langweilen sich ganz offensichtlich in ihren Verschlägen. Sie wollen auf dem Gras herumhüpfen. Sie lassen sie raus, der Nachbarhund macht einen Satz und bringt sie um. Oder sie buddeln sich unter der Hecke durch, und Sie verbringen ein paar Stunden damit, in der Hecke herumzukriechen, weil sie umkommen könnten, wenn sie die Nacht ungeschützt im Freien verbringen.

Außerdem muß man sich – und hier wird es wirklich kritisch – täglich mit ihnen beschäftigen, um sie handzahm zu machen. Sowohl Kaninchen als auch Meerschweinchen »strampeln« ganz wild, wenn man sie auf den Arm nimmt, wodurch ängstliche Kinder schnell in Panik geraten und das Tier fallen lassen (und es möglicherweise dabei schwer verletzen). Hat sich die erste Begeisterung erst einmal gelegt, verlieren die Kinder oft das Interesse, und dann müssen Sie sich mit den Tieren befassen. Um ein wenig Fachlektüre werden Sie nicht rumkommen, denn es gibt alle möglichen Dinge zu bedenken, die man nicht unbedingt ohnehin weiß: Wußten Sie beispielsweise, daß Meerschweinchen täglich eine Ration Vitamin C brauchen? Oder daß Zwergkaninchen nicht zu viel Salat bekommen sollten? Sind Sie wirklich gewillt, sich mit diesen Dingen zu befassen?

Nachdem alles gesagt ist, soll jedoch nicht unerwähnt bleiben, daß es durchaus für eine Familie mit Garten möglich ist, ein Kaninchen von klein auf in der Küche herumhoppeln zu lassen, es ganz handzahm zu bekommen und es dann in den Garten zu lassen. Ich kenne eine Familie, bei der das funktioniert hat. Das Kaninchen hat nacheinander andere wilde Kaninchen in den Garten gelockt, die ebenfalls zahm geworden sind. Die Familie spielt und gartelt, umgeben von freundlichen Häschen, die sich streicheln lassen – ein Idyll. Sheridan hat es meisterhaft geschafft. Mir ist es nicht gelungen. Und nur Sie können entscheiden, ob Sie das Wagnis eingehen wollen.

Meerschweinchen können nicht längere Zeit im Freien leben und sind ehrlich gesagt die langweiligsten Tiere, die ich je gesehen habe.

RENNMÄUSE UND HAMSTER. Jetzt wird's noch kleiner. Auch diese Tiere kann man herumtragen, und man hat ein weniger schlechtes Gewissen, weil sie zumindest ein Rad haben, mit dem sie sich die Zeit vertreiben können. Aber besonders Rennmäuse müssen immer im Haus untergebracht sein. Haben Sie eine Ecke frei, wo der Käfig nicht umgeworfen wird und wo keiner drauftritt? Werden Ihre Kinder ihn sauberhalten und das Wasser regelmäßig wechseln?

Für die Kinder sind diese Nager eine bessere Winterunterhaltung als Kaninchen, weil sie im Haus und deshalb ständig sichtbar sind. Sie sind jedoch sehr heikel und sterben schnell, was für Kinder sehr schmerzlich ist.

Kinder haben gewiß Spaß an diesen kleinen Geschöpfen,

aber sie lassen sie auch gerne laufen, und dann können sie das ganze Haus auf der Suche nach Hamster Fridolin auseinandernehmen. Das gleiche gilt für weiße Mäuse, obwohl die meiner Erfahrung nach oft auch wegbleiben. Manchmal paaren sie sich mit ihren Brüdern oder Schwestern aus der freien Wildbahn, und sie haben jahrelang scheckige Gesellen in der Speisekammer. Vergiften? Ausgeschlossen! Irgendwie fühlen Sie sich immer noch als ihre Ziehgroßmutter.

RATTEN. Vielen Müttern stellen sich die Haare auf bei dem Gedanken an Ratten. Aber sie haben all die guten Eigenschaften der oben erwähnten Tiergruppe und sind dabei noch viel intelligenter. Zumindest kann man einer Ratte Kunststücke beibringen. Trotzdem würde ich sie nicht mit gutem Gewissen für Kinder unter zehn empfehlen.

FISCHE. Kaufen Sie Goldfische oder tropische Fische erst, auch wenn Ihr Kind noch so bettelt, wenn Sie sich mit dem Gedanken eines großen, schönen Aquariums im Haus abgefunden haben. Ein einsamer, trauriger Goldfisch in einer Kugelvase ohne Sauerstoffzufuhr ist wahrlich ein trister Anblick, außerdem ein schlechtes Beispiel für ein Kind, wie man mit einem lebenden Geschöpf umgeht. Deshalb müssen Sie also zuerst ein großes Aquarium mit allem Drum und Dran samt einigen Wasserpflanzen kaufen. Das Problem ist, daß ein kleines Kind inzwischen vielleicht schon wieder das Interesse daran verloren hat.

Wir kauften Fische, weil die Kinder es unbedingt wollten, und stießen dabei auf eine sehr seltsame Sache. Alle Fische starben, außer Albert. Jedes Mal, wenn wir neue Fische kauften und zu Albert ins Aquarium ließen, starben sie auch. Albert hingegen gedieh prächtig. Wir kamen zu dem Schluß, Albert müsse entweder so etwas wie AIDS haben oder aber ein Mörder sein. Also verbrachten wir ein ganzes Jahr mit einem einzigen Killerfisch in einem riesigen Aquarium und verschwendeten viel Elektrizität. Schließlich setzen wir ihn kurzentschlossen in den Gartenteich. Dort lebte er bis zur großen Dürre 1989. Da muß er umgekommen sein. Die Kinder hatten ihn inzwischen vergessen, also haben wir zumindest die Schreinerarbeit für eine Albert-Gedenkstätte gespart.

VÖGEL. Hier meldet sich wieder das schlechte Gewissen. Niemand hat je die Behauptung aufgestellt, daß es Vögeln nichts ausmacht, in Käfigen zu leben. Ich meine, es macht ihnen sehr wohl etwas aus. Wenn der Käfig groß genug ist und im Fenster hängt, der Vogel genug Hirse, ein Glöckchen und Musik im Radio hat, so daß er mitsingen kann, dann ist es vielleicht kein gar so schlechtes Leben. Achten Sie darauf, keinen Vogel zu kaufen, der unter die Artenschutzbestimmungen fällt. Vögel machen Kindern Spaß, zumindest auf halbherzige Weise.

PONYS. Wenn Sie nicht selbst ein ausgesprochener Pferdenarr sind, sollten Sie sich das sehr genau überlegen. In England sind verwahrloste Hinterhofponys schon zu einem Problem geworden. Ein Pony bedeutet viel Futter, Stall, Sattelzeug, Hufeisen (teurer als das Schuhwerk für ein Kind) und nicht vorhersehbare Tierarztrechnungen. Nur ein Kind, das ein begeisterter Reiter ist, sollte ein Pony bekommen. Hat das Tier keine ausreichend große Koppel, dann muß es jeden Tag bewegt werden. Selbst wenn es sich im Lauf der Zeit nur mehr als Bürde erweist, wird das Kind es so sehr ins Herz geschlossen haben, daß es ein schreckliches Theater geben wird, wenn Sie es verkaufen oder hergeben.

BAUERNHOFTIERE. Penelope Leach hat darauf hingewiesen, das einem Kind die sechsmonatige Aufzucht eines Kälbchens oder Lämmchens eher ein Leben lang im Gedächtnis bleibt als die jahrelange Reinigung des Kaninchenstalls. Diese Möglichkeit haben Sie natürlich nicht in einer Stadtwohnung im dritten Stock. Als Erwachsener muß man auch wirklich sehr gut informiert und einsatzfreudig sein, wenn man sich auf Bauernhoftiere einläßt, besonders wenn sich ein halberwachsenes Schaf unbedingt auf Ihren Schoß setzen möchte. Vielleicht ist da ein gelegentlicher Besuch auf einem Bauernhof eine bessere Idee. Aber wer im Glashaus sitzt, sollte nicht mit Steinen werfen. Die Ferkel können jetzt jeden Tag kommen.

Alles in allem, 1 : 0 für Haustiere. Sie lehren Kindern Respekt vor lebenden Kreaturen und Vorsicht im Umgang mit ihnen. Haustiere sind angenehme, unkomplizierte Lebensgenossen in einer Welt voller Obrigkeit. Durch ihre kurze Lebensspanne lernen Kinder auch, mit dem Tod umzugehen. Nur allzu oft erlebt das Kind den Tod im Fernsehen und in Spielen als eine Folge von Gewalt. Ein Kind, das sein Kaninchen begräbt und ihm ein hölzernes Kreuz aufstellt oder ein letztes Mal die tote Katze streichelt und spürt, wie leblos sie unter dem Fell ist, sieht den Tod klarer und ruhiger. An einem Tag im Januar saßen wir alle um ein krankes, verwaistes Lämmchen, das friedlich seinen letzten Atemzug tat. Es war traurig, aber es war ein Teil einer Wirklichkeit, die wir mit unseren Kindern teilten.

Obgleich – dachten Sie sich's schon? – kaum eine Woche später das nächste bei uns auftauchte.

Spielzeug: Freud und Leid

Ich habe absichtlich mit diesem Kapitel gewartet bis zu unserem Umzug. Ich wollte wissen, wovon ich spreche, das heißt, ich wollte warten, bis ich knietief in zerbrochenen Plastikbeinen, funktionsuntüchtigen Raumschiffen, zerquetschten Farbstiften, Puppenkühlschränken mit herunterhängenden Türen, halbfertigen Modellwindmühlen, beinlosen Legomännern und losen Puzzleteilen watete.

Und das tue ich jetzt. Mir wird dabei, wie den meisten Eltern ziemlich übel. Schauen Sie sich einmal die Spielzeugkiste eines Hauhalts mit mittlerem Einkommen an: all die längst vergessenen Belohnungen, die aufregenden Geschenke, die Wiedergutmachungsangebote, die Überraschungen vom Weihnachtsmann und die vom Taschengeld abgesparten Schätze liegen vor uns – ein Meer von unerwünschtem Plastik. Wir fühlen uns des Umweltvandalismusses schuldig. Wir fürchten, unsere Kinder verzogen zu haben und als klassisches Opfer der Werbung gebrandmarkt zu sein. In diesem Augenblick bin ich von Müllsäcken, Teekisten und Kartons umgeben, während meine beiden Kinder verzückt mit einem Kaufladen spielen, den ich in einem seltenen Kreativitätsanfall vor drei Jahren aus Streichholzschachteln zusammengestöpselt habe. In solchen Augenblicken ist die Versuchung groß zu sagen, daß alles andere sinnlos war. Aber das stimmt nicht. Die Wahrheit ist komplizierter, und alle Ressentiments trüben nur den Blick auf die wahren Dinge. Das Thema Spielzeug ist sehr schwer von anderen, ebenfalls gefühlsbeladenen Aspekten der Elternschaft zu trennen. Zum einen fürchten wir, unsere Kinder mit Spielsachen zu verziehen, zum anderen spielen da unsere geheimsten Wünsche und unsere Bildungskomplexe eine große Rolle. Wir alle wollen, daß unsere Kinder einen gewissen intellektuellen und persönlichen Standard erreichen. Sehen Sie sich die Abscheu auf dem Gesicht eines intellektuellen Vaters an, dessen Sohn aus einem Ghostbuster-Gewehr

Plastikgeschosse abschießt. Oder das unglückliche Gesicht einer feministischen Mutter, deren kleines Mädchen einem orangefarbenen Gummipony mit Lurexmähne liebevoll ein berüschtes Hochzeitskleid aus Nylon anzieht. Sie können sich köstlich amüsieren, wenn Sie einmal ein geschmackvolles Weihnachtsfest in einer Familie der oberen Mittelschicht miterleben. Der Weihnachtsbaum ist wunderbar geschmückt mit schwedischem Holzspielzeug von Liberty. Und unter dem Baum schreit den entsetzten Eltern eben jenes orangefarbene Gummipony mit Lurexmähne entgegen, dem wir gerade schon begegnet sind. Daneben steht eine Sindy-Puppe in brutaler Lederbekleidung und die schauerliche Reproduktion einer Kalaschnikow. Die armen Eltern. Hin- und hergerissen zwischen Geschmack und dem lobenswerten Wunsch, die Kinder selbst auswählen zu lassen, haben sie resigniert. Kein Wunder, daß sie sich mit Wein vollaufen lassen, um den Anblick zu vegessen.

Die Spielzeugindustrie ist, offen gesagt, eine Zumutung, zumindest auf internationaler Ebene, wenn es um Spielzeug für Kinder ab vier geht. Die Spielsachen für kleinere Kinder sind nicht so schlecht. Das Gesetz schreibt vor, daß sie stabil und sicher sein müssen, und viele sind auch vom Design her ausgezeichnet. Sie überdauern die Kleinkinderzeit mühelos und lassen sich nach einer kräftigen Abreibung mit dem Schwamm noch sehr gut auf dem Flohmarkt weiterverkaufen. Auch macht es Kleinkindern ganz und gar nichts aus, aus welchem Jahr das Modell ihres Spielzeugs stammt.

In der Spielzeugwelt der größeren Kinder jedoch herrscht das Gesetz des Dschungels. Besuchen Sie einmal eine Spielzeugmesse, und Sie werden begreifen, worauf es den Herstellern wirklich ankommt. Da hören Sie von 98%iger Marktsättigung und »aggressivem Marketing«. Achten Sie darauf, wie die Hälse länger und die Ohren größer werden, wenn es darum geht, sich an einem Fernsehcomic mit den entsprechenden Produkten zu beteiligen. Oder wie sich alle um eine berühmte Persönlichkeit reißen, die gegen gutes Geld ein paar nichtssagende Büchlein zu einer Spielzeugfigur aus der Retorte schreiben soll.

Spielzeughersteller haben ein starkes kommerzielles Interesse daran, unseren Kindern einzuimpfen, sie müßten *alle* Ghostbusters und *alle* Kleider und sonstiges Zubehör für Barbie-Puppen haben. Die Spielzeuggeschäfte, auch die berühmten, machen ebenfalls mit, weil es natürlich bequemer ist, bekannte, gut verkaufbare Produkte auf den Regalen zu haben, als alle Kataloge durchsehen zu müssen, mit schrulligen Herstellern zu verhandeln und ein originelles Sortiment anzubieten. Und so kommt es, daß es möglich ist, in einigen der größten Spielzeugläden der westlichen Hemisphäre nicht eine einzige Kindertrommel oder simple Holzbauklötze zu finden. Ein Sprecher der Firma Hamley in London sagte mir einmal: »Wir müssen uns danach richten, was die Leute wollen. Und ich denke, sie wollen vor allem das, was sie in den Fernsehserien oder in der Werbung sehen. Manchmal sind das ganz schauerliche Sachen, aber sie verkaufen sich gut. Wir versuchen handgemachtes Spielzeug zu führen, aber Sie wissen ja...« Ja, ja, ich weiß. Aber ich persönlich gebe lieber mehr Geld in ganz individuell geführten Läden aus oder bestelle per Katalog bei Firmen, die sich zum Grundsatz gemacht haben: »Wenn alle es führen, brauchen wir es nicht zu haben.« Sie haben eine riesige Auswahl von Spielzeug aus aller Welt, ohne jedoch auf der snobistisch angehauchten Antiplastikwelle anderer alternativer Spielzeugläden mitzuschwimmen. Eines der lustigsten batteriebetriebenen Spielzeuge, die wir je hatten, ist das raketenabfeuernde, intergalaktische Huhn, das eigentlich ein lebensgroßer Plastikgockel ist, der über den Teppich stolziert, mit den Flügeln schlägt und Plastikgeschosse in alle Richtungen abfeuert. »Wir fanden es auf einer Spielwarenmesse im Ausland, und es schien uns die einzig mögliche Antwort auf das aggressive Kriegsspielzeug zu sein.« Wie wahr! Ein fettes, gelbes Huhn, das das gesamte Mini-Nato-Arsenal übertrifft und dabei auch noch auf die Schippe nimmt. Köstlich! Alle Eltern, die die graugrünen Plastikpanzer und die Raketenabschußbasen im Kinderzimmer leid sind, brauchen zur Aufmunterung ein raketenabfeuerndes Huhn. Das kommt auf jeden Fall mit in das neue Haus.

Hier ist aber Schluß mit der Predigt. Unter dem billigen Schund können sicher Schätze verborgen sein, deren Wert nur der kleine Besitzer kennt. Einige Bestandteile der so massenhaft verkauften Spielsachen sind sogar recht gut gemacht. Und Kinder haben so ihre eigenen Vorstellungen. Sie haben von Natur aus die Fähigkeit, die Spielsachen ganz entgegen den Vorstellungen der Hersteller miteinander zu vermischen und sich ihre eigenen Spiele auszudenken. Als ich einmal nach Hause kam, fand ich einige jener häßlichen, muskelbepackten Plastikfiguren neben einem Teddybär und einer Stoffpuppe in einem rüschenverziehrten Puppenwagen liegen. »Es geht ihnen schlecht«, wurde ich aufgeklärt. »Dagegen müssen wir etwas tun. Und dann fahren alle an den Strand in den Urlaub.« Nachdem die Patienten immer noch ihre Patronengurte und ihren finsteren Blick zur Schau trugen, hatte ich die Idee eines Sprungs in eine andere Welt, wie sie sich die Hersteller sicher nicht hätten träumen lassen. (Nein, es war kein Mädchen, das so sprach. Auch die Jungen spielen mit Puppen. Warum hätte man wohl sonst den Zinnsoldaten erfunden?) Nach dieser Erfahrung gab ich mein ohnehin vergebliches Bemühen, Waffen und Kriegsspielzeug aus dem Kinderzimmer zu verbannen, ganz auf und wurde prompt belohnt durch einen zum Traktor umfunktionierten Panzer, der einen Spielzeugpflug zog, und durch ein generell nachlassendes Interesse an Waffen, mit der Ausnahme von kurzen, bösen Zwischenspielen, wenn besonders kampfesfreudige Besucher zu Gast bei uns waren.

Es gibt drei nützliche Prinzipien in punkto Spielsachen. *Nehmen* Sie, immer wieder mal, Spielsachen einfach *weg*. Jedes Spielzeug wird irgendwann einmal langweilig. Anstatt ein neues zu kaufen, holen Sie das alte wieder hervor. Kurz vor Geburtstagen und vor Weihnachten sortieren Sie, der Geschäftsführer des Haushalts, alle Einzelteile in verschiedene Kisten oder Schachteln – eine mit Baukastenteilen, eine mit Puppenhauszubehör, eine mit Soldaten und Burgbefestigungsanlagen. Das kreative Wechselspiel kann sehr nützlich sein, aber aus dem hoffnungslosen Chaos kann nur sehr schwer ein sinnvolles Spiel entstehen. Mit etwa sieben Jahren können die Kinder diese Aufgabe selber übernehmen, vorher ist es zu entmutigend. Haben Ihre Kinder, so wie unsere, eindeutig zu viele Spielsachen, dann ist dabei eine gute Gelegenheit, Dinge verschwinden zu lassen oder – noch besser – herzuschenken.

Der zweite Grundsatz heißt: *Versuchen Sie, Spielsachen nicht zu früh zu kaufen.* Nur weil Sie sich immer eine elektrische Eisenbahn gewünscht haben, ist das noch lange kein Grund, einem tolpatschigen Fünfjährigen eine zu schenken, der noch nicht einmal die Waggons ordentlich auf die Schienen setzen kann. Nur weil Sie so viel Spaß mit einem Drukkereikasten hatten, sollten Sie nicht ein Kind, das noch nicht einmal HAUS buchstabieren kann, nicht mit fummelig kleinen Gummistempeln plagen. Bekommt Ihr Kind ein Geschenk, für das es noch nicht reif ist, dann nehmen Sie es so schnell wie möglich aus seiner Reich- und Sichtweite. Ansonsten werden die Einzelteile in alle Winde zerstreut, ehe das Kind wirklich etwas damit anfangen kann. Überschütten Sie Ihr Kind nicht mit besonders kostbaren Geschenken. Das verwirrt das Kind nur. Die Versuchung ist groß, vor allem wenn es Ihnen finanziell gut geht und Sie ein schlechtes Gewissen haben, weil Sie den ganzen Tag nicht zu Hause sind. Die großen, staunenden Kinderaugen sind für uns Erwachsene etwas so Wundervolles, daß wir selbstsüchtigerweise versuchen, das noch zu unserem eigenen Vergnügen zu steigern. Wenn dieser Fünfjährige so entzückt über ein mit Tautropfen verzaubertes Spinnennetz ist, überlegen wir, was wird er dann zu einem maßgetreuen Lamborghini-Modell mit einem Briggs & Stratton Viertaktbenzinmotor und einem eigenen funktionstüchtigen Getriebe sagen? Wenn er seinen Teddybären so heiß und innig liebt, wie wird er reagieren, wenn eine zweieinhalb Meter große Giraffe mit Leuchtaugen in sein Schlafzimmer lugt. Lassen Sie sich nicht auf solchen Wahnsinn ein. Gott sei Dank fehlen den meisten von uns für diese Art von Kindesmißhandlung die finanziellen Mittel.

Der letzte und wichtigste Punkt, den Sie bedenken sollten, besonders wenn Sie auf jeden Fall vermeiden wollen, das Kind zu verziehen, ist, daß es zwei Arten von Spielzeug gibt (unabhängig von Qualität oder Langlebigkeit). Einige Spielzeuge sind »Werkzeuge«, andere sind Luxusgüter. Zu den Werkzeugen gehören die Babyrassel und später die Bauklötze des Kleinkindes. Kein Mensch käme je auf die Idee, darauf zu verzichten. Bekäme man sie nicht zu kaufen, würde man sie irgendwie selbst herstellen. Auch größere Kinder brauchen gewisse Spielsachen einfach für ihre geistige und handwerkliche Entwicklung. Ein wirklich guter Baukasten ist immer seinen Preis wert, auch wenn er anfangs nicht so oft benutzt wird. Ebenso ein Puzzle, ein paar Platikfiguren oder Mal- und Zeichenutensilien. Denken Sie auch daran, daß Kinder auf jeden Fall Spielzeug auf Rädern, Spielzeug, das schwimmt, Spielzeug, das man mosaikartig zusammensetzen kann, braucht. Das muß nichts besonders Aufwendiges oder Teures sein. Aber es sollte ihnen klar sein, daß Sie für Ihr Kind nichts anderes als das grundlegende Handwerkszeug kaufen, mit dem das Kind in seiner geistigen und körperlichen Entwicklung arbeitet. Mit anderen Worten: eine ganz andere Sache, als ein Kind mit allen verfügbaren Ghostbusters zu überladen oder sentimentalen Erinnerungen an die eigene Kindheit mit einem handgearbeiteten Schachtelteufel nachzuhängen – diese Dinge sind Luxus.

Den besten Rat in punkto Spielsachen, den ich geben kann, biete ich Ihnen in Form von zwei Listen an. Die Dinge auf der ersten Liste werden Sie nie bereuen, gekauft zu haben, auch wenn Sie sie natürlich nicht alle brauchen. Auf der zweiten Liste finden Sie Dinge, die Sie sehr wohl bereuen, bitter bereuen, vor allem, wenn Sie sie zur Unzeit für Ihr Kind kaufen.

NIEMALS WERDEN SIE BEREUEN:

- Reichlich Mal- und Zeichenutensilien. Dazu ein paar Malbücher.
- Einen guten Baukasten. Lego oder Märklin zum Beispiel oder Fischer-Technik oder was sonst noch auf dem Markt ist und immer wieder ergänzt werden kann. Vergleichen Sie die Produkte gut, ehe Sie kaufen und vermeiden Sie, von

allen Produkten auf dem Markt wahllos erst einmal eine Grundaustattung zu kaufen.

- Einige wirklich brauchbare Spielfiguren mit etwas Zubehör, wie beispielweise von Playmobil angeboten. Wichtig daran ist, daß sie gerade anspruchsvoll genug sind, um einem aufgeweckten Sechsjährigen zu gefallen, aber nicht so »fertig«, daß kein Raum mehr für Phantasie bleibt. Diese Serien gibt es in kleinen Einheiten auf dem Markt, ohne daß man deshalb alle kaufen müßte – jede Schachtel kann als eigenständiges Spielzeug verwendet werden.
- Bälle. Erstaunlich, daß manche Familien alle Arten von Freiluftsportartikeln besitzen, aber weit und breit kein Fußball in Sicht ist. Vielleicht würde ein Ball aber nur die Tatsache unterstreichen, daß die Eltern ihrem Kind nicht genügend Spielkameraden – Erwachsene oder Kinder – bieten.
- Drachen. Einfache Drachen, vorzugsweise aus Stoff. Die komplizierteren kommen erst später.
- Gute Brettspiele, die Eltern und Kinder gleichermaßen spielen können.
- Gute Kinderwerkzeuge: sorgfältig gearbeitete Sägen, Hämmer, Hobel etc. Wenn sie von den anderen Spielsachen gesondert aufbewahrt werden und nur unter diskreter Oberaufsicht verwendet werden dürfen, dann sind sie eine bessere Garantie für Sicherheit als ein hysterisches Nein zu jedem Werkzeug mit scharfem Blatt oder scharfer Klinge.
- Puzzles, der Altersstufe entsprechend. Ein Thema mit ungeheuer vielen Variationsmöglichkeiten.
- Ein Puppenhaus, zu dem Möbel und andere Einrichtungsgegenstände nach und nach zugekauft werden können.
- Eine Burg mit Rittern. Nennen Sie es Geschichte, wenn Sie sich so leichter tun.
- Ein Marionettentheater. Aber lassen Sie sich um Gottes willen nicht zu furchtbar komplizierten Marionetten hinreißen. Am besten ist das einfachste System mit je einem Faden zu jedem Arm. Aufwendiger sollte es für ein Kind unter zehn keinesfalls sein. Glauben Sie mir.
- Fingerpuppen.

- Puppen die Ihr Kind wirklich haben möchte, die es liebt und auch selbst ausgesucht hat (natürlich für Jungen und Mädchen gleichermaßen).
- Sehr gute Experimentier–»Kästen«, wie Sie sie selber nicht zusammenstellen könnten: einen sicheren Chemieexperimentierkasten, einen Druckereikasten, ein Handarbeitsset, einen Foto-Experimentierkasten.
- Eigenartige, außergewöhnliche, naturwissenschaftliche Baukästen, die wenig kosten: ein Baukasten, der die Wirkung von Solarzellen zeigt, die Uhr, die ihren Strom aus der Kartoffel bezieht und so weiter. Aber die meisten naturwissenschaftlichen Wunder lassen sich – leider – immer noch am besten durch ein geduldiges Elternhaus und ein gutes, altersgemäßes Buch erklären. Ärgerlich sind aufwendige Kartons mit der vielversprechenden Aufschrift: »So bastelt du dir deine eigene Wetterstation«, in deren Anleitungen das Kind aufgefordert wird, aus einem Marmeladenglas, einem Ballon und einem Strohhalm ein Barometer zu machen, was jeder Pfadfinder ohnehin schon längst weiß.
- Sehr billige, ziemlich alberne, wahrscheinlich kurzlebige aber lustige und effektvolle Kleinigkeiten für viele Gelegenheiten: Zaubertricks aus China, kleine Holzpüppchen oder -figuren, Wunderkerzen, alles Dinge, die sich für Geburtstagsfeste und zur Weihnachtszeit als willkommen erweisen.
- Stoff- und Plüschtiere mit hübschen Gesichtern.

Gerade noch geschafft in diese Liste hat es:

- Ein brauchbarer Computer (ab sieben Jahren, würde ich sagen, aber ich bin da altmodisch). Er sollte mit dem Programm, das in der Schule verwendet wird, laufen, sollte textverarbeitungsfähig und auch für doofe Spiele geeignet sein (testen Sie die Spiele. Erscheinen Sie Ihnen zu brutal, nehmen Sie Ihren ganzen Mut zusammen und verbieten Sie sie). In jüngster Zeit kursierten erschreckende Geschichten über Kinder, die zu kommunikationsunfähigen Computersüchtigen wurden. Worauf der Kern des Problems jedoch hinausläuft, sind die Eltern, die in ihrem Urteilsvermögen so unsicher und ängstlich sind, daß sie einem siebenjährigen Kind erlauben, viele, manchmal vierzig Stunden pro Woche, alleine vor dem Bildschirm in seinem Zimmer zu hocken und erst nach Monaten protestieren. Würde ein Kind so viele Stunden *lesen* und hätte es keine Freunde, hätten sie schon längst etwas unternommen

BITTER BEREUEN WERDEN SIE.

- Doofe, kleine Malkästen mit Pinseln, deren Haare schon bald ausfallen. Filzstifte (nur selten stecken Kinder die Kappen wieder auf die Stifte, und so trocknen die Dinger ständig aus). Sehr teure, wunderschöne Ölstifte, die das Kind zerdrückt, zerbricht, zerbröselt und verliert. Es gibt auch qualitativ gute Wachsmalstifte, zwar nicht in den schreienden Farben, aber um so haltbarer.
- Alles aus dünnem Plastik, das leicht bricht und dabei gefährlich scharfe Kanten bekommt.
- Alle Spielsachen, deren einziger Verdienst eine aggressive Fernsehwerbung ist. Können Sie auch beim besten Willen keine weiteren Vorteile entdecken (ist es vielleicht stabil? Dann sieht die Sache schon ein wenig anders aus), ist es besser, Sie lassen die Finger davon.
- Kurzlebige Freizeitsportartikel. Wenn Ihr Kind Skateboard fahren will, dann borgen Sie sich von Freunden eines für ein paar Wochen oder kaufen Sie ein gebrauchtes, bis Sie wirklich wissen, ob der Spaß auch anhält. Das gleiche gilt für Rollschuhe, alles was mit viel Werbeaufwand als der sensationelle neue Freizeitsport angepriesen wird, und sogar für Fahrräder.
- Komplizierte Drachen, die nur Daddy versteht, und bei denen selbst er schlechte Laune bekommt.
- Brettspiele, deren Regeln nur Mami versteht, dito. Auch Spiele mit »nachgewiesen hohem pädagogischen Wert«, die keiner jemals anrühren wird.
- Alles, was Sie gekauft haben, weil die Kinder nicht gut genug in Mathematik, Orthographie oder Lesen sind und der Beipackzettel verspricht, daß sich das umgehend bessern wird. Wird es sicher nicht.

- Sehr komplizierte Puzzles. Aber die können Sie immer noch selbst machen.
- Puppenhäuser, die mit allem ausgestattet sind, was das Herz begehrt, und keinen Platz für Phantasie lassen. Es macht Sie wahnsinnig, wenn ein Einzelteil verlorengeht, das immerhin zehn Pfund gekostet hat.
- Riesige Eisenbahnanlagen, die ebenfalls keinen Platz für den Erfindergeist, die Phantasie oder die Wünsche Ihres Kindes lassen.
- Aufwendige Puppen, die Ihr Kind nicht mag. Auch ganz einfache Puppen – aber in diesem Fall haben Sie wenigstens nicht so viel Geld ausgegeben.
- Baukästen, deren Inhalt nicht auf dem Karton angegeben ist und die im Laden nicht geöffnet werden dürfen. Meist bestehen diese Mogelpackungen aus langen schriftlichen Anleitungen und viel Plastik. Ehrgeizige, aber im Grunde genommen faule Eltern fallen auf so etwas besonders gerne herein, weil sie nur daran denken, daß der Kasten für den »jungen Elektriker« ihrem Sohn endlich den richtigen Weg weisen wird. Suchen Sie sich lieber einen Laden, in dem Sie sich gut beraten fühlen und einen guten Bastelersatz für ein Viertel des Preises bekommen.
- Computerisierte Spielsachen, die nur eines können – buchstabieren, zusammenzählen oder nur mit einer unverständlich kratzenden Stimme zurückmaulen.
- Ferngesteuerte Flugzeuge. Sie fliegen weg und kommen nicht zurück, weil Ihr Kind noch viel zu klein dafür ist. Ferngesteuerte Autos kommen wenigstens nicht so weit, fallen jedoch meist schon nach einer Woche aus der Favoritenrolle.
- Stoff- oder Plüschtiere mit höhnischem Grinsen auf dem Gesicht.

Die erste Liste mag ihnen teuer erscheinen, aber einige Dinge können Sie selber machen, für andere lohnt es sich zu sparen. Und tatsächlich sind die Dinge auf der zweiten Liste fast genauso teuer. Ein paar wenige, klug ausgesuchte Spielsachen sind, ergänzt durch farbige Kieselsteine, eine bessere Grundlage als ein steriles Kinderzimmer voller luxuriöser

Nichtigkeiten. Es lohnt sich, sich intensiv mit dem Thema Spielsachen auseinanderzusetzen. Sind sie gut, bringen sie Freude, Faszination und geistige Bereicherung. Sind sie schlecht, bringen sie nur Enttäuschung, zum Fenster hinausgeworfenes Geld und Müll. Ein wichtiges Thema.

Großmütter – ein Kapitel für sich

Was verbinden Sie mit dem Wort »Großmutter«? Eine nette, grauhaarige, alte Dame, die lächelnd im Schaukelstuhl sitzt, oder eine aufreizende Blonde von 42 mit einem Wuschelkopf und der Energie einer Fünfzehnjährigen, die bewirkt, daß sich eine erschöpfte, frischgebackene Mutter wie hundert Jahre alt vorkommt? Und was tut eine Großmutter? Singt sie Ihrem Kind alte Volksweisen vor und vermittelt ihm die Weisheit und Gelassenheit der Älteren, Erfahreneren, oder sitzt sie auf dem Sofa mit dem Ginglas in der Hand und erzählt Ihnen, was Sie gerade wieder falsch machen? Strickt sie? Rümpft sie die Nase über Ihren schlampigen Haushalt?

Großeltern – das ganze Thema wird immer verwirrender. Vor hundert Jahren, als die Menschen mit fünfzig unvorstellbar alt waren, waren auch die Generationen deutlicher getrennt. Die Familien lebten enger zusammen, und die Rolle der Großeltern war klar festgelegt. Heutzutage leben drei Generationen kaum einmal für längere Zeit unter einem Dach, und durch die höhere Lebenserwartung und den besseren Gesundheitszustand verschiebt sich ohnehin alles. Wenn Mutter und Tochter als Teenager oder Anfang zwanzig ihre Babys bekommen, beziehungsweise bekommen haben, dann Vorhang auf für eine jener aufregenden Großmütter Anfang vierzig, die gerade in ihrer aktivsten Lebensphase steht, während ihre Tochter sich durch die Wochenbettdepressionen kämpft. »Ich muß los, Liebes – zuerst eine Gerichtssitzung, dann zurück in die Boutique und dann schnell nach Hause – umziehen für das Theater heute abend. Hoffentlich findest du einen Babysitter – ja, wo isser denn, unser kleiner Liebling – ciao, ihr beiden!« Wenn andererseits beide Frauengenerationen spät heiraten und erst mit über dreißig oder über vierzig Kinder bekommen, haben wir den gegenteiligen Fall: eine Frau, die um die siebzig ist, wenn sie ihr erstes Enkelkind in den Armen hält, und die unter Umständen noch sehr viel strammes Gedankengut aus ihren vierziger Jahren einbringen möchte. »Du solltest ihn nicht jedesmal auf den Arm nehmen, wenn er schreit. Du schnitzt dir selber die Rute, meine Liebe. Ein strikter Vierstundenrhythmus beim Füttern ist am gesündesten. Du überreizt das Kind mit dem ständigen Herumtragen. Warum hast du dir nicht einen ordentlichen Kinderwagen gekauft anstelle dieses schrecklichen wackeligen Gefährts hier? Halte ihn nicht so, das ist schlecht für seinen Rücken.«

Natürlich gibt es da auch wieder Ausnahmen. Es gibt flotte Großmamas, die Kinder auch gerne mal für vierzehn Tage nehmen. Dann gibt es gemütliche, alte Großmamas, die nie kritisieren, aber für Mutter und Kind wie ein Fels in der Brandung wirken. Und es gibt Großväter, die die Kleinen stundenlang und mit Engelsgeduld an der Werkbank oder mit der Ruderpinne spielen lassen. Ein harmonisches Familienleben ist eine immer wiederkehrende Idylle, Glück und Geborgenheit werden von Generation zu Generation weitergegeben. Vergessen Sie ein unharmonisches Familienleben. Optimismus ist angesagt. Im Interesse der familiären Harmonie und eines sanften Dampfablassens folgt nun der offizielle, ultimative Leitfaden für den Umgang mit Großmüttern:

Die arme alte Großmama: Sie ist vielleicht nicht älter als 62, aber hat sich entschlossen, der anstrengenden Seite des Lebens den Rücken zu kehren. Zwar ist sie von ihrem neuen Enkelkind begeistert, aber Windelwechseln kommt für sie nicht in Frage. Das gleiche gilt für Baden, Herumtollen auf dem Boden, Hochheben oder Lernen, wie man mit den neuen Verschlüssen an den Oshkosh-Latzhosen zurechtkommt.

Wahrscheinlich hat sie Sie während der ersten drei hektischen Jahre, als es nur um solche praktischen Verrichtungen ging, schier zur Verzweiflung gebracht. Aber fassen Sie Mut. Mit ihrem fast unheimlichen Talent, absolut ruhig dazusitzen und darauf zu warten, daß man ihr Dinge zuträgt, ist sie der ideale Ansprechpartner für aktive Kinder. Vor allem wird sie ein langmütiges Publikum für unverständliche Theaterspiele sein, sich zum hundertsten Mal geduldig den Feentanz vortanzen lassen, eine einstündige Purzelbaumvorstellung über sich ergehen lassen und sich in langwierige Diskussionen über die Entscheidungen des Lehrers in der Schule einlassen.

Die Retro-Großmama: Sie will helfen. Nein, eigentlich will sie nur jeden Augenblick ihrer eigenen Mutterschaft vor vielen Jahren noch einmal erleben. Sie hat wieder ein Baby, Ihr Baby, und jede Miene des kleinen Pummelchens erinnert sie schmerzhaft und euphorisch zugleich auch an ihre eigenen kleinen Lieblinge. Daraus ergibt sich, daß Sie eine Schmach für die ganze Familie sind, wenn Sie nicht die gleiche Zinksalbe, das gleiche Öl und den gleichen riesigen Kinderwagen nehmen, die Windeln nicht nach der gleichen Methode falten und dem Baby die gesunden Wollhöschen vorenthalten. Mit schrillen Entsetzensschreien wird sie Schultertücher, Tragetücher und Schuhe mit Klettverschluß quittieren.

Dagegen kommen Sie nur mit einem ständigen Lächeln auf den Lippen an und indem Sie weiter unbeirrt das tun, was Sie für richtig halten. Denken Sie daran, daß Sie vielleicht in dreißig Jahren Ihre Tochter verrückt machen mit Ihrer Kritik an ihrem solarbetriebenen Kinder-Sportwagen und den sich selbst beseitigenden Nuklearwindeln. Aber es wäre auch eine nette Geste, Retro-Großmama mit einem Paar langer, grauer Shorts für Jungen und einem gesmokten Kleid für Mädchen entgegenzukommen.

Die Flippie-Großmama: Sie weiß noch nicht so recht, was sie davon halten soll, plötzlich Großmama geworden zu sein. Niemand in ihrem Singles-Club wollte es glauben, als sie es erzählte. Sie kann sich an gar nichts mehr erinnern, weil sie doch selbst noch ein Kind war, als Sie sich ankündigten. Und so kichert sie ständig über alles. Eigentlich erfüllt sie mehr die Funktion eines unverheirateten Onkels oder einer unverheirateten Tante als die einer Großmutter. Finden Sie sich mit ihr ab, atmen Sie tief durch, und erinnern Sie sich daran, daß Kinder unkonventionelle Erwachsene mögen. Und seien Sie auf ein gelindes Entsetzen vorbereitet, wenn Großmama bemerkt, daß ihre Enkelin zu groß geworden ist, um sich noch von ihr die Tränen trocknen zu lassen.

Die dusselige Großmama: Einige wenige Frauen mittleren Alters haben die Jahre ihrer eigenen Mutterschaft so sehr in den Hintergrund gedrängt, daß Babys in ihrer Obhut offen gestanden nicht sicher sind. Sie lassen Zigarettenasche in die Babytragetasche fallen, verabreichen die Flasche mit kochend heißer Milch, wollen einfach nicht wahrhaben, daß Hundekot im Garten, in dem Kinder spielen, nichts zu suchen hat, und sie sehen in die Glotze, anstatt das Kleinkind im Auge zu behalten. Leider müssen Sie in den frühen Jahren des Kindes realistisch und klug sein, ohne gleich aus der Haut zu fahren. Aber besser eine verletzte Oma als ein verletztes Kind. Wenn die Kinder größer sind, kann sie jedoch eine gute Freundin werden. Es ist durchaus möglich, einem sechsjährigen Kind taktvoll beizubringen, daß Großmama es mit der Vorsicht nicht so genau nimmt, also Hilfe braucht. In einem wirklichen Notfall scheidet sie jedoch als Ansprechpartnerin aus.

Die feindselige Schwieger-Großmama: Sie waren schon vor Ihrer Hochzeit nicht gut genug, ihren Sohn (oder ihre Tochter) zu bekommen. Das hören Sie heute noch ganz deutlich, wenn sie Ihr Kind mit »armes kleines Würmchen« anspricht. Versuchen Sie keinesfalls, ihr beweisen zu wollen, daß Sie eine gute Mutter oder ein guter Vater sind. Das wäre grundverkehrt, denn nichts fällt ihr schwerer als solche Zugeständnisse. Verärgern Sie sie nicht, denn in ihr haben Sie einen perfekten Babysitter. Sie wird ganz wild darauf sein zu beweisen, daß sie besser ist als Sie. Und lassen Sie sich ruhig Zeit! Je mehr Verspätung Sie haben, desto mehr werden Sie ihre Meinung bestätigen.

Die gestrenge Großmama: Eine von dieser Sorte kommentierte die vierte Schwangerschaft ihrer eigenen Tochter mit den Worten: »Ich weiß nicht, meine Liebe, warum du noch eines bekommen möchtest, wo du jetzt schon mit den anderen nicht zurechtkommst.« Überprüfen Sie einmal genauer. Gab es in ihrem Haushalt vielleicht Kindermädchen und Hauspersonal, das 24 Stunden am Tag zur Verfügung stand? Wurden die Kinder mit sieben Jahren in ein Internat gesteckt?

Wenn dem so ist, dann können Sie es ihr getrost entgegenhalten. Aber wenn sie ein echter Zuchtmeister ist, der kleinen Kindern den Nachtisch entzieht, weil sie das unentschuldbare Verbrechen begangen haben, die Ellenbogen auf dem Tisch aufzustützen, dann sollten Sie das positiv sehen. Entweder werden die Kinder sie anbeten und im Laufe der Zeit auch ein paar wirklich gute Manieren lernen, oder, wenn das nicht klappt, wird die Erwähnung ihres Namens als gelegentliche Drohung sicher auch nicht ihre Wirkung verfehlen.

Die Verwöhn-Großmama: »Ach Herzchen, ist Mami wieder sooo streng mit dir? Ohohoh, wie schlimm! Sind doch schließlich nur Kinder. Komm, Kleines, Großmama kauft dir Gutties. Ach, sind das nicht die richtigen? Nein, nicht auf den Boden, Herzchen! Ups! Ach, macht nichts. Großmama bezahlt die zerbrochene Flasche, die von dem dummen, wakkeligen Regal gefallen ist, schon. Jetzt wollen wir aber erst einmal etwas Süßes für dich suchen...«

Die Verwöhn-Großmama ist erträglich, solange sie selber für die Folgen aufkommt. Der kritische Moment kommt, wenn ein wildes Kind in ihrem Haus wirklich frech, undankbar, einfach unerzogen wird. Dann bringt sie es mit beleidigt gespitzten Lippen und hochgezogenen Augenbrauen zurück und murmelt etwas von »bösem Blut, das in die Familie gekommen ist«. Ich kenne kein Heilmittel.

Die perfekte Großmama: Sie kocht wunderbar, ist nie böse, schneidert stundenlang Puppenkleider, erzählt herrliche Geschichten aus früheren Zeiten, liest den Enkeln zum Einschlafen vor und kann alles besser als Sie. Babys schlafen in ihren Armen sofort ein, größere Kinder machen ihr keinerlei Probleme. Mit etwas Glück wird sie auch daran denken, Ihnen zu versichern, was für eine Supermutter Sie sind und wie wohlerzogen Ihre Kinder sind. Sollte sie diese Nebensächlichkeit vergessen, können Sie sich am besten gleich von der nächsten Brücke stürzen.

Alles in allem gesehen sind Großmütter eine feine Sache. Gott schütze sie alle. Und auch die Großväter, die sich merkwürdigerweise nicht so einfach in oben genannte Kategorien pressen lassen. Das muß wohl an einem gerüttelt Maß an männlichem Egoismus und Laissez-faire liegen. Eines Tages wird, so Gott will, unser eigenes Baby ein Baby haben, und wir werden ehrfürchtig den Fortbestand der Schöpfung aus unserem eigenen vergänglichen Fleisch miterleben. Die Freude darüber kann sehr wohl bewirken, daß wir ein wenig wunderlich werden. Aber inzwischen sind wir mit kleinen Freuden zufrieden. Nein ehrlich, sind wir wirklich. Echt dankbar. »Du mußt Stunden dran gesessen haben. Was für eine wunderschöne Farbe! Was ist es eigentlich? Eine Ballettjacke? Wunderschön... ja, sie ist wirklich ein rechter Wildfang. Wie schön für sie, eine pfirsichfarbene Jacke...«

Kinderglaube – Kinderängste

Eine der unerwarteten Freuden der Elternschaft ist das Gespräch. Zugegeben, manchmal kommt es höchst ungelegen, beispielsweise wenn morgens um halb sechs nackte Füßchen in Ihr Schlafzimmer tapsen und wissen wollen, wie alt der Himmel ist. Aber im allgemeinen macht es Spaß, mit kleinen Kindern zu reden. Haben Sie beim Anblick des kleinen verschrumpelten Bündels im Kreißsaal daran gedacht, daß Ihnen gerade noch vier Jahre bleiben, um für jedes Geheimnis der Welt eine einleuchtende Erklärung parat zu haben? Warum ist es nachts dunkel, was tun die Hunde dort, woher kommen die Babys, was ist ein Bundeskanzler und warum müssen wir das tun, was er sagt, kommen Meerschweinchen in den Himmel? Was dabei wirklich eindrucksvoll und auch irgendwie erschreckend ist, ist, daß Kinder zunächst einmal alles glauben, was man ihnen erzählt. Auch wenn sie später erfahren, daß der Sachverhalt ein anderer ist, sie werden immer an diese erste unauslöschliche Lektion zurückdenken. Erzählt eine vertrauenswürdige Person einem kleinem Kind, daß Polizisten Rabauken sind, die Menschen einsperren und sie treten, dann wird der Teenager zehn Jahre später automatisch bei einer Demonstration vor der Polizei wegrennen. Wenn Sie ihm erzählen, daß Gott gütig ist, dann wird er irgendwann zu ihm beten. Wenn Sie dem Kind sagen (oder zeigen), daß Ladendiebstahl in Ordnung ist, vorausgesetzt, man läßt sich nicht erwischen, dann wird dieses Kind immer Schwierigkeiten mit dem Begriff der Ehrlichkeit haben.

Theoretisch kann es nichts Erstaunlicheres geben, als einem Kind die Weisheit weiterzugeben, die Sie sich in fünfundzwanzig Jahren angeeignet haben. Und in vielen Bereichen geht das auch ganz leicht. »Ja, Schätzchen, dein Kaninchen ist tot, und sein kleiner Körper wird wieder zu Erde werden und Blumen zum Blühen bringen.« »Hefe ist das Mittel, das das Brot groß macht« oder der typische Rückzieher: »Wenn Daddy nach Hause kommt, wird er dir erklären, wie

Elektrizität funktioniert, großes Ehrenwort. Vielleicht kauft er dir ein Strommeßgerät.« Wird das Kind älter und schlauer, werden ebenso unschuldige Fragen zu tickenden Zeitbomben. Davon später mehr.

Und was wird aus dem Weihnachtsmann oder dem Christkind, den Feen und den Heinzelmännchen? Bringen Sie sich selbst in die Bredouille, indem Sie Ihren Kindern diese Geschichten erzählen, obwohl eines Tages die Wahrheit herauskommt? Wird eine jener Wahrheiten das ganze Vertrauensgefüge zusammenbrechen lassen? Die wenigsten von uns machen sich darüber allzugroße Gedanken, werden diese Themen doch meist von der düsteren Realität überlagert, aber eine Überlegung sind sie allemal wert.

Mit Kindern zu sprechen, ist natürlich und eine ganz persönliche Sache. Aber es gibt einige allgemeingültige Strategien, die die Dinge leichter machen. Beginnen wollen wir mit dem leichtesten der schwierigen Themen:

POLITIK. Es ist nicht allzu schwer, sich eine allgemeine Lebensphilosophie zuzulegen, die freundlich, rücksichtsvoll und gesellschaftlich verantwortungsbewußt ist. Heutzutage kommen wir auch nicht darum herum, alle diese Dinge mit unseren Kindern zu diskutieren. Ein Vierjähriger, der im Fernsehen sieht, wie in Nordirland eine Autobombe hochgeht, läßt nicht eher locker, bis Sie ihm dreihundert Jahre Geschichte plausibel erklärt haben.

Das eigentliche Problem liegt in unserer polarisierten Gesellschaft. Es gibt immer ganz verschiedene Antworten auf ein und dieselbe Frage. Sie mögen wissen, was Sie von einer Sache zu halten haben, aber haben Sie auch das Recht, Ihrem Kind Ihre Meinung aufzuzwingen? Oder müßten Sie nicht zumindest so fair sein, auch die gegenteilige Meinung anzubieten? Versuchen Sie es mit unseren Fallbeispielen:

»Warum sie eine Straße durch das Feuchtgebiet bauen? Nun, damit die Leute schneller zu dem neuen Elektrizitätswerk kommen. Weißt du, der Gemeinderat entscheidet, ob eine Straße, ein Haus oder eine Fabrik gebaut werden darf. Und dabei müssen sie darauf achten, daß nicht das Haus eines

Nachbarn Schaden leidet. Und sie haben beschlossen, diese Straße zu bauen. Ja, für unser Haus ist es nicht ganz so gut, und die Wildenten werden sich auch einen anderen Platz suchen müssen, aber es ist sehr wichtig, Elektrizität zu haben. Nun, die Regierung glaubt, daß es sehr wichtig ist, hier ein Elektrizitätswerk zu haben. Ja, ich weiß, daß Daddy da anderer Meinung ist und daß er gesagt hat, die Regierung sei ein Haufen Schwachköpfe, die man am besten auf den Mond schießen sollte... ja, stimmt schon, wir haben sie gewählt, nein, wir nicht, aber die meisten Leute... nein, eigentlich auch nicht die meisten Leute, aber –« (Es folgt ein Diskurs in Kommunal- und Bundestagswahlen und den damit verbundenen Problemen. Das Kind gähnt.) – »Nun, wie auch immer, sie bauen die Straße, weil das Gesetz es ihnen erlaubt. Ja, es ist schon eigenartig, daß uns das Gesetz verbietet, die Wildenten zu stören oder abzuschießen, aber die Bauarbeiter... nun, so ist das eben...«

»Nein, momentan ist kein Krieg. Der Luftstützpunkt ist nur für den Fall da, daß es einen Krieg geben sollte... ja, die Russen müssen auch Luftstützpunkte haben, weil wir welche haben, und wir haben sie, weil die welche haben, und –«

»Ja, Nelson Mandela ist jetzt frei. Ja, es gibt dort immer noch Kämpfe, weil –«

»Ja, siehst du, manche Leute haben keine Arbeit. Sie möchten gerne arbeiten, aber es gibt keine Jobs. Deshalb bekommen sie Arbeitslosenunterstützung, damit sie nicht verhungern. Ja, es wäre schon besser, wenn sie Arbeit hätten, aber es gibt eben keine Jobs...«

Auf Liberalismus bedachte Eltern machen die wildesten Verrenkungen, um fair zu sein und ihrem Kind die Komplexität des Problems klarzumachen. Als verbissener Linksradikaler spart man sich diese Mühe, nimmt sein Kind zu Demonstrationen mit und wirft dem Hund demonstrativ eine quietschende Gummipuppe in Form des Bundeskanzlers vor. Wiederholt fällt der Satz, daß die Politik ein schmutziges Geschäft sei und unsere Regierung absichtlich den Menschen die Arbeitsplätze wegnehme. Der stramme Rechtskonservative hingegen läßt sein proper aufgeputztes Kleinkind wissen, daß die Regierung gut daran tut, dem industriellen Fortschritt gegenüber ein paar Wildgänsen den Vorrang zu geben, sich für militärische Stärke einzusetzen, und daß – wie ich es selbst einmal meinen Kindern sagte (aber zu einem späteren Zeitpunkt auch meinen Kindern gegenüber revidierte), »Gewerkschaftsmitglieder einfach immer querschießen« und daß Menschen ohne Arbeit »für gewöhnlich ziemlich faul sind«.

Wir müssen aber zumindest versuchen, all diese Menschen der verschiedensten politischen Richtungen zu erklären und einen Anstoß zum selbständigen Nachdenken geben. Ich selbst habe schon an der Küchenspüle gestanden und habe mit den Händen im Schmutzwasser nach Erklärungen gerungen, warum Kinder in der Dritten Welt Hungers sterben, während wir hier einen leicht angeschimmelten Kuchen wegwerfen. *Ich* habe ganz bestimmt nicht die Sprache darauf gebracht, die Kinder kamen damit daher, nachdem sie einen Spendenaufruf im Fernsehen gesehen hatten. Ich konnte ihnen etwas von Bob Geldof erzählen und gab ihnen offen und ehrlich politische Erklärungen, die nicht immer ein gutes Licht auf unsere westliche Welt warfen.

Solange Sie sich Ihre eigenen Gedanken zu Weltproblemen machen, müssen Sie nicht ständig davor Angst haben, Ihre Kinder einseitig zu beeinflussen. Es ist ganz selbstverständlich, daß sie Ihre politische Meinung bis zu einem gewissen Grad übernehmen. Schauen Sie sich nur einmal die Herkunft unserer Politiker an.

Aber die wirklich besorgniserregenden Augenblicke sind die, in denen wir – müde, zornig oder einfach gedankenlos – unseren Kindern anstatt der wohlüberlegten, ehrlichen Meinung erschreckende unausgegorene Vorurteile präsentieren. Das kommt bei jedem von uns vor. Die Kinder, die in der Schule türkische oder dunkelhäutige Kinder verspotten, tun das nicht instinktiv. Irgend jemand hat ihnen dazu den Anstoß gegeben. Das kommt bei Ihnen nicht vor? Können Sie wirklich guten Gewissens behaupten, in Ihrer Familie wäre noch nie – und Kinder haben große Ohren – gesagt worden, daß alle Iren Trunkenbolde sind? Daß man den Franzosen einfach nicht über den Weg trauen darf? Haben Sie Ihr Kind nicht mit dem Mädchen (als Babysitter ist sie brauchbar – es gibt ja sowieso keine) spazierengehen lassen, das ernsthaft glaubt, man würde Leukämie bekommen, wenn man Eis an einem italienischen Stand kauft, weil Italiener dunkle Hände haben? Oder gehört zu Ihrer Familie vielleicht jene liebenswerte Großmama, die davon überzeugt ist, die Kinder würden Läuse und Flöhe mit heimbringen, wenn sie mit Kindern aus Sozialwohnungen spielten?

RELIGION. Es sollte nicht allzu schwer sein, den Kindern Ihre Religiosität (oder deren Fehlen) zu vermitteln (obgleich es erstaunlich ist, wie viele im Trend der Zeit agnostische Eltern, die Angst haben, mit ihren Kindern über den Tod zu sprechen, ihnen doch ganz verschämt etwas vom Himmel erzählen). Wenn Sie einen starken Glauben haben, brauchen Sie von mir keine Hilfe. Wenn jedoch Ihr Christentum sich auf eine Hochzeit in Weiß beschränkt, dann müssen Sie sich schon ein paar Gedanken machen, ehe Sie Fragen von kleinen Leuten beantworten, die Ihnen voll und ganz vertrauen.

Um es auf den Punkt zu bringen: Kulturell ist es enorm wichtig, daß Kinder die wichtigsten Geschichten aus der Bibel kennen, die Schöpfungsgeschichte, die Geschichte von Christi Geburt, die der Kreuzigung und der Auferstehung sowie die zehn Gebote. Kindern, die das nicht kennen, fehlt es an Grundbegriffen der westlichen Kultur. Die meisten Dramen, Romane, Gedichte und Gemälde werden ihnen ohne dieses Grundwissen sehr wenig sagen. Es liegt jedoch an Ihnen, ob Sie ihnen gleichzeitig und gleichberechtigt auch von Hinduismus, Buddhismus und Islam oder sogar von altrömischen, altgriechischen und altägyptischen Religionen erzählen. Auch wenn Sie selbst nichts davon halten, wäre es sinnvoll, der Geschichte des Christentums einen gebührenden Platz einzuräumen. Schließlich sind all die Kirchen, Priester und Bischöfe ein wichtigerer Teil des Lebens Ihres Kindes als Isis und Anubis. In einer multikulturellen Gesellschaft sollten die Kinder auch die wichtigsten Feste anderer Religionen kennen. In den siebziger Jahren interviewte ich einige etwa achtjährige Schulkinder in einer als sehr fortschrittlich geltenden Gegend in Oxfordshire. Keines der Kinder hatte eine Ahnung, wer die Personen waren, die in der Krippenszene dargestellt waren. Ein Negativbeispiel, das ich nicht unerwähnt lassen wollte.

Sehr wichtig ist auch, daß die Kinder sehr früh den Gedanken der religiösen Toleranz mitbekommen. Mein Sohn wurde in der ersten Klasse Grundschule von einem sechsjährigen Mitschüler, der als Zeuge Jehovas erzogen wurde, belehrt, daß Gott eigentlich die böse Schlange war, die Eva in Versuchung führte, und daß wir alle Teufelsanbeter wären. Glücklicherweise erzählte er mir davon, ehe die Geschichte in ihm zu nagen begann, und ich holte beherzt zu einer Lektion in vergleichender Religionswissenschaft für Sechsjährige aus. Mein Hauptaugenmerk lag auf der Betonung, daß verschiedene Menschen immer schon verschiedene Vorstellungen von Gott hatten, ihm verschiedene Namen gegeben haben (von Jehova bis Manitu), und daß nur eine Tatsache (Ich halte es für eine Tatsache!) wichtig sei, nämlich die, daß Gott es nicht duldet, wenn sich Menschen seinetwegen bekämpfen. Mit einem Schlußsatz über Salman Rushdie, der sich vor der islamischen *fatwa* verborgen halten muß, entließ ich mein Kind zu seinen Legobausteinen.

LEGENDEN. In unserer Familie ist ein sehr nützlicher Satz Tradition geworden, der in dem Sommer entstand, in dem wir um die britischen Inseln segelten und versuchten, die Kinder in Regen- und Sturmzeiten mit allen möglichen Folkloregeschichten bei Laune zu halten: Wir erzählten von riesigen Kabeljaufischen, die von hohen Wellen in die Kamine von Häusern gespült wurden, vom Ungeheuer von Orkney, dessen Leber Feuer fing, woraus die isländischen Vulkane entstanden (seine Zähne sind die Färörer-, die Shetland- und die Orkneyinseln), von dem Riesen, der unter St. Michael's Mount in Cornwall begraben ist, und so weiter. Der Satz lautet folgendermaßen:

»Es ist eine Legende. Eine Legende ist eine Geschichte, die so alt ist, daß niemand weiß, ob sie wahr ist oder nicht.«

Damit eröffnen sich gar köstliche Möglichkeiten für alle

Arten von Riesen, Zauberern und Feen, ohne daß es dabei auf historische Authentizität ankommt.

Es gibt jedoch auch Familienlegenden. Nehmen wir einmal die Zahnfee. Wir hatten eigentlich in unserer Familie mit der Zahnfee nie etwas am Hut, aber wenn Ihr Kind mit glänzenden Augen und einem kleinen, blutigen Stück Elfenbein zu Ihnen kommt, weil es in der Spielgruppe gehört hat, daß man durch diese Fee zu kleineren Reichtümern kommen kann, dann ist es sehr schwierig zu widerstehen. Also machten wir mit: Der Zahn wurde in Folie eingepackt und unter das Kissen gelegt. Am nächsten Tag lag Geld statt des Zahns unter dem Kissen. Dann begann unser Sohn, der Fee kleine Briefchen zu schreiben, adressiert an Z. F., und natürlich mußte die Z. F. antworten (in reich verzierter Schrift). Als unser Sohn und seine Freunde schon ein wenig skeptischer wurden (dachten wir!), streuten sie Talkumpuder auf das Fensterbrett, um nach Fußabdrücken zu fahnden. Natürlich hinterließ Z. F. kleine Fußabdrücke (Daumen- und Fingerballen – versuchen Sie es!). Natürlich schlugen auch wir Vorteile aus der Legende, konnten wir doch glaubhaft machen, daß Z. F. nur saubere Zähne mag und es merkt, wenn sie erst geputzt wurden, nachdem sie herausgefallen waren – das zählt nicht. So fiel Zahn für Zahn aus einem Kind, und immer lag das Geld unter dem Kissen. Ich mag Z. F., genauso wie den Weihnachtsmann. Es ist etwas Beruhigendes für Kinder in der Vorstellung, daß nicht alle Geschenke von den Eltern kommen, weil das Universum mit wohlwollenden Kreaturen bevölkert ist. Es ist eine einfache »Religion«, und alle einfachen menschlichen Wesen – wie Kinder – brauchen eine Art von »Volksreligion«.

Aber wann hört das Ganze auf? Ich hörte damit auf und rückte mit der Wahrheit heraus, als ich dachte, mein Sohn wüßte ohnehin Bescheid. Er war damals sieben. Ich sagte ihm, es sei eine Legende, aber eine, die heutzutage nicht mehr funktioniere, und deshalb seien sein Vater und ich so zum Spaß eingesprungen. Ich dachte wirklich, er wüßte es, aber o Schreck – die Unterlippe zitterte. Er wollte es nicht wissen. Dann lachte er ein wenig verlegen, und ich hatte das Gefühl eines verblassenden Zaubers, grelles Tageslicht, vorzeitiges Erwachsensein. Er verkraftete es schneller als ich, aber die Geschichte war mir eine Lehre. Nach acht Jahren ist bei uns immer noch der Weihnachtsmann der Größte. Er kommt durch den Kamin, und wir legen Karotten für die Rentiere bereit. Und wißt ihr, was sie tun? Sie fressen die Karotten und spucken das Kraut den Rauchfang hinunter auf den Kaminvorleger, diese Ferkel. Und der Weihnachtsmann selbst? Er ißt ein Stück Weihnachtskuchen und läßt geheimnisvolle, fremdländische Geschenke aus Holz da, die man nicht in jedem Laden findet. Ich weiß nicht, wie lange bei uns noch der Weihnachtsmann kommen wird, aber ich halte mich an die Strategie, die Christina Hardyment entwickelt hat. Sie muß es wissen, denn sie hat vier Töchter aufgezogen:

»So, die Kinder in der Schule erzählen also, es gäbe keinen Weihnachtsmann? Wie schade! Siehst du, wenn die Kinder nicht mehr an den Weihnachtsmann glauben, dann kann er ihnen auch nichts mehr bringen. Normalerweise übernehmen das dann die Eltern, damit die Kinder nicht gar so enttäuscht sind. Aber natürlich ist das lange nicht so schön.«

Außerordentlich klug! Sie überläßt es dem Kind, halb oder ganz an den Weihnachtsmann zu glauben, oder aber den Glauben ganz aufzugeben und sich dabei doch nicht so betrogen zu fühlen, wenn es ein Stück Geschenkpapier findet, das es vom Gabentisch her kennt, oder wenn bei den Geschenken etwas dabei ist, das schon vorher unter der Treppe hervorlugte. Das Geheimnis bleibt erhalten und rutscht ganz allmählich ohne jähen Bruch in den Bereich der liebevollen, elterlichen Geborgenheit.

ÄNGSTE. Ängste sind eng verbunden mit all den oben behandelten Themen. Sie oder irgend jemand anderer kann sie auslösen. Ich habe aus verschiedenen Familien Kinderängste »gesammelt«:

Ich habe Angst,

- daß ein Bullterrier sich unter meinem Bett verstecken und mir die Kehle durchbeißen wird, während ich schlafe (Herkunft: Fernsehnachrichten).

- daß der Todesengel kommt, um den Erstgeborenen zu holen (Herkunft: Schulbibel).
- daß die Zahnfee mich erdrosselt (Herkunft offensichtlich. Gegenmaßnahme: Zahn unten in einem versperrten Raum aufbewahren).
- daß der Weihnachtsmann nicht kommt.
- daß er kommt und ein haariger, wilder Geselle ist (Herkunft: furchterregende Kaufhaus-Weihnachtsmänner mit Mundgeruch. Gegenmaßnahme: Strümpfe unten aufhängen).
- daß Wünsche wahr werden. Das klingt seltsam, aber einmal brach ein Kind in Tränen aus und fragte: »Werden Wünsche wirklich wahr?« Nach einiger Zeit kam folgendes heraus: »Ich habe mir gerade gewünscht, ich wäre ein Elefant. Aber ich will doch keiner werden!«
- daß das Ozonloch uns ertränkt oder verbrutzelt (Erzählen Sie, daß Wissenschaftler an dem Problem arbeiten, daß die ganze Welt Bescheid weiß und etwas dagegen unternehmen will).
- daß es wieder Krieg gibt (Sprechen Sie von den politischen Bemühungen, von dem guten Willen aller Menschen, von Gipfelkonferenzen und dem allgemeinen Wunsch nach Frieden).
- daß Mami und Papi sterben (Gegenmaßnahme: feste Umarmungen und die Erlaubnis, im elterlichen Bett zu schlafen, bis die Angst vorbei ist).
- daß ich sterbe (Gegenmaßnahme siehe oben).
- daß meine Geschwister sterben (dito; dabei kann man auf die durchaus robuste Gesundheit des Geschwisterchens hinweisen und auch nebenbei erklären, daß es niemals funktioniert, wenn man jemandem den Tod wünscht. Die Angst entsteht wahrscheinlich aus diesem Wunsch).
- daß Einbrecher ins Haus einsteigen. (Zeigen Sie Schlösser, Riegel etc. mit großer Sorgfalt.)
- daß Hexen, Kobolde, Geister und Teufel durch die Wand kommen. (Nicht ganz einfach; nur zu sagen, es gäbe sie nicht, funktioniert nicht. Ich hatte einmal ein Kind als Übernachtungsgast, das mein Kind mit Geschichten von

Hexen, die kleine Kinder rauben, zu Tode erschreckte. Nachdem es mir nicht gelang, die beiden zu beruhigen, erinnerte ich mich in meinem Bedürfnis, selbst eine Mütze Schlaf zu bekommen, an meine katholische Kindheit und zeigte den Kindern ein Kruzifix, das an der Wand hing, und ein Bild des Heiligen Christophorus. Dazu erklärte ich, daß nichts Schlimmes in einem Haus passieren könne, in dem ein Heiligenbild hängt. Es funktionierte sofort. Das einzige Problem war, daß unser kleiner Besucher nach Hause ging und seiner Mami – und der ganzen Nachbarschaft – erzählte, wir würden jeden Tag mit einem Kruzifix ins Bett gehen, um die Vampire abzuschrecken.)

Ich könnte noch lange so fortfahren. Wie jede andere Mutter auch. Einige wenige Kinder kennen solche Ängste nicht oder nur sehr selten. Andere wiederum kämpfen jede Nacht gegen eine andere an. Wichtig ist es, die Kommunikationsleitung offen zu halten. Hören Sie immer zu, wenn Ihr Kind von seinen Ängsten spricht, auch wenn sie Ihnen noch so dumm erscheinen. Sind es traurige, allgemeingültige Ängste (wie obdachlos, ungeliebt, verwaist oder im Krieg verschollen zu sein), so hilft es seltsamerweise häufig, dem Kind zu sagen, daß wir alle gelegentlich diese Ängste haben, auch wir Erwachsene, und daß man sich daran gewöhnt, sie zu vertreiben. Das schafft eine Atmosphäre der Verbundenheit und ein sehr gesundes Empfinden dafür, daß nicht das Unglück selbst der wahre Feind ist, sondern das *Gefühl* des drohenden Unglücks.

Sind es ganz unvorstellbare Ängste, dann lachen Sie nicht. Bemühen Sie auch nicht gleich Freud, indem Sie alles auf die Geburt des Geschwisterchens schieben. Auch ist nicht immer der Umzug in ein anderes Haus schuld, oder was es sonst noch alles für olle Kamellen gibt. All das mag zwar auch eine Rolle spielen, aber die Ängste selbst sind wichtiger. Gibt es vielleicht einen ganz profanen, aber konkreten Grund? Ein kleiner Junge war einmal tagelang deprimiert, weil sein Vater eine sechswöchige Dienstreise anzutreten hatte. Wie sich herausstellte, hatte der arme kleine Knirps sechs Jahre verstanden. Meine Tochter hatte plötzlich Angst, in ihrem Zimmer zu schlafen. Nachdem weder schmeicheln noch schimpfen half, war sie wie ein Schloßgeist mit weißem Teddy und Federbett von einem Zimmer zum anderen gezogen. Eines Nachts ging ich selbst in ihr Zimmer. Unten saß mein Mann vor dem Fernseher, in dem eine Vorschau auf einen knallharten Thriller lief. »Ich werde dich töten, das schwöre ich dir!« zischte eine haßerfüllte Stimme von unten herauf. Wie schrecklich mußte mein armes, kleines Kind Nacht für Nacht an der sensationslüsternen Fernsehkultur gelitten haben. Kein Wunder, daß die Angst bei meinem Kind lange vorhielt.

Unter der Gürtellinie: Von Winden und vier Buchstaben

Eine Warnung vorab: In diesem Kapitel kommen Worte und Sprüche vor, die über acht Jahre alte Leser verwirren, ja sogar schockieren können. Nehmen Sie also all Ihren Mut zusammen. Es kommen Popos vor. Und Töpfchen. Es wird von Pimmel gesprochen, und Winde werden abgelassen. Schon jetzt kann ich Ihnen versprechen, daß Sie wirklich erleichtert sein werden, wenn es wieder auf das sichere Erwachsenenterrain von Sex und Fortpflanzung zugeht. Zuvor aber wird es erst mal richtig anstößig. Nicht, weil ich das möchte, sondern weil das Thema eben auch angesprochen werden muß. Denn hier gibt es ein Phänomen zu beobachten: Vor Jahren hatte das Gesangsduo Flanders and Sann einen großen Erfolg mit einem Song, der mit imitierten Kinderstimmen folgendermaßen begann: »Vater und Mutter sind aus dem Haus, jetzt lassen wir die Sau mal raus.« Der Chor stimmte dann ein mit: »Pinkel, Po, Hintern, Furz, da wird uns leicht die Zeit zu kurz!«

Sie trafen den Nagel auf den Kopf. Nichts ist so verführerisch für kleine Kinder wie Gespräche über stinkende Furze, Pinkeln, Fäkalien – wie immer Sie es nennen wollen. Das Thema war immer faszinierend und wird es wohl immer sein. Ganz offensichtlich war auch den aufgeklärten, ernsthaft bemühten Eltern der sechziger Jahre, die dachten, eine offene, ungezwungene Atmosphäre würde dem albernen Kichern den Wind aus den Segeln nehmen, kein Erfolg beschieden. Die ungezwungene Familie, die ich kannte, hielt es folgendermaßen: Die Eltern liefen nackt in der Wohnung herum, sprachen offen von den Vorgängen in ihren Gedärmen und ihren Ausscheidungen und beschrieben ihren Kindern den Geburtsvorgang in allen Einzelheiten. Eines Tages, als ich zu Besuch war, tanzte die kleine Nellie in der Küche herum und sang: »Pipi dampft im Topf, Pipi dampft im Topf!« Ihre Mutter versuchte verzweifelt, ihr Entsetzen zu verbergen. »Ich weiß nicht, warum sie das tut«, sagte sie mit kläglichem Ton in der Stimme. »Wir haben das Urinieren immer als etwas ganz Natürliches betrachtet, und ich habe nicht die leiseste Ahnung, wer ihr das Wort« – sie spuckte es förmlich aus – »*Pipi* beigebracht hat. Also wirklich, das ist so dumm und so vulgär.«

Höflich stimmte ich ihr zu, während Nellie weiter fröhlich ihren Spruch krähte. Aber tief in meinem Innern vermutete ich, daß Nellies Mutter den Kampf verloren hatte. Jetzt, da ich eigene Kinder habe, weiß ich es. In jedem Kind steckt etwas unabänderlich Albernes und Unanständiges. Wir Erwachsene tun schließlich unanständige Witze als »kindisch« oder »infantil« ab, und wenn Kinder nicht kindisch sein dürfen, wer dann? Ich bin ganz und gar nicht sicher, daß wir versuchen sollten, das unseren Kindern abzugewöhnen. Irgendwo und irgendwie kommt das »Unanständige« doch wieder ans Tageslicht. Wenn die Kinder zu Hause nicht darüber reden dürfen, dann heißt das noch lange nicht, daß wir es aus der Welt geschafft haben. Wir haben sie nur gelehrt, es nicht auszusprechen. Aber dann sollten Sie mal Ihre Kinder auf dem Spielplatz oder im Schulhof hören, wenn sie lauthals »Pup dir 'nen Furz, pup ihn ab, pup ihn ab!« grölen. Oder Sie hören bei den Freunden den fröhlichen Chor: »Mami, ich hab' die Hose voll, das finde ich nun gar nicht toll.«

Wir persönlich haben diese »Fäkaliensprüche« immer auf die leichte Schulter genommen. So kam es, daß unser Haus schon bald als das »Pupszentrum« in ganz East Suffolk bekannt wurde. Die in strengen Elternhäusern aufgezogenen Kinder kommen nur allzugern bei uns vorbei, ziehen unsere Kinder in eine Ecke, stecken die Köpfe zusammen und flüstern: »Erwin macht sich in sein Hemd. Der Geruch bald keine Grenzen kennt.« Dann kichern alle los und können sich überhaupt nicht mehr beruhigen. Wenn Sie darüber hinweggehen, hören sie irgendwann damit auf, aber das kann sehr lange dauern.

Einige Sprüche sind sogar ganz interessant:

»Fatty und Skinny gingen in den Zoo
Fatty fiel in den Elefantenkot
Skinny lachte sich darüber halbtot
Dafür bekam er einen Klaps auf den Po.«

Das ist zwar nicht besonders erbaulich und hat auch wenig erzieherischen Wert, aber es reimt sich irgendwie und läßt sich skandieren. Die freche Kombination von Groteskem, Blödsinn und Anarchie bringt es in die Nähe der Rabelaisschen Tradition. Es ist eine Art Satire, also eigentlich eine ziemlich respektable literarische Form. Zumindest rede ich mir das ein und unterdrücke ein Kichern mit dem Küchenhandtuch. Beim Spazierengehen erzählte mir mein Sohn neulich:

»Mein Freund Peter hat ’nen Pimmel von ’nem Meter,
den zeigte er der Nachbarin.
Sie hielt ihn für ’ne Schlange,
Und schlug ihn mit ’ner Stange,
Jetzt ist es mit der Länge hin.«

Warum Kinder das so fasziniert, ist eigentlich klar. Psychologen erzählen uns mit ernstem Blick, daß Kinder die Macht ihrer Körperfunktion erschreckt und mit Ehrfurcht erfüllt. Seit Freud wird den Themen Sauberkeitserziehung und so weiter sehr große Bedeutung beigemessen. Vielleicht sind diese Witze einfach nur ein Weg, wie die Kinder selbst mit Ihrer Haß-Liebe-Beziehung zu der Toilette umgehen. Sehen Sie es so, wenn Ihnen das hilft. Oder es könnte ja auch sein, daß – Gott behüte! – alle diese Dinge tatsächlich lustig sind. So wie es mit dem Sex ist. Schließlich erinnern sie uns inmitten unserer menschlichen Aufgeblasenheit und Wichtigtuerei, daß wir unsere animalische Natur doch nicht verleugnen können. Wer kann Kindern einen Vorwurf daraus machen, daß sie kichern, wenn sie sich vorstellen, daß auch die Königin einen fahren läßt?

Deshalb sollte man die Sache locker sehen. Es gibt jedoch Grenzen. Kaum etwas ist lächerlicher als eine freisinnige, weltoffene Familie, die ihren Kindern immer eingebleut hat, der nackte Körper wäre etwas ganz Natürliches, aber dann plötzlich eine Erklärung dafür finden muß, warum es nicht richtig war, den Pimmel aus der Hose zu holen und Großtante Florence damit zuzuwinken. Die beste Methode ist die, die auch gegen Kindesmißbrauch hilft:

»Popo, Penis und Scheide sind nicht für die Öffentlichkeit bestimmt.«

Bei dieser Gelegenheit sollten Sie sich dann auch gleich überlegen, welche Worte Sie Ihre Kinder lehren. Sind die Kinder sieben oder acht Jahre alt, sollten sie die richtigen Begriffe kennen: Penis, Vagina, After usw. Aber vorher – was ist vorher? Ist es nicht besser, aus rein gesellschaftlichen Gründen die kindlichen Begriffe, die meist nur innerhalb der Familie von Generation zu Generation »weitergereicht« werden, zu verwenden? Hier komme ich sicher mit den meisten Kindererziehungsgurus über Kreuz, aber da kleine Kinder diesen Wortschatz ohnehin nur für Beleidigungen anwenden, wäre es Ihnen nicht lieber, »Popogesicht« genannt zu werden statt »Sch...kopf«? Und wird Großmama nicht eher den Aufschrei »Ich hasse deinen stinkenden Po« verkraften als »Ich hasse deine vertrocknete, alte Vagina!«? (Das Beispiel ist aus dem Leben gegriffen. Das Kind wollte lediglich etwas unter der Gürtellinie als Schimpfwort hernehmen. Aber die Schwiegertochter brauchte zwei Jahre, um das wiedergutzumachen.) Denken Sie darüber nach. Ein weiteres nützliches Motto ist:

»Unanständige Witze sind nur im Familienkreis erlaubt.« Das kann natürlich zu Haarspaltereien bezüglich Großmüttern und Tanten mit unterschiedlicher Feinfühligkeit führen. Und ist es in Ordnung, einem angeheirateten Onkel etwas von »Pipimachen« zu erzählen?

Und jetzt kommen wir zum Sex. Früher hat man an dem Thema tunlichst bis zur Pubertät nicht gerührt und später etwas von den Blumen und den Bienen und einigen unreinen Gedanken gemurmelt. Das funktioniert schon lange nicht mehr, aus dem einfachen Grund, weil, wenn *Sie* eine Frage übergehen, dann wird sie der Lehrer beantworten, oder das Fernsehen wird die verwirrende Vorstellung vermitteln, Babys entstünden, wenn man jemanden küßt. Oder eine Schulfreundin wird Ihrer kleinen Tochter eine so verworrene Darstellung der Fortpflanzung bieten, daß sie schwört (so wie ich es mit acht Jahren getan habe), für immer und ewig Jungfrau zu bleiben.

Im Gegensatz dazu hat man seit den sechziger Jahren die Kinder schon von klein auf mit technischen Einzelheiten, medizinischen Fachbegriffen und spaßigen kleinen Büchern bombardiert, in denen der Orgasmus »wie ein ganz starkes Niesen« beschrieben wird (was sagen Sie dazu?). Diese Methode hat den Nachteil, daß das Kind sich sehr schnell langweilt und nicht mehr zuhört oder aber ziemlich peinliche Situationen heraufbeschwört, indem es mit ungeeigneten Erwachsenen über »starkes sexuelles Niesen« diskutiert.

Die dritte Methode ist, die Fragen des Kindes einfach in einer freundlichen, natürlichen, direkten Form zu beantworten. Leider tritt der kindliche Wissensdurst im allgemeinen immer zur Unzeit auf, etwa mitten in der Schlange vor der Supermarktkasse, in der Drogerie in Gegenwart von einigen mürrischen alten Damen, im Wartezimmer des Arztes oder im Bus. Der Versuch »Das erkläre ich dir, wenn wir zu Hause sind« funktioniert nicht immer. Die einzig sichere Vorsichtsmaßnahme gegen wenig überzeugendes Herumgestottere ist, sich alle Fakten kindgerecht zurechtzulegen, noch ehe die Fragen aufgetaucht sind. Kann's losgehen?

»Frauen haben in ihrem Bauch ein kleines Haus, in dem das Baby heranwächst. Das ist die Gebärmutter. Und dann haben sie noch so kleine Dinger, die man Eierstöcke nennt, und einmal im Monat kommt ein winzig kleines Ei...«

»Männer haben spezielle Samen in ihrem Körper, und der Samen kann aus dem Pimmel herauskommen und mit dem Ei in der Mami zusammentreffen...«

»Wenn ein Baby groß genug ist, auf die Welt zu kommen, muß es aus der Mami herauskommen. Es kommt aus einem speziellen Loch...«

Schwierig, oder? Meine Version klingt albern, zugegeben. Ich möchte keinesfalls irgend jemandem irgend etwas vorschreiben. Aber wenn Sie einmal im stillen Kämmerlein geübt haben, ersparen Sie sich viel peinliches Herumgestammele. Beantworten Sie nur die Fragen! Heben Sie sich Eileiter, Eisprung und Hoden für später auf, und konzentrieren Sie sich auf Babys, die im Bauch der Mutter wachsen, auf Samen, der vom Papi kommt, und die Tatsache, daß Mamis und Papis sich lieben und deshalb ein Baby wollen (Erstaunlicherweise wird das von allen Kindern, die ich kenne, akzeptiert, auch wenn ein Papi weit und breit nicht in Sicht ist).

Was nun den Geschlechtsakt an sich angeht, so werden mich die Sexualwissenschaftler jetzt sicherlich steinigen, wenn sie hören, daß ich nach einer langweiligen Erklärung der technischen Grundbegriffe (Der Samen kommt in die Mami durch eine spezielle Umarmung, die nur Erwachsene können) immer versucht habe, den Kindern den Eindruck zu vermitteln, daß Sex etwas ist, das erwachsene Mamis und Papis tun, das aber für Kinder nicht besonders interessant ist. Schließlich gibt es viele Dinge, die Erwachsene tun, die aber ihre Kinder überhaupt nicht interessieren – wie bitteren Kaffee trinken, mit anderen Frauen im Supermarkt quasseln, Schecks ausschreiben, Fernsehnachrichten gucken. Da kommt es auf eine seltsame Tätigkeit mehr oder weniger auch nicht mehr an.

Noch etwas: Wenn Sie sexuell gehemmt, unzufrieden oder sonstwie in dieser Richtung belastet sind, wenn Sie Zweifel haben oder wütend darüber sind, was der Sex aus Ihrem Leben gemacht hat, oder auch wenn Sie den ganzen Tag nur an Sex denken – dann ist das Ihr Problem und Ihre Last. Nicht die Ihres Kindes! Dies dem Kind aufzubürden oder es in einer sexuell aufgeheizten Treibhausatmosphäre aufwachsen zu lassen, ist ebenfalls eine Form der Kindesmißhandlung. Und das kann zu anderen Formen von Kindesmißbrauch führen. Alle Kinder sind in Gefahr, sexuell mißbraucht zu werden, aber »wissende« Kinder haben ein größeres Risiko. Sehen Sie sich jeden – auch einen Therapeuten – genau an, der zu viel von der »erwachenden Sexualität« kleiner Kinder spricht. Es ist viel sicherer, sich an die langweiligen alten Ratschläge zu halten: Du gehörst nur dir allein, du mußt niemanden umarmen, den du nicht umarmen willst, und Popo, Penis und Scheide sind nicht für die Öffenlichkeit bestimmt. Und manchmal darf man darüber auch Witze machen.

Kindergeburtstage: Traum oder Alptraum

Kindergeburtstage können traumhaft schön sein, aber sich auch zum absoluten Alptraum auswachsen. In der Traumsequenz sitzen ein Dutzend kleine Gesichter mit leuchtenden Augen an einem langen Tisch, auf dem ein riesiger Kuchen in Form einer Lokomotive steht. Die Kerzen verbreiten ein sanftes Licht, und helle Kinderstimmen singen Happy Birthday, ehe sie sich mit kleinen, aufgeregten Schreien (aber immer schön gedämpft und artig) in das nächste Spiel stürzen.

Im Alptraum haben Sie es mit einer unkontrolliert kreischenden, kuchenwerfenden Rasselbande zu tun, einem wilden Haufen, in dessen Mitte der kleine Asthmatiker fast zu Tode gequetscht wird und Ihr eigenes Geburtstagskind leise wimmernd am Rand der Schlacht steht.

Ich mag Kinderfeste und bin eher optimistisch. Ich habe auch ein Haus, das sich gut für Kinderfeste eignet (alt, mitgenommen, keine Teppichböden und nicht ganz neu tapeziert). Bis jetzt haben wir hier zwölf Geburtstagspartys, sechs Weihnachtsfeiern, zwei improvisierte Kinder-Gartenfeste im Sommer und eine kurzfristig angesetzte Miniparty für alle jüngeren Geschwister, die nie zu irgend jemandes Geburtstag eingeladen werden, veranstaltet. Wenn der unausweichliche Tag kommt, an dem meine Kinder vorteenagerhaft angewidert maulen und ein Theaterbesuch oder eine Burger-Session in einem Nepplokal fordern, werde ich tödlich beleidigt sein und wahrscheinlich darauf bestehen, daß sie entweder eine richtige Geburtstagsfeier zu Hause bekommen können oder gar nichts. Mit Götterspeise.

Dabei quassele ich immer recht hochgestochen daher, wie wichtig es ist, daß Kinder schon in jungen Jahren mit offiziellen gesellschaftlichen Ereignissen in Berührung kommen, für den Fall, daß sie eines Tages in den Buckingham Palace eingeladen werden. Aber wenn man mir ein buntes Plastiktischtuch und eine Schachtel voll Partygags in die Hand drückt, bin ich nicht mehr zu bremsen. Mit geradezu unmoralischem Eifer stürze ich mich in die Vorbereitungen.

Doch, ich habe auch Lehrgeld bezahlt. Es gibt Grundregeln, die beachtet werden müssen, was ich in der Vergangenheit nicht getan habe. Einen Haufen Kinder mit einem Haufen Luftballons in einem Raum aufeinander loszulassen, ergibt noch keine Party. Höchstens Tränen. Organisation ist alles. Eine Mutter ist ein Impresario, und eine gute Party ist wie eine Theateraufführung, ein Drama in drei Akten mit viel Improvisation um ein Rahmendrehbuch herum.

1. Akt: Die Spiele. Auf den Einladungen sollte immer eine Uhrzeit für Anfang und Ende des Festes angegeben sein. Also zum Beispiel 15.30 Uhr – 17.30 Uhr. Im Idealfall sollten alle Gäste rechtzeitig da sein, und das erste Spiel sollte losgehen, sobald alle die Mäntel ausgezogen haben. Das gilt besonders für Geburtstage von Vier- und Fünfjährigen. Ältere Kinder haben schon mehr Verständnis dafür, nur ein bißchen plaudernd herumzustehen und Geschenke aufzumachen, ohne daß es ihnen gleich langweilig wird oder sie zu raufen anfangen. Mütter, die zu spät kommen, sind ein Ärgernis. Und wenn Mütter schon bleiben (manche kleineren Kinder bestehen darauf), dann sollten sie sich tunlichst raushalten, sich nicht einmischen und ganz allgemein versuchen, die Atmosphäre nicht zu stören. Eine Mutter jedoch sollten Sie sich als Assistentin anheuern. Sie muß Kinder zum Klo bringen, aufgegangene Haarschleifen bei aufwendig zurechtgemachten Mädchen neu binden und Pflaster auf aufgeschlagene Knie kleben.

Das erste Spiel sollte etwas mit Auf- und Abhüpfen zu tun haben. Das löst die Spannung und stellt sicher, daß alle, die zum Klo gehen wollen, es auch rechtzeitig vor dem Essen tun und deutlich die entsprechenden Symptome verspüren. Für Kinder über vier Jahre alt empfiehlt sich meiner Erfahrung nach ein anspruchsvoller gestaltetes Spiel, etwas, das sich am Motto der Feier orientiert – Piraten oder Zirkus oder Ballerinas. (Übrigens, wenn Sie einen Kindermaskenball veranstalten, sollten Sie auf jeden Fall ein paar Extra-Piraten-Taschentücher, Clownhüte oder was auch immer bereithalten – es ist immer ein Kind dabei, dessen Mutter die Einladung nicht gelesen hat oder die gerade ein Baby bekommen hat und alles andere vergißt.)

Die Spiele unter einem bestimmten Motto sind leichter zu dirigieren, wenn Sie es mit Schulkindern zu tun haben. Es wirkt auf mich wie ein Wunder, daß sich eine große, bedrohliche, amorphe Masse von sechzehn Kindern in eine disziplinierte Klasse verwandeln kann. Wenn die Kinder erst einmal Schulerfahrung haben, dann können es auch Spiele sein, die ein paar einleitende Erklärungen erfordern. Klatschen Sie einfach laut und vernehmlich in die Hände, und sagen Sie: »ALLE MAL HERHÖREN! Jeder ist jetzt ein Pirat. Wir haben zwei Piratenmannschaften. Also bildet jetzt zwei Gruppen – rot und blau – hier sind eure Rosetten. Jetzt ist es eure Aufgabe, den Schatz zu finden...« Und so weiter. Im Vorschulalter machen Sie es einfacher. Wir hatten einen durchschlagenden Erfolg mit Papierschlangen, die durch das ganze Haus führten, Kletterstangen hinauf und Rutschen hinunter, durch einen provisorischen Tunnel, bei einer Tür hinein, bei der anderen hinaus, bis hin zu einer Pirateninsel voll mit Schokoladengeld.

Vor einiger Zeit beschloß ich, gegen das ewige Wettbewerbsdenken anzugehen, und dachte mir ein Spiel aus, bei dem es keine Gewinner gibt. Die Kinder waren alle Astronauten auf einer Raumfahrtmission, die vielen verwundeten außerirdischen Ungeheuern helfen sollten. Jedes Kind hatte eine Art Puzzlekarte, auf der ein Teil eines Tintenfischfangarmes zu sehen war. Mit kleinen Hinweisen und selbstklebenden grünen Fußabdrücken wurden die Kinder zu einem verletzten Tintenfisch aus Pappe in einem anderen Zimmer geführt, wo sie die einzelnen Puzzlestücke zusammensetzen mußten, bis der Tintenfisch wieder ganz war. Ohne das Zusammenwirken aller Kinder konnte das nicht bewerkstelligt werden, deshalb achteten die großen Kinder mit Argusaugen auf die kleinen, die in der Aufregung sehr gerne ihre Puzzlekarte verloren.

Das Spiel wurde ein voller Erfolg. Natürlich hätte ich das

am liebsten dem wettbewerbsfreien Teamgeist zugeschrieben. Nur widerwillig muß ich zugeben, daß es auch etwas mit einem weniger idealistischen Aspekt des Spiels zu tun gehabt haben könnte. In einem Zimmer trafen die Kinder auf meinen Mann als 1,90 Meter großer kreischender Papagei mit grünen Federn. Es lohnt sich immer, ein paar Überraschungen einzubauen. Im nächsten Jahr war er ein Bär.

2. Akt: Limo, Kakao und Kuchen. Das klingt einfach. Ich hoffe, ich verletze Sie nicht, wenn ich Sie daran erinnere, daß es immer Kinder gibt, die keine Süßigkeiten mögen, aber sich dafür auf Würstchen, Chips oder Käsestangen stürzen. Manche Kinder mögen auch keine Butter auf den belegten Broten. Abgesehen davon sind Ihrer Phantasie und Ihrer Arbeitswut keine Grenzen gesetzt. Sie können acht Stunden damit zubringen, Hexenhüte aus Eiskrem zu formen und Kuchen mit Gesichtern zu verzieren, oder aber einfach in den Supermarkt gehen und alles kaufen.

Schwieriger wird es dann schon mit den Kindern, die es nicht gewohnt sind, an einem gemeinschaftlichen Essen teilzunehmen, weil sie normalerweise vor dem Fernseher oder zwischen Tür und Angel abgefüttert werden. Diese Kinder sind entweder total fasziniert von einem hübsch gedeckten Tisch mit Kerzen und Knallbonbons, oder sie verderben den anderen das gemütliche Beisammensein, weil sie ständig aufstehen und herumrennen. Aber ein wenig Disziplin muß schon sein. Hiermit bestätige ich, daß ein 1,90 Meter großer grüner Papagei einen unschätzbaren disziplinarischen Wert hat: Einmal kreischen, und alle sitzen mucksmäuschenstill an ihrem Platz.

Der Kuchen ist natürlich wichtig. Allerdings werden kleine Kinder bei Geburtstagsfesten so mit Essen vollgestopft, daß sie den Kuchen kaum anschauen. Sie können also genausogut einen Schuhkarton mit Glasur überziehen. Wenn Sie Ihr Kind fragen, was der Kuchen denn für eine Form haben soll, dann wird es entweder heißen: »Er soll wie ein Traktor aussehen« oder »wie eine Ballerina«. Und wenn Sie dann kein Spitzenkonditor sind, werden Sie ganz schön dumm aus der Wäsche schauen. Mit einigen Tricks sollten Sie deshalb lieber das Gespräch auf machbarere Dinge bringen, wie etwa auf einen Zirkusring (rund und flach) oder eine Lokomotive (aus einem rechteckigen Biskuitteig mit einem Messer ausschneiden). Mein bislang ehrgeizigstes Projekt war eine Galeone – ist nicht so kompliziert, wie es klingt. Ich bat eine Freundin um zwei Bleche ihres so wunderbar formbaren, ziemlich festen Biskuitteigs, schnitt Schiffsbug und Heck aus, schmierte die Buttercremeglasur drauf, setzte Smarties als Bullaugen ein und fertigte mit Bleistiften und Fäden Mast und Takelung (lassen Sie sich nicht einreden, daß an so einem Kuchen unbedingt alles eßbar sein muß). Wenn Sie eine Künstlerin mit Glasuren und Verzierungen sind, gratuliere! Wenn Sie darin keine große Expertin und eher hilflos sind wie ich, dann tun es auch Bleistifte, Gummiband und ein Bugspriet aus rohen Spaghetti. Natürlich werden Sie ein besonderes Auge darauf haben, wenn der Kuchen gegessen wird, und vorher schnell die nicht eßbaren Teile entfernen. Die Überraschung war perfekt, als wir die Kerzen anzündeten und die Takelage Feuer fing.

3. Akt: Die Randale. Limo und Kuchen garantieren ein fröhliches Beisammensein, bei dem das Eis gebrochen wird. Lekkeres Speiseeis hält vor Übermut berstende Kinder brav am Tisch. Das für nach dem Kakao vorgesehene Spiel endet meist in einem unentwirrbaren Knäuel von kreischenden Kindern. Wir versuchten bei unserem Astronautenfest ein Spiel, bei dem in jedem Fangarm des Tintenfischs eine Leckerei versteckt war. Manche Eltern versuchen die Kinder bei Laune zu halten, indem sie nach jeder Spielrunde einen Purzelbaum machen oder ein Lied singen müssen, aber die Randale bleibt unausweichlich.

Es gibt zwei Möglichkeiten, sie in den Griff zu kriegen. Entweder Sie engagieren einen professionellen Geburtstagsclown mit einem Kasperltheater oder einigen Zaubertricks. Es ist sehr beruhigend, aus dem Nebenzimmer eine in Kinderunterhaltung geübte Stimme zu hören: »Seid ihr alle da?« Und dann ein gehorsames »Jaaaa!« aus vielen Kinderkehlen.

Bei Kindern unter fünf Jahren besteht allerdings die Gefahr, daß sie in hysterischen Schrecken verfallen, wenn der Unterhalter auch nur im entferntesten furchterregend aussieht, und wenn er das nicht tut, kann er wiederum die brodelnde Randale nicht verhindern. Einen wirklich guten Zauberclown für Kindergeburtstage erfahren Sie nur durch Mundpropaganda oder indem Sie das Risiko auf sich nehmen, das Fest im Chaos oder in einem Flop enden zu lassen. Mein Traum ist immer noch, einen netten jungen Mann mit einer Gitarre zu finden, der alle Kinder zu einem friedlichen Abschiedssong vereint. Die andere Möglichkeit, die Randale nach dem Essen unter Kontrolle zu halten, ist, sie in eine Ihnen genehme Richtung zu lenken. In dem Jahr, in dem Paul als Bär verkleidet war, führten wir das Spiel Jagt-den-Bär-und-bindet-ihn-mit-Papierschlangen-fest. Das funktionierte sehr gut – Schreckens- und Freudenschreie hielten sich die Waage. Bei einer anderen Feier sauste ein Wolf herum, den die Kinder mit Wasserpistolen jagen durften (das war natürlich im Garten). Einmal war Paul als Clown verkleidet, und die Kinder durften ihn mit Schaumgummitorten bewerfen. Natürlich war das chaotisch, aber die Kinder konnten sich abreagieren, und das war gut so. Im allgemeinen rate ich Ihnen, damit erst zwanzig Minuten vor der offiziellen Rausschmißzeit anzufangen. Wenn dann die Mütter auftauchen und ihre lieben Kleinen mit Buttercreme beschmiert und mit Papierschlangen behängt vorfinden, werden sie sie schweigend an der Hand nehmen und zu Hause in die Badewanne stecken.

Epilog: Die Partytüte. Das ist eine nette Einrichtung. Jedes Kind bekommt zur Erinnerung an die Geburtstagsfeier ein kleines Tütchen mit nach Hause. Der Inhalt muß den Kindern Spaß machen, muß sie überraschen und für eine Weile glücklich machen und darf nicht viel kosten (auch wenn Sie das Geld haben. Wenn Sie die Sache zu hoch schrauben, dann werden Sie sich den gerechten Zorn der anderen Mütter zuziehen). Ich nehme meistens ein kleines Tütchen Süßigkeiten oder eine Schokoladenfigur, einen Luftballon, etwas Quietschendes (wenn so etwas gerade für ein paar Groschen zu bekommen ist), einen ganz billigen, kleinen Gegenstand (etwa einen winzigen Bleistift oder ein schreckliches Fünf-Pence-Plastikarmband) und einen billigen, aber interessanten Gegenstand. Wie ich schon in dem Spielzeugkapitel geschrieben habe, sammle ich diese Kleinigkeiten das ganze Jahr über. Der Dachboden ist voll von seltsamen Faseroptik-Miniaturleuchten und sonstigen Zauberdingen.

Zu guter Letzt: Der Stargast. Irgendwo im Freundeskreis Ihres Kindes muß ein Kind (meistens ein Junge) existieren, der nie Angst hat, sich nie aus der Ruhe bringen läßt, äußerst gesellig ist und einfach alles mitmacht. Ob Ihr Kind ihn mag oder nicht, *setzen Sie ihn auf die Einladungsliste.* Bei keiner meiner Kinderfeten darf ein gewisser Patrick fehlen, weil ich weiß, daß, wenn ich fröhlich sage »Wer kann am schnellsten einen Tischtennisball mit der Nase busieren? Das Ziel ist dort unten«, er der erste sein wird, der loslegt, noch ehe ich meinen Satz ganz zu Ende gesprochen habe. Und die anderen werden mitziehen. Wenn ich sage »Wer kann am höchsten springen?«, klebt Patrick schon an der Decke. Wenn ein kleineres Kind nicht weiß, wie ein bestimmtes Spiel geht, braucht es nur Patrick zuzuschauen und kann mitmachen. Ein Hoch auf Patrick und auf alle Patricks überall auf der Welt. In einigen Jahren wird er Star und Liebling der Klatschreporter sein. Wer könnte ihm das verdenken?

Der erste Schultag: Wer? Ich? Neurotisch?

Hin und wieder liest man von einer Familie, in der sich die Eltern entschlossen haben, ihre Kinder nicht zur Schule zu schicken (was in England möglich ist). Sie unterrichten ihre Kinder zu Hause, und manchmal mit erstaunlichem Erfolg. Im besten Fall sind das hingebungsvolle, hervorragende, kluge Leute, im schlechtesten Fall fanatische Spinner. Einige haben sich dazu entschlossen, weil ihr Kind es mit der Schule versucht hat, aber gescheitert ist. Andere, und die faszinieren mich mehr, wollen ihr Kind aus Prinzip nicht in die Schule schicken.

In dem Jahr, bevor mein erstes Kind in die Schule kommen sollte, las ich alles über Privatunterricht, was ich in die Finger kriegen konnte. Wie vielen Eltern von intelligenten, eifrigen, glücklichen, originellen und sensiblen Fünfjährigen (sind sie das nicht alle?) graute es mir bei der Vorstellung, ihn einer Institution übergeben zu müssen. Ich hielt es für puren Wahnsinn, ihn in eine Gruppe zu schicken, die viermal größer war als alles, was er bisher kennengelernt hatte, und ihn auf den Schulhof zu lassen, wo furchterregende Rangen sich um einen Fußball balgen und dabei »Gib's ihm!« brüllen. Jetzt weiß ich, daß das dumm war, und daß alle diese Kinder eine Mutter haben, die glaubt, ihr Kind sei das einzige feinfühlige, kleine Baby auf der ganzen Welt. Und die rüden Fußballrangeleien spielen sich ohnehin unter größeren Jungen ab. Aber wenn man sein Kind im Buggy an einem Sportplatz mit tobendem Jungvolk vorbeifährt, kann man es schon mit der Angst zu tun kriegen.

Eine ernsthafte Überlegung hingegen war schon die endlose Warterei in der Schule, an die ich mich erinnerte. Warum sollte mein Junge seine aufregendsten Lernjahre damit vergeuden, in irgendeiner Registratur zu warten?

Viele Menschen haben ganz verworrene Erinnerungen an

die Schule. Da flüsterte eine Gruppe von Schulkameraden in einer Ecke und heckte einen Plan gegen dich aus, da ärgerten einen die Mitschüler mit häßlichen oder grausamen Spitznamen, da wurde man schmerzhaft an den Haaren gezogen und schrie auf, woraufhin der Lehrer ungerechterweise den Falschen bestrafte, weil er nicht genau gesehen hatte, was passiert war. Alte Ängste sind noch immer gegenwärtig: Da gehen wir in die Schule als selbstbewußte, bestimmte Erwachsene, um den Klassenlehrer in die Mangel zu nehmen, und ein Hauch von dem alten, typischen Geruch genügt schon, um uns wieder zu nervösen kleinen Kindern zu machen. Diese Ängste projizieren wir wieder auf unsere Söhne und Töchter. Der kleine Freddie hat sein ganzes Leben bislang im Schoß der Familie zugebracht oder im kleinen Kindergartenkreis. Was soll er mit diesem riesigen, häßlichen Gebäude, in dem alle Stimmen so laut widerhallen, anfangen? Voller Mitgefühl zittern wir beim ersten gemeinsamen Besuch, während wir tapfer versuchen, dem Kind den netten Lehrer und die vielen schönen Bilder und Spielsachen in süßlichen Tönen anzupreisen. O weh, o weh, o weh, wird das mein Baby schaffen?

Keine Angst! Das Baby wird damit besser fertig als Sie. Aber vielleicht kennen Sie die oben beschriebenen Ängste ja gar nicht. Das kann gut sein. Ich habe dieses Kapitel absichtlich negativ begonnen, weil meine Karriere als Mutter eines Schulkindes auch negativ begonnen hat. Seither bin ich eines Besseren belehrt worden. Vergeben Sie mir, wenn Sie ein optimistischer Elternteil eines selbstbewußten Kindes sind, der keine Zweifel kennt oder kannte. Diejenigen von uns, die darunter leiden, haben das Bedürfnis, es zuzugeben. Und so schlecht ist es ja nun auch wieder nicht, wenn wir mit ein wenig Skepsis an die Sache herangehen. Jedes Mittel ist erlaubt, das das Verantwortungsbewußtsein bei der Schulauswahl schärft, das die Schule kritisch betrachtet, das das Einfühlungsvermögen mit dem verwirrten Schulanfänger stärkt. Natürlich ist es schlecht, wenn sich Ihr Unbehagen auf das Kind überträgt, aber das ist nur ein Grund mehr, die Ängste systematisch aufzuarbeiten, ehe es tatsächlich mit der Schule losgeht. Wenn Sie so tun, als wäre alles eitel Sonnenschein, und sich selbst und Ihrem Mann vorlügen, Sie würden sich »schon auf die ruhigen Tage« freuen, während Sie insgeheim der verlorenen Babyzeit nachweinen, dann können Sie sicher sein, daß Ihr Kind den Zwiespalt mitbekommt und richtig deutet.

Also arbeiten Sie an Ihren Ängsten und Bedenken! Treffen Sie eine gute Wahl, machen Sie einen guten Anfang, organisieren Sie die Umstellung gut. Bleiben Sie zuversichtlich! Grundschulerziehung bewirkt, generell gesehen, wahre Wunder.

Die Auswahl der Schule: Auch wenn die Schulen in Ihrem Stadtteil oder Landkreis den besten Ruf genießen, statten Sie ihnen vorher (ohne Kind!) einen Besuch ab, und dann sehen Sie sich noch eine andere Schule an. Das ist die beste Methode, ein »Gefühl« für Schulen zu bekommen. Andernfalls besteht die Gefahr, daß Sie überwältigt sind, wie schön das alles ist (alle Erstkläßlerzimmer sind nett, weil eben die Kinder nett sind), oder daß Sie entsetzt sind von Dingen, die wiederum in allen Schulen gleich sind (wie beispielsweise der Radau). Sie sollten bei der Wahl der Schule die folgenden Kriterien beachten:

– Aus *pädagogischen* Gründen: Es ist eigentlich selten, eine sehr schlechte Grundschule zu finden, es sei denn, sie ist personell hoffnungslos unterbesetzt und schülermäßig überbelegt. Die meisten sind so lala. Fragen Sie, wie viele Kinder ungefähr die Lernziele erreichen. Versuchen Sie, Einsicht in die Arbeitsbücher von Lehrern zu nehmen. Stellen Sie beiläufige Fragen wie: »In welchem Alter sollten sie Ihrer Meinung nach fließend alleine lesen können?« und achten Sie auf die Antwort. Betrachten Sie die Zeichnungen an der Wand. Sind sie phantasievoll präsentiert und von Kindern und Lehrern liebevoll und mit Stolz zusammengestellt? Schneien Sie zehn Tage später noch einmal in das Klassenzimmer und prüfen Sie, ob neue Bilder an der Wand hängen. Wenn nicht, gibt es Punkteabzug.

  Vorsicht vor Privatschulen, die große Versprechungen bezüglich Hausaufgabenplänen und Latein und Französisch für Sechsjährige machen. Ebenso Vorsicht vor staatlichen oder städtischen Schulen, die *nur* von Lernzielen und Lesealter sprechen. Und Vorsicht vor Schulen, die behaupten, die »offiziellen Schulfächer« wären nicht wichtig, ebensowenig wie Tests und Noten. Das Ideal liegt wie so oft in der goldenen Mitte. Es gibt zwei mögliche, konträre Katastrophen: Kinder, die sehr früh sehr intensiv zum Lernen angetrieben werden, können zwar Dinge nachplappern und recht ordentlich schreiben, später jedoch werden sie sehr oft zu lustlosen, mürrischen Schülern, die keine nennenswerten Leistungen mehr bringen. Genauso negativ wirkt sich eine Schule aus, die so wenig Wert auf Leistung legt und personell so unterbesetzt ist, daß ein durchschnittlich intelligentes Kind mit neun Jahren noch kaum lesen kann. Versuchen Sie darüber mit dem Rektor der Schule zu sprechen. Wenn Ihnen die Antworten nicht gefallen, überlegen Sie gut.

– *Atmosphäre und Ton* sind ebenso wichtig. Ist es eine freundliche Schule? Fühlen Sie sich gut aufgehoben? Machen die Lehrer einen interessierten Eindruck? Lächeln sie? Machen die Kinder einen gelösten Eindruck? Lassen Sie alle pädagogischen Überlegungen hinter sich und vertrauen Sie nur auf Ihren Instinkt. Manche Schulen haben eine trübselige, angespannte Atmosphäre, andere wieder sind wild, rauh und chaotisch. In guten Schulen liegt ein gewisses Summen in der Luft, ein Summen, das man nicht definieren kann, aber das man sofort spürt, wenn es da ist. Immer wenn ich durch die häßlichen Glastüren unserer Schule gehe, fühle ich mich sofort besser, entspannter, lebendiger und der ganzen Welt wohlgesonnen. Diese positive Ausstrahlung wird getragen von den Lehrern, dem übrigen Personal, den Sekretärinnen, dem Elternbeirat und natürlich von den Kindern. Versuchen Sie, bei Ihrem ersten Besuch nicht gleich all Ihre eigenen Theorien und Hoffnungen an den Mann oder an die Frau zu bringen. Hören Sie statt dessen den Lehrern zu, hoffen Sie, daß andere Lehrer und Kinder Fragen stellen und achten Sie auf den Umgangston. Werden die Meinungen anderer respektiert, spürt man Zuneigung, Hilfsbereitschaft und Interesse? Horchen Sie so nebenbei, wie die Kinder von Freunden, die schon in der Schule sind, über ihre Lehrer sprechen. In diesem Alter sollten sie sich noch nicht über die Lehrer lustig machen, sondern meist von ihnen wie von geachteten Freunden sprechen. Auch die Religion könnte bei Ihrer Wahl eine Rolle spielen oder der soziale »Ton« (wenn Sie dazu neigen). Aber nichts ist so wichtig wie dieses magische, unbeschreibliche Summen.

– *Bequemlichkeit* ist wichtiger als Sie glauben. Nehmen wir an, Sie haben zwei Schulen ausgesucht, die beide fast ideal sind, nur daß Ihr Kind zu der einen Schule eine zusätzliche Stunde – oder länger – mit dem Auto oder dem Bus fahren muß, unter Umständen ewig lang im Stau steckenbleibt oder auf vereisten Straßen eine gefährliche Rutschpartie macht. Wahrscheinlich müssen Sie sich auch um eine Mitfahrgelegenheit kümmern, und Sie selbst werden kaum einmal das lächelnde Gesicht am Schultor sein. Wenn die nähere Schule nicht irgendwelche gravierenden Nachteile hat, sollten Sie wirklich ernsthaft überlegen, ob Sie Ihrem Kind den weiteren Weg und die damit verbundenen Unannehmlichkeiten zumuten wollen. Was ist, wenn Ihr Kind Freunde einladen möchte? Denken Sie an dunkle Wintermorgen, an die Zeitverschwendung an heißen Sommernachmittagen im Auto. Macht die Schule wirklich all das wett?

Der erste Schultag. In guten Schulen haben Kinder im Einschulalter die Möglichkeit, schon vor dem eigentlichen Schulbeginn ein paar »Schnupperstunden« zu absolvieren. Aus eigener Erfahrung kann ich Ihnen dazu sagen, daß der erste Schultag ganz anders verlaufen kann, auch wenn das Kind den Probeunterricht begeistert genossen hat und ganz in sich zu ruhen schien. Unser Kind war in unserer Schule von Anfang an gut aufgehoben. Die anderen Kinder waren lieb und nett, die Lehrer waren freundlich, der Tagesablauf war lokker, und die Schnupperstunden hatten ihm Spaß gemacht. Nichtsdestotrotz – der September kam, und unser Sohn vergoß zwei Wochen lang jeden Morgen bittere Tränen. Jeden Tag klammerten sich seine kleinen Finger an meine Ärmel, und jeden Tag weinte ich fast mit ihm, fuhr mit falschen Zügen und steckte die Wäsche in den Backofen. Es war hart, sehr hart, seinem tränenreichen Flehen nicht nachzugeben. Ich war entschlossen, nicht weich zu werden, und zitierte sogar das Gesetz, das weder ihm noch mir eine andere Möglichkeit ließ. Das einzige, was ihn aufheiterte, war das Versprechen, daß er schon mit sechzehn von der Schule werde gehen dürfen, und nicht erst mit achtzehn.

Nun, es war nicht *ganz* das einzige. Wir bemerkten ganz deutlich, daß sein Geist auf eine Weise gefordert wurde, wie er das bislang noch nicht kannte. Das half uns, diese schrecklichen vierzehn Tage durchzustehen. Abends in der Badewanne wimmerte er zwar immer noch: »Ich will morgen nicht zur Schule gehen!«, hielt aber dann inne und sagte Sachen wie: »Aber wenn der Mond ganz sandig und trocken ist, wieso scheint er dann?« oder: »Mami, wußtest du, daß Wasser ein Gewicht hat?« Die Schule und ihre Lernmethoden erweiterten seinen Horizont, andere Menschen bekamen die Chance, ihm neue Informationen, Ideen und Weltanschauungen zu vermitteln. Ich hatte das Gefühl, daß die Sache mit der Schule in Ordnung gehen würde, ja, eigentlich schon in Ordnung ging, und daß er das schon bald selbst begreifen würde.

Was dann auch passierte. Ich weiß nicht, wie lange ich den stetigen Zwang, das qualvolle Losreißen am Schultor noch ausgehalten hätte, aber allmählich berichteten die Lehrer, daß er immer weniger weinte, wenn er einmal im Schulgebäude war.

Eines Morgens sagte ich zu ihm: »Weine nicht. Das bestürzt die anderen Kinder.« (Seltsamerweise tat es das nicht. Sie schienen es als seine Macke zu akzeptieren und zeigten ihm weiterhin ihre Spielsachen, auch wenn er hysterisch flennte.) »Oh, glauben sie also, daß es mir ernst ist?« Ich hätte ihn schütteln können. Die Heulerei war im Laufe der Tage wirklich zu einer Art Macke geworden. Er gab es auf und ist seither immer gerne zur Schule gegangen.

Das muß Ihnen natürlich nicht passieren. Uns ist es mit dem

zweiten Kind auch nicht passiert. Aber wenn es passiert – seien Sie resolut, und geben Sie sich und dem Kind Zeit. Besprechen Sie die Angelegenheit mit den Lehrern, vertrauen Sie ihnen, bleiben Sie ruhig. Ein nicht unwesentlicher Teil der Panik rührt wahrscheinlich nicht von einer Abneigung gegen die Schule, sondern von einer Abneigung gegen die Veränderung. Schließlich erlebt das Kind einen völlig neuen Lebensabschnitt, und manche Menschen begrüßen neue Lebensabschnitte mit Tränen – denken Sie an Hochzeiten.

Und so erleichtern Sie Ihrem Kind den Start:

- Machen Sie sich über den künftigen Tagesablauf Ihres Kindes kundig. Erklären Sie ihm die Abfolge der Stunden, die Pause, den Sportunterricht, aber alles nur allgemein. Trichtern Sie ihm ein, daß Fragen nie schadet. Niemand wird ihm das übelnehmen.
- Besprechen Sie im voraus mit dem Kind, was es zu tun hat, wenn es zur Toilette muß. Gehen Sie auch einmal mit ihm in eine ungewohnte öffentliche Bedürfnisanstalt, damit es die Scheu vor fremden Toiletten verliert.
- Achten Sie darauf, daß es sich seine Kleider richtig an- und ausziehen kann. In manchen Ländern gibt es Schuluniformen – eine Unsitte für Sechsjährige. Die ideale Kleidung für die Schule ist, ganz ehrlich gesagt, ein Trainingsanzug mit bequemen Hals- und Ärmelbündchen und ohne Gummizug an den Knöcheln. Schuhe mit Klettverschluß sind ein Geschenk des Himmels.
- Erzählen Sie begeistert von Ihrer Schulzeit. Nicholas' erste Schultage wurden einigermaßen erträglich durch eine sehr langweilige, aber beruhigende Geschichte, die ihm sein Vater erzählte, der seinen ersten Schultag damit zubrachte, in einem Schwan aus Holz zu schaukeln. Über meine ersten Schultage hat er nichts erfahren. Ja, Sie haben es sicher schon erraten: Auch ich habe an meinen ersten Schultagen nur geheult.
- Eine feine Sache, wenn Ihr Kind einen Freund (oder eine Freundin) hat, der zur gleichen Zeit mit der Schule anfängt. Ein älterer Freund in der gleichen Schule ist sogar noch besser. In diesem Zusammenhang ganz offiziell herzlichen

Dank an Matthew für alles, was er in jenen ersten Wochen getan hat. Geschwister sind am allerbesten. Dank auch an Nicholas für alles, was er wiederum zwei Jahre später für seine Schwester Rose getan hat.

- Arbeiten Sie sich selbst auch in den neuen Lebensabschnitt ein. Vereinbaren Sie mit Ihrem Kind einen bestimmten Standort vor der Schule, wo Sie es abholen, und erkundigen Sie sich, wie und wo Geld zu überweisen ist oder sonstige Formalitäten zu erledigen sind. KOMMEN SIE MORGENS NIEMALS ZU SPÄT, sonst ist das Ihrem Kind peinlich und es bekommt Schuldgefühle. KOMMEN SIE AUCH NIEMALS ZU SPÄT zum Abholen. Denken Sie daran, daß Sie momentan der einzige Fixpunkt in einem schwankenden Universum sind.
- Quälen Sie Ihr Kind nicht jeden Tag mit der Frage, was in der Schule passiert ist und was es getan hat. Vielleicht möchte es einfach nur seine Ruhe und alles vergessen. Aber wenn es erzählen möchte, hören Sie zu.

Organisation: Wie so vieles andere bei der Erziehung von Kindern ist auch Mutter eines Schulkindes zu sein eine Frage der Organisation. Da gibt es viele Dinge zu bedenken:

- Nicht genug damit, daß Sie an das Essensgeld am Montag, die Sportsachen am Dienstag, das Bibliotheksbuch am Freitag und so weiter denken müssen, Sie müssen die Schultasche Ihres Kindes auch noch nach etwaigen Aufforderungen, Ankündigungen und Notizen der Schulverwaltung oder der Lehrer durchforsten. Das können absolut wichtige Informationen über den letzten Schultag vor den Ferien, über Aufführungen des Schülertheaters oder über Elternabende sein. Vielleicht bittet man Sie um Kostüme für Theateraufführungen, »Requisiten« für den naturwissenschaftlichen Unterricht oder fordert Sie auch nur ganz profan auf, Ihr Kind nach Läusen abzusuchen. Auf jeden Fall sind es meist wichtige Informationen. Manche Kinder vergessen jedoch, diese Mitteilungen an ihre Eltern weiterzugeben. Erst wenn sie sieben oder acht Jahre alt sind, klappt das besser. Deshalb: Schultasche durchsuchen.

- Versuchen Sie, sich dem neuen Tagesrhythmus anzupassen. Berufstätige Mütter werden mit Mißfallen feststellen, daß es mit einem Schulkind mehr organisatorische Schwierigkeiten gibt als mit einem Kleinkind. Waren Sie beispielsweise einen ganzen Tag oder sogar länger unterwegs und haben Ihr Kleinkind einem Kindermädchen oder einer Tagesmutter überlassen, dann kamen Sie voller Begeisterung und Versprechungen zurück: Für den nächsten Tag wurde ein tolles Programm mit viel Spaß in Szene gesetzt. Ein Schulkind hingegen muß in der Früh aufstehen und zur Schule gehen. Mit einem Kleinkind können Sie spontan einen Einkaufsbummel machen oder mit Freunden zu Mittag essen. Mit einem Schulkind sind Sie an feste Zeiten gebunden und daran, daß Ihr Kind Sie nach der Schule auch noch uneingeschränkt braucht. Ich kenne Frauen, die tatsächlich ihre Arbeit aufgegeben haben, als ihr Kind in die Schule kam. »Die Zeit zu Hause ist so kurz, daß ich einfach da sein muß«, sagte eine Frau. Sie nahm einen Halbtagsjob am Vormittag an.
- In den ersten beiden Schuljahren Ihres Kindes sollten Sie keinen neuen Job annehmen, wenn es nicht sein muß. Denken Sie daran: Wenn Ihr Kind krank ist – keine Schule. In den Ferien – keine Schule. Wenn die Lehrer über die neue Lehrplanreform des Kultusministeriums beraten – keine Schule. Stellen Sie zusammen mit befreundeten Müttern einen Notdienst auf.
- *Elternabende* müssen auch erst gelernt sein, vor allem der schmale Grat zwischen entschlossenem und aggressivem Vorgehen gegenüber den Lehrern (»Warum ist Sarah Jane erst auf Seite 20 im Lesebuch – die Parallelklasse ist schon auf Seite 28!«). Sie kennen zwar Ihr Kind am besten, die Lehrer hingegen wissen mehr über den Mechanismus des Lernens. Deshalb ist es sehr wichtig, daß Sie mit den Lehrern zusammenarbeiten. Fragen Sie den Lehrer, ob Sie zu Hause irgendwie helfen können, eine bestimmte Leseübung vielleicht oder Spiele, die das Rechnen erleichtern. Wenn Sie ein bestimmtes Lehrsystem nicht verstehen, dann lassen Sie es sich erklären oder bitten, wenn dazu keine Zeit

ist, um eine Kopie des Begleitbuches für Lehrer. Zumindest sollte man Ihnen einen einführenden Text zur Lehrmethode beschaffen können. Bleiben Sie am Ball, wenn Sie etwas beunruhigt. Und verteufeln Sie eine Methode nicht deshalb, weil Sie noch nie etwas darüber gehört haben. Horchen Sie sich um, was in anderen Schulen gemacht wird, aber nicht aus Aggressivität oder falschem Konkurrenzdenken.

– Eine wirklich dankbare Aufgabe ist es, selbst eine Funktion in der Schule zu übernehmen. So erfahren Sie am meisten über die Schule. Im Umgang mit fremden Kindern verschiedenen Alters werden auch die Perspektiven wieder zurechtgerückt. Viele Schulen sehen es gern, wenn elterliche Helfer im Klassenzimmer miterleben, wie Erstkläßler lesen lernen oder sich im Werkunterricht ereifern. Wenn Sie Ihre Dienste anbieten wollen, dann sollte das möglichst auf regelmäßiger Basis sein. Und seien Sie dabei bescheiden! Vergessen Sie nicht, daß Sie der Amateur sind. Ich habe letztes Jahr einmal pro Woche mit Siebenjährigen gearbeitet, und, glauben Sie mir, noch nie war mir mein Amateurstatus so deutlich bewußt wie in dieser Zeit.

Wenn es geht, sollten Sie Ihr eigenes Kind im ersten Schuljahr nie in einer von Ihnen beaufsichtigten Gruppe haben. Das verwirrt! Später dann wird Ihr Kind das vielleicht lustig finden und Sie vielleicht mit »Fräulein« anreden, wie die anderen Kinder das tun.

– *Lesen:* Nehmen Sie das Lesen ernst, aber nicht zu ernst. Sie können zum Lesen anregen, indem Sie Bücher in der Wohnung haben und abends oft und gerne daraus vorlesen. Und Sie können Ihr Kind überschwenglich loben, wenn es versucht, den Text auf der Cornflakes-Packung zu lesen. Manches Kind lernt schneller lesen, manches langsamer, und diesen Prozeß in einem bestimmten Zeitraum erzwingen zu wollen, schafft nur Panik bei den Eltern, deren Kinder etwas langsamer sind. Es gibt nicht den geringsten Beweis dafür, daß ein Kind, das mit dreieinhalb fließend lesen konnte, mit sieben pfiffiger oder intelligenter ist als das Kind, das erst mit sechs lesen gelernt hat. Lassen Sie sich und Ihr Kind niemals verunsichern, nur weil der kleine Racker nebenan angeblich schon längst alleine liest. Wenn die Schule sagt, es wäre alles in Ordnung, glauben Sie es ruhig. Wenn Sie es nicht glauben, dann gehen Sie mit Ihrem Kind zu einem Schulpsychologen und vereinbaren Sie, daß er mit Ihrem Kind ein informelles Gespräch führt. Während Ihr Kind lesen lernt, sollten Sie es auch nicht mit irgendwelchen anderen Tests für eine andere Schule belasten. Tests sind sehr starr und lassen meist keinen Raum für individuelle Unterschiede zu.

Vor allem – und das ist besonders schwer, wenn man besorgt ist – nörgeln Sie nicht. Lesen ist ein ganz privates Vergnügen, manchmal ein subversives. Lesen sollte eine Tätigkeit sein, in die man sich stürzt, um den nörgelnden Eltern aus dem Weg zu gehen. Der echte Durchbruch ist nicht gekommen, wenn Ihr Kind fehlerlos eine Seite im Lesebuch runterrattern kann, sondern wenn es sich in sein Zimmer schleicht, um sich in ein Buch zu vertiefen. Die ehrgeizigsten, neurotischsten Eltern, die ich kenne, haben einen Sohn, der wunderbar lesen kann, es aber nie zu seinem Vergnügen tut. Er fährt nur auf Videos ab. Nicht zur Nachahmung empfohlen.

Geschwister: Der Sprung vom Vorschul- zum Schulkind ist die einschneidendste Veränderung im Leben eines Kindes seit der Geburt – kein Vergleich zu anderen wichtigen Entwicklungsstufen wie Sprechen, Gehen, ja nicht einmal zum Kindergarten. Schule ist so endgültig und allumfassend. Ab dem ersten Schultag dreht sich für lange Zeit das Leben Ihres Kindes Tag für Tag, Woche für Woche hauptsächlich um die Schule und die Schulkameraden. Es gibt neue Disziplinen zu lernen: in einer Reihe aufstellen, warten, bis man dran ist, den Mantel an den richtigen Haken hängen, konzentriert bei einer Sache bleiben. Nach der goldenen Freiheit des Vorschulkindes, das unbehelligt in der Küche oder im Garten herumtrödeln darf, ist die Schule ein ziemlicher Schock – wenn auch vielleicht ein angenehmer. Die früheren Freunde und jüngeren Geschwister wissen überhaupt nichts von den Aufgaben und Pflichten eines Schulkindes. Das kann zu Spannungen in ihrer kleinen Welt führen.

Gehen Sie behutsam damit um. Bei Geschwistern, die altersmäßig nur zwei Jahre oder weniger auseinander sind, ist es am schwierigsten. Wenn das ältere Kind müde aus der Schule kommt und Ihre ungeteilte Aufmerksamkeit erwartet, ist das jüngere eifersüchtig und kann nicht verstehen, warum so viel Aufhebens um das größere Kind gemacht wird. In diesem Stadium können sich echte Feindseligkeiten entwickeln. Eine kleine Hilfe kann es sein, das größere Kind zu animieren, mit dem kleineren »Schule zu spielen«. Dadurch wird die Neugierde des jüngeren Kindes befriedigt, und das größere Kind hat Gelegenheit, herumzukommandieren (das Kind braucht dieses Ventil, da es sich momentan sehr klein und unbedeutend vorkommt).

Da kann es zu sehr unschönen Szenen kommen, wenn das ältere Kind einen Schulfreund mit nach Hause bringt und die beiden ihre ganze vermeintliche Überlegenheit gegenüber dem kleineren Geschwister ausspielen – natürlich nur, um dieses Gefühl der Unterlegenheit loszuwerden. Beißen Sie die Zähne zusammen, das legt sich.

Auch die jüngeren Nachbarskinder können mit einem Schlag zum Problem werden. Wenn Rosamund und Chloe viermal pro Woche miteinander gespielt haben, seit sie Babys waren, aber Rosamund neun Monate älter ist, kann sie unter Umständen schon ein Jahr vor Chloe eingeschult worden sein. Chloe wird den ganzen Tag gelangweilt herumnörgeln, wenn sie nicht genügend andere Freunde hat. Und, was noch schlimmer ist, sie wird nach Schulschluß unbedingt zu Besuch kommen wollen, was die arme kleine Rosamund wiederum nicht begeistert, die sich seit Viertel vor neun der Klassengemeinschaft unterordnen mußte. Chloe möchte spielen, herumtollen und Spaß haben. Rosamund möchte nur auf Mamis Schoß sitzen und ganz ruhig sein. Ergebnis: Mißstimmung bei allen Beteiligten.

Wie so oft hilft die Zeit. Nach den ersten Wochen wird Rosamund die Sache lockerer sehen und sich wieder auf das unkomplizierte Beisammensein nach der Schule mit ihrer kleinen Freundin freuen. Aber es kann genausogut sein, daß diese »Kleinkinderfreundschaft« ganz in die Brüche geht. Von jetzt an wird Ihr Kind auch ohne Ihre Hilfe viele Entscheidungen treffen und Freundschaften schließen. Aber schließen Sie die Tür nie ganz zu: Einige Kleinkinderfreundschaften überleben entgegen allen Erwartungen.

Probleme: Natürlich wird es alle möglichen Probleme in der Schule geben. Da ist vielleicht ein anderes Kind, das Ihres unter Druck setzt, eventuell sogar unbewußt (»Ich kann Joanna um die Welt nicht leiden!«). Oder jemand, der sich wirklich in der Klasse aufspielt und andere schikaniert. Vielleicht ist es schwer, Freunde zu finden, weil es nur Cliquen gibt. Es gibt Mißverständnisse mit Lehrern, Ungerechtigkeiten oder ziemlich unbegründete Ängste vor einem speziellen Lehrer. Monatelang flippte unser Sohn jeden Donnerstag früh aus vor Angst vor einer Halbtagslehrerin: Nie habe ich eine sanftere, tolerantere Frau kennengelernt. Wir glaubten, es war ihre Figur, die ihn an jemanden erinnerte, den er nicht mochte.

Alle diese Probleme müssen besprochen werden – mit dem Kind. Und mit echtem Interesse, aber nicht übertrieben parteiisch: »Ach, das ist ja wirklich eine Schande! Ach! Wie kann sie es wagen!« Auch mit den Lehrern in der Schule! Wenn Sie eine gute Schule ausgesucht haben, dann wird man dort auch bemüht sein, Ihnen zu helfen. Versuchen Sie ganz ruhig zu bleiben. Nach einer durchwachten Nacht mit einem heulenden Kind werden Sie all Ihre Selbstdisziplin, Ihren Humor und Ihre Objektivität brauchen, aber Sie *müssen* auch zuhören, was der Lehrer zu sagen hat. Die Geschichte von dem größeren Kind, das Ihres einfach niedergestoßen hat, hört sich vielleicht aus der Sicht der Lehrer ganz anders an. Unter Umständen hat nach dieser Version Ihr Kind dem anderen gegen die Schienbeine getreten und seine Geburtstagskarte zerrissen. Noch schwieriger wird es, wenn Ihr Kind behauptet, vom Lehrer für etwas gerügt worden zu sein, was es nicht getan hat. Aber mit Takt und Diplomatie kann auch das ins rechte Lot gebracht werden. Wenn nicht, ist es vielleicht doch in der falschen Schule. Denken Sie daran: Wenn Ihr Kind aus irgendeinem Grund unglücklich ist, sollten die Lehrer darüber mindestens so besorgt sein wie Sie. Eine gute Schule erkennt man daran, daß immer die Kinder im Mittelpunkt stehen. Aber es bleiben immer *Ihre* Kinder, und *Sie* haben die letzte Entscheidung.

»Sprich ordentlich, Kind!«

Wenn Ihnen dieses Thema komisch vorkommt, weil doch die Sprache der Kinder etwas ganz Natürliches ist, worüber man sich keine Gedanken zu machen braucht, dann herzlichen Glückwunsch. Sie sind lobenswert selbstbewußt und kommen aus einer klassenlosen Gesellschaft. Für die meisten Eltern, besonders die der Mittelschicht, klingeln ständig Alarmglocken, wenn ihre Kinder sprechen. Akzente, Dialekte, Aussprache, Flüche, Euphemismen – alles läßt die Eltern aufhorchen.

Manche Eltern geraten dabei ganz schön aus den Fugen. In dem britischen Serienrührstück *The Archers* gab es eine herrliche Szene, in der die schreckliche Jennifer Aldridge ein Mädchen aus Birmingham als Kindermädchen für ihr Baby einstellt. Abends im Bett erzählt sie dann ihrem Mann Brian von ihren Bedenken, das drei Monate alte Baby Alice könnte den starken Birmingham-Akzent des Kindermädchens übernehmen und später womöglich auch so »gewöhnlich« sprechen. Die Vorstellung ist um so absurder, als Jennifers eigener Akzent höchst zweifelhaft ist. Mehr schlecht als recht versucht sie den Akzent oberer Gesellschaftsschichten nachzumachen. Brian lassen die Sorgen seiner Frau kalt.

Es ist eine typisch britische Eigenschaft, die Menschen nach ihrem Akzent einzustufen. Aber Ähnliches gibt es wohl in jedem Land. Wenn ein Kind aus Boston plötzlich in den typischen Dialekt der Bronx verfällt, kann es die Eltern in größere Unruhe stürzen, und provenzalische Ausdrücke aus dem Mund eines kleinen wohlerzogenen Kindes aus Paris sind absolut verpönt. Hier beweist sich wieder einmal eine Aussage aus Shaws *Pygmalion*: Ein Engländer kann den Mund nicht aufmachen, ohne daß ihn ein anderer Engländer deswegen verachtet. Klick, macht es im Gehirn, und die Nachricht leuchtet auf: »Sie kommt aus Wales… Irland… Schottland.« Nur allzuoft ist aber damit gemeint: vulgäre

Person oder Bauerntrampel oder einfach Landziege. Eine ebensolche aus dem weiteren Umkreis der königlichen Familie äußerte sich einmal in meinem Beisein: »Dieses Kind spricht wie ein Besenbinder.« Das war wohl für diese Frau der Inbegriff von Vulgarität.

Die vielstrapazierte Ermahnung: »Sag nicht Klo, man sagt Toilette!« ist eigentlich auch den Aufwand nicht wert. Denn Ihr Kind wird noch viele soziale Stolpersteine zu überwinden haben, ehe es in die Akademie des Heiligen Snobinian für soziale Aufsteiger aufgenommen werden kann.

Bei Teenagern hat sich ohnehin eine ganz eigene Sprache entwickelt, und sie finden es auch schick, Wörter aus anderen sozialen Schichten provokativ einzusetzen.

Aber bleiben wir bei unseren *kleinen Kindern*. Hat es Sinn, ihnen einzutrichtern, sie sollen richtig, in der korrekten Form sprechen? Gibt es überhaupt eine allgemeingültige, korrekte Form? Ist das, was der Sprecher im Radio spricht, die korrekte Form? Die Menschen in Norddeutschland behaupten von sich, sie sprächen das einzig korrekte Deutsch, und fragen mit einem kleinen Augenzwinkern, aber durchaus ernsthaften Bedenken: »Spricht man in Bayern auch deutsch?« Ein Kind aus Bayern hingegen wundert sich über die norddeutsche Aussprache: »Warum sagen sie ›Ferd‹, wenn sie ›Pferd‹ meinen, und ›Zuch‹, wenn sie ›Zug‹ meinen?« Sollen Sie nun ob solcher Unterschiede in Panik geraten oder einfach lächelnd darüber hinweggehen? Doch wohl letzteres!

Zuerst einmal muß man wissen, daß Kinder alles liebend gern nachmachen. Sie versuchen alles, was sie hören. Mein Sohn, noch keine zwei Jahre alt, konnte brillant Mamis vergeblichen Versuch, den Landrover zu starten, imitieren: »Oioioioioi. Oioi. Oioioi oi – BRUMM!« Der Linguist David Crystal zitiert in seinem ausgezeichneten Buch *Listen to your child* einen kleinen Jungen, der immer wieder »Herrgott noch mal!« sagte. Als man ihn fragte, was das bedeutete, antwortete er: »Es bedeutet, daß kein Parkplatz frei ist.« Kinder plappern die Spracheigenheiten und den Sprachklang aller Personen in Hörweite nach. Sie können auch sehr gut zweisprachig sein, zweisprachig nicht nur im Sinn von zwei verschiedenen Sprachen, wie es oft ohne Schwierigkeiten bei Eltern ist, die zwei unterschiedlichen Nationalitäten angehören, sondern innerhalb derselben Sprache. Viele Kinder sprechen zu Hause und in der Schule ganz korrekt, verfallen jedoch auf dem Schulhof und in ihrer Freizeit in einen breiten, regionalen Dialekt. Gelegentlich funktioniert die Trennung nicht so ganz, aber nach einem entsetzten Blick der Eltern, die das Kind sagen hören: »Schleich dich da mal weg, du doofe Nuß!« oder dem Erstaunen eines Kameraden, der sich darüber wundert, daß sein Freund ihm gegenüber »großes Bedauern« ausdrückt, wird das schnell korrigiert. Das einzige, was Jennifer und Brian also tun müssen, wenn sie nicht wollen, daß ihr Baby einen Birmingham-Akzent annimmt, ist, sich selbst sehr, sehr viel mit ihrem Kind zu beschäftigen, um ein Beispiel zu geben.

Ein sehr wichtiger Punkt ist, daß Kinder den Umgang mit der Sprache lieben. Und zwar die ganze Bandbreite der Sprache, ohne Vorurteile und Ausnahmen. Wörter sind Neuland für das heranwachsende Kleinkind und deshalb besonders aufregend. An der Erprobung einfacher Wörter verliert das Kind bald das Interesse. Versuchen Sie statt dessen »Rimski-Korsakow« oder »Supercalifragilisticexpialidocious«, und es wird begeistert mitzuhalten versuchen. Ein zweijähriges Kind liebt einfache Reime und Wortspiele, ein dreijähriges lernt neugierig ein paar fremdsprachige Brocken (englische Kinder sagen statt »danke« viel lieber »merci bokuu«, französische ziehen natürlich »sänkju« vor). Ein vierjähriger Junge zeigte einmal auf das Meer und meinte: »Hier gibt's Dauerwellen!« Danach krümmte er sich vor Lachen. Meine eigene Tochter sagte: »Großmama hat ein wehes Bein, das findet sie nun gar nicht fein.« Diese »Übungen« gehören zum freudigen Umgang mit der Sprache, eine sehr hoch zu bewertende Leistung des Menschen. Wenn Ihr sechsjähriges Kind kichernd aus der Schule kommt, dann machen Sie sich auf die schlimmsten Kalauer gefaßt, die aus der Mehrdeutigkeit von Wörtern oder der falschen Anwendung entstehen:

»Welches Tier kann höher springen als ein Haus? Jedes Tier. Häuser können nämlich nicht springen.«

»Was sagte die eine Wand zu der anderen? Treffen wir uns an der Ecke!«

»Klopf, klopf! Wer ist da? Eine Banane.

Klopf, klopf! Wer ist da? Eine Banane.

Klopf, klopf! Wer ist da? Eine Orange!

Eine Orange? Bist du denn nicht froh, daß es nicht noch eine Banane ist?«

Nun ja, Sie kennen diese Späße. Sie sind, so albern sie klingen mögen, Zeichen für einen enormen Fortschritt. Schätzen Sie das!

Kinder sollten auch mit der wirklich schönen Sprache konfrontiert werden, mit feierlichen, großen poetischen Worten. Es ist schade, daß die Sprache in Büchern, Gedichten und Gebeten für Kinder oft so sehr vereinfacht wird. Ein sechsjähriges Kind ist durchaus von der Sprache der Bibel fasziniert, oder von Rilke-Gedichten. Es muß keine altertümliche Sprache sein, nur vielfältig sollte sie sein: Lesen Sie Ihren Kindern stilvoll geschriebene Bücher vor, und lassen Sie sich dabei nicht von langen, episch ausladenden Passagen abschrekken, es sei denn, Ihre Kinder rutschen unruhig auf dem Stuhl hin und her. Versuchen Sie es einmal mit altmodischen Texten oder Märchen, die noch nach altem Muster geschrieben sind. Ausgefallene Satzkonstruktionen und schöne Worte werden sich automatisch in den Wortschatz Ihrer Kinder einschleichen und auch wieder zur Anwendung kommen. Nie werde ich die Nacht vergessen, in der meine Tochter, noch fast ein Baby, einen angstvollen Traum hatte und mein fünfjähriger Sohn zu ihr ging, ihr die Hand auf die Schulter legte und mit ernstem Gesichtsausdruck und feierlichem Ton sagte: »Rose, fürchte dich nicht. Kein Fremder soll dir je ein Leid antun.« Woher er diese Formulierung hatte, weiß ich nicht. Aber er hatte diesen emotionsbeladenen Augenblick abgepaßt, um sie zur Anwendung zu bringen. Bei einer anderen Gelegenheit sang uns unsere kleine Tochter Rose auf dem Schiff ein Lied vor, in das sie alle großartigen Worte aus Gedichten, Liedern oder Geschichten hineinpackte, die ihr einfielen:

Ruhmreicher Westen im gleißenden Sonnenlicht,
vor den Landen Südaustraliens,
Spanische Schiffe im Wind vor der Ostküste –
freie Fahrt gen Westen
Seemann segle, segle in den Hafen
bis hinauf nach Beth-le-hem!

Ich will mit diesem Beispiel nicht angeben. Jedes Kind, wirklich jedes Kind, steckt voller Phantasie und verwendet Worte, die es irgendwann einmal gehört hat. Wenn das Worte sind wie ruhmreich und wundersam, erhaben, altehrwürdig, frohlocken und Hoffnungslosigkeit, dann wird das Kind sie auch gebrauchen. Sicher auch gelegentlich falsch, aber mit viel Begeisterung und Einsatzfreude. Hören Kinder hingegen immer nur Wörter wie schön, super, großartig, braver Junge, ungezogen, böse, iß jetzt, dann wird ihr sprachliches Vermögen verkümmern. Sprache ist ein Mittel der Kommunikation, Sprache ist aber auch Musik. Geben Sie Ihren Kindern gute Bücher in die Hand, nicht die verkümmerte Machosprache von *Masters of the Universe* und auch nicht die schrecklich süßliche Sprache schlecht gemachter Märchenbücher. Kaufen Sie alte und neue Kinderbuchklassiker. Nehmen Sie die Kinder, wenn möglich, ins Theater mit, oder lassen Sie sie klassische Kinderserien im Fernsehen ansehen. Lesen Sie ihnen aus einer altmodischen Gedichtesammlung vor. Ich selbst erinnere mich, als Kind monatelang den Satz vor mich hingeplappert zu haben: »Nächtiger Rauhfrost macht den Äther lasch.« Ich wußte weder genau, was Rauhfrost noch was Äther war, aber ich berauschte mich an den schön klingenden Worten. Selbst wenn Sie nicht sehr gut Gedichte vorlesen können, Sie geben Ihrem Kind ein unschätzbares Gut fürs Leben mit. Und – hier werden Sie mich wahrscheinlich für einen hoffnungslosen Optimisten halten – das Bedürfnis nach häßlichen Schimpfworten und Flüchen tritt in den Hintergrund. Immerhin wird ein Kind, das Sie als »niederträchtiges Ungeheuer« bezeichnet (wie ich es bei meinem Bruder tat), Sie wenigstens nicht »dumme, alte Kuh« nennen.

Wollen Sie wirklich diese freudige Entdeckung der Sprache stören, indem Sie ständig an der Aussprache, der Grammatik oder der Ausdrucksweise Ihres Kindes herummeckern? Tun Sie es nicht! Und lassen Sie es auch Papi oder Großmama nicht tun. Zumindest nicht vor dem Teenageralter. Die einzigen Worte, für die Sie kämpfen müssen, sind »bitte« und »danke«. Kümmern Sie sich nicht um den Rest.

Es gibt nur einen sicheren Weg, Ihrem Kind eine klare und akzeptable Sprache zu übermitteln, und das ist, sie ihm vorzuleben. Korrigieren Sie nicht, machen Sie es vor. Das ist das gleiche Prinzip wie damals, als Ihr Kind sprechen lernte. Wenn es sagte: »Ich habe einen Mischbetoner gesehen«, dann antworteten Sie: »Oh, wo war die Betonmischmaschine? Auf der Straße?« Ohne Vorwurf vermittelten Sie damals das richtige Wort. Kinder verstehen sich auf Anspielungen. Das funktioniert später genauso, sogar besser, weil sie in diesem Alter sehr empfindsam sind. Wenn Sie sich hingegen auf jeden falschen oder unglücklich gewählten Ausdruck stürzen, wird Ihr Kind überhaupt keine neuen Worte mehr in Ihrer Gegenwart ausprobieren. Sind Ihnen Akzent und Aussprache wichtig, dann achten Sie selbst auf grammatikalische Korrektheit (und auch interessant formulierte Sätze und gute Geschichten). Vermeiden Sie Slang. Noch wichtiger jedoch: Streichen Sie langweilige, bedeutungslose Phrasen wie »Sie wissen doch, was ich meine?« und »Genau das ist es!« aus Ihrem Vokabular. Wenn Ihr Kind beim erfolglosen Legobau plötzlich »Oh, Scheiße!« schreit, wissen Sie meist, woher es das hat.

Aber Wortwahl, Kommunikation und Freude am Umgang mit der Sprache sind in jedem Fall wichtiger als Akzent, Dialekt oder Korrektheit. Sind Sie dagegen wirklich besorgt, daß Ihr Kind sich mit sechs oder sieben Jahren noch nicht richtig ausdrücken kann, dann gibt es Spiele, die Sie mit ihm spielen können – aber bitte ohne Druck. Ein Vorschlag ist Geschichtenerzählen. Ein Familienmitglied hört mitten in der Geschichte auf, der nächste muß weitermachen. Ein sehr gutes anderes Beispiel: Sie bekommen einen Satz Legobausteine, Ihr Kind exakt den gleichen. Sie sitzen am Boden und haben eine visuelle Barriere (eventuell einen Lehnstuhl) zwischen sich und dem Kind aufgestellt. Dann fordern Sie Ihr Kind auf, ein Gebäude zu bauen und Ihnen genau zu sagen, was es tut, damit Sie es ihm gleichtun können. Dadurch lernt das Kind, Farben und Formen zu beschreiben und Richtungen wie »gegenüber« und »seitlich« auseinanderzuhalten. Und der riesige Vorteil ist, wenn Ihr Kind sich schwer damit tut, sind *Sie* es, dessen Gebäude wackelig ist. Aber zumindest regen Sie Ihr Kind dazu an, nach einem Blick auf Ihr Bauwerk folgenden oder ähnlichen Kommentar abzugeben: »Das sieht ja aus wie der Turmbau zu Babel!« Nicht schlecht.

Feste, Ferien, Feiertage und andere Vergnügungen

Ab dem vierten Lebensjahr wird es plötzlich sehr viel weniger mühselig, mit Kindern etwas zu unternehmen. Vorher haben sie noch zu wenig Geduld, und so quälen Sie sich mit dem Kind durch einen Jahrmarkt, der weder Ihnen noch dem Kind gefällt, oder Sie stehen im Regen zu einer Veranstaltung an, für die das Kind noch kein Verständnis hat. In diesem Alter müssen die Vergnügungen in der Nähe und kurz sein oder von den Eltern so erwünscht, daß ein bißchen weinerliches Gejammere ihnen nicht den Tag verdirbt.

Jetzt jedoch, mit Vier- bis Siebenjährigen, werden diese Ereignisse das geteilte Vergnügen, das sich die Eltern immer erhofft hatten. Die Kinder haben gelernt, sich auf etwas zu freuen, im Auto auf dem Weg dorthin ein bißchen Geduld zu haben und es zu genießen, kleine Souvenirs mitzubringen. Bei kleinen Veranstaltungen dürfen sie schon alleine ihr Eis kaufen gehen (natürlich ohne daß die Mama dabei ihr Kind aus den Augen verliert) und sich andere Selbständigkeiten herausnehmen.

Einige Grundregeln gelten allerdings nach wie vor. Halten Sie immer nach dem Toiletten-Schild Ausschau, auch wenn momentan noch keiner danach verlangt. Nehmen Sie noch einen Jogginganzug zum Wechseln mit für den Fall von Regen, Schlamm oder sonstigen Unfällen. Nehmen Sie Obstsaft und Kekse mit, falls es vor Ort keine Erfrischungen gibt. Bereiten Sie die Angelegenheit gut vor, und verlassen Sie sich lieber auf die Ratschläge von anderen Eltern als auf die des Fremdenverkehrsamtes. Noch ein Tip: Jetzt, da die Kinder nicht mehr am Laufgeschirr hängen und auch nicht mehr unbedingt an der Hand gehen, sollten Sie bei sehr überfüllten Veranstaltungen Ihren Kindern immer zumindest ein gleiches Kleidungsstück anziehen – also beiden einen gelben Pullover, den gleichen Anorak, karierte Hosen oder was auch immer.

Wenn dann eines der Kinder verlorengehen sollte, können Sie das andere an der Hand nehmen und alle Passanten fragen: »Haben Sie vielleicht ein Kind gesehen, das genau so einen Pullover anhat?« Es ist erstaunlich, wie effektiv das sein kann. Gehen beide Kinder verloren, dann haben Sie einfach zu wenig aufgepaßt und können nur darauf hoffen, daß beim nächsten Mal eine Großmama mitkommt. Großmamas sind sehr wachsam, wenn sie nicht gerade zu der Sorte gehören, die selbst verlorengeht.

Hier ein paar Vorschläge für Unternehmungen mit Kindern:

THEATER. Das ist die lohnendste aller militärisch genau geplanten Operationen. Kinder sind geborene Schauspieler. Sehen Sie nur einmal einem Kleinkind zu, das sich ein Paar Hosen über den Kopf stülpt und sich dann bewundernd im Spiegel betrachtet. Hüte sind gewöhnlich der erste Schritt zur Verkleidung, weil man damit am schnellsten seine Identität verändern kann. Dann kommen die Schuhe. Beryl Reid sagt, bei einer neuen Rolle muß sie zuerst die richtigen Schuhe finden, alles andere geht dann von selbst. Jeder Dreijährige, der in Vaters Gummistiefeln herumstapft, könnte das bestätigen. Es ist ein großer Tag für ein Kind, wenn es die Gummistiefel von Vater oder Mutter anzieht und kein unangenehmes Reiben mehr im Schritt verspürt.

Als nächstes kommen Sakkos, Jacken, Schals, Tischtücher, Kissenbezüge und Masken. Danach sollten Sie zumindest eine große Kiste mit alten Kleidern haben (Hemden mit ausgefransten Kragen, verbeulte Regenhüte und diese kleinen buntglitzernden Tops, die Mami in ihrer Discozeit trug, bevor das Stillen ihr eigenes Top unwiederbringlich ruinierte). Offensichtlich gibt es Familien, die ohne große Kleiderkiste auskommen, aber ich kann mir nicht vorstellen, wie. In unserem Haus ist die Kleiderkiste die einzige Rettung davor, daß die Kinder nicht alle anderen Kleidungsstücke zweckentfremden. Warum bloß wollen sie sich nie für die Schule anziehen, wenn sie doch so schnell und geschickt mit Militärjacken, Feuerwehrhelmen aus Plastik, ausgefransten Piratenhosen, dicker

Schminke und Hawaiihemden, aus denen Stücke für einen Patchwork Quilt herausgeschnitten wurden, ein Spiel auf die Beine stellen. Aber ich komme vom Thema ab.

Theaterspiel ist kein Luxus, sondern ein Instinkt. Er muß lediglich mit ein paar wenigen professionellen oder Laienspielaufführungen genährt werden, und schon entstehen zu Hause stundenlang nachgespielte Aufführungen im heimischen Puppentheater. Wir leben auf dem Lande und nehmen unsere Kinder sehr oft mit ins Theater. Wohnten wir in der Großstadt, würden wir sie sicher von einer Marionettenbühne zur anderen schleppen. Momentan suchen wir ein bis zwei wirklich gute Kinderstücke pro Jahr aus und verlassen uns sonst ganz auf Pantomimenaufführungen.

Verachten Sie die Pantomime nicht! Eine gute Pantomime ist die perfekte Hinführung auf die Freuden des Theaters. Da steckt alles drin: Der Zuschauer lacht, zittert, fühlt mit und fragt sich, wie sie den riesigen Kürbis auf die Bühne gebracht haben. Pantomime ist große Oper, Shakespeare, Zirkus und griechische Tragödie – alles reduziert auf kindliche Proportionen. Manchmal, zugegeben, ist es zu sehr reduziert, so daß selbst Kinder beleidigt reagieren. Doch es gibt auch Dramen – nicht Komödien –, denen bei entsprechend einfühlsamer Inszenierung schon Siebenjährige etwas abgewinnen können. Aber im großen und ganzen ist eine Pantomime oder ein lustiges Kinderstück kein schlechter Einstieg.

Die Auswahl: Es ist sehr unklug, ein Kind zu seiner ersten Theateraufführung mitzunehmen, wenn man vorher nicht schon alles mögliche über das Stück in Erfahrung gebracht hat. Ist es eine aufwendige Show mit Rock 'n' Roll-Klängen und zweideutigen Witzen? Wie lange dauert es? Gibt es eine Handlung, die vorher erklärt werden muß? Kritiken helfen, aber Mundpropaganda ist besser. Für den Anfang eignet sich eine kleine Laienspielaufführung im Gemeindesaal vorzüglich. Kleine Kinder sind so fasziniert von der Vorstellung eines rauf- und runtergehenden Vorhanges und verkleideten Menschen, daß es ihnen gefällt zu sehen, wie jemand tatsächlich den Vorhangmechanismus betätigt. Auch sind Gemeindesäle weniger furchterregend für die Ängstlichen.

Die Vorbereitung: Kindern muß man vor dem ersten Theaterbesuch einiges sagen. Erstens, daß die Lichter im Zuschauerraum ausgehen werden. Zweitens, daß alle Schurken auch Papis von Kindern sind, die sich nur so verkleidet haben. Drittens, daß man ruhig sitzen und zusehen muß oder sehr leise flüstern darf oder rausgehen muß. Ich habe all das versäumt und war in dem Augenblick, in dem die Lichter ausgingen, mit einer Tochter konfrontiert, die wie am Spieß brüllte, wild um sich schlug und eine peinliche Szene heraufbeschwor. Da ich außerdem die Grundregel ein-Kind-pro-einem-Erwachsenen beim ersten Besuch vernachlässigt hatte, befand ich mich in der unerquicklichen Lage, ein brüllendes Kind durch die Sitzreihe tragen zu müssen, während ein anderes hinter mir herschrie, ich solle dableiben und mit ihm das Theaterstück anschauen. Die Schauspieler versuchten tapfer, sich nicht aus der Ruhe bringen zu lassen, während meine zwei ausgerasteten Kinder mich auf dem Gang in verschiedene Richtungen zogen. Mit ein wenig rechtzeitigem Nachdenken meinerseits hätte das alles vermieden werden können.

Beim nächsten Theaterbesuch – das ängstliche Kind selbst hatte ihn gewünscht – nahm ich eine »Großmama für Notfälle« mit, die bei dem älteren Kind und seinen Freunden bleiben konnte.

Lächelnd und voller Zuversicht verkündete meine Tochter, daß sie keine Angst haben würde. Der Vorhang ging auf, hübsche Mädchen tanzten auf die Bühne – zufriedenes Lächeln. Dann PENG! Der Dämonenkönig erscheint in roten Strumpfhosen und eingehüllt in eine orangerote Nebelwolke mit einem hämischen HAHAHAHAHA! Diesmal hatten wir in weiser Voraussicht Plätze am Ende der Reihe gekauft, und ich floh in Panik mit einem kreischenden Bündel unter dem Arm aus dem Theater. Im Foyer dann eine Lagebesprechung. Zehn Minuten später ein vorsichtiger Blick an der hinteren Eingangstür. Noch einmal zehn Minuten später saßen wir wieder auf unseren Plätzen. Eigentlich nur auf meinem Platz. Sie klammerte sich an mich, bis ihr Selbstvertrauen wieder zurückgekehrt war. Unglücklicherweise kam es mit solcher Macht zurück, daß sie gegen Ende des Stückes ohne

Schuhe auf ihrem Sitz stand und lauthals brüllte: »VERPISS DICH, DU BÖSER DÄMON DU!« Oh, die Schande!

Aber die Sache war es wert. Die beiden Kinder waren noch monatelang damit beschäftigt, das Gesehene nachzuspielen, und lernten dabei vieles hinzu: daß die Dinge nicht immer so sind, wie sie scheinen, daß es manchmal hilft, zu schreien und seine Gefühle auszudrücken, daß Rollen vertauscht, Ausflüchte erfunden und Konflikte zu gangbaren Lösungen ausgearbeitet werden können. Und daß wir alle, zumindest zu Hause vor dem Spiegel, das Recht haben, Helden unserer eigenen wundervollen Geschichten zu sein.

KINOS. Hier gelten in etwa die gleichen Vorsichtsmaßregeln. Kino ist weniger hautnah als Theater, aber intensiver als Fernsehen und auf jeden Fall einen Besuch wert. Allerdings müssen Filmbesuche noch genauer vorbereitet werden als Theateraufführungen. Einige sogenannte »Kinderfilme« – ein ziemlich schwammiger Begriff – sind eigentlich nicht für Kinder unter 13 geeignet. Der schlimmste Fehler vieler Filme, sofern es um kleine Kinder geht, ist die lästige Angewohnheit ständiger Anspielungen. Man nimmt einfach an, daß alle Kinder völlig in eine bestimmte amerikanische Schulkultur integriert sind und deshalb alle Anspielungen verstehen. Ein Sechsjähriger aus Europa versteht da sehr oft nur Bahnhof. Die guten, alten Disneyfilme jedoch sind immer ein Erfolg. Superman paßt für Kinder über sieben ebenso wie meiner Meinung nach die Spielberg-Filme. Noch eine Warnung: Kinobesitzer erweisen sich oft als sehr unsensibel gegenüber Kindern und zeigen vor dem Hauptprogramm eine Vorschau auf einen geschmacklosen Erwachsenenfilm oder einen relativ furchterregenden Vorfilm. Einmal (und nie wieder) ist mir das passiert. Rufen Sie vorher an und fragen Sie.

MUSEEN. Sie haben plötzlich die Kinder als Zielgruppe entdeckt. Vorbei sind die Zeiten mit Reihen von langweiligen Glasvitrinen und der gedämpften, muffig-wissenschaftlichen Atmosphäre. Museen sind fast zu perfekt geworden mit beweglichen Dinosauriern und Maschinen, die man selbst in

Gang setzen darf. Schwierig wird es nur, wenn Sie heutzutage ein Kind haben, das eben gerade sehr gerne die Zähne von Flugsauriern in Glasvitrinen betrachtet. Als wir einmal mit dem speziellen Vorhaben, Ritterrüstungen zu betrachten, ins Stadtmuseum von York gingen, empfanden wir es durchaus als störend, daß wir gezwungen waren, einem vorgegebenen Weg nachzugehen, vorbei an Reproduktionen von alten Läden, Puppenhäusern und allen möglichen anderen Dingen, ehe wir an unser Ziel gelangten. Unsere Laune war dahin!

Unsere Kinder entdeckten ihre Liebe zu Museen mit den tausend interessanten Dingen, die man in aller Ruhe erklären kann (»Diese Münzen sind hier vor tausend Jahren vergraben worden und wurden jetzt gerade freigelegt. Die Wikinger benutzten sie. Was, meinst du, haben sie sich dafür gekauft?«), oder bei größeren Geschichts- und Technikmuseen, die dem Besucher anschaulich einen Leuchtturm aus dem 19. Jahrhundert oder den Fahrersitz einer Straßenbahn demonstrieren. Gehen Sie nie davon aus, daß ein einfaches Museum für Kinder unbedingt langweilig sein muß. Ich habe einmal meine Kinder aus dem einzigen Grund in das Norwich Castle Museum geschleppt, um dem strömenden Regen zu entgehen. Wir haben dann schließlich zwei geschlagene Stunden damit zugebracht, ausgestopfte Tiere zu betrachten und die Beschriftungen auf Mumienkästen zu entziffern. Eine zusätzliche Attraktion ergab sich aus dem Heizsystem mit Gitterrosten im Boden, auf denen sich ein kleines Mädchen wie Marilyn Monroe fühlen kann, wenn ihr der warme Luftzug von unten das Röckchen hochweht.

Museen können Kindern auch eine sehr gute Lektion in Geschichte erteilen. In Portsmouth besichtigten wir einmal an einem Tag die Schiffe Mary Rose (16. Jahrhundert), die Victory (18. Jahrhundert) und die Warrior (19. Jahrhundert). Später sahen wir dann noch eine Reproduktion eines Wikingerschiffes aus dem 11. Jahrhundert. Seither überlegt Nicholas immer, wenn er etwas zeitlich einordnen möchte: »War das, als Mary Rose auf dem Meer unterwegs war? Oder später? Aber doch vor der Victory, oder?« Er kann geschichtliche Ereignisse ganz bequem nach verschiedenartigen

Schiffsformen einordnen. Das gleiche funktioniert auch mit Schlössern, Architektur, technischen Neuerungen, eigentlich mit allen Bereichen.

KUNSTAUSSTELLUNGEN. Auch sie sind erstaunlich interessant für Kinder. Kleine Kinder sollten einfach frei herumlaufen dürfen und nicht dazu gezwungen werden, systematisch alle Bilder anzuschauen oder etwa gar Namen der Künstler zu lernen, wenn sie nicht selbst danach fragen. Ab sieben Jahre können Sie mit Kindern das Spiel spielen, das Christina Hardyment in ihrem Bericht über eine Europatour mit Kindern beschreibt: Sie läßt sie am Postkartenstand eine Karte von einem Gemälde aussuchen. Dann dürfen die Kinder losgehen, sollen das Original im Museum finden und es ihr zeigen. Kindern sollte man vorher sagen, daß man in Kunstmuseen nicht wild herumtoben darf und nur über die Bilder reden sollte. Darüber hinaus sollten Sie möglichst wenig verbieten, damit das Kind nicht die Lust verliert. Lächeln Sie das Aufsichtspersonal besonders freundlich an. Die meisten sind sehr verständnisvoll, besonders wenn die Kinder wirklich die Bilder anschauen. »Sieh mal! Da liegt ein Löwe neben seinem Fuß! Hat der Mann denn keine Angst, von ihm gebissen zu werden?«

FREIZEITPARKS. Genug von der Kultur, jetzt ist Spiel und Spaß an der Reihe. Warum auch nicht? Weinen Sie auch den Rummelplätzen von früher nach mit ihren messingglänzenden Maschinen und der barocken Blumenverzierung? Die moderne Version ist eher schrill, in Farben wie in Formen, laut im Ton und manchmal auch nicht einmal kindersicher (Ausnahmen gibt es, aber die scheinen alle in Holland zu sein). Sie sind eigentlich eher für Teenager gedacht, nicht für Kinder. Also sind Freizeitparks nach amerikanischem Muster entstanden mit wunderschönen Karussellfahrten, freundlichen, flauschigen Bären, die umherwandern und jedem zuwinken, süßen kleinen Eisenbahnen, ausreichenden Toilettenanlagen und sehr strengen Bestimmungen. Auch sind meist mit dem Eintrittspreis sämtliche Fahrten abgegolten, eine nicht unwesentliche Tatsache für den elterlichen Geldbeutel. Wenn es um die Gestaltung eines ganz besonderen Tages geht, kann nichts anderes mithalten. Aber der Lack ist auch ganz besonders schnell ab. Ein Besuch pro Sommer ist sicherlich ausreichend.

AUSSTELLUNGEN, PFERDEMÄRKTE, JAHRMÄRKTE. Sie haben meist sehr viel Lokalkolorit. Mit Kleinkindern noch eine echte Pein, werden daraus mit älteren Kindern wirklich lohnende Ausflüge, vor allem dann, wenn Sie selbst nichts Besonderes suchen, sondern mit den Kindern einfach ziellos herumwandern. Wählen Sie Ihren Besuch je nachdem aus, ob Ihr Kind mehr an Maschinen oder an Pferden interessiert ist. Die Karussells, Buden, Flohmärkte etc. drum herum werden immer wieder das gleiche sein.

RITTERSPIELE & CO. Verschiedene Gesellschaften und Vereine sind offensichtlich ganz wild darauf, historische Schlachten und Ritterspiele wieder aufleben zu lassen. Selbst die sanftmütigsten Kinder scheinen daran Gefallen zu finden. Zwei Dinge sollten Sie beachten: Setzen Sie sich nicht zu nahe an den Ort des Geschehens, denn nicht alle Spieler können wirklich mit ihren Äxten, Lanzen etc. gut umgehen. Und sehen Sie einigen Wochen mit totalem Chaos in Ihrem Haus gelassen entgegen. Machen Sie das Beste daraus, und schmuggeln Sie ein bißchen echte Geschichte ein, auch wenn Sie (so wie ich) die Fakten immer wieder in einer Kinderenzyklopädie nachlesen müssen.

FERIEN. Auch Ferienreisen werden mit Kindern ab vier Jahren viel einfacher. Kinder, die zeichnen, Bücher anschauen oder ihrem Walkman zuhören, sind kein Problem mehr im Auto, in Zügen oder in Flugzeugen. Womit ein Kind am besten abzulenken ist, ist ganz individuell, und es würde mir nie im Leben einfallen, Ihnen da zu enge Grenzen zu setzen. Manchmal helfen kleine Spielsachen, manchmal Brettspiele, einige Kinder schauen gerne durch bunte Kaleidoskope, mit Papier und Bleistift können alle etwas anfangen.

Das Beste ist allerdings ein gleichaltriges Kind. Von einer Absprache mit anderen Familien profitieren alle Beteiligten. Nur noch ein kleiner Rat, ehe es losgeht. NEHMEN SIE NICHT ZU VIEL MIT. Ich packe grundsätzlich sehr wenig ein, und doch habe ich nie all die Kindersachen gebraucht, die ich eingepackt hatte. Nicht ein einziges Mal! Packen Sie ein Minimum ein und nehmen dann noch rigoros zwei Sachen pro Kind heraus. Aber nicht den Teddy!

Gut überlegen sollten Sie sich allerdings, *was* für Ferien Sie mit Ihren Kindern machen. Sind Sie als Erwachsener auf die Türkei oder auf Venedig oder auf eine Kreuzfahrt im Mittelmeer fixiert, dann müssen Sie zusehen, wie Ihre Kinder da hineinpassen, oder ob Sie sie lieber vierzehn Tage zu Hause lassen und zu einem späteren Zeitpunkt dann etwas anderes mit ihnen unternehmen. Kinder über fünf Jahre lassen sich sehr gut in einen exotischen Erwachsenenurlaub integrieren, aber das erfordert eine Menge Arbeit. Und das Ergebnis ist für die Kinder nicht immer so optimal, daß das teure Flugtikket gerechtfertigt ist. Die wunderschönen griechischen Strände sind vielleicht voller Kies und übersät mit gefährlichen Seeigeln. Die romantischen Hotelbalkons können für kleine, gelangweilte Kletterkünstler die reinsten Todesfallen sein. Selbst Kreuzfahrtschiffe und Segelyachten können für Kinder, die lieber Fußball spielen, die reinste Qual sein.

Erinnern Sie sich, was die Kinder von früheren Ferien erzählt haben. Wovon haben sie geschwärmt? »Oh«, antworten sie mit leuchtenden Augen, »am besten hat mir gefallen, als Papi auf dem Weg zum Flughafen den Reifen wechseln mußte und wir mit dem Wagenheber helfen durften.« Nachdem ich verschiedene Urlaubsarten ausprobiert und mich auch mit Freunden besprochen habe, bin ich zu dem erstaunlichen Schluß gekommen, daß Kindern recht spartanische Ferien am liebsten sind. Ist es nicht jammerschade, daß unser wohlorganisierter westlicher Tourismus Urlaub in einem spanischen Hotel billiger anbietet als Ferien im eigenen, oft unbekannten Land. Billiger oder nicht, einfacher ist es allemal, in ein Reisebüro zu gehen, auf die entsprechende Seite im Katalog zu zeigen und alles andere den Reisebüroexperten zu überlassen. Am Flughafen wird ein Bus bereitstehen, eine freundliche Reiseleiterin wird Sie durch den Zoll schleusen, und der Hotelmanager vor Ort wird Ihre Muttersprache sprechen und wissen, was Cornflakes sind. Und wenn etwas schiefgeht, können Sie sich immer noch beim örtlichen Reiseleiter beschweren. Ferienmachen ist etwas sehr Passives geworden. Man macht die Ferien eigentlich nicht, sie werden gemacht.

Wie anders waren da doch die Ferien unserer Kindheit! Im Zeitalter vor dem Pauschaltourismus erlebten wir mit, wie unsere Eltern Zugfahrpläne und Fährenabfahrtzeiten studierten, Reiseführer lasen und Landkarten studierten. Welcher Pauschaltourist schaut sich heute noch einen Atlas an? Nach der Umfrage eines Reisejournalisten konnte nur einer von fünfzig britischen Touristen in Spanien, denen eine Landkarte gezeigt wurde, genau zeigen, wo er sich befand. Auch die deutschen Touristen schnitten nicht viel besser ab. Die altmodische Sommerfrische in einer kleinen Pension ist auf dem Rückzug, weil wir Erwachsenen es so wollen. Wir wollen Sonne, Meer, jemanden, der das Essen kocht, und eine Disco für den Abend. Weder Herausforderung noch Bildung sind sonderlich gefragt. Und wenn uns etwas nicht paßt, schreiben wir das nicht aufgeregt in unser Reisetagebuch, sondern wir beschweren uns an geeigneter Stelle. So verhält sich eben ein Tourist im Gegensatz zu einem Reisenden.

Aber wie ist das mit den Kindern? Sie brauchen Herausforderungen und eine Horizonterweiterung. Das Beste für das Kind zu tun, bedeutet nicht unbedingt, ihm den größten Freizeitpark zu zeigen oder es im Flugzeug ans Mittelmeer mitzunehmen. Kinder sind nicht so sehr auf die Sonne erpicht wie Erwachsene und auch nicht so übersättigt in punkto Unterhaltung. Sie mögen einfache Dinge, sie mögen in Pfützen herumhüpfen und den Wellen zusehen, die im Sturm über die Seepromenade schlagen. Oft finden sie Ebbe und Flut an den nordischen Stränden aufregender (»Oh, Mami, hat der liebe Gott das getan?« fragte mein Sohn, als plötzlich Wasser in dem von ihm gebuddelten Graben stand) als gezeitenlose, südliche Strände, die täglich mit riesigen Staubsaugern von

Unrat gesäubert werden müssen und an denen man ständig über einen sich faul bräunenden Erwachsenenkörper stolpert.

Wie auch immer, dreiviertel des kindlichen Vergnügens macht die Tatsache aus, beide Eltern um sich zu haben. In unserem modernen Leben bekommen die Kinder eine sehr wesentliche Erfahrung nicht mit, weil sie ihre Eltern so selten bei der Arbeit beobachten können. Die Welt der Erwachsenen und ihre Gedanken sind ein Geheimnis. Zwar sehen sie ihre Mutter bei der täglichen Hausarbeit, nie aber ihren Vater beim Verdienen des Lebensunterhalts. Väter verbringen ihren Tag für gewöhnlich in geheimnisvollen Büros und Fabriken, wo sie unverständliche Dinge tun. Bei Müttern ist das in zunehmendem Maße ebenso.

Deshalb ist ein gemeinsamer Urlaub doppelt wichtig. Früher hatten die Kinder bei einem Urlaub Gelegenheit, auf eigene Faust zu beobachten, wie ihre Eltern Probleme lösten – Zelte, die nicht stehenbleiben wollten, oder Züge, die keinen Anschluß hatten. Das Kind hatte die Chance, an der Lösung des Problems mitzuhelfen. Eine von Gwenda Cornell für das Buch *Cruising with Children* befragte Mutter sagte:

»Auf dem Meer sah mein Sohn seinen Vater wirklich arbeiten, sah, wie er Probleme löste, als beispielsweise bei einem heftigen Sturm das Steuerruder brach. Vorher hatte er seinen Vater immer nur kurze Zeit gesehen, müde nach des Tages Arbeit. Jetzt hat Jeff mehr Respekt für seinen Vater, und die beiden verstehen sich prima.«

Nicht jeder wird ein solches Wagnis wie eine Atlantiküberquerung mit Kindern unternehmen, aber das Prinzip bleibt das gleiche. Meine Kinder sprechen beispielsweise immer noch von dem Urlaub, in dem wir alle an einem öden irischen Strand mit einem Campingofen zum Teemachen entlangstapften, von den drei Tagen, in denen wir in einem, nun ja, notdürftig ausgestatteten Planwagen mit einem Pferd, das jeden Abend angepflockt werden mußte, durch Norfolk zogen, von dem Schloß, in dem wir auf der Flucht vor dem britischen Regen Zuflucht suchten, oder von dem schrecklichen Hausboot, das den stürmischen Winden kaum standhielt. An die Pauschalreisen erinnern sie sich kaum. Vielleicht gerade noch an die hilflosen Eltern, die zusammen mit fünfzig anderen Passagieren um Mitternacht wütend auf einem fremden Flughafen warten mußten. Passive Eltern, Eltern, die sich einer gebieterischen Reiseleiterin fügten, Eltern, denen Plätze zugewiesen wurden und die ihre Pässe rüberreichen mußten. Ist das eine Ferienerinnerung, die den Rest des Jahres bereichern kann?

Kinder können im Ausland wundervolle Ferien erleben. Manche Pauschalreisen lassen wenigstens ein bißchen Raum und Freiheit für individuelle Unternehmungen. Aber wenn es finanziell nur für einen Wohnwagen oder ein Zelt auf einem Zeltplatz in der Nähe des Heimatortes reicht, dann machen Sie sich nichts beziehungsweise das Beste draus. Die Kinder werden genauso viel, wenn nicht mehr, davon haben. Sie werden Seesterne oder Kaninchenlöcher entdecken, Heimatmuseen besuchen, Sagen und Legenden kennenlernen, Karten zeichnen und die Wegstrecke des nächsten Tages vorbereiten lernen. Und sie werden echte Erinnerungen haben, an einen Urlaub, der vielleicht manchmal unbequem war, aber doch unverwechselbar – Ihr ganz privates Familienabenteuer.

Das einzige Problem bei diesen sandknirschenden Pionierurlauben mit Kindern ist, daß die Eltern danach meist das Bedürfnis nach einem Erholungsurlaub haben. Vielleicht ein verlängertes Wochenende zu zweit in Paris? Lassen Sie die Kleinen zu Hause bei den Großeltern. Sie werden sich an den schon halbvergessenen Spielsachen freuen, während die Photos beim Entwickeln sind, das feuchte Zelt und die Schlafsäcke langsam in der Garage vor sich hin trocknen und Mami und Papi Muscheln am Montmartre essen. Nun, zumindest träumen wir davon. Geschafft haben wir es bisher noch nicht.

Pflaster, Gips und Wundverband: Der erste Weg zur Besserung

Sollten Sie jemals an der Zerbrechlichkeit des menschlichen Körpers zweifeln, dann setzen Sie sich an einem schönen Sonntagabend einmal für eine Stunde in das Wartezimmer einer Unfallstation. Kinder humpeln auf Krücken vorbei und tragen dabei immer noch das bunte Hemd und die Ellbogenschützer, die darauf hinweisen, daß sie noch vor einer halben Stunde das absolute As auf dem Skateboard waren. Bedrückt dreinblickende Kleinkinder drängen sich ängstlich an die Mutter und halten ihr ein Handgelenk entgegen, das bedeutend dicker ist als das andere. Erwachsene haben Wunden von Rasenmähern, Hunden und anderen Taten Gottes vorzuweisen. Ein Teenager hüpft umher und erklärt ihrem Vater, daß sie doch eben dabei gewesen war, beim Korbball den Ausgleich zu schaffen. Und mindestens ein Kind steckt mit dem Finger in irgendeinem Haushaltsutensil oder hat ihn hastig und blutig in etwas eingewickelt, das wohl das Unterhemd des kleinen Bruders sein könnte. Sie alle sitzen da, gehorsam und gefaßt, warten darauf, eine Nummer zu bekommen und zu Patienten mit ordentlichen weißen Verbänden zu werden. Die Erwachsenen unternehmen gelegentlich erfolglose Streifzüge nach etwas Lesbarem. Aber außer einer zehn Jahre alten Ausgabe von *Reveille* und einem halben Strickmuster gibt's da nichts. Manchmal – bei weitem nicht oft genug – erscheint eine frischgestärkte weiße Krankenschwester und ruft einen Namen auf.

Der Warteraum der Unfallstation ist ein ungewöhnlicher Ort, auch innerhalb des Krankenhauses. In Kliniken herrscht eine ganz andere Atmosphäre, weil die meisten Patienten schon lange einen Termin haben und schon länger von ihrer Krankheit wissen. Sie sind akklimatisiert. Sie haben sich Zeitschriften gekauft oder ihr Strickzeug mitgebracht. Die Kinder sind mit Büchern wie *Mary geht ins Krankenhaus* ausreichend vorbereitet worden. Alle hatten Zeit, eine positive, vernünftige Haltung einzuüben. Es gab »Familienkriegsrat« und Beraterstunden.

Bei wirklichen Notfällen, wenn es um Leben und Tod geht, ist wieder alles anders: dramatisch und verzweifelt, mit Tragbahren und Eile und Angst vor dem Schlimmsten. Wenn man das Schlimmste befürchtet, ist man nicht gelangweilt oder peinlich berührt. Nur im Wartezimmer der Unfallstation haben Erwachsene und Kinder gleichermaßen diesen eigenartig verlorenen Blick, wie Kabeljaufische, die an Land gespült wurden. Vor Minuten noch war alles eitel Sonnenschein, jetzt sehen alle seltsam niedergeschlagen aus. Sie ahnen, daß die Unaufmerksamkeit eines Bruchteils einer Sekunde in Wochen von juckendem Gipsverband enden wird. Und die Eltern der verletzten Kinder machen sich unnötigerweise schweigend Vorwürfe oder erzählen allen Anwesenden tränenreich, daß es ein sehr stabiles Baumhaus, wirklich sehr stabil war, doch wer hätte je gedacht, daß er einen Handstand auf dem Sicherheitsgeländer versuchen würde…

Und da kommt unser Auftritt. Genauer gesagt, meine vierjährige Tochter und ich betreten die Unfallstation des Krankenhauses an der Heath Road in Ipswich durch die elektrischen Doppeltüren. Nach einem Besuch beim praktischen Arzt (»vielleicht eine Verstauchung, schwer zu sagen«) wurde uns angeraten, das Handgelenk röntgen zu lassen, weil es nicht besser wurde und vielleicht gebrochen sein könnte. Wir kamen uns ziemlich dumm vor. Nachdem wir ein Jahr zuvor 1700 Meilen gesegelt waren und 45 Hafenleitern, allesamt in irreparablem Zustand, ohne den kleinsten Kratzer erklommen hatten, war das Kind auf der patentierten rutschfreien Umrandung des örtlichen Schwimmbades ausgerutscht. Tröstlich, daß das jedem passieren kann: Einer Freundin von mir passierte es mit ihren zwei Kindern innerhalb von zehn Minuten zweimal, wobei sich jedes der Kinder ein Bein brach. Sie können der nächste sein. Damit Sie dieses Ereignis mit etwas mehr Würde, Ruhe und Gelassenheit als ich überstehen, hier ein paar Sätze über das Leben auf der Unfallstation. Es handelt sich um die eigenen, bitteren Erfahrungen und diejenigen anderer Eltern.

Regel Nr. 1: Gehen Sie, wenn möglich, nie in ein Krankenhaus, ohne ein paar persönliche Dinge eingepackt zu haben. Wenn es sich nicht um Bewußtlosigkeit oder eine starke Blutung handelt, dann nehmen Sie sich fünf Minuten Zeit, um nachzudenken und ein paar Sachen zusammenzupacken. Rennen Sie nicht wie ich kopflos zum Wagen, um dann bei der vierzigminütigen Fahrt festzustellen, daß das Kind keine Schuhe und keinen Mantel anhat, Sie keine Handtasche, kein Geld, keine Tempo-Taschentücher, nichts zu trinken und nichts zu lesen haben. Sie werden reichlich Zeit haben, über Ihre Unzulänglichkeiten nachzudenken, wenn Sie erst einmal auf der Plastikbank sitzen und warten, daß Sie aufgerufen werden. Glücklicherweise ist mein Auto ein mobiler Müllwagen, und so fand sich eine Ausgabe von *Alice im Wunderland* hinter einem der Sitze. Ohne dieses Buch wären die Dinge für Rose (und für mich) unerträglich gewesen – wir warteten eine Stunde, ehe wir drankamen, fünfzehn Minuten vor dem Röntgenraum, noch einmal zwanzig Minuten auf den Arzt, der sich das Röntgenbild ansehen sollte, und dann noch einmal einige Minuten. Schließlich kamen wir in dem Buch bis zum *Weißen Ritter*, ehe wir wußten, was nun wirklich mit dem Arm war.

Meine tiefe Bewunderung galt einer Frau, die mit einem blutverschmierten, hinkenden Neunjährigen mit einem blauen Auge hereinkam, es aber nichtsdestotrotz geschafft hatte, einen Karton mit Apfelsaft, einen Stapel Comics, ihr Strickzeug und seinen Walkman samt einem Stapel Kassetten mitzubringen. »Nun, wir sind ja schon das dritte Mal hier«, sagte sie. »Oder ist es das vierte Mal? Er ist so mutig und tapfer mit seinem BMX-Rad. Wie sein Vater. Er hat sich beim Speedway beide Beine gebrochen. Wir mögen dieses Krankenhaus, hier sind alle so nett.« Ja, Erfahrung ist alles.

Regel Nr. 2: Wenn Sie mit dem Kind im Krankenhaus sind, versprechen Sie ihm nichts außer: »Der Arzt wird versuchen, dir zu helfen, damit du wieder gesund wirst« und »Mami und Papi lassen dich nicht alleine.« Das zweite Versprechen können Sie aller Wahrscheinlichkeit nach einhalten. Heutzutage dürfen Eltern in den meisten Fällen bei ihren Kindern bleiben. Das ist ein harterkämpftes Recht, wie Ihnen jede Mutter aus den sechziger Jahren bestätigen wird. Damals übergab man sein Kind einer fremden Person in der Röntgenstelle – in eine fremde Welt mit fremden Maschinen. Und vor nicht allzu langer Zeit wimmelten Krankenschwestern auf Kinderstationen Besucher mit der Begründung ab, Besuch würde die Kinder nur »beunruhigen«. Heutzutage können Sie guten Gewissens sagen: »Mami bleibt bei dir.« Hüten Sie sich vor Versprechungen wie: »Natürlich wird dir der Doktor nicht wehtun. Er wird die Wunde nur anschauen.« (Vielleicht wird er dem Kind wehtun. Vielleicht muß er.) Oder: »Nein, ich bin sicher, daß du keinen so schrecklichen Gips kriegst.« Und keinesfalls sollten Sie sagen: »Sicher sind wir wieder zu Hause, wenn die Sesamstraße anfängt.« Das werden Sie nicht sein.

Aber weiter mit unserer Geschichte. Wir sprachen bei einer reizenden Ärztin vor und gingen dann zur Röntgenstelle, wo Rose einen Skelettanstecker bekam, auf dem stand: ICH BIN EIN RÖNTGENFILMSTAR. Allmählich wurde ich übermütig und verstieß gegen Regel Nr. 2. »Wir werden bald wieder zu Hause sein. Wie wird Papi sich freuen, wenn er deinen Anstecker sieht.« In diesem Augenblick trat ein anderer Arzt hinter dem Vorhang hervor. »Ich fürchte, es ist ein doppelter Knickbruch.« Nun gut, auch nicht schlimm, ich hatte Rose im Auto alles Wissenswerte über Gipsverbände erklärt. Sie freute sich darauf. »O ja, ich weiß, was ein Knickbruch ist. Wie lange glauben Sie...« »Wir legen sie auf Station«, sagte er. »Jetzt.«

Mutter, nahe am Zusammenbruch, tarnt ihre Panik nur unzulänglich mit einem Lächeln. Der Cleveland-Fall hat aus uns allen Paranoiker gemacht. Glaubten sie, ich würde ihr auch den anderen Arm brechen, lauerten hinter jedem Pfeiler schon die Sozialarbeiter? Sie hatten uns in ihrer Gewalt, wir waren weit weg von der Eingangstür. Um uns herum nur

Krücken und Bandagen, eilige Krankenpfleger und viele Ärzte. Wir waren wie Alice hinter den Spiegeln und mußten auf alles gefaßt sein.

Ich hatte *Regel Nr. 3* entdeckt: Gehen Sie nie davon aus, daß Sie nur ein ambulanter Patient sind.

Der Arzt beeilte sich, seine Entscheidung zu erklären. Es war Abend, und der Arm mußte vielleicht unter Narkose eingerenkt werden. Deshalb meinte er, Rose wäre auf der Station besser aufgehoben. Wie ein Verdächtiger auf der Polizei bat ich, einen Anruf tätigen zu dürfen: Ich erklärte, wir bräuchten Kleider, Geld, einen Kamm, je eine Zahnbürste für uns beide und Jingle, den Bären. Mein Mann war bei unserem anderen Kind zu Hause, und eine Nachbarin konnte die Aufsicht übernehmen, damit mein Mann zu uns fahren konnte. Mit Schaudern fiel mir ein, daß ich so sicher gewesen war, in ein paar Stunden wieder zurück zu sein, daß ich sicherlich Nicholas, wenn Paul nicht dagewesen wäre, nur schnell bei der Nachbarin gelassen hätte, ohne auch nur den Schlüssel dazulassen, damit sie Pyjama und Teddy holen konnte.

Deshalb *Regel Nr. 4:* Nutzen Sie die Zeit im Wartezimmer, um Pläne für den Fall auszuarbeiten, daß Sie über Nacht bleiben müssen. Das ist eine nützliche geistige Übung, auch wenn sie zum Glück nur selten in der Praxis Anwendung finden wird. (Machen Sie es jedoch nicht wie meine Freundin Victoria, die jedesmal, wenn ein Familienmitglied niest, einen Plan für eine eventuelle lebenslange Invalidität ausarbeitet. Sie liest die Gesundheitsseite des *Independent* zu genau, finde ich.)

Da saßen wir nun, Rose und ich, in diesem weißen Korridor zwischen zwei Welten. Wir waren weder stationäre noch ambulante Patienten, konnten nicht gehen, hatten aber auch noch keinen festen Platz im Krankenhaus zugewiesen bekommen. Irgendwie kam ich mir hier wie verloren vor. Aber zumindest waren wir zusammen verloren. Dann brachte man uns auf die Station, die dank jahrelanger Bemühungen und privater Zuschüsse wirklich sehr angenehm renoviert worden war. Von freundlichen Schwestern, sauberem, zweckdienlichen Mobiliar, Spielsachen und Kinderzeichnungen umgeben, fühlten wir uns gleich weniger verloren. Roses einzige Vertrauenskrise kam, als eine Schwester ihr mit Hilfe eines Buches erklären wollte, was im OP vor sich gehen würde. Das Buch handelte von Herbie dem Igel, der seine Stacheln verloren hatte und deswegen von den Feen eine geheimnisvolle Salbe bekam. Rose warf einen Blick auf das Buch und fing an zu weinen. »Ich will nichts von komischen Igeln wissen«, sagte sie eigentlich ganz verständlicherweise. Deshalb:

Regel Nr. 5: Erkundigen Sie sich selbst eingehend über die Vorgehensweise der Ärzte, und erklären *Sie* es Ihrem Kind. Besonders wenn es ein erschöpftes, vierjähriges Kind ist. Ältere Kinder möchten es vielleicht schon mit dem Arzt besprechen und sollten das auch tun. Aber denken Sie doch einmal zurück, wie Sie sich im Kreißsaal fühlten, wie froh Sie waren, Ihren Mann oder sonst jemanden um sich zu haben, der Sie gegenüber den Halbgöttern in Weiß vertrat. Dann können Sie sich ungefähr vorstellen, wie sich Ihr Kind fühlt.

Im Krankenhaus unserer Geschichte gibt es Betten für Eltern. Wenn es das in Ihrem Krankenhaus nicht gibt, tun Sie was dagegen. Versuchen Sie Sponsoren zu finden und Geld aufzutreiben. Als die kleine Patientin schon fast schlafend in den OP gerollt wurde und danach fest schlafend wieder herauskam, kam auch ich zu sechs Stunden Schlaf in einem ruhigen Zimmer und war rechtzeitig wieder an Roses Bett, als sie aufwachte, gähnte und sich gleich auf meinen Schoß setzte. Glücklicherweise durften wir zwei Stunden später nach Hause, und drei Wochen später kam der Gips runter. Er wird als Andenken mit allen Unterschriften ihrer Klassenkameraden darauf in einer Plastiktüte aufbewahrt. »Im großen und ganzen«, bemerkte sie, »ist es nicht so schlimm, wenn man sich den Arm bricht.« Paradoxerweise sind kleine Kinder zwar sehr viel zerbrechlicher, aber auch sehr viel zäher als wir. Nicht sie hat Alpträume von jenem Ereignis, sondern ich.

Seither habe ich mit vielen anderen Eltern gesprochen, deren Kinder mit weitaus dramatischeren Krankheiten oder Unfällen ins Krankenhaus mußten. Sie alle waren sich im Sinne des Wohles ihrer Kinder einig: Man muß ruhig bleiben, sich sachkundig geben, den Fall unter vier Augen mit dem Arzt durchsprechen (ob er nun will oder nicht), dem Kind kindgerecht erklären, was mit ihm passiert und – wenn irgend möglich – *da* sein. Geht das nicht, dann tun Sie eben, was Sie können. Ich verbrachte einmal wegen einer journalistischen Recherche vierundzwanzig Stunden auf einer Kinderstation. Ein kleiner siebenjähriger Junge lag da, hatte ein Bein in einem Streckverband und weinte nach seiner Mami. Von sieben Uhr bis elf Uhr starrte er traurig jeden neuen Besucher an. Innerlich verwünschte ich diese herzlose Frau, die es nicht einmal für nötig hielt, sich um ihr eigenes Kind zu kümmern. Um elf Uhr kam sie dann schließlich, und in den nächsten Stunden verwünschte ich mich selbst. Sie hatte, so sagte sie mir auf der Toilette, mit drei verschiedenen Bussen herfahren und vorher ihre drei Kinder im Alter von einem, zwei und vier Jahren bei Nachbarn unterbringen müssen. Ihr Mann hatte sie kurz vorher verlassen, und der Unfall des Jungen hatte sie gezwungen, ihre Arbeit aufzugeben und von der Sozialhilfe zu leben, die kaum für die Lebensmittel reichte. Aber sie war mit einem kleinen, fröhlichen Picknick gekommen, hatte ein paar selbstgebastelte Spielsachen und Zeichnungen von den kleineren Geschwistern mitgebracht und saß mehrere Stunden singend und plaudernd bei ihrem kleinen Jungen, als hätte sie sonst keine Sorgen. Sie lehrte mich eine wichtige Grundregel: Was immer Sie tun können, es ist gut. Schuldbewußtes Weinen und Mitleid hilft keinem.

Aber es gibt noch eine andere Krankenhausregel: Selbst wenn Sie Tag und Nacht bei Ihrem Kind bleiben können, gehen Sie gelegentlich raus. Kinder schlafen auch mal. Die Krankenschwestern sind zur Stelle, wenn sie aufwachen. Es ist heiß und entnervend in einem Krankenhaus, zu hell und ungemütlich. Die Krankenhausatmosphäre vermittelt jedem Menschen das Gefühl, hilflos einem mächtigen Apparat ausgeliefert zu sein und sein eigenes Leben nicht mehr unter

Kontrolle zu haben. Um Ihrem Kinde wieder ein bißchen Normalität vermitteln zu können, müssen Sie mindestens einmal pro Tag aus dem Gebäude raus, und wenn Sie dabei nur im Regen um den Block gehen, eine Zeitschrift am Kiosk an der Ecke kaufen und mit dem Besitzer ein paar belanglose Worte über das Wetter reden.

Die meisten Kinderkrankheiten sind Gott sei Dank nicht mit einem Krankenhausaufenthalt verbunden. Oft braucht es nur ein paar Packungen Tempotaschentücher, einen Tiegel Salbe und viel Geduld. Schlagen Sie zur Beruhigung in Ihrem medizinischen Wörterbuch nach, aber lassen Sie sich von mir gesagt sein, daß Kinderkrankheiten im allgemeinen immer nach folgendem Muster verlaufen:

1. Akt: Auffallendes Verhalten. Das Kind ist plötzlich zwei Jahre jünger, tausendmal quengeliger und eigentlich unausstehlich. Sie reagieren gereizt, drohen das Taschengeld zu kürzen und schicken das Kind zu Bett. Plötzlich sagt das Kind von sich aus, daß es ins Bett gehen möchte. Das erste Krankheitssymptom: Erbrechen bei Kindern unter sechs oder sieben, »Kopfschmerzen« bei älteren Kindern. Damit geht es ängstlich und liebevoll auf den

2. Akt zu: Krankenpflege. Abgesehen von dem schrecklich schlechten Gewissen, weil Sie so ungnädig mit Ihrem Kind waren, ist das keine allzu schwere Sache. Sie gehen zum Arzt oder lassen ihn kommen, er macht die üblichen Untersuchungen auf Meningitis oder Mittelohrentzündung, setzt dann seinen optimistischen Blick auf und erzählt Ihnen, daß eben momentan »ein Virus grassiert«. Dann bekommen Sie entweder ein sirupartiges Antibiotikum oder auch nicht. Ihr Kind schluckt ein mildes Schmerzmittel. Es schläft ein, wacht nachts vier- oder fünfmal verschwitzt auf, doch sein Gesundheitszustand bessert sich. Manchmal ist es vernünftig, das Kind in das große Elternbett zu nehmen. Eimer in Reichweite stellen, Handtuch zurechtlegen. Vielleicht kommen rote Flecken raus, die sich als Windpocken entpuppen. Vielleicht schwellen die Backen an, und es wird Mumps. Danach folgt jedoch der schlimmste Teil, der

3. Akt: die Genesung. Natürlich fällt Schule oder Kindergarten flach, aber auch das Bett ist nicht mehr das Richtige. Keine Ablenkung hält länger als fünf Minuten vor. Fernsehen oder Videos sind in solchen Tagen ein Segen, natürlich nur, wenn das Kind normalerweise nicht zu viel fernsieht. Aber Ihre Geduld wird auf die härteste aller Proben gestellt. Besonders, da Sie inzwischen selbst den Virus aufgeschnappt haben und sich hundeelend fühlen.

Diese Katastrophe ist sehr wohl einige Betrachtungen wert. Die Pflege von kranken Kindern ist sehr häufig Gegenstand von Büchern, aber niemand hat bislang ernsthaft Überlegungen darüber angestellt, was passiert, wenn in einem wohlgeordneten Haushalt die Mami plötzlich Mumps bekommt. Kleine Kinder zu beaufsichtigen ist, besonders wenn sie sehr viel mit anderen Kindern zusammenkommen, wie eine Wanderung durch einen mit Fiebermücken verseuchten Sumpf. Die Viren, die Kinder nach Hause bringen, sind meist eher harmlos für die Kinder, nehmen aber Erwachsene oft ganz schön her. Den Kleinen läuft ein paar Tage die Nase, dann ist alles vorbei. *Wir* hingegen schleppen uns ewig mit grippeähnlichen Symptomen herum. Sie laufen für kurze Zeit mit einem geschwollenen Gesicht herum, schlecken Eis und sehen Popeye zu. *Wir* bekommen Mumps und fühlen uns, als hätte uns der große Hammer getroffen. *Sie* bekommen Windpocken, bei *uns* äußert sich das in einer schmerzhaften Gürtelrose. Und so weiter. Sie sind schließlich jung und kräftig. Wir sind alt und ziemlich mitgenommen. Zumindest bin ich es.

Berufstätige Mütter haben es besonders schwer. Der Ihnen allen bekannte Familienkrankheitszyklus läuft folgendermaßen ab: Zuerst werden die Kinder krank (nacheinander, versteht sich) und bringen so den ganzen Haushalt durcheinander. Dann wird Mami krank. Wenn sie wieder auf den Beinen ist, ist das Kindermädchen oder der Babysitter an der Reihe. Alle sitzen mürrisch und genesend herum und brüten über die unvermeidliche Tatsache nach, daß in genau einer Woche Papi wie das Phantom der Oper aussehen und sich ein paar Tage nur von Medikamenten ernähren und seine Pflichten vernachlässigen wird.

Kinder werden mit Recht gut umsorgt, wenn sie krank sind. Wollen sie den ganzen Tag schlafen, so dürfen sie das. Schon beim leisesten Wimmern wird ihnen zu jeder Tages- und Nachtzeit frisches Wasser gereicht. Eine spezielle Krankenkost wird zubereitet. Lauwarme Bäder kühlen den kleinen, erhitzten Körper ab. Kein Wunder, daß es ihnen so schnell wieder besser geht. Aber Eltern, besonders Mütter, haben niemanden, der sich um sie kümmert. Ihre Krankheit verläuft bei weitem nicht so zufriedenstellend wie die ihrer Kinder. Gegen sechs Uhr abends geht Mami dann schließlich zittrig und erschöpft mit dem Kind zum Arzt und krächzt heiser: »Ich glaube, ich habe diesen – ah, nein, Liebling, das Stethoskop des Onkel Doktors darf man nicht kaputtmachen – Virus, den die Kinder hatten, aufgeschnappt... Ich habe das Gefühl, mein Kopf zerspringt, ich glaube, ich habe auch Fieber, aber der Hund hat das Fieberthermometer kaputtgemacht – nein, Schätzchen, du bekommst ein Eis, wenn wir zu Hause sind, du sollst das Baby nicht stoßen –« Der Arzt antwortet: »Ah, hmhm, nichts Ernstes, Mrs. – Ah – einige Tage Bettruhe und alles ist vorbei. Bleiben Sie im Haus und gönnen Sie sich Ruhe.«

Ruhe? Der Arzt meint offensichtlich, diese arme Frau macht Sahnetorten im Dutzend für den örtlichen Kirchenbasar und schwimmt täglich vierzig Runden im Hallenbad. Er meint, sie könnte etwas kürzer treten, die Vorhangschabrakken einmal nicht mit der Hand stärken und die neuen Bettbezüge einfach später nähen. Er macht sich nicht klar, daß in einem Haushalt mit Kindern, eventuell auch noch im Vorschulalter, Zeit nicht etwas ist, was man im Überfluß hat. Sehr wenige Dinge in der täglichen Haushaltsroutine sind unnötig. Mami versucht wahrscheinlich seit etwa achtzehn Monaten ein- und dasselbe Buch fertigzulesen.

Auch wenn sie alles schleifen läßt, müssen Kinder angezogen, gewaschen, mit Essen versorgt, unterhalten, zur Schule gebracht oder beaufsichtigt und daran gehindert werden, aus den Fenstern zu klettern. Sie wollen ihre Fragen beantwortet haben. Sie wollen wissen, wie Raketen fliegen. Sie wollen in der frischen Luft spazierengehen, sonst werden sie unleidlich. Was meinte der Arzt mit »im Hause bleiben«? Was ist, wenn man in einer Wohnung wohnt?

Die Kinder müssen gebadet werden und brauchen einen sauberen Pyjama. Und am Morgen etwas Frisches zum Anziehen. Ihr Kopf pocht zum Zerspringen. Der einzige Hoffnungsschimmer besteht in der Möglichkeit, eine halbe Stunde auf der Couch zu liegen, während eine besonders spannende Folge einer Kinderserie läuft. Als strenge Bettruhe kann man das allerdings nicht unbedingt bezeichnen.

Was also tun, wenn Sie nicht so krank sind, daß es gerechtfertigt wäre, Ihren Mann von der Arbeit nach Hause zu holen oder eine Haushaltshilfe zu beantragen? Die kleineren Krankheiten, die Sie in Ihren kinderlosen Tagen mit ein, zwei Tagen Bettruhe und einem tröstlichen Whisky mit Zitrone hinter sich gebracht haben, sind zu einem Alptraum geworden. Niemand kümmert sich um Sie. Wenn eine Mutter altruistisch genug ist, sich durch den Tag zu schleppen, wird sie niemand daran hindern.

Es sei denn, Sie bitten um Hilfe. Das sollten Sie, es ist wirklich keine Schande. Eines Morgens, als ich allein war und um acht Uhr früh zum vierten Mal wegen einer Lebensmittelvergiftung erbrechen mußte, bemerkte ich, daß die Kinder allmählich unruhig wurden. Meine pseudo-fröhlichen Aufmunterungen durch die Toilettentür: »Ich bin gleich wieder draußen – macht euch keine Sorgen – hat Teddy schon sein Frühstück bekommen?« verloren ganz offensichtlich an Überzeugungskraft. Also stolperte ich mit weichen Knien zu meiner Nachbarin hinüber und sagte: »Ich schaff's nicht. Können Sie mit den Kindern reden, während sie frühstükken?« Dann ging ich schnurstracks ins Bett. Wie gut, daß ich so eine Nachbarin hatte. Keine Mutter sollte je mit den Leuten, die nebenan wohnen, verkracht sein. Liebe und verläßliche Freunde, die in acht Kilometer Entfernung wohnen, tun's nicht immer. Neben Nachbarn kommen auch Freunde, Großmütter und Lieblingsbabysitter in Betracht. Sie müssen nur bitten – schamlos.

Manchmal sind kleine Kinder wirklich sehr mitfühlend und helfen, wenn die Eltern krank sind. Nur müssen Sie auch hier wieder erst einmal erklären, daß es Ihnen schlecht geht. Ich kenne eine alleinerziehende Mutter, die sich mit einer schrecklichen Grippe herumquälte, ohne es jedoch ihren vierjährigen Sohn merken lassen zu wollen, daß sie sich krank fühlte. Er sollte sich um Gottes willen nicht beunruhigen. Das Kind konnte sich nicht erklären, warum die Mutter so aufbrausend und seltsam war und nicht wollte, daß er sie umarmte. Am dritten Tag schließlich brach er in Tränen aus und jammerte: »Mami, liebst du mich denn nicht mehr?« Als sie ihn ihrer Liebe versicherte und ihm erklärte, daß sie sich eben nur krank fühlte, war er so erleichtert, daß er sie begeistert umsorgte und den ganzen Nachmittag Wasser zum Trinken heranschleppte. Mädchen scheint die Vorstellung einer auf der Couch zusammengerollten Mami noch besser zu gefallen. Nur gelegentlich müssen Sie vielleicht aufspringen, um eine Katastrophe zu vermeiden. Es zahlt sich aus, Ihre Schwäche zu zeigen. Wenigstens ein bißchen.

Die einzige andere Strategie, die ich noch vorzuschlagen hätte, ist, für den Krankheitsfall etwas Neues, Aufregendes, Ruhiges in petto zu haben. Ich hatte immer so etwas aufgehoben, aber eigentlich war es gedacht, wenn die Kinder einmal krank würden. In einer Schachtel hebe ich Papierpuppen zum Ausschneiden, Puzzles, neue Buntstifte und so weiter auf. Die Realität hat gezeigt, daß Kinder solche Sachen, wenn sie selbst krank sind, gar nicht mögen. Da muß der gute, alte Plüschhase ran, das entsetzliche abgeschmuddelte Baumwolltuch zum Lutschen oder ein total abgespieltes Video von Asterix und Obelix. Erst wenn *Sie* krank sind, kommt die Überraschungsschachtel zum Einsatz. Dann können Sie leicht benommen auf der Couch vor sich hindösen, die Kinder aus dem Augenwinkel beobachten und auf bessere Tage hoffen. Schließlich ist jetzt niemand mehr da, der Ihnen das Leben schwer machen kann, nachdem die Kinder den Virus hatten, dann Ihr Mann und zuletzt auch noch die Tagesmutter. Oder? Und ehe Sie den nächsten Virus in Ihr Haus lassen, muß doch etwas Zeit vergehen, nicht wahr?

Nehmen Sie brav Ihre Vitamine. Die sollen ja helfen.

Mami verduftet

Dies ist ein subversives Kapitel. Es ist ein Schlag ins Gesicht von Konvention und Tradition. Es paßt nicht in das ordentliche Bild eines glücklichen Familienlebens. Wenn Sie es öffentlich vorlesen, dann sollten Sie lieber den Titel ändern, in etwas, was der Mutterrolle besser entspricht. Beispielsweise in

»FROTTEEWINDELN MACHEN SPASS«

oder in

»MATHEMATIK FÜR DEN FÖTUS IM MUTTERLEIB«.

So wird jeder Sie für eine richtige, pflichtbewußte Ehefrau und Mutter halten, die nicht im Traum auf die Idee käme, auf der Suche nach Abenteuern aus ihrem Nest zu flüchten. Denn hier geht's jetzt um Urlaub: Kurzurlaub, Wochenenden oder auch länger. Aber es geht nicht um Sandeimerchen und Schaufel und Freizeitparks, o nein! Auch nicht um die »zweiten Flitterwochen« oder die Wochenenden unter dem Motto »Entfliehen Sie dem Ehealltag«, während Großmama sich um die Kinder kümmert. Auch die mögen ihre Berechtigung haben, aber nach meiner Erfahrung läuft es immer nach einem bestimmten Schema ab, wenn Eltern von kleinen Kindern miteinander verreisen: Der eine telephoniert schniefend ununterbrochen nach Hause, während der andere aus reinem Schuldgefühl ganze Läden mit Designeroveralls und Spielzeug aufkauft.

Die beiden obengenannten Ferienkategorien erfreuen sich breitester gesellschaftlicher Billigung. Ferien mit Kindern – ah! wunderschön! Wochenenden allein mit dem Ehemann – ah! wunderschön! Es ist so wichtig, an der Ehe ständig zu arbeiten. Das kommt der ganzen Familie zugute, nicht wahr? Alle sind sich einig. Ich spreche jedoch über etwas Unerhörtes: Ferien *für Mütter – alleine*! Ich spreche über Frauen, die ganz bewußt, trotz der Schmähungen der Nachbarn und der hochgezogenen Augenbrauen der eigenen Mütter, verkünden, daß sie ein paar Tage ganz alleine wegfahren. Die Kinder können bei Papi bleiben, bei der Tante oder der Großmama oder ein paar Nächte bei Freunden unterkommen. Mami ist einfach mal nicht da. Das Ding im Korridor ist Mamis Reisetasche. *Auf Wiedersehen. Bis zum Montag.*

Ehe jetzt lauter Protest anhebt, wie man so etwas den armen Kindern antun kann, denken Sie erst mal nach: Mütter gehen ins Krankenhaus, um neue Babys zur Welt zu bringen. Manchmal sind sie deshalb eine Woche oder länger weg. Sie fahren weg, um ihre alten Eltern zu pflegen oder ihren Schwägerinnen mit den Babys zu helfen. Niemand käme auf die Idee, sie deswegen in Grund und Boden zu verdammen. Jeder gibt zu, daß Kinder, sofern sie einmal der Brust entwöhnt sind, kurze Trennungen von der Mutter ausgezeichnet überstehen, wenn die Beziehung an sich gut ist. Und daß sie eventuellen Unmut oder Unruhe sehr schnell wieder ablegen. Keiner verurteilt Sie, wenn Sie ein Familienmitglied pflegen oder ein weiteres Baby bekommen (nicht einmal, wenn Sie mit Ihrem Mann allein wegfahren), weil das alles ja schließlich gute Gründe sind. Solange sich Mütter mit Kindern für andere – egal für wen – aufopfern, stehen sie über jeder Kritik.

Männer stehen immer darüber. Ein Mann braucht schließlich seine Hobbys. Er braucht eine gewisse Zeit abseits von Frau und Kindern. Auch wenn er ohnehin den ganzen Tag nicht zu Hause ist, hat man Verständnis für das Segelwochenende mit seinen Freunden oder das Länderspiel in Italien. Aber die Mütter – das ist doch ganz etwas anderes. Als Mutter kann man sich doch nicht so einfach zum eigenen Vergnügen davonmachen, wenn man statt dessen Gurken in Hasenform schnippeln oder sich langatmige Geschichten von Roger Rabbit und all den anderen blöden Comics anhören sollte. Auch wenn Sie die übrigen dreihundertsechzig Tage im Jahr Ihren Mutterpflichten gewissenhaft nachkommen – ein Urlaub allein? Nein, da wird man dafür sorgen, daß Sie sich wie ein egoistisches Luder vorkommen. Und wir wollen jetzt diesen Unsinn ganz weit von uns weisen und klar, deutlich und selbstbewußt verkünden, daß ein Urlaub allein der Mutter, und damit auch der Familie guttut.

Schließlich sind wir auch nur Menschen. Unter dieser Schicht von ewig freundlicher Mütterlichkeit und lächelnd-beruhigendem Sachwissen in allen Lebenslagen sind wir auch nur die unsicheren, hoffnungsvollen, abenteuerlustigen Mädchen von damals. Wir sind nicht unzufrieden, wir haben nicht vor, die Familie für immer zu verlassen, geschweige denn mit lüsternem Blick einen jungen Mann zu erobern. Nichts läge uns ferner! Es ist einfach nur ein wunderbares Gefühl, einmal für ein paar Tage das Leben, das wir so sorgfältig aufgebaut haben, hinter uns zu lassen. Auf Wiedersehen Haus, auf Wiedersehen Garten, auf Wiedersehen pädagogisch wertvolle Spielsachen, die zu pädagogisch wertlosen Haufen aufgetürmt sind, auf Wiedersehen Peter Rabbit, auf Wiedersehen Telephon, Babysittergruppe und Schuldgeld in Umschlägen; auf Wiedersehen dem täglichen Kleinkram. Und weil die Kinder klein sind und höchstpersönlich die Verursacher des täglichen Kleinkrams sind, muß es auch ein Abschied von ihnen sein. Für ein paar Tage. Und auf Wiedersehen, Ehemann. Teils weil jemand die Stellung halten muß, und er das wahrscheinlich am besten kann, teils aber auch, weil jede verheiratete Frau gelegentlich aus dem Alltagstrott rauskommen muß, um sich zu erinnern, wer sie war, ehe sie Ehefrau und Mutter wurde.

Wohin soll's denn nun gehen? Kommt auf den Geschmack und den Geldbeutel an. Seit mein jüngstes Kind drei Jahre alt wurde, habe ich drei verschiedene Kurzurlaube ausprobiert. Beim ersten Mal startete ich zwei Tage vor dem alljährlichen Urlaub in Irland mit einem Zelt und einem Rucksack. Nachts schlief ich auf dem harten Boden, ganz allein auf einer entlegenen westlichen Insel, über mir nur den weiten Himmel. Der Vollmond erhellte die Nacht, Wolkenfetzen flogen über das Firmament. Tagsüber las ich *Pilgrims Progress*, wanderte, kaufte mir auf den Bauernhöfen Ziegenmilch und brutzelte meine Würstchen im Regen auf Zeltpflöcken über einem winzigen Campingkocher. Gewaschen habe ich mich nicht viel, sprang aber jeden Tag von einem warmen, flachen Felsen in das eisige Meer und rannte dann so lange herum, bis mich der Wind getrocknet hatte. Es gab keine Spiegel weit und breit.

Manchmal kamen andere Camper oder Wanderer vorbei, und wir plauderten ein bißchen. Aber zwei ganze Tage lang hatte ich keinen Zeitplan, niemanden, den ich zufriedenstellen mußte. Ich war nur für mich allein verantwortlich.

Danach, ich schwöre es Ihnen, war ich für ganze achtzehn Monate eine bessere Mutter. Ich habe mich an Dinge, Gedanken und Freiheiten erinnert, die ich seit meiner Hippiezeit als Teenager vergessen hatte. Ich wurde mehr wie eine große Schwester und habe mich lange nicht mehr so über die unvorstellbare Unordnung im Spielzimmer aufgeregt. Bereitwilliger ließ ich mich zu verrückten Spielen überreden, erfand sogar selber welche und war nicht mehr so darauf fixiert, die Kinder pünktlich ins Bett zu bringen.

Als die Wirkung nachließ, verbrachte ich ein ausgelassenes Wochenende in Schottland mit einer alten Schulfreundin und dem Versuch, Skilanglauf zu lernen. Wir schliefen in einer Hütte mit ziemlich ernsthaften Teenagern, die Proust lasen, und brachten Schimpf und Schande über uns, indem wir mit dem Royal Pioneer Corps Langlauf-Skiteam ausgiebige Zechgelage veranstalteten. Zu den Skigebieten wurden wir in einem abscheulichen roten alten Lastwagen gekarrt, wobei wir unanständige Lieder sangen und uns wieder wie sechzehn fühlten.

Als dieser Ausflug ein Jahr später nur mehr eine wehmütige Erinnerung war, genehmigte ich mir eine ganze Woche, kratzte ein paar Ersparnisse zusammen und heuerte als zahlendes Crewmitglied auf einem 100 Fuß Brixham Trawler zu den Hebriden an. Obwohl ich auf dieser Fahrt fast täglich eine halbe Flasche Scotch schluckte, mehr schlecht als recht versuchte, einer Pfeife Töne zu entlocken und bis ein Uhr morgens wehmütige Lieder zur gälischen Harfe sang, kam ich klaren Auges und vor Energie und Gesundheit strotzend nach Hause. Eigentlich fühlte ich mich nach all diesen unverantwortlichen Entgleisungen einfach wunderbar, nahm freudig mein ehrbares Leben wieder auf, schlief in einem richtigen Bett, trank brav nur alle vierzehn Tage ein Glas Wein und schnitt als besonderes Samstagabendvergnügen je zwanzig kleine Finger- und Fußnägel. Ich war viel netter zu meiner

Familie als zuvor und hatte erwiesenermaßen weniger Wutanfälle. Für das nächste Mal plane ich eine längere Wanderung.

Sie müssen es natürlich nicht so extrem treiben. Aber ich rate Ihnen auch nicht, nur faul am Strand zu liegen. Denn dabei werden Sie ständig daran denken, wie sehr das den Kindern gefallen würde. Selbst auf einer Gesundheitsfarm haben Sie vielleicht zu viel Zeit zum Nachdenken und für Schuldgefühle. Ideal ist ein Projekt, bei dem Sie etwas *tun* müssen, etwas lernen, sich einer Herausforderung stellen können, die absolut nichts mit Ihrem normalen Leben zu tun hat. Einen Kletterkurs beispielsweise. Oder Russisch. Es gibt Kurse, in denen man lernt, wie man einen Pferdewagen lenkt, und andere, in denen man zirkusreif werden und Jonglieren, Stelzengehen und Einradfahren lernen kann. Jeder, der mit Kindern unter acht zurechtkommt, kann auch das alles lernen. Wenn es wirklich etwas Besonderes sein soll, dann gibt es Kurse, wo man Ihnen ein Stück Holz und einen Meißel in die Hand drückt. Nach ein paar Tagen haben Sie unter Anleitung eines Lehrers eine Lockente geschnitzt, die Sie als Erinnerung mit nach Hause nehmen können. Fehlt es Ihnen an Geld, dann können Sie einer alleine lebenden Freundin die Wohnung ausmalen und abends mit ihr essen gehen.

Sie bekommen viele lange Wochenenden für den Preis von zwei Paar Jeans. Suchen Sie sich einen Kurs für Studenten aus, oder – wenn Sie wirklich gar kein Geld haben – gehen Sie mit einigen Freundinnen oder einer vergessenen Kusine auf eine lange Wanderung. Bei einer Radtour können Sie für ein paar Mark in einem Bauernhof übernachten, einen Zeichenblock mitnehmen und versuchen, ein passables Schwein zu zeichnen. Wenn Sie Wert auf angenehme weibliche Gesellschaft legen, in den Volkshochschulen gibt es Hunderte von Kursen. Viele Klöster bieten Unterkunft und Meditation an. Wollen Sie etwas für die Umwelt tun, dann schließen Sie sich einer Gruppe an, die freiwillige Helfer sucht. Sie können beim Restaurieren von alten Eisenbahnen helfen oder ein Feuchtbiotop anlegen.

Normalerweise machen das alles Studenten, aber es gibt

absolut keinen Grund, warum eine weggelaufene Mami das nicht tun könnte. Eine langjährige Freundin von mir ließ ihre sehr anspruchsvolle Familie (fünf Kinder unter acht) ein langes Wochenende allein, um jungen Straffälligen beizubringen, wie man in Kanus über Stromschnellen hinwegschießt. Alle berufsmäßigen Sozialarbeiter waren danach völlig erschöpft, aber sie strahlte, weil es etwas so ganz anderes gewesen war.

Was immer Sie tun, es wird um so mehr bringen, je mehr Sie auf zufällig zusammengewürfelte Erwachsene treffen. Wie schrecklich, wenn man in seinem Umkreis nur mehr Eltern mit Kleinkindern hat, Erwachsene, die gleich alt sind und im gleichen Viertel wohnen. Schon *ein* Einradfahrer oder ein Bauer erweitern Ihren Horizont. Eine der schönsten Erfahrungen während meiner Trawler-Woche war, daß ich mit Teenagern und Rentnern an den Tauen stand, mit überflüssig gewordenen Baumwollspinnereiarbeitern und Krankenschwestern, mit Einsamen und Schwachen. Plötzlich wurde mir wieder bewußt, daß es auch noch andere Menschen auf dieser Welt gibt als Mamis, Papis, Onkel, Tanten, Großmamas und Lehrer.

Und lassen Sie kein schlechtes Gewissen aufkommen. Schließlich kommen wir nach diesen Ausflügen frisch, fröhlich, aufgeschlossen und entzückt, die Kinder wieder zu sehen, zurück. Nach den paar Tagen Abwesenheit wundern Sie sich, wie nett sie sind, wie klug und schön und originell und liebevoll. Wie sagte doch der Dichter: *Was weiß der von England, der nur England kennt?* Wie können Sie die Freuden der Elternschaft genießen, wenn Sie jeden Tag mitten drin stekken?

»Mami ist auf 'ner Demo!«

Die Begleiterscheinungen, die ein Baby mit sich bringt, sind hinlänglich bekannt: gestörte Nachtruhe, Aufgabe der persönlichen Freiheit, Stolz und Entsetzen, Verwirrung, Panikanfälle in unregelmäßigem Wechsel mit überschäumender Freude, die Neigung, bei traurigen Nachrichten über Babys im Fernsehen in Tränen auszubrechen. Die Begleiterscheinungen, die ein Kleinkind im Haus mit sich bringt, sind uns ebenso vertraut: Spinat an der Zimmerdecke, Legobausteine in Ihren Schuhen, hysterisches Gekichere und die Neigung, wütend zu schimpfen, wenn im Fernsehen über Kindesmißbrauch berichtet wird. Aber was wir als Eltern am allerwenigsten erwartet hätten, ist unsere wunderbare Wandlung in Idole, Punchingbälle, Sicherheitspuffer, unbezahlte Wäscherinnen, aber auch in Aktivisten und Demonstranten. Oder können Sie mir auch nur eine einzige junge Mutter zeigen, die sich nicht mit irgend jemandem angelegt hätte?

Mit der Geburt eines eigenen Kindes entsteht zwischen der Mutter und allen Kindern dieser Welt eine unentrinnbare Beziehung, die auch die Sanfteste unter uns wild entschlossen auf die Barrikaden bringt. Vielleicht marschieren oder demonstrieren wir nicht direkt bei einer politischen Kampagne mit, aber wir opfern zumindest einen Abend, um einen scharfen Brief an die Lokalzeitung wegen gefährlicher Spielplatzbodenbeläge zu verfassen. Vielleicht schaffen wir es auf Grund einer familiären Mumpsepidemie niemals, den Brief wirklich aufzugeben, aber der Drang ist da. So demütig wir am Schultor auch aussehen mögen, tief in unserem Innern schlummert eine Johanna von Orleans, die es drängt, ihren Schrei nach Freiheit und Ehrbarkeit auszustoßen, dem Wunsch, die Gesellschaft möge Kinder und Eltern – und alle Menschen – besser behandeln, als sie es jetzt tut. Auffällig und zweifelsohne besonders nützlich ist, daß wir Kleinarbeit an der Basis leisten. Wir schließen uns nicht nur den großen, weltumfassenden Kampagnen an, sondern kümmern uns vor allem um die kleinen, lokalen oder umweltschützenden Themen, die so wichtig sind für die Gemeinden.

Nehmen wir als Beispiel einmal mich. Ich bin ein gemäßigter, neutraler Mensch. Es wäre mir ein Alptraum, in einen Rat oder einen Vorstand gewählt zu werden, oder (mein Schrekken aller Schrecken), daß ich im Parlament Verantwortung tragen müßte. Und doch bin ich momentan in nicht weniger als sechs lokalen oder umweltschutzpolitischen Streitfragen aktiv tätig und habe eben einen weiteren zänkischen Brief an den Direktor für Freizeitgestaltung verfaßt. Ich kenne viele andere Frauen, die an der gleichen Krankheit leiden: Eine Zeitschriftenredakteurin, lieb, nett und normalerweise gar nicht aufmüpfig, fand sich in einem Krankenhaus wieder, das geschlossen werden sollte, und sang: *Wir weichen nicht von hier.* Ein vor fünf Jahren noch sorgloses Discomädchen verhinderte im Alleingang, daß eine geplante Straße mitten durch ein Wohngebiet mit Spielstraße gebaut wurde. Es ist ein fast unausweichliches Schicksal: Wenn wir Kinder auf die Welt gebracht haben, scheinen wir automatisch darauf programmiert zu sein, unseren Teil dazu beizutragen, daß diese Welt auch noch für unsere Kinder eine lebenswerte Welt sein wird. Wie glücklich, sorglos und unpolitisch wir auch gewesen sein mögen, in uns tickt eine Zeitbombe sozialen Verantwortungsbewußtseins, und die Geburt hat sie ausgelöst. WUMM! »Sehr geehrte Herren, hiermit möchte ich Sie auf den erbärmlichen und gefährlichen Zustand der Toiletten am alten Sportplatz hinweisen –.« Zumindest für uns ältere Mütter der neunziger Jahre ist Protest etwas ganz Natürliches. Wir sind Überbleibsel der Hippie-Zeiten und sind damals schon ausgezogen, um die Welt zu retten. Wir können immer noch Joan-Baez-Lieder singen, um uns aufzuheitern, während wir auf den hohen Herrn vom Planungsreferat hoffen, der uns schon so lange warten läßt. Einige von uns tragen immer noch dieselben ausgebeulten Jeans (zumindest heimlich). Die jüngeren Mütter, das muß ich auch einmal sagen, machen einen etwas verwirrten Eindruck, wenn Handlungsbedarf angesagt ist. Vor einer Londoner Entbindungsstation, der die Schließung drohte, traf ich eine verwirrt dreinblikkende junge Frau mit einem Baby und einem Demoplakat mit harten Worten. Verschämt gestand sie: »Ich weiß nicht, was ich hier tue. Ich dachte, ich wäre ein Yuppie.« Resigniert faßte sie unter ihr Babytragetuch. »Aber diese Mistkerle wollen die Station hier schließen. Die Schwestern sind einfach Spitze hier, und ich sehe gar nicht ein, daß ich bei meinem nächsten Baby acht Kilometer weiter fahren soll, also...« Hatte sie eben neidisch auf mein »Rettet-die-Wale«-Abzeichen und meinen abgetragenen »Vollkornponcho« geschaut? Sie war auf dem richtigen Weg. Noch ein Baby, und sie würde sicher eine fronterfahrene Kämpferin sein.

Wenn Sie in einer angenehmen Umgebung mit einem Park und schönen Spielplätzen wohnen, dann mag es wohl länger dauern, ehe Ihr Protestpegel über aufgebrachte Kommentare zu den Fernsehnachrichten hinaus ansteigt. Die aktive Politik, auch der Einsatz auf lokaler Ebene, ist eine ernsthafte Herausforderung, wenn Sie Kinder unter fünf haben. Aber wenn sie älter sind und in die Schule gehen, ändert sich alles. Dann haben Sie mehr Zeit, die Reste vom Mittagessen von der Wand zu kratzen und nachzudenken. Eine seltsame Ruhe liegt über dem Haus, denn selbst wenn die Kinder zu Hause sind, wollen sie jetzt oft alleine spielen. Und Sie haben vielleicht zum ersten Mal seit Jahren Zeit, in Ruhe die Zeitung zu lesen und dabei festzustellen, wie sehr die Welt unsere Hilfe braucht. Sie sehen die Welt mit anderen Augen, klar und ohne Zynismus, geschult durch den Umgang mit der Unschuld der Kindheit. Und Sie sind entsetzt.

Mit dem Beginn der Schulzeit werden Ihre Kinder unwiderruflich in den Strom der Gesellschaft gesogen. Kein Mensch kann nur für sich alleine leben, und Erstkläßlereltern schon gar nicht. Plötzlich sehen Sie in die frischen, optimistischen Gesichter dieser Kinder und spüren mit nie gekanntem Nachdruck, daß Sie die Welt für diese Kinder in Ordnung bringen müssen. Ein Bericht, in dem es heißt, ein Drittel aller Schulen entspräche nicht den Anforderungen, bekommt eine neue, schreckliche Bedeutung. Das würde ja auch, auf die Schüler übertragen, heißen, daß eines von drei dieser aufgeweckten, gescheiten, wißbegierigen Kinder nicht weiterkommt, einfach fallengelassen wird. In der Dritten Welt gibt es Schulen, in denen sich acht Schüler einen Bleistift teilen müssen. Sie lesen das und werfen einen Blick hinüber zu Ihrem eigenen Kind, das Filzstifte in Hülle und Fülle hat. Panik befällt Sie. Jetzt haben Sie die Wahl. Entweder gehen Sie die Sache global an und arbeiten gegen die Zerstörung der Ozonschicht und gegen den Elfenbeinhandel. Oder Sie ziehen die lokale Ebene vor, versuchen Geld aufzutreiben für ein neues Ultraschallgerät für das Krankenhaus, setzen sich ein für gesündere Nahrungsmittel und bringen den Gemeinderat dazu, etwas gegen den Hundekot im Park zu tun (Die Antwort des Gemeinderats wird wahrscheinlich sein, daß die Firma Baulöwe & Baulöwe ein Bürogebäude auf das Parkgelände setzt. Da haben Sie den nächsten Grund für eine Kampagne). Aber ich möchte wetten, daß Sie, auf welcher Seite und Ebene auch immer, schließlich *irgend etwas* tun. Ich kenne berufstätige Mütter, die nach einem harten Arbeitstag im Büro nach Hause kommen, ihre Kinder zu Bett bringen und sich dann erst hinsetzen und die Tagesordnung für die nächste Sitzung des Ausschusses »Eltern gegen giftigen Sondermüll« ausarbeiten. All das ist natürlich großartig. Keine Interessengruppe, keine soziale Einrichtung könnte ohne die idealistische, unbezahlte Hilfe und Unterstützung von motivierten Eltern längere Zeit überleben und im besonderen wahrscheinlich nicht ohne die Frauen: Frauen, die zu Hause sind, ein Telephon haben und einen flexiblen (wenn auch hektischen) Tagesablauf mit Kindern und eventuell Teilzeitarbeit. Vor allem lokale Anliegen profitieren von entschlossenen Müttern mit glänzenden Augen. Wenn man tagtäglich in eine ganz andere Umgebung zur Arbeit fährt, kann sich nie so ein geballter Zorn über lokale Mißstände aufbauen, der einen dazu bringt, gegen eine Behörde zu Felde zu ziehen. Es ist schwierig, sich vor einen Bulldozer zu legen, um eine Wildblumenwiese zu retten. Das Fernsehen könnte ja vor Ort sein, und der Chef würde ganz schön schauen. Aber zu Hause mit einem Kind sind Sie genau richtig. Und Kleinkinder lieben Aktionen des zivilen Ungehorsams. Wenn Sie jedoch neu sind im Demo-Geschäft und Ihnen die Vorstellung gefällt, Ihre »Haus- und Hof«-Jahre dazu zu verwenden, die Welt zu verändern, dann gibt es ein paar Fußangeln, von denen Sie wissen sollten.

Da wäre zunächst einmal die *Zeit*. Zu Beginn einer Kampagne sollten Sie nie den Fehler machen, alles alleine auf Ihre Schultern nehmen zu wollen. Wird Hilfe angeboten, greifen Sie schamlos zu. Die meisten lokalen Protestaktionen scheitern an Zeitmangel. Da gab es einmal einen kleinen Teich, nichts Besonderes, aber sauber, und die Kinder liebten ihn. Er sollte zugeschüttet werden. Wochenlang bemühten sich alle geschlossen, das zu verhindern, sammelten Geld und Unterschriften. Dann kam Weihnachten, und die übliche Grippe ging reihum. Plötzlich gab es eine öffentliche Bekanntmachung, als alle etwas anderes im Kopf hatten. Bevor der Elternprotest sich wieder formiert hatte, war aus dem Teich ein Parkplatz geworden. Auch den besten Kampagnen geht manchmal die Luft aus.

Die Organisation ist das nächste Problem, weil sie, ganz offen gesagt, eine furchtbar langweilige Arbeit ist. Viele von uns, die früher berufstätig waren, sind so froh, es zu Hause einmal nicht mit Terminkalendern, Katalogen und endlosen Besprechungen zu tun zu haben. Berufstätige Mütter, die den ganzen Tag im Büro verbringen, ziehen es vor, bei irgendwelchen Aktionen Fähnchen zu verkaufen oder Tapeziertische abzuschrubben, nur um nichts mit Listen, Nummern und Namen zu tun zu haben. Warum auch nicht einmal den Stolz herunterschlucken und einen pensionierten Buchhalter oder Bankangestellten bitten, ob er nicht als ehrenamtlicher Generalsekretär fungieren möchte? Viele Männer fühlen sich gebauchpinselt, und so entstand in Birmingham einmal eine florierende Spielgruppe mit einem pensionierten Oberstleutnant als Sekretär. »Der einzige Haken an der Sache«, gestand mir eine der Mütter, »war, daß er darauf bestand, daß Inventarlisten von den nicht verkauften Flohmarktsachen angefertigt wurden.« Aber immerhin war er es auch, der die Einnahmen des Flohmarktes verdoppelte, indem er die restliche Kleidung zu einem guten Preis an eine Teppichfirma losbrachte.

Heutzutage läuft alles global. Die großen Organisationen

und Wohlfahrtsinstitutionen sind so gut organisiert, daß man leicht den Eindruck bekommen kann, man brauchte nur in einem Telefonanruf seine Kreditkartennummer anzugeben, Mitglied zu werden, und sie würden den Rest tun. Die Nachrichten laufen so schnell um den Erdball, daß unsere kleinen Bemühungen manchmal sinnlos erscheinen. Zynische Menschen betrachten verächtlich Ihren Komposthaufen und Ihr Fahrrad und fragen Sie herablassend, wie viele Regenwälder Sie denn heute morgen schon gerettet hätten. Sie haben unrecht. Jede kleinste Bemühung hilft. Aber der Moral der Mütter (die ohnehin im besten Fall unterschätzte Kreaturen sind) tut es gut, auch bei einer ganz konkreten, lokalen Aktion ihren Einsatz zu bringen.

Publicity für eine bestimmte Sache ist ein Thema für sich, und auch ein Problem für sich. Ein großer Vorteil, den Mütter haben, die sich für eine Sache einsetzen, ist, daß sich Zeitungsleute immer auf photogene kleine Kinder stürzen. Eine Zeitung, die keinerlei Interesse zeigt, Ihre Aktion an die Öffentlichkeit zu tragen, wird wahrscheinlich nur allzugern vor Ort vertreten sein, wenn Sie lächelnde Kindergesichter (oder noch besser verzweifelte Kindergesichter) bieten können. Wenn Sie sich auf diesen Pfad begeben – und Sie haben, sobald die Kinder etwas größer und schon befangen sind, sicherlich zunächst kein allzu gutes Gefühl dabei –, dann sollten Sie sichergehen, daß die Photographen *Ihre* Spielregeln beachten. Journalisten haben Ihnen nichts vorzuschreiben – vergessen Sie das nie. »Der goldlockige Kevin, 5, weint, weil sein Lieblingsspielplatz geschlossen werden soll.« Lautet die Bildunterschrift so, dann sollte es auch so gewesen sein. Und der goldlockige Kevin, 5, sollte nicht geheult haben, weil ihm der Photoreporter ein Zoomobjektiv direkt vor die Nase gehalten hat. Publicity, bei der Kinder zu schamlos ausgenutzt wurden, hinterläßt einen schalen Nachgeschmack. Sie werden sich hohl, ausgebeutet und erschöpft fühlen. Was als Spaß begonnen hatte, kann später schnell in Persönlichkeitsverletzungen umkippen. Denken Sie daran, daß Bilder weitergegeben werden. Das Photo, das Ihnen nicht paßte, kann immer wieder auftauchen, kann zum Symbol für die Spielplatzkampagne werden. Und Ihnen wird es ewig leid tun, ganz zu schweigen von Kevin, der das Photo scheußlich findet.

Ich möchte eine Empfehlung an betroffene Eltern aussprechen, die vielleicht überrascht und sicher gegen meine Interessen als Journalistin ist. Als Mutter jedoch kann ich nicht anders. Ist Ihr Kind ernsthaft krank, schlimm verletzt oder nach einem Angriff unter schwerem Schock, dann sollten Sie es unter keinen Umständen für die Zeitung photographieren oder fürs Fernsehen filmen lassen. Ein Photo in der Zeitung ist aber sehr hilfreich, wenn z. B. ein Kind vermißt wird. In diesem Fall können Photos helfen, es wiederzufinden. Aber wenn ich ein Baby oder ein Kind auf der Intensivstation hätte, und wäre die Krankheit noch so selten, das Geld noch so nötig, die Transplantation noch so dringend, ich würde keine Kamera auch nur in einem halben Kilometer Umkreis an das Kind heranlassen. Ich spreche als ein Mensch, der viel mit Kamerateams zu tun hatte und sie stets eingesetzt hat, wenn es nötig und verantwortbar war. Manche Familien kommen mit dem Druck der plötzlichen rührseligen Berühmtheit gut zurecht, andere wieder gar nicht. Auf jeden Fall müssen Sie mit einer gewissen psychischen Belastung leben. Und denken Sie daran, daß es Ihr gutes Recht ist, die Reporter mit einem alten Photo abzuspeisen, als es dem Kind noch gut ging. Oder ein Photo von den Geschwistern oder der Schulmannschaft. Kein Kind sollte ein Werbeplakat oder eine billige Sensationsmeldung für die Haupteinschaltzeit sein müssen.

Ein anderes Problem für alle unerfahrenen Aktivisten ist der Zorn. Ihr eigener Zorn, Ihre eigene Wut. Viele Menschen haben sehr viel unterdrückten Zorn in sich, Wut auf den Zustand unserer Welt, gepaart mit Ängsten um unsere Kinder. Aber wir verspüren auch nicht so gut unterdrückte Frustrationen, weil die besagten Kinder all unsere Geduld aufsaugen und nicht viel als Ersatz dafür bieten. Ihr durchaus legitimes Verbraucher-, Bürger- oder weltpolitisches Anliegen läuft also Gefahr, von Ihrem Zorn förmlich überrannt zu werden. Dann passiert es schnell, daß Sie zu massiv vorgehen, ohne vorher die Fakten überprüft zu haben. Besonders, wenn Sie sich deswegen womöglich auch noch eine Nacht um die Ohren geschlagen haben. So mancher höhere Beamte hat sich zu seiner Überraschung in Briefen als schlimmster Übeltäter seit Hitler beschimpft gesehen, obwohl seine Behörde den Mißstand längst aus dem Weg geräumt hat. Zählen Sie also bis zehn, bleiben Sie ruhig und prüfen Sie nach, ob die Fakten noch stimmen. Und *dann* schießen Sie los!

Noch etwas zum Schluß: Stellen Sie sich darauf ein, daß die Kampagne ein Schlag ins Wasser werden könnte und Sie das zur Verzweiflung bringen wird. Für jede gerettete Wiese, jede zur Rechenschaft gezogene Wasserbehörde, jede Zwergschule, die nicht geschlossen wird, jede Chemikalie, die verboten, und jedes Unrecht, das gesühnt wird, gibt es mindestens einen niederschmetternden Fehlschlag. Dann können Sie nur Ihre Kinder anschauen, Hoffnung schöpfen und von neuem anfangen. Die Kinder sollen das auch mitbekommen. Sie sollten ihnen die Sachlage so fair wie möglich erklären. Denn so lange ist es nicht hin, bis sie erwachsen sind und diese Probleme selbst übernehmen müssen. Eine gute Faustregel, die Dinge so objektiv wie möglich darzulegen, ist: Geben Sie der Gegenseite immer ein wenig mehr Gewicht, als Sie es eigentlich für richtig halten (»Natürlich würden die Bauern nicht so viel Geld bekommen, wenn sie auch gegen die Reihenhäuser wären. Und sie haben Angst, nicht genug für ihre Familien zu haben... Nun, die Weißen in Südafrika glauben schon, daß sie die Schwarzen korrekt behandeln...«). Oktroyieren Sie den Kindern Ihre Meinung nicht auf, aber geben Sie Denkanstöße. Fragen Sie sie nach ihren Vorstellungen, und lassen Sie sie an Ihren teilhaben. Und wenn Ihr Kreuzzug vergeblich war, das Elektrizitätswerk schließlich doch gebaut wird und die schönen Bäume der neuen Straße weichen müssen, dann denken Sie daran, daß Ihre Kinder ebenso wie Sie das Recht haben, darüber nachzugrübeln. Versuchen Sie nicht, Ihren Mißerfolg zu verbergen. Die Kinder sind als nächstes dran, und es schadet ihnen nicht zu wissen, daß die Sache schiefgegangen ist. So sehen sie auch, daß manche Dinge – sehr viele Dinge – wert sind, bekämpft zu werden, auch wenn dieses Bemühen nicht immer von Erfolg gekrönt ist.

War das alles? Das letzte Baby

Stellen Sie sich eine Gruppe von Freundinnen vor, alle in der Nachbarschaft. Sie hatten alle ihr erstes Baby ungefähr um die gleiche Zeit, saßen beim Kaffee zusammen und tauschten Erfahrungen über Muttermilch und erste Zähne aus. Dann kam eine nach der anderen mit der zweiten Schwangerschaft. Die Geschwister waren da. Die Kinder wurden größer, gingen gegenseitig zu den Geburtstagsfeiern, besuchten zusammen den Kindergarten und waren später in derselben Klasse. Alles ganz normal: die klassische Familie mit zwei Kindern. Alle hatten genug Platz in ihrem Auto, ausreichend Sicherheitsgurte, genügend Etagenbetten, wenn die Nachbarskinder über Nacht bleiben wollten. Die Mütter bekamen allmählich wieder die Figur zurück.

Dann, eines schicksalträchtigen Tages, gähnte eine der Mütter, lehnte Kaffee und Alkohol ab und verabschiedete sich früh am Abend: »Nun, ja, warum sage ich es euch nicht gleich... also, wißt ihr...« Bestürzung, Klatsch, Neid. Eine Unruhe machte sich in der Gruppe breit, die Ehemänner rutschten unruhig auf ihren Plätzen und blickten verstohlen zur Seite. Nichtschwangere Mütter sahen mit Mißmut, daß ihre jüngsten Kinder so schnell in die Höhe schossen, schlank und groß wurden. Die Zeit der Windeln und des Laufstalls war vorbei. Die Mütter machten einen Umweg zu der Entbindungsstation des Krankenhauses, sahen zu den Fenstern hinauf und überlegten sich, wie es wohl sein würde, noch einmal dort zu liegen, dickbauchig, nervös und aufgeregt, um ein paar Tage später mit einem neuen Erdenbürger in den Armen wieder nach Hause zu gehen. Die Frauen, die ein schönes Geburtserlebnis hatten und sich mit den Vorgängen zuvor intensiv beschäftigt hatten, waren bekümmert, daß all die wunderbaren Vorrichtungen in ihrem Körper – Eier, Eileiter, Gebärmutter – noch da waren, aber nie mehr zum Einsatz kommen und statt dessen in klimakterischer Nutzlosigkeit dahinwelken sollten. Sollte dieser warme, gemütliche Schoß, der noch so perfekt in Schuß war und nur zwei sorgsame Vorbesitzer hatte; nie mehr einen Mieter aufnehmen? Diese Brüste nie mehr ein Baby stillen? Und was war mit den Babysachen, der Rassel, dem Laufstall, dem Buggy... sollte da nicht auch einmal eine Entscheidung getroffen werden?

Die Geschichte kann so und so ausgehen. Wahrscheinlich überwanden die meisten ihre wehmütige Phase und gaben sich damit zufrieden, das neue Baby der Freundin zu herzen. Einige Frauen folgten ihrem Beispiel und machten sich daran, ihren langgehegten Geheimplan, mehr Kinder zu haben, in die Tat umzusetzen. Wenn sie das taten, mußten sie bemerken, daß die Gesellschaft heute eine Familie mit vier oder fünf Kindern eher schief ansieht, es quasi als perverse Zügellosigkeit betrachtet. Freunde, die zuvor häufig und gerne zwei Erwachsene und zwei Kinder zu sich einluden, schrecken jetzt vor so vielen Personen zurück und brechen den Kontakt ab. Die vielköpfige Familie selbst wird die Freuden der Gemeinsamkeit genießen können, den engen Zusammenhalt und die Tatsache, daß immer jemand da ist, der das neue Baby schaukelt.

Was ich damit sagen will? Weil das zwanzigste Jahrhundert uns mehr medizinische Möglichkeiten als je zuvor gegeben hat, können sich Ehepaare, anders als unsere Großmütter, viel länger die Frage stellen: »War das mein letztes Baby?« Es ist eine erstaunlich schmerzliche Frage. Abgesehen von der Sehnsucht, noch einmal ein kleines Wesen mit Daunenflaum auf dem Kopf in den Armen zu wiegen, noch einmal das erste Lächeln zu erkennen, noch ehe es eines ist, noch einmal zwei stramme Beinchen strampeln zu sehen, haben viele von uns ein ungutes Gefühl dabei, unsere Familie künstlich zu begrenzen. Das ungute Gefühl verstärkt sich noch dazu mit der Anzahl der Kinder. Zwar mag es einsichtig, praktisch und absolut vernünftig sein, einen Schlußstrich zu ziehen, wenn es Ihre Finanzen, Ihre Lebensumstände und Ihre Wohnverhältnisse gebieten, aber Vernunft ist eben doch nicht alles. Haben Sie einmal einen so engen Kontakt mit elementaren Lebenskräften gehabt, wie ihn eine Mutter bei der Geburt ihres Kindes hat, dann verliert der gesunde Menschenverstand etwas von seiner Anziehungskraft. Wir haben neues Leben in uns gespürt, haben uns seinetwegen geängstigt, haben es geschützt, uns danach gesehnt, es schließlich schmerzhaft-triumphierend auf die Welt gebracht und an unseren Brüsten gesäugt. Wir haben es auf ganz unvernünftige Weise geliebt. Sehen Sie sich einmal eine blasse Mutter und einen Vater an, die vor einem armseligen Würmchen in einem Brutkasten stehen und sich nichts so sehr wünschen, wie daß es am Leben bleiben möge, selbst wenn es behindert wäre. Sie werden zugeben, daß das mit berechnendem Kalkül wenig zu tun hat. Auch wenn wir Witze über Entbindungsstationen reißen und uns über die ewigen Windeln und die nächtliche Ruhestörung beklagen, so haben wir doch nie die insgeheime Ehrfurcht vor dem Geburtserlebnis abgelegt. Nie werden wir jemals wieder etwas Bedeutsameres erleben.

Ein entschlossenes »Nein« zu einem weiteren Kind ist in gewisser Hinsicht sicher sehr vernünftig. Auf einer anderen, nur halb bewußten Ebene ist es hingegen eine Ungeheuerlichkeit gegen die Natur.

Außerdem steckt in jedem von uns ein gutes Stück Peter Pan. Schließlich schließen wir mit einem wichtigen Kapitel unseres Lebens ab, wenn wir keine »jungen Mütter« mehr sind, wenn wir unsere Kinder groß werden und zur Schule gehen lassen, wenn wir Töpfchen, Kinderstuhl und Strampelhosen weggeben. Das Leben mit neugeborenen Babys und atemberaubend schnell wachsenden, verrückten Kleinkindern war eine aufregende, ermüdende Reise, manchmal monoton, manchmal angsterfüllt, aber immer wundervoll. Etwa so wie eine Atlantiküberquerung oder die Erschließung eines undurchdringlichen Regenwaldes. Und wie immer, wenn eine große Reise zu Ende geht, überkommt uns ein Gefühl der Traurigkeit und des Verlustes – und die Erkenntnis, daß wir älter geworden sind. Das Leben mit größer werdenden Kindern ist in vieler Hinsicht, im Gefühlsbereich und intellektuell gesehen, viel anspruchsvoller. Dieses ganze Buch handelt von diesen Ansprüchen, und es war schwieriger und mühsamer zu schreiben als das erste Buch über Babys. Ihre Kinder werden groß, und Sie müssen das akzeptieren. Die

Versuchung, noch ein Baby zu haben, das mit Milch, Liebe und ein bißchen Knuddeln zufrieden ist, kann ein Fluchtversuch sein. Nicht alle Eltern mit mehreren Kindern sind so, aber einige vernachlässigen ihre älteren Kinder und konzentrieren sich ausschließlich auf das neue Baby. Es gibt Leute, die schreiben seit ewigen Zeiten an einem Roman und sind nie über das erste Kapitel hinausgekommen. Manche Frauen schieben ihre kleinen Kinder quasi als Entschuldigung vor. Wie sagte doch eine Frau, als ihr Jüngster zwei wurde: »Jetzt wird's kritisch. Entweder muß ich jetzt wieder schwanger oder wieder schlank werden.« Einigen Frauen graut es auch davor, an einen stumpfsinnigen Arbeitsplatz zurückzukehren, nachdem sie ihren Haushalt perfekt organisiert und Spaß an der Arbeit haben. Aber sie haben ohne die Entschuldigung, ein kleines Kind zu haben, nicht den Mut, zu Hause zu bleiben.

Und einige denken so wie Mrs. Victoria Gillick, die katholische Kämpferin gegen Geburtenkontrolle, die einmal in einem Interview etwas gesagt hat, was mir nie mehr aus dem Kopf gehen wird. Sie sprach von ihren zwölf Kindern. (Ich habe neun davon kennengelernt. Was immer man von ihr halten mag, auf ihre Kinder können sie und ihr Mann Gordon stolz sein.) Mrs. Gillick erklärte, eine Familie zu haben sei wie eine Party zu geben. Entweder kann man eine wohlgeordnete Einladung zum Essen geben mit perfekt gedecktem Tisch und Einladungen, bei denen »um Antwort gebeten« wird. Oder man kann einfach sein Haus allen öffnen, alle willkommen heißen, die auftauchen, und den Abend genießen.

Nennen Sie es verantwortungslos, wenn Sie wollen, eine Einstellung, für Armut und sozialen Abstieg geradezu prädestiniert. Als Lebensphilosophie kann man dieser Einstellung die Würde jedoch nicht absprechen. Die Idee, die Familie als ein großes Fest zu sehen, zu dem der liebe Gott oder das Schicksal die Gäste schickt, hat was für sich. Wenn Sie selbst aus einer großen, verrückten Familie kommen, liegt Ihnen die Vorstellung wahrscheinlich noch näher. Mindestens zwei meiner Brüder, so wurde mir versichert, waren nicht geplant, aber der Gedanke einer Welt ohne die beiden erfüllt mich mit Entsetzen. Wie viele verpaßte Chancen, wie viele nicht gemachte Witze, wie viele nicht gespielte Hauskonzerte! Wie viele nie geborene Neffen und Nichten. Wenn ich jetzt einen Schlußstrich ziehe – operativ, chemisch oder wie auch immer – wie viele wunderbare menschliche Geschöpfe lauern da ungeboren im Nichts. Sie hatten nicht einmal eine Chance.

Romantische, gluckige Gefühlsduselei, sagen Sie? Wie steht's mit der Überbevölkerung? Mit den Kosten für die Ausbildung? Es gibt ein Dutzend gute Gründe, die Familie klein zu halten, und nur ein sehr vages ungutes Gefühl oder eine sehr persönliche Vorliebe, es nicht zu tun. Aber können Sie allen Ernstes leugnen, daß Sie selbst auch schon einmal dieses Verlangen verspürten? Und wenn es doch da war, haben Sie es dann rasch verdrängt, so getan, als wäre nichts gewesen, und rasch ein paar wohlgeordnete Kommentare von sich gegeben wie »...freue mich schon, wieder mehr Zeit für mich zu haben«. Und nachdem Sie das gesagt hatten, erfüllte Sie da nicht zumindest eine Zeitlang eine gewisse Traurigkeit? Begegnen Sie nicht jedem nach Milch und Vertrauen duftenden Baby mit ein wenig Wehmut, vor allem, wenn Sie an die streitbare Rasselbande denken, die zu Hause auf Sie wartet? Ist Ihre Antwort ein klares NEIN, dann muß man Sie beglückwünschen. Ihr seelisches Gleichgewicht ist in einem besseren Zustand als das der meisten Frauen – zumindest besser als meines. Aber warum sollten Sie es andererseits verleugnen, wenn Sie diese seltsame, kosmische Traurigkeit erfüllt, die Frauen verspüren, die – aus welchen Gründen auch immer – sich entschlossen haben, keine Kinder mehr zu bekommen. Leiden Sie nicht alleine vor sich hin! Verdonnern Sie sich nicht zu Jubel, Trubel, Heiterkeit! Sprechen Sie über dieses Gefühl, schwelgen Sie darin, und wenn Ihr Mann eine finanzielle Misere heraufziehen sieht, dann erklären Sie ihm, daß Sie ihn damit nicht unter Druck setzen wollen, sondern einfach Trauerarbeit leisten müssen, für etwas, das nicht sein kann und wird. Man empfiehlt uns dringlichst, doch jede noch so ausgefallene sexuelle Phantasie auszuleben. Die Sehnsucht nach einem weiteren Geburtserlebnis sollen wir dagegen einfach unter den Tisch kehren. Wie absurd! Also geben Sie sich der bittersüßen Mischung aus Erinnerung und Sehnsucht hin, und fragen Sie sich, wie dieses andere Baby – das Phantom, das nie gezeugte Baby – wohl ausgesehen hätte. Trauern Sie, wenn Ihnen danach zumute ist. Eine Frau, die gerne ein Kind haben möchte, auch wenn sie schon sechs hat, ist nichts Ungewöhnliches, Abartiges oder Unnatürliches. Das ist nur das Leben, das versucht, herauszukommen. Sie können es verdrängen, aber nicht seine Kraft verleugnen.

Der andere Weg aus dem Dilemma ist natürlich, Vorsicht, Spirale und Pille in den Wind zu schreiben und doch noch ein Baby zu bekommen. Aber das ist eine andere Geschichte.

Nachworte

Seit Jahrhunderten werden die Mütter von Babybüchern in verschiedenem Ausmaß unterstützt, geängstigt und deprimiert. Manche »Expertinnen« waren nicht ganz bei Trost. In den zwanziger Jahren propagierte man erfolgreich die Meinung, Mütter dürften niemals mit ihren Babys schmusen, sondern müßten deren gutes Benehmen belohnen, indem sie ihre Köpfe tätschelten oder ihnen die Hände drückten. Einige behaupteten, man sollte Kleinkindern nichts zeigen, sonst würden sie übermäßig stimuliert werden, und es könnte zuviel Blut in die Gehirne fließen, die sich aufs Zahnen konzentrieren müßten. Vielleicht bin ich selber in mancher Hinsicht nicht ganz bei Trost, obwohl ich dieses Buch in der Kohlengrube der Mutterschaft geschrieben habe und nicht im klimatisierten Büro vor dem Schachteingang. Deshalb will ich zum Schluß gar nicht das letzte Wort haben. Es gibt kein letztes Wort in dieser seltsamen Babywelt, deren Bewohner eben noch Teile der mütterlichen Körper waren, im nächsten Augenblick fremdartige, anspruchsvolle, verwirrende Individuen sind und drei Jahre brauchen, um einigermaßen Vernunft anzunehmen (und fünfzehn weitere, um endgültig vernünftig zu werden).

Die letzten Worte dieses Buches müssen von mehreren Müttern stammen, von den Freundinnen, deren Beistand, deren Ratschläge und vernichtende Kritik der Autorin von Anfang an halfen. Ich fragte sie, was sie schon vor der Entbindung gern gewußt hätten oder welcher Tip sich als besonders nützlich erwies. Und da antworteten sie:

- »Ich wünschte, ich hätte gewußt, daß zweistündiges Stillen normal und daß es nach sechs Monaten Zeitverschwendung ist, irgend etwas zu sterilisieren.«

- »... daß es keine Rolle spielt, wieviel ein Baby ißt. Es wird nicht verhungern, und je größere Sorge die Mutter bezüglich des Essens zeigt, desto weniger Freude wird es dran finden.«

- »... daß alles so schnell geht. Sobald die Schule anfängt, ist das Kind praktisch verschwunden.«

- »... daß man nicht unbedingt einen Babystuhl braucht.«

- »... daß Babys viel zäher und widerstandsfähiger sind, als man es glauben möchte, wenn man so ein winziges, zartes Bündel zum erstenmal im Arm hält.«

- »... daß es *überleben* wird, wenn es manchmal so lange schreit, bis es einschläft.«

- »... daß Babybücher und Schwiegermütter wie Fallstricke wirken können.«

- »Was einem hilft? Nur Geld und eine große Familie.«

- »Es ist hilfreich, wenn man nicht immer auf Vollkommenheit besteht. Wenn man den Ehemann dazu bringt, irgendwas zu tun – die Vorhänge zuzuziehen, die Windeln zu wechseln und das Kind zu kämmen, sollte man einfach danke sagen, ansonsten den Mund halten und falls nötig, gewisse Versäumnisse später korrigieren. Und jeder Elternteil sollte ohne Schwierigkeiten zurechtkommen, wenn er mit dem Baby allein ist.«

- »Man hilft sich selber, wenn man nicht versucht, alles an einem Tag zu tun. Meine Oma hatte einen Waschtag, einen Backtag, einen Einkaufstag und so weiter. Sie besaß keine Haushaltsgeräte, aber sie nahm sich Zeit und mutete sich nicht zuviel zu.«

- »Oh, wenn ich mich nur entspannen könnte! Warum sonst sind erstgeborene Kinder so oft ängstlich und pflichtbewußt, während die zweiten alles viel leichter nehmen?«

- »Eine Mutter darf sich nicht als Märtyrerin fühlen, oder – noch schlimmer – sie sollte keine exklusive Liebesaffäre mit dem Baby haben. Statt dessen muß sie ihr eigenes Leben führen.«

- »Schafft euch einen Ehemann an, der Dosensuppen liebt oder kochen kann. Geht einmal pro Tag aus, bei jedem Wetter. Räumt immer alles weg. Wenn das Haus ein einziges Chaos ist und ihr Gäste kommen seht, schaltet den Staubsauger ein und werft einen Putzlappen irgendwohin. Das wirkt so, als würdet ihr gerade etwas gegen das Durcheinander unternehmen.«

- »Denkt über alle eure Ideen noch einmal nach. Die meisten sind fragwürdig – zumindest meine.«

- »Kämpft niemals gegen irgend etwas an, wenn es nicht sein muß. Warum soll ein kleines Mädchen nicht tagsüber Pyjamas tragen und nachts Kleider?«

- »Einer Mutter muß bewußt sein, daß sie die Karte ist, die ihr Kind gezogen hat. Darauf muß sie sich bis zu einem gewissen Grad einstellen. Später merkt sie, daß ihre Kinder die Karten sind, die *sie* gezogen hat, und der gleiche Vorgang nimmt seinen Lauf.«

- »Ein engagierter Vater macht einen großen Unterschied. Das muß man ihm deutlich erklären.«

- »Lacht! Weint manchmal – aber lacht vor allem!«

- »Es gibt viele, viele Methoden, eine gute Mutter zu sein. Man muß nicht unbedingt genauso denken wie die Nachbarin, die Schwester oder die Babybuchautorin.«

Zu guter Letzt…

- Mozart komponierte bereits mit fünf Jahren. Ebenso Dolly Parton.
- Der Historiker Thomas Macauly, der mit drei Jahren fließend lesen konnte, schrieb in den Monaten vor seinem siebten Geburtstag ein Traktat, mit dem er die Eingeborenen von Malabar zum Christentum bekehren wollte. Es ist nicht überliefert, ob dem Werk Erfolg beschieden war.
- John Stuart Mill sprach schon vor seinem vierten Lebensjahr griechisch, schrieb mit sechseinhalb eine Geschichte Roms, beklagte aber später seine verlorene Kindheit.
- Ein durchschnittliches vierjähriges Kind kennt 1500 Wörter. Mit fünf sind es 2072, mit sechs 2562. Es ist nicht bekannt, wie viele davon unanständig sind.
- Ludwig XIV., der Sonnenkönig, bestieg vier Monate vor seinem fünften Geburtstag den Thron und wurde als Führer (und dem Gesetz nach als Besitzer) von neunzehn Millionen Menschen bejubelt. Er ertrank jedoch beinahe in einem Teich, weil er einmal unbeaufsichtigt war.
- Paul Klee, der Schweizer Maler, malte mit vier Jahren so verbissen, daß er Angstzustände bekam. Er dachte, die Teufel, die er gemalt hatte, wären lebendig geworden und in ihn gefahren.
- Der derzeitige Dalai Lama wurde mit fünf Jahren inthronisiert. Der heilige Beda trat mit sieben in sein Kloster ein.
- Busby Berkeley trat mit fünf Jahren auf. Ebenso der Akrobat Blondin und Vesta Tilley, die schon sehr früh anfing: Sie trat in Männerkleidung auf, samt einem artigen kleinen Oberlippenbart. Shirley Temple bekam ihren ersten Oscar mit sechs. Fred Astaire stand mit sieben auf der Bühne

Danksagung

An erster Stelle möchte ich meinem Mann Paul, unseren Kindern, meinen Freunden und deren Kindern Dank sagen. Sie alle haben bewußt oder unbewußt zu diesem Buch beigetragen. Auch wäre dieses Buch wohl nie ohne die beharrliche – um nicht zu sagen hartnäckige – Überredungskunst einiger Zeitschriftenredakteure geschrieben worden, die mich anhielten, über Kinder nachzudenken, zu recherchieren und zu schreiben, obwohl dieses zweite Kinderbuch eigentlich nicht mehr geplant war. In diesem Zusammenhang danke ich Jackie Highe, Daphne Metland, Tony Bradman und ganz besonders Sandra Lane von der Zeitschrift *Parents*.

Nach Elstern-Art habe ich die Gedanken, Haltungen und Erfahrungen zahlloser anderer Menschen gesammelt. Dafür speziellen Dank an das Personal der Coldfair Green School.

Darüber hinaus herzlichen Dank für Rat und Unterstützung an:

Joyce und Virginia Ash
Janet Bellis
Clare Brindley
Judy Brooks
Anna Carragher
Tina Clubb
Belinda Devenish
Helen Fraser
Jill Freud
Nikki Freud
Sarah Gleadell
Valerie Grove
Sandy Guertin
Fiona Hamilton
Lynn Hurst
Wendy Jobson
Priscilla Lamont
Wiz Mosson
Tina Potter
Lorraine Price
Judy Purves
Debbie Pyn
Natasha Quested
Jenny Rogers
Anna Southall
Penny Steel
Sheridan Steen
Caroline Stevens
Heather Taylor
Lynn Templeton

Valentine Thornhill
Teresa Walsh
Nicky Wilson
Sally Wright

... und viele andere.

Und natürlich meiner Mutter

Libby Purves